西方美學史經典學說薈萃
各派名家交鋒解析一本通

西方美學史

20世紀
金惠敏　主編

（引領篇）

HISTORY OF WESTERN AESTHETICS

從「無意識」到「現象學」，從精神分析到經驗歸納，探索藝術背後的意識流動

科技發展迅速的二十世紀，人心卻沉淪墮落至深淵，
但即使身處蒙昧中，仍有人渴求美與人性的光輝。
佛洛伊德、狄爾泰、布洛赫、克羅齊……
且看諸位名家如何以筆為刀，在時代的洪流中為「美」殺出生路！

目錄

目錄

第八章　符號論美學

第九章　現象學美學

導言

懷海德（Alfred North Whitehead, 1861-1947）曾斷言兩千多年的整個西方哲學史不過是柏拉圖的注腳而已[001]，此話的確讓後來的哲學家氣餒和不甘，然而從我們哲學史研究者的角度看，這未嘗不是一種積極的暗示，就是說柏拉圖為理解其後頭緒紛繁的哲學史提供了一個快刀斬亂麻的透視角度。而如果說柏拉圖指示了其後西方哲學史流向的話，那麼18世紀出場的德國啟蒙哲學家康德（Immanuel Kant, 1724-1804）則堪稱是制定了近代以來西方哲學的議事日程。對此，稍後於康德的叔本華（Arthur Schopenhauer, 1788-1860）早就有清楚的認知和預見：

> 康德雖然沒有達到現象即作為表象的世界，而自在之物即意志這樣的認知，但是他已指出這顯現著的世界既是以主體也同樣是以客體為條件的。當他把這世界的現象的，也就是表象的最普遍的形式孤立起來時，他指出了人們不僅可以從客體出發，而且同樣也可從主體出發認識到這些形式，並得以按其全部的規律性而統覽這些形式。又因為這些形式本是主體客體之間的共同界線，他做出結論說人們由於遵循（Verfolgen）這一界線，既不能透入客體的內部，也不能透入主體的內部，隨之而是〔人們〕絕不能認識到世界的本質，絕不能認識自在之物。[002]

不需要多麼專精的研究，凡是對康德哲學有些大概了解的讀者，對於叔本華的這段評論，都不會感到有什麼晦澀難解之處：康德將我們的世界一分為二，物自體與現象界，認為透過理性範疇或形式可以生產出關於現

---

[001] 懷海德的原話是：「歐洲哲學傳統最可信賴的一般特徵在於，它是由對柏拉圖的一系列注腳構成的。」（懷海德：《過程與實在》，楊富斌譯，中國人民大學出版社2013年版，第50頁）

[002] 叔本華：《作為意志和表像的世界》，石沖白譯，商務印書館1994年版，第574頁。引文根據德文原著有所改動，如將中譯「追究」（Verfolgen）改為「遵循」。

導言

象界的普遍有效的知識，但也恰恰是由於人所具有的這種理性能力，即由於這種理性範疇的使用，一條不可逾越的認知鴻溝便橫亙在物自體與現象界之間，大有「人生不相見，動如參與商」之無奈。不過，兩者也絕非毫無關聯，它們是「共在」於「人生」或世界的，這也就是說，我們人類置身其中的這一世界是由兩方面構成的：認識的主體與被認識的客體。因此，作為鑄造世界觀的哲學一方面應該去解釋主體；另一方面還要說明客體，這便是康德為其後的哲學所指派的任務：研究主客體的本質、作用及其相互關係。非常清晰，康德以後的西方哲學分作兩條路線，一是客體主義的路線，一是主體主義的路線。

在此我們何以要繞道叔本華對康德哲學功過是非的論衡而不自作論說呢？此乃由於，叔本華是近代客體主義路線的開山鼻祖，他將康德不可知的物自體揭示和演繹為他本人的能夠發展成為「表象」的「意志」，此意志乃世界之本源和主宰。而且，這在他看來還意味著，作為具體的進行認識的個體，就其本質而言，也是一個「物自體」，一個他所謂的「意志」，一個無法透入其中的客體。在客體主義一線上，顯而易見的有直承叔本華的尼采（Friedrich Wilhelm Nietzsche, 1844-1900），其對叔本華的發展似乎也僅僅在對這意志的態度上，棄「悲觀」而取「悲壯」和昂然向上。這一脈下來還有齊克果（Søren Aabye Kierkegaard, 1813-1855）、史萊馬赫（Friedrich Daniel Ernst Schleiermacher, 1768-1834）、狄爾泰、柏格森、桑塔亞那等人，當然也應該包括佛洛伊德、榮格以及拉岡（Jacques-Marie-Émile Lacan, 1901-1981），他們將康德的「物自體」解釋和表述為「存在」、「生命」、「無意識」、「集體無意識」、「大他者」（或「實在」）等等。如果不避可能的牽強之譏，我們似乎也可以像英國馬克思主義批評家泰瑞·伊格頓（Terence Francis Eagleton, 1943-）那樣，將馬克思的

社會存在理論與佛洛伊德的無意識理論並置而互文指涉。不難理解，只要把「人之初，性本善」改寫為「食色，性也」或「天生烝民，有物有則」[003]，即經濟活動實則外化了的生命之所欲，那麼經濟決定論與本能決定論的確也是相距不遠的。進一步，如果我們不是將佛洛伊德的「無意識」作為一種屬於認識範疇的無能於認識之狀態，而是認為有某物、某一領域幽懸在人類的認識之外，即將「無意識」實體化、本體化，那麼社會學和社會批判理論的「社會」，人類學的「日常生活」，有人類學淵源的文化研究的「文化」，這看似不相關的一切也都是可以歸入由康德所啟迪、由叔本華所開關的客體主義路線的，它們都含有那一首先需要食衣住行的「生命」的因素或欲求。拉岡對佛洛伊德無意識的澄清和再定義，初看就是對精神分析的背叛，但細察則屬於對它的豐富、補充和發展，欲望確然就是對他人之欲望的欲望：個體的欲望不僅不是與社會的象徵秩序無關，而且是實實在在為社會所編碼的。這就是拉岡由他那意味深長的著名公式「無意識是他人的話語」[004]所傳遞的並不玄虛的訊息。他人或他人的話語是一個比自我主體更闊大的世界，它可以是自我的對象，這時它是意識的客體，也可以是構成自我存在的先在，它無法透過反思而得以自我認識，因為進行認識的主體即是永遠無法自我認識的，反思所得到的自我知識只是對於已經成為歷史的自我的知識，在此意義上，那個構成自我存在的他人的話語對我而言是無法被意識到的，換言之，那一儘管含有意識成果的社會或傳統，當其作為觀察和反思的出發點時卻是無法成為意識對象的。

與叔本華相對立的是主體主義一派，這一派有費希特（Johann Got-

---

[003] 孔孟對「有物有則」的解讀側重在「有則」，而我們的理解則是「物」「則」並重，甚至我們還想說，無「物」何來「則」？
[004] 拉岡：《拉岡選集》，褚孝泉譯，上海三聯書店 2001 年版，第 625 頁。

tlieb Fichte, 1762-1814)、謝林（Friedrich Wilhelm Joseph Schelling, 1775-1854)、黑格爾（Georg Wilhelm Friedrich Hegel, 1770-1831），他們將世界說成自我的辯證展開或者概念的邏輯演繹。屬於這一派別的謝林責備黑格爾，說在他那「概念就是一切，不容許概念之外有任何東西」[005]。不過黑格爾也指責謝林將「同一」或「絕對」歸之於 A＝A，而依此公式，則「一切都是一」。黑格爾形象地嘲諷說，謝林的這個「一」就像黑夜一樣，無論何種花色的牛置身其間都只能是黑色的。[006]不言而喻，謝林與黑格爾的互相批評也同樣適用於康德：理性範疇建構了我們能夠認知的現象界，但相對於我們的認識能力，現象之外則是一無所有。透過理性範疇，康德一方面在為人的認識能力消極設限，即將其限制在現象界，但另一方面也是為了建構人對客觀世界的積極的主體性，人為自然立法，人是自然的主人。費希特、謝林和黑格爾都是從積極的方面看待和發展人的主體性能力，在文學上，這就是歌德的「浮士德精神」。以是觀之，視覺形式主義美學、審美距離美學、表現主義美學、符號論美學、結構主義美學、格式塔心理學美學等等凡是強調形式重要性或決定性的美學主張，都或多或少從康德理性範疇那裡汲取過靈感。這些流派都希望找到能夠統合世界或審美世界的原型。必須明白，形式主義從來就是主體主義的另一種說法，對此，我們只要回望一下亞里斯多德對形式因的倚重就足夠了。

而若是反過來說，主體主義即形式主義，其實也沒有錯，因為主體的要義在於形式，在於以形式對物質世界的組織和再現。對於康德來說，主體之所以堪稱主體，乃在於他先天地賦有理性範疇，捨此則主體何以主事？愛德華・布洛赫（Eduard Bloch, 1872-1945）告訴我們，心理距離本

---

[005] 謝林：《近代哲學史》，先剛譯，北京大學出版社 2016 年版，第 152 頁。
[006] 參見黑格爾：《精神現象學》上卷，賀麟、王玖興譯，商務印書館 1997 年版，第 10 頁。

質上是一種主體的審美態度，一個對象能否成為審美的對象，取決於主體的心理狀態，這種狀態就是審美無功利的態度。但是，於事物取無功利的態度只是一個對象成為審美對象的必要條件，而非充分條件，這即是說，它尚需要其他一些條件，其中最重要的條件是透過藝術家和作為藝術家的鑑賞者的直覺和表現，這就是審美意境（包括意象）的營造。遺憾的是，布洛赫在其代表性論文〈作為藝術因素與審美原則的「心理距離說」〉雖然幾次提到「形象」一詞，但都未進一步論證不是無功利的審美態度而是秉持這一態度所建構的「形象」創造了審美的對象或藝術品。我們需要接著布洛赫研究審美「形象」或擴大言之審美「意境」的本質是什麼。慶幸的是，無需我們多費心力，克羅齊（Benedetto Croce, 1866-1952）表現主義的命題「直覺即表現」早已為我們代勞解決了心理距離美學所留下的缺憾。在他看來，首先，不能把直覺混同於感受。他辨析道：「在直覺界線以下的是感受，或無形式的物質。這物質就其為單純的物質而言，心靈永遠不能認識。」[007] 其二，直覺是表現，而表現是以形式化的方式而進行的表現。對於一個事物，若是「心靈要認識它，只有賦予它以形式，把它納入形式才行」[008]。其三，具體言之，形式生產形象，這也就是說，事物經由心靈的整合，所謂「經過形式打扮和征服，就產生具體形象」[009]。而形象，就是有「形」有「象」，就是所謂「格式塔」一類的結構。對於物質與形式的關係，克羅齊的思考十分具辯證性，他說：「沒有物質，心靈的活動就不能脫離它的抽象的狀態而變成具體的實在的活動，不能成為這一個或那一個心靈的內容，這一個或那一個確定的直覺品。」[010] 此言聽

[007] 克羅齊：《美學原理》，朱光潛譯，商務印書館 2012 年版，第 6 頁。
[008] 克羅齊：《美學原理》，朱光潛譯，商務印書館 2012 年版，第 6 頁。
[009] 克羅齊：《美學原理》，朱光潛譯，商務印書館 2012 年版，第 6 頁。
[010] 克羅齊：《美學原理》，朱光潛譯，商務印書館 2012 年版，第 6-7 頁。

導言

來耳熟，這不就是康德那句名言「思想無內容則空，直觀無概念則盲」[011] 的美學遺緒嗎？這也許還能促使我們對康德哲學作進一步的追問：理性範疇難道在其審美判斷力批判中不再產生作用了嗎？我們應是仍需要一個哲學概念來表達心理距離美學和表現主義美學所要求的這種現象的：「審美知性」可乎？如果有人覺得此術語是闖進康德哲學園地的怪物，那麼我們還是使用繼續沿用克羅齊「藝術即直覺」的意指即「藝術直覺」吧！但必須注意，此直覺包含了理性的要素，是給予對象以形式的那樣的直覺。實際上，審美意境的創造中不是無涉概念或無涉理性範疇的。當今人工智慧藝術創作的事實已經證明藝術創作不止是天才和靈感的領地，在藝術中長期被輕視的理性和技藝已有其發揮作用的舞臺。

結構主義者和後結構主義者，雖然如其宣稱的那樣是為了揭露主體或理性的虛構和虛幻，他們經常嘲笑黑格爾用概念遮罩了世界，但實際上如德希達（Jacques Derrida, 1930-2004）也是將世界囊括在符號或文本之中的，他堅持「文本之外無一物」。我們知道，文本和符號不過是概念的同義語，或者說，它們也不過是康德理性範疇之次一級的表達。可以斷言，後結構主義無非就是對康德主體性理論的極端發展，黑格爾亦如是，但與黑格爾不同的是，黑格爾樂觀地認為世界及其差異性盡在概念之中，而德希達則在其宣稱文本之外無一物時已將物自體「延異」在符指之外去了。看來法國的德希達比德國本土的黑格爾更得康德哲學之真諦，因為符號的自身指涉假設了其外世界的不可知性，亦即是說，保留了康德物自體的自在性和神祕性。

我們推薦以康德哲學為視角來觀察 20 世紀西方美學的流變，但這絕不是說，後者就只是對前者的簡單複製，甚至也不是期待看到康德對 20

---

[011] 康德：《純粹理性批判》（注釋本），李秋零譯，中國人民大學出版社 2011 年版，第 76 頁。

世紀美學的影響，而是建議在研究 20 世紀美學時要留心它們是如何回應康德的哲學問題的，如此而言，所謂「影響」就不只是單向的主導，而是雙向的對談、從而雙向的塑造，是「雙向影響」（inter-influence）。要知道，經典的形象並非一勞永逸，它要接受讀者的不斷修正和再構型。

第一章

無意識美學

概論

　　我們不說人們通常所謂的「精神分析美學」，而是把這個學派的美學思想稱為「無意識美學」，因為第一，「無意識」處於精神分析學派的核心位置，沒有對「無意識」的系統研究以及對其獨特性的確立，就不會有這個學派的存在；第二，「無意識」不是精神分析學派的發明，在它之前和之後，許多學者和思想家都對「無意識」研究做出了貢獻；因此，「精神分析」不能涵蓋「無意識」，相反，它只不過是「無意識」研究中存在的一支。

　　為了說明何為「無意識美學」，應當首先弄清何為「無意識」。

　　對於「無意識」的關注並不是自佛洛伊德而始的。古希臘就有柏拉圖對詩人「靈感」迸發時所陷入的「迷狂」狀態的描繪，這可能是西方美學史最早對「無意識」及其與文藝關係的論述。中世紀的聖奧古斯丁（Sanctus Aurelius Augustinus, 354-430）發現，意識中總有一部分是我們無法意識的：「我不能完全抓住我所是的一切……心靈沒有大到可以包容它自身：但是如果不能包容的話，那麼它的那一部分又能在哪兒存在呢？」讓聖奧古斯丁難下決斷的是，「無意識」究竟是歸屬於意識呢，還是獨處於意識之外？在 18 世紀以後的西方思想文化史上，「無意識」逐漸取得了惡魔的形象，即是說心靈常常受它那個未知的部分所威脅，如康德稱其為「人類的黑色觀念」，赫爾德（Johann Gottfried Herder, 1744-1803）說它既恐怖而又寓於詩意，他感嘆：「那藏匿於暗夜的我們靈魂的最幽深之處是何等地不可思議呀！我們可憐的思維器官當然聽不到如此一個濁浪排空的海洋所發出的咆哮，它不會為此焦慮而戰慄。」到了 19 世紀，里希特（Jean-Paul Richte, 1847-1937）將「無意識」比作「非洲腹地，其未知的疆界可

能伸展得很遠」。我們知道，佛洛伊德也有一個類似的比喻 —— 「黑暗大陸」。儘管佛洛伊德曾聲明其「無意識」概念絕不是哲學家們的那個「無意識」，但哲學家叔本華對意志拒絕認識的本體論描述，卻是他最重要的思想泉源之一。進而，叔本華還直接地使用過「冰山」之喻，露出水面的是意識，深藏其下、不知其巨的則是無意識。最後在心理學這條線上，威廉‧詹姆斯（William James, 1842-1910）研究過「睡眠、昏厥、昏迷、癲癇和其他無意識狀況」，例如「睡眠中的無意識腦活動」。當佛洛伊德開始其學術生涯的時候，「無意識」已經是心理學尤其是精神病學中十分流行的術語了。但無論如何，「無意識」是由佛洛伊德所系統性地闡發出來的，並使之成為在 20 世紀思想文化史上最有影響力和創造力的基本概念。[012]

佛洛伊德「無意識」學說的主要特點是：

第一，將「無意識」置於其關於心理的描述系統之中，即心理是由潛意識、前意識和意識三個層次所構成。這不再是過去那簡單的意識與無意識的二元對立，而是在其中插入一個「前意識」。這不僅在形式上顯得更嚴密、更有系統，而且更突顯出無意識的不可知性或其通往意識的艱難程度。「無意識」要想進入意識層次，就必須經過「前意識」的嚴格稽查。一般情況是唯有「前意識」疏忽了、被矇騙了，「無意識」才能以隱喻等形式混入意識。

第二，將「無意識」內容化、實體化，即「無意識」就是無法被意識到的那部分內容。有學者以為後期佛洛伊德放棄了其心理結構的三層次說，而代之以三重人格結構說：人格由本我、自我和超我所構成。其實，

---

[012] Tony Bennett, Lawrence Grossberg, and Meaghan Morris (eds.), *New Keywords: A Revised Vocabulary of Culture and Society*, London: Blackwell, 2005, pp. 359 ff.

這是對前者的具體描述，是對前者之空洞性的填補，是對「無意識」究竟為何物的澄清。

第三，佛洛伊德可能最具特色的是，他進一步將「無意識」或「本我」解釋為被壓抑的性本能。換言之，如果說「無意識」是「黑暗大陸」即一個區域的話，那麼，在這裡橫衝直撞的就是性本能、性慾望和性衝動。

第四，將「無意識」、「本我」和性本能作為人的心理或人格及其外在表現的終極決定性因素。在其《夢的解析》的結尾部分，佛洛伊德總結道：「無意識必須被看成是精神生活的一般基礎。無意識是一個較大的區域，而意識在其中只占有一個較小的部分。任何意識之物都有一個無意識的初始階段；無意識之物可能就保持在那一階段上，但它要求被認為具有對於一個精神過程的全部價值。無意識是真正的精神現實。」[013] 如此看來，意識從前在哲學家那裡的對於我們心理和行為的主宰權，由於更廣大、更深層的無意識區域的被發掘出來，現在就只能被視為一種表面現象甚或是假象了。

既然無意識是無法意識到的黑暗王國，那麼它與以呈現即以認識為本質的美學似乎就搭不上關係：美必須是具有實體的，而且必須是意向性實體。但問題並不如此簡單。若仔細考辨起來，佛洛伊德無意識學說與美學的相關性，至少應有以下四個方面：

第一，它是關於藝術本質的一種非理性主義定義，或者說，它是一種非理性主義的美學或藝術本體論。按照這一理論，藝術應該被理解為無意識的外顯，更具體地說，藝術是被壓抑的性慾的昇華。純粹的無意識或性本能當然與藝術和美無關，但當它被呈現出來予人觀看時，它們便具有審

---

[013] Sigmund Freud, *The Interpretation of Dreams*, James Strachey (trans.), New York: Avon Books, 1965, p. 651.

美的性質。佛洛伊德對美的本質研究的歷史性貢獻不在於「呈現」方面；關於「呈現」，我們知道，黑格爾早就有「美是理念的感性顯現」的著名命題，而在於是什麼東西被呈現出來。至於「呈現」的性質，毋庸贅言，它主要不是理性主義的，而是無意識的傾訴與流露；在一定程度上可以斷言，它是對無意識的無意識呈現。藝術表現過程的無意識特性在佛洛伊德這裡被特別強調出來。

第二，佛洛伊德的無意識學說也規定了藝術的目的或功能。以治療為用途的精神分析，無意識的長期壓抑是精神病的根源；病人要恢復到精神常態，就需要在精神分析師的幫助下將此無意識宣洩出來。對藝術家來說，創作即是一種自我宣洩形式，而欣賞者亦藉著藝術品而得到相應的宣洩。佛洛伊德非常欣賞亞里斯多德關於悲劇效用的情感淨化說，認為他所謂「引起憐憫與恐懼」就是指透過藝術形式對被壓抑的無意識願望的表現和滿足，例如一個在舞臺上扮演英雄的演員，「他可以盡情享受當『偉人』的樂趣，可以心安理得地放縱自己平時在宗教、政治、社會和性的方面壓抑著的衝動，在舞臺上表現的生活中的各個重大場景裡任意地『發洩』」。[014] 又如作家，他以「美學的」方式顯現他的「白日夢」，與普通人一樣，其中有不少是他羞於啟齒、因而被封閉於無意識之中的東西，作家的功勞在於他「能夠使我們享受到自己的白日夢，而又不必去自責或害羞」。[015]

第三，無意識理論經常被用於揭示藝術家的心理構成，尤其是其童年記憶在此中所扮演的重要角色，從而揭開藝術文本的奧祕，因而可以說，

---

[014] 佛洛伊德：《戲劇中的變態人物》，孫慶民譯，載《佛洛伊德文集》第 7 卷，長春出版社 2004 年版，第 3 頁。

[015] 佛洛伊德：《戲劇中的變態人物》，孫慶民譯，載《佛洛伊德文集》第 7 卷，長春出版社 2004 年版，第 65 頁。

無意識學說就是一種文本解讀的方法論，歸屬於如詹明信（Fredric Jameson, 1934-）所稱的「深度解釋學」。這種方法在佛洛伊德那裡的一個典型運用是對畫家達文西的童年記憶如何決定其創作的展示和分析。如今由佛洛伊德所開創的無意識解釋學已成為當代文藝批評最基本的方法之一。

　　如果說以上三點關於無意識與美學的相關性，都得到了佛洛伊德的重視和充分論述，那麼我們所擬提出的第四點卻並不怎麼為他所在意，但為他以後的西方美學和文藝評論所充分地發展了出來。對於佛洛伊德而言，無意識並不是一種快樂的記憶或精神食糧，它主要是創傷、挫折、無助、無奈、反社會和反道德的情感沉積，因而這就與文藝尤其是現代主義文藝對社會的批判性態度直接連繫起來。任何對無意識領域的開拓，如超現實主義藝術、意識流文學，不管其作者如何宣稱他們與精神分析的一致或不一致關係，在精神氣質上都是對以理性主義為本質的社會及其規範之壓抑人性的抗爭。精神分析不鼓勵個人與社會的對抗，這會導致精神疾病；作為一種治療，其目的是將變態的病人重新引入常態的社會機制。而藝術通常並無這樣直接的功利目的，它對變態的呈現，是對那將此作為變態的或製造變態的社會的控訴和校正。變態的是社會及其價值，而非被社會打入無意識冷宮的本能欲望 —— 它是人性的正當要求，有自我伸張和被滿足的權力。「我們生活在社會中，我們是有欲望的，因此我們發現了阻止這些欲望實現的障礙；我們正在為實現我們的欲望而戰鬥。我們正在與阻止它們實現的障礙作戰。我們的倫理道德引導我們到達一種欲望的倫理學，因為藝術家在遵循佛洛伊德稱之為與現實相對立的快樂原則時，所表達的欲望比其他人更清楚，而且藝術家在欲望這個領域裡還帶了個頭。」[016] 超

---

[016] 尼古拉斯・克拉斯：〈超現實主義的意義〉，轉引自霍夫曼《佛洛伊德主義與文學思想》，王寧等譯，生活・讀書・新知三聯書店 1987 年版，第 140 頁。

現實主義者如此大聲疾呼一種不同於「社會」道德的「欲望的倫理學」，這顯然不會是視欲望為非道德的精神分析者之所願。這也就是說，佛洛伊德對於無意識的敘述在客觀效果上是鼓勵藝術家與社會的對立姿態的，而我們以為，這恰恰是佛洛伊德無意識學說最富有美學色彩的一面。

作為精神分析學派的另一位傑出代表，榮格極大地擴展了佛洛伊德無意識學說的原有疆界。

第一，被禁錮於無意識的「力比多」（libido）不僅被理解為性本能，它還是一種更廣大、更普遍的生命衝動或「心理能量」（psychic energy）。與此相關，榮格「不同意戀母情緒的根源」，例如「他在自己身上就未發現任何有欲於母親的蛛絲馬跡」。[017]

第二，或許更重要的是，無意識也不能只是個人性的「個人無意識」，而是超越個人性的「集體無意識」，它超越個人經驗而先天地由遺傳所得，這既包括文化上的遺傳，甚至也包括生理學上的遺傳。「在榮格的心理學中，個人無意識（在佛洛伊德的意義上）只是整個無意識構造中相對來說無足輕重的片段。那隱藏於個人無意識之下的被了解為集體的或種族的無意識，這是因為它包含著集體信仰和種族神話，而個人則隸屬於它。集體無意識的最深層是對全人類，甚至好像是對人的靈長類和動物類遠祖都相同的普遍無意識。」這樣一來，似乎也就沒有什麼是個人創造的了，相反一切都要歸功於那只看不見的手即「集體無意識」。[018] 一個極端的說法是：「不是歌德創造了《浮士德》，而是《浮士德》創造了歌德。」[019] 這無異是在召喚藝術家對集體、國家、民族和全體人類的自覺認同、皈依

---

[017] David J. Murray, *A History of Western Psychology*, Englewood Cliffs, New Jersey: Prentice-Hall, 1983, p. 311.

[018] J. A. C. Brown, *Freud and Post-Freudians*, Harmondsworth: Penguin, 1966, p. 45.

[019] 榮格：《心理學與文學》，馮川等譯，生活·讀書·新知三聯書店 1987 年版，第 143 頁。

和呈現。但是，榮格並未因此而成為他作為藝術家之精神導師的形象；藝術家也是被壓抑的和具有反抗性的，他們不喜歡聽命於外於其個人經驗的空洞號召。當然這並不是說，從「集體無意識」就不能推導出對社會的批判精神。根據實際之「效應史」來看，「集體無意識」對美學的最大貢獻是發展出一種對於藝術本身的深度的文化解釋學。擺脫了一切都要歸之於性慾的佛洛伊德解釋學，它取得了一個幾乎是無限寬廣的人文視域，因為人就其本質而言是文化的存在物。

　　由榮格所開創的無意識學說的文化或文化人類學的維度，以及以此為基礎的深度解釋學，促成了在文藝批評史上影響極大的「原型批評」學派，它以加拿大評論家諾思洛普‧弗萊（Herman Northrop Frye, 1912-1991）為卓越代表，在他那裡，原型批評的核心就是「文化無意識」[020]。美國當代批評家詹明信更是創造了風靡一時的「政治無意識」概念。拉岡對佛洛伊德「無意識」的語言化處理，或可視為對榮格的一個呼應。「無意識並不只是盲目衝動或伊特（id，又譯本我）的固有的領域，而是主體性的一個表達性方面」，這也就是說，無意識應該「被理解為由語言和文化所構成」。在拉岡之後，這種精神分析的文化批評轉向又被阿圖塞（Louis Pierre Althusser, 1918-1990）以及女權主義思想家西蘇（Hélène Cixous, 1937-）、伊瑞葛萊（Luce Irigaray, 1930-）和克莉斯蒂娃（Julia Kristeva, 1941-）等人大大推進。[021]對於論證無意識與美學的相關性而言，無意識和藝術空間常常被這些理論家當作文化抗爭之不竭的力量泉源。這當然是對榮格和佛洛伊德的思想成就的綜合與超越。當年發生於他們之間

---

[020] 易曉明：〈文化無意識：弗萊的批評理論視域〉，《首都師範大學學報》（社會科學版）2005 年第 6 期。

[021] Victor E. Taylor and Charles E. Winquist (eds.), *Encyclopedia of Postmodernism*, London and New York: Routledge, 2001, p. 319.

的個人恩怨，他們思想體系的完整性和獨立性，都被歷史化作了碎片，嵌入今日無窮多變的日常生活和思想運用之中。

這就是佛洛伊德的力量，「無意識」或「無意識美學」已經成為我們思想與文化行動中最基本的無意識庫存。

第一節　佛洛伊德

作為精神分析學派的創始人，奧地利精神病醫生佛洛伊德（Sigmund Freud, 1856-1939）可以說重塑了西方世界的人性觀和文化觀，其對 20 世紀思想界的影響罕有匹敵。雖然他說不上是十分嚴格意義上的美學哲學家，但回顧 20 世紀的美學發展史，他對美學的思考無疑占據了十分重要的位置。第一，精神分析具有清晰的哲學維度。其關鍵術語「無意識」即來自於 19 世紀哲學，並且在謝林和尼采的浪漫派美學中發揮了舉足輕重的作用。[022] 第二，精神分析為 20 世紀哲學，特別是藝術哲學打上一個無可爭辯的印記。批判理論（阿多諾、馬庫塞和哈伯馬斯）、存在主義（沙特）、解釋學（利科）、（新）結構主義符號學（巴特、克莉斯蒂娃）以及解構論（德希達）都曾深受佛洛伊德著作的影響。精神分析也引起許多藝術家的注意，例如，超現實主義者的「自動寫作和描畫」概念就部分地汲取了無意識理論，此外，他們也經常以一種多少有點反諷的形式從佛洛伊德豐富的符號庫中獲益，比如達利（Salvador Dalí, 1904-1989）和馬格利特（René Magritte, 1898-1967）等。

精神分析的藝術觀點儘管對 20 世紀藝術哲學影響甚巨，但對這種影

---

[022] O. Marquard, *Über einige Beziehungen zwischen Ästhetik und Therapeutik in der Philosophie des Neunzehntun Jahrhunderts*, in: Schwierigkeiten mit der Geschichtsphilosophie, Frankfurt am Main: 1982, S. 85-106.

響的評價卻並非有口皆碑。在現代美學中，藝術作品的自主性居於主導地位；而佛洛伊德美學則恰恰相反，具有濃重的還原論色彩。有評論家認為，對藝術作品本身進行精神分析的研究可謂未置一詞，它只是被構想為藝術家內在情感的外在表現而已。當佛洛伊德談論藝術作品的時候，他總是意圖去揭露藝術家在嬰孩時期的各種欲望或其伊底帕斯情結的殘跡。所以，我們有理由懷疑這種解釋究竟與美學何干。而且，佛洛伊德本人也多次表示過他試圖透過對藝術作品的精神分析或闡釋提供某種完整的美學理論。這些闡釋主要屬於精神分析的案例研究，與美學的直接關聯僅限於一些特殊方面，尤其是美學的發源。

此外，佛洛伊德的美學著述在很大程度上局限於藝術作品的內容，幾乎不觸及形式問題。因此，我們對他從文學和造型視覺藝術中頻頻舉例也就不感到意外了。對於非造型視覺藝術、音樂和舞蹈，他幾乎毫無涉及；他的審美趣味也並非真的跟得上時代。雖說他在巴黎停留期間也接觸過表現主義，但在他看來這種形式的現代藝術以及其後的一些表現是難以理解的。

有鑑於此，一方面固然可以說精神分析是 20 世紀美學一個重要的靈感之源，而另一方面，某些從佛洛伊德那裡汲取靈感的美學則通常是不介入具有明顯藝術意識的文本，它們只是熱衷於某些與精神分析之（基本）理論和治療有關的文本，其目的在於引入他們的美學理論可以展開討論的概念。他們期待能表明，只要不陷入任何形式的還原論，那麼，把精神分析的諸多概念如「凝縮」、「移置」、「戀物癖」以及「過渡客體」用於闡明藝術作品的生產、接受甚至是其形式，將是很有意義的。

本節將整理佛洛伊德的美學理論，必要時進行一定的評論。由於他的

美學與精神分析理論的其他方面緊密相連，所以，討論他的美學不可能繞開其精神分析理論的基本概念。在簡單地介紹過佛洛伊德的美學著述情況之後，我們將探討其美學的若干出發點，它們均以精神分析的兩個基本假設即無意識萬能論和性萬能論為基礎。此後，我們將具體分析佛洛伊德的一個美學研究案例，即〈達文西的一則童年回憶〉。最後是對我們所有闡釋和分析的簡單總結。

佛洛伊德論及藝術的著作可以粗略地分為四類：

第一類包括一系列以某一美學領域為分析對象的文章。〈詼諧及其與潛意識的關係〉（1905）是對「喜劇」領域的分析；〈戲劇中的變態人物〉（1942）涉及劇場幻覺；〈恐懼〉（1919）是對恐懼體驗的描述，這種體驗與審美有一定關係。

第二類是關於創作過程中心理動機問題的文章。這類文章有時採用總體性的論述方式，如〈作家與白日夢〉（1908）是「後設心理學」的文本；但更多時候則是以某個具體藝術作品為基礎而分析心理動機，如〈達文西的一則童年回憶〉（1910）、〈《詩與真》的一則童年回憶〉（1917）等。

第三類是對例如小說中的一個人物的某種虛構形象的精神分析學闡釋。其中最重要的是〈詹森《格拉迪沃》中的幻覺與夢〉（1907）。

第四類是用文藝作品闡發某些特殊的精神分析概念。毫無疑問，最著名的例子就是《夢的解析》（1900），其中索福克勒斯《伊底帕斯王》的主人公被用來解說和命名兒童性慾發展的某一階段，這就是所謂的「伊底帕斯情結」或「戀母情結」。儘管嚴格說來，這類本文並不屬於美學，但它們確實表明藝術是佛洛伊德重要的靈感泉源（GW VII: 33）[023]。

---

[023] S. Freud, *Gesammelte Werke*, Frankfurt am Main: 1968, VII, S. 33. 以下引此版本者，均隨文注，簡寫為 GW，接著是卷和頁碼。

一、對藝術的精神分析研究

在佛洛伊德那裡，「精神分析」（psychoanalysis）一語具有多重含義：一是作為一種對於心理過程的特殊闡釋方法；二是對於精神錯亂的治療；三是將闡釋和治療及其發現進行體系化的一種理論。這種在精神分析闡釋和治療基礎上發展出來的理論，致力於揭示意識「背後」所發生的心理過程；它帶有反思的特性，因此被佛洛伊德稱之為「後設心理學」。

在《精神分析導論》一書中佛洛伊德指出，精神分析依賴於兩個基本假設，沒有它們就不會有精神分析的闡釋和治療，因此這兩個假設在後設心理學中占據著核心位置。第一個假設是，「精神過程本身是不被意識到的，而被稱之為意識的只是整個心理生活的個別活動和部分。」（GW XI: 14）第二個假設是，「被人們在狹義或廣義上只是描述為性的本能衝動，是造成神經性和精神性疾病的一個重大但迄今尚未引起足夠重視的起因。更進一步說，這些性衝動還參與了人類精神最高級的文化、藝術和社會創造，其貢獻不容低估。」（GW XI: 16）這兩個假設實際上已經點明了精神分析美學的出發點。精神分析美學主要是依據心理動機來闡釋藝術創作活動，這些動機及行動意義就是某種程度的無意識和本質上的性。為了進一步理解佛洛伊德對此所作的闡釋，我們有必要更具體地分別研究上述兩個假設。

（一）無意識與意識：快樂原則對現實原則

在佛洛伊德的理論中，「無意識」概念有兩層意思。第一，它是指那種我們沒有（或不再）意識到卻可能在任何時刻（再次）意識到的內容。「一個表象 —— 或者不同的心理要素 —— 可能現在出現於我的意識，而在下個瞬間則遁逃無形；它也可能經過一段時間又重新浮現出來，而且

如我們所指出的，從回憶之中浮現，即並非作為一種新的感覺的結果。」
（GW VIII: 430）所以，我們儘管可以在描述意義上使用「無意識」概念，
但它在原則上又是可以在任何時刻變成意識或被帶到意識跟前的。在這類
情況下，佛洛伊德通常寧願說「前意識」而不說「無意識」。但是，他也
確實承認有從未直接成為意識的無意識思想，他稱這樣的思想為「無意
識」。儘管無意識在本性上是不被意識到的，但它仍活躍於我們的思想、
行為和藝術創作過程之中。他認為他的醫療實踐已經證明了這一點。

　　佛洛伊德認為，意識和前意識是一方，無意識是另一方，它們是兩個
不同的心理過程。他稱無意識的機制為「原發過程」，而前意識和意識的
機制則是「繼發過程」。他指出，如果從發生學的角度看，無意識的原發
過程最古老，其特徵是「快樂原則」：「這些過程以快樂為目標，奮力求
取；而心理作用則從此類可能招致不快的活動中抽身退出。」（GW VIII:
231）佛洛伊德說，我們晚間的夢以及白日夢傾向即表明了這些初始過程
的存在。無意識的特徵是以某種幻覺的形式尋求其內在和外在需求的滿
足。例如，當飢餓感產生時，無意識對它的滿足就是想像出一種能夠將
此感覺帶走的某物。但想像性滿足的問題是，它並不能真正帶走飢餓的
煎熬。這就是說，心理早晚都會將其目光投向現實，「現實原則」將接替
「快樂原則」。心理必須決定如何「去表徵與外部世界的真實關係，並力
爭真實的改變。由此一種新的精神能力原則被引入；它不再表徵什麼是快
樂的，而是表徵出什麼是真實的，即便這真實的東西有可能帶來不快。」
（GW VIII: 231）按照佛洛伊德的觀點，這一過渡將帶來重大的心理後果。
除了對快樂和痛苦的感受之外，感知和思維過程也將有所發展。唯當語
言出現，這種思維才被提升到意識水準。意識唯起始於語言出現之時。
「思維似乎原初是無意識的，因為它超越純粹表象，轉向諸客體印象之關

係，進而還透過與語詞相聯結，為意識獲取了可掌握的品性。」（GWVIII: 233）這就是說，對事物的無意識再現，唯有與語詞相聯結，方可成為前意識，並進入意識。（GWX: 300）

但是，從快樂原則過渡到現實原則並不意味著快樂原則的瓦解。情況正相反：現實原則穩固了快樂原則。它暫時推遲了滿足的實現，而這又在一個較長的時段保證了它的安全。遵從快樂原則且可能在較長時段招致更大痛苦的表象，被擠進了無意識。但是在我們的全部本能領域，從快樂原則到現實原則的過渡卻未能以同樣典型的方式發生。本能，即佛洛伊德所指定的自我本能（它們服務於個體的自我存有，如生理本能），被迅速帶入現實原則的控制之下，但對性本能（它們服務於種族的延續）的馴化則引發出更多的問題。按照佛洛伊德的觀點，由壓抑性本能所導致的問題表明人類在心理上普遍傾向於對快樂原則的堅持不放。（GW VIII: 233）佛洛伊德將這一存在於繼發過程的初始思維活動比作美國的黃石公園，即存在於被都市化的文化中的自然公園。「這一活動即是想像，它早在兒童的遊戲中就發生了，而後又在白日夢中得以繼續，它拋棄了對現實客體的依賴。」（GW VIII: 235）

幻想和白日夢，恰如一般的夢一樣，可以解釋為無意識與意識之間的妥協。前文曾論及某些思想從未穿透過意識，這是因為意識的力量過於強大；但也完全有可能的是，這類思想以偽裝的形式通過了意識的稽查。《夢的解析》（1900）一書對這種過程進行了全面分析。它指出，夢是無意識欲望與（前）意識稽查機制的和解。偽飾之所以能夠通過嚴格的稽查，是由於初始過程的特殊性質。初始過程的主要特點是凝縮、移置、視覺化和象徵化。凝縮是指在無意識中多個表象被合成為一個形象。例如在夢中，一個人可以是幾個人的集合體。一個無意識形象因而便具有多重規定性，

它是多種意義的結合，由於經過了凝縮而不可能被一次看透。移置是指一個表象的心理價值被轉移到另一表象上，兩者的結合是聯想性的。進一步說，引用佛洛伊德認同的尼采的一句格言，這意味著發生了「對一切心理價值的重估」（GW IV III: 334）。例如，夢裡對某人的攻擊欲望可以表現為將一個經過聯想作用而與他相關的對象碎為齏粉。視覺化機制允許一個抽象的思想被表現為具體的形象。最後，某些從文化史上流傳下來的象徵經常被用來偽飾深藏不露的無意識欲望，佛洛伊德推測，它們屬於集體無意識。由於各種初始機制共同作用，被它們創造出來的形象便殊難解讀。由於初始過程的偽裝，無意識思想才能穿透意識，但另一方面，那進入了意識的表象，其意義是深不可測的。為此，佛洛伊德將其比作字謎，「一種象形書寫，其文字被個別地轉入夢幻思維的語言」（GW IV III: 283）。透過對和解形式，例如夢、口誤、玩笑或神經性症狀的破譯，解釋學的闡釋就能夠重建潛在的無意識欲望或恐懼。

這樣一來，我們就不難抓住幾乎貫穿佛洛伊德所有藝術論著的主要思想了。在他看來，藝術可以被設想為無意識欲望與意識稽查之間的妥協，或者換言之，是快樂原則與現實原則的妥協。在這裡，他以昇華為例，認為它就是將無意識欲望轉化成文化上人們可以接受的產品。值得注意的是，佛洛伊德把他自己與浪漫主義美學緊密地連繫起來，後者相信藝術能夠調和自然與理性間的對立。但同樣值得注意的是，佛洛伊德並未追隨浪漫主義美學而將藝術神聖化，其態度是清醒和平靜的：「藝術以其特有的方式帶來兩項原則的和解。藝術家原本上是這樣一種人，他逃避現實，因為他不甘於自己所暫時需要的對本能滿足的放棄，而讓其情色和精神尊嚴的願望在幻想生活中得到滿足。不過，他憑藉特殊的稟賦將自己的幻想建構成為一種新的現實，這種現實允許人們視其為對於真實世界的有價值

的摹本，於是他便找到了一條從這種幻想世界返回現實的通道。」（GW VIII: 236）這就是說，藝術家儘管身處幻想世界，但仍舊是令人豔羨的英雄或情人。「他之所以能夠獲得這些，」佛洛伊德繼續說，「只是因為就像他自己一樣，其他人對於現實需求的放棄也同樣不甘心；再者，伴隨現實原則取代快樂原則而生的這種不甘心本身就是現實的一個部分。」（GW VIII: 237）佛洛伊德進而評論說，藝術家控制事物的能力不如他人，換言之，他們的藝術想像力主要依靠對無意識幻想的某種程度的容忍。

　　對於正確掌握佛洛伊德美學來說，指出如下三點也許是十分必要的。第一，要看到藝術作品和那作為和解的幻夢一樣，也受控於凝縮、移置和視覺化等初始機制。這意味著，第二，對藝術作品的闡釋需要借助精神分析的方法來破解同樣的「字謎」。但必須記住，由於和解形式的多重規定性，任何闡釋都不可能成為對謎底的最終性揭示。嚴格說來，和解形式的意義是無窮無盡的。這一點也同樣適用於從精神分析那裡獲取靈感的對於藝術作品的闡釋。我們必須時時注意，不要認為我們的闡釋就是最後闡釋。第三點與此密切相關：佛洛伊德的基本傾向是，一切都要最終歸結到對於性本能的無意識願望。用不著對此大驚小怪，因為按照佛洛伊德的觀點，性本能在快樂原則的支配下持續得最久；這尤其適用於藝術作品，他認為：「由於這一情況，在一面是性衝動和幻想與另一面是自我衝動和意識活動之間就建立起了一種密切的連繫。」（GW VIII: 235）排他性地專注於性本能究竟能夠使精神分析美學結出多少碩果，其實是一個非常不確定的問題。我們隨後再論述這一點。現在我們想深入地談一談佛洛伊德泛性論的第二條假設。

（二）尼羅河之源：性慾的原發性

　　19 世紀最後幾十年，對歇斯底里患者的治療將佛洛伊德推上了性理論研究的軌道；他也把歇斯底里病人的症狀解釋為無意識欲望與意識稽查之間達成和解的過程。1900 年前後，維多利亞式性道德僅僅允許婦女有婚內性經驗。那時，一個有教養的女性只能在性失望與婚姻不忠之間選擇，要麼就是退而成為精神病態。按照佛洛伊德的觀點，在每一種歇斯底里的深處都埋藏有一個創傷事件。由於性禁忌無法給予這一創傷正常的釋放，它就只能借助移置作用在歇斯底里症中宣洩。對歇斯底里病人的治療帶給佛洛伊德兩個結論，它們在精神分析的發展上都是至關重要的。

　　第一個結論是他發展出一種叫作「談話治療」的方法：「在精神分析的治療中並無別的什麼東西出現，只有一種語詞的交換。」（GW XI: 9）精神分析醫師相信，只要將患者引向他的病根即那個創傷事件，讓他談論它、意識到它，那麼，他就會得到情感上的紓解。這當然首先要求掌握患者主要的精神症狀。第二個結論是，所有精神疾病的根源都是青少年時期的某種性經驗。至於這一經驗是實際發生過抑或只是在幻想之中並無重要的區別。佛洛伊德自信他在此「發現了尼羅河之源」。

　　這第二個結論將佛洛伊德引向對兒童性慾的研究。我們這裡只涉及其中最關鍵的主題即伊底帕斯情結。佛洛伊德首先認定，幼兒即有強烈的性感受和性慾求，其主要表現是對性的巨大好奇心。先是口腔和肛門階段，此時性慾分別與口腔和肛門相關聯，然後在大約四歲時開始發展到生殖器。如果說性感受在前兩個階段基本上是自戀性的，那麼，在生殖器階段則是指向他人的。這種他人通常就是其父母親。考慮到隨後我們將以達文西為例，我們現在只談男孩方面的情況。

　　佛洛伊德認為，當男孩將其性慾指向母親時，他就會將父親作為強大

的甚至最終的競爭對手。男孩擔心父親會把他與母親分開，因而萌生無意識的弒父欲望。由於對父親的恐懼，他常常懷有「閹割焦慮」。尤其是當他知道女孩沒有陽具，他就認定那是被父親閹割的緣故。促成他得出這一結論的原因是，他不再能夠從口腔和肛門那裡得到快感。因閹割焦慮所致，他放棄了對母親的慾求，從而也就不再有焦慮了。同時，父親的律法在伊底帕斯情結中被內化為一種良知：「內在投射於自我的父親或者父母之權威在這裡構成了超我的核心，這種超我從父母那裡借取威嚴，將其對亂倫的禁忌永恆化，從而保證使該我不再出現力比多的蠢動。」（GW XIII: 399）於是小孩進入所謂的性慾潛伏期，其時性慾不再發生多少作用。只是到了青春期，性慾問題才再度浮上檯面。

假使伊底帕斯情結未能越過這道關卡，那麼，日後的生活中就會產生各種心理問題。在隨後的性慾發展中，如果口腔慾和肛門慾仍占支配地位，各種性倒錯就可能出現。而如果這些倒錯傾向被強力壓制，精神疾病就是必然的結果了。基於此，佛洛伊德將精神疾病視作否定性的倒錯。他並不認為昇華、倒錯和精神病相互排斥，而是認為它們可以出現並成為每一種可能的結合。例如，關於藝術昇華，佛洛伊德就注意到：「依據昇華的狀態是完全的或不完全的，性格分析將給出在效能、倒錯和精神病之間的各種混合形態。」（GWV: 41）

二、對達文西及其創作的一個精神分析實例

基於這種背景，我們將注意力轉向佛洛伊德的一個典型案例研究，即1910年完成並出版的《達文西的一則童年回憶》。這項研究給人最強烈的印象是，作者在陳述其分析時表現出了嫻熟的文學風格，他並非沒有理由稱此研究為一部「心理分析小說」。當然，文學風格也是佛洛伊德著述的

一貫特色。

　　這項研究的分析對象是李奧納多‧迪‧塞爾‧皮耶羅‧達文西（Leonardo di ser Piero da Vinci, 1452-1519），所依據的主要資料是達文西本人的日記、筆記，還有他兩幅很著名的畫作〈蒙娜麗莎〉與〈聖母子與聖安妮〉，這兩幅作品均畫於 16 世紀的第一個十年。在這裡，佛洛伊德對達文西的研究是以勾勒其性格輪廓而開始的。

　　他首先指出，這位文藝復興巨人身上表現出藝術家與科學家那令人迷戀的複雜關係。達文西不僅被認為是西方繪畫傳統中一位偉大的藝術家，而且，由於其科學探索精神及科學智慧，他也享有「義大利浮士德」的美名。就其所做的科學實驗而論，他堪稱是培根（Francis Bacon, 1909-1992）和哥白尼（Nicolaus Copernicus, 1473-1543）的先驅。佛洛伊德還發現，在達文西的人生歷程中有著一個十分清晰的從藝術向科學的轉向。達文西對宗教和世俗權力的懷疑態度也相當引人注目。佛洛伊德指出，達文西的另一個特點是他的創作慢得出奇，例如〈蒙娜麗莎〉儘管篇幅不大，而竟耗時四年有餘（從 1503 年到 1507 年）。特別是這之後，他的許多作品最終都未能完成。達文西的第三個特點是他對人類性生活的極度厭惡。在這一點上佛洛伊德不惜筆墨，著力探究。佛洛伊德認為，種種跡象都可證明達文西懷有同性戀傾向。在學畫時期，達文西曾被控有那時所禁止的同性性行為。爾後，他經常任用一個聲名狼藉的青年男性作模特。他的周圍總是簇擁著許多漂亮的男生，其中多數不是因為有才華才被選作學生的，達文西就像母親一樣照顧這些年輕人，但是也無鐵證表明他們師徒的情感有何超出柏拉圖式友誼的地方。

　　考慮到精神分析的出發點，我們就用不著疑惑佛洛伊德何以在此研究中會特別關注達文西的青少年時期。達文西出生於文西城，為非婚生子。

其母卡泰麗娜似乎是一村姑，其父為富有的律師。由於地位懸殊，他們無法締結婚姻。根據佛洛伊德的說法，小達文西 5 歲前一直跟著母親，之後隨父親生活。父親與另一女子結婚，但無子嗣。由此佛洛伊德推斷，達文西以一種不同尋常的方式度過了他的伊底帕斯情結。性慾望和性好奇在其他孩子那裡可能引發性變態或精神病，而在他這裡卻表現為藝術和科學方面的極其成功的昇華。佛洛伊德確實在達文西的性格中鑑別出性變態和精神病的蛛絲馬跡，就此而言，達文西與常人無異，但達文西的一生，歸根結柢是一位成功的藝術家堪稱典範的一生。

在達文西的一則科學筆記中，有一段關於禿鷲飛行情狀的描述，達文西在其中突然插進他童年的一個記憶：「似乎我前生就注定了與禿鷲如此深厚的緣分，因為我想起我很早以前的一件往事。當我還在搖籃裡的時候，一隻禿鷲朝我飛來，其尾翼掃過我的嘴巴，並多次用牠的尾翼拍擊我的口唇。」（GW VIII: 150）不管這件事是真實地發生過抑或只是幻想，按照佛洛伊德的分析，都毫無疑問地指涉了將男性器官放入口腔的同性戀想像。佛洛伊德堅持，這類想像的起源必須追溯到兒童發展的口腔期，兒童在此階段最大的快感可能來自吮吸母親的乳頭。佛洛伊德進一步佐以對「禿鷲」詞源及該物象徵意義的探究。他說，古埃及人曾在其象形文字中用禿鷲形象表示「母親」，該詞讀為「姆特」（Mut），與德語發音近似。另外，他們所敬拜的一位女神，其形象也含有禿鷲的頭，這位女神的名字同樣叫「姆特」。在中世紀，人們通常認為禿鷲只有雌性而無雄性，牠受風而孕。這種奇異的無性生殖現象，常常被中世紀的宗教文本援以證明聖母瑪麗亞純潔受胎的真實性。對此，佛洛伊德推測，博學的達文西不可能聞所未聞。禿鷲現象表明，達文西把自己看作一個為禿鷲所生的小禿鷲，也就是說，他沒有父親。

在達文西的想像裡，雌性禿鷲具有男性生殖器，這在佛洛伊德看來並不矛盾，因為許多男童想當然地以為母親也有陽具。這種假設在佛洛伊德的伊底帕斯情結理論中至關重要。一旦小「伊底帕斯」發覺母親並無陽物，他會感到非常恐懼，認為陽物是可以被父親拿走以作懲罰的東西。這就是「閹割焦慮」，它使小孩自覺與母親拉開距離，而認同於父親的權威。具體來看達文西的例子，因為沒有父親在場，在他就不存在來自閹割焦慮的折磨。這既意味著他無須抽回對母親的欲望，同時也意味著他不可能發展出對權威的深深的敬畏。父親缺席的另一個後果是，達文西不能將自己等同於父親，而是以母親為榜樣。佛洛伊德認為，這可以解釋達文西對男生的同性戀選擇：他認同於母親，即是說，他也認同她對兒子的愛和關懷。

佛洛伊德發現達文西的花錢方式可以支援他的這種闡釋。達文西一般並不怎麼在乎金錢，他花錢通常都很隨意，可他在日記中卻不嫌瑣碎地記下了他為學生的開支。當他敬愛的母親去世後，他在日記裡沒有痛訴他的悲傷，而是僅僅列出她奢華葬禮的開支細目。佛洛伊德認為，這與前文提到的無意識移置有關。像達文西對母親和男生的情愛這種為社會禁忌所不容的東西，在其冰冷的金錢計算中找到了為稽查機制所接受的表達形式。它們構成了無法實施的欲望與社會稽查機制的一種和解。

佛洛伊德用達文西的一幅繪畫來證明這一點。1503 年，達文西受命為貴婦人麗莎‧德‧喬宮多（Lisa del Giocondo, 1479-1542）畫像。當她擺好姿勢出現在他面前的時候，他被她的微笑打動了，並無意間憶起了他的母親。對這一微笑的迷戀使他全身心地投入畫作達四年之久。「根據瓦薩利的敘述，為使夫人能夠悠閒地坐著，為了抓住她的每一絲笑意，他使用了一種精心設計的方式。」（GW VIII: 181）後來他雖然離開了佛羅倫斯，在

巴黎定居下來，可仍未能從那幅繪畫中抽離出來，他帶著它，直至他的保證人法蘭索瓦一世（François I, 1494-1547）買下它送給了羅浮宮。

　　據佛洛伊德研究，蒙娜麗莎那謎一般的微笑還重現於其後的一些畫作中。佛洛伊德詳細討論了〈聖母子與聖安妮〉以及相關草圖。在這幅畫中，耶穌被瑪麗和她的母親聖安妮摟抱著腰部。還有一個顯著特徵是，達文西幾乎是將母親和女兒畫成了同一年紀。佛洛伊德指出，這實際上畫的就是達文西被他的母親和繼母摟抱著。同樣顯著的是，兩個女人的身體亦難以相互區分。達文西似乎將兩位母親結合成一個人物。佛洛伊德提到藝術史家奧斯卡・費斯特（Oskar Pfister, 1873-1956）的一個發現：瑪麗的衣著外形看起來就是一個禿鷲的輪廓。而其中最顯眼之物則是禿鷲的尾巴，「正如同在達文西具有決定性意味的童年夢幻中，伸向了孩子，也就是達文西的嘴巴。」（GWVIII: 188）佛洛伊德對兩幅作品的研究結論是：「當達文西值其壯年，再度遭遇那一幸福的、令人迷醉的微笑，這微笑曾在母親愛撫他時於他的口唇嬉戲，他已經處在這種壓抑之中很久了，這壓抑使他無法去想望來自女性嘴唇的溫馨會再次出現。但他成長為一位畫家了，於是他就努力用畫筆去再造這一微笑，將它形諸其所有的畫作，如〈麗達與天鵝〉，如〈施洗者聖約翰〉，如〈巴卡斯〉等等。他有時獨自繪製，有時指導學生完成。」（GW VIII: 189）

　　佛洛伊德認為，他可以依據達文西童年時期與父親的關係，來解釋其創作的一系列其他特徵。前文已經提到過，達文西早年跟隨母親的經歷使他無法認同父親，現在更準確地說，使他只能否定性地認同父親。在佛洛伊德看來，在達文西的案例中，這種經歷對其以後的發展既是好事也是壞事。不好的影響在於其許多作品都是未完成的。這些作品是他的精神產出，他就像父親對待他那樣，早早地遺棄了這些「孩子」。而好的影響則

表現於他的科學研究工作。由於達文西未能肯定性地認同父親，所以他也就不把自己內化為一個道德權威。這可以解釋他何以不怎麼在乎一般世俗認為的權威。當時，科學通常被認為就是教會和哲學家如亞里斯多德的不可挑戰的權威，達文西將自己與時人區別開來，他不相信道聽塗說，只認可自己從實驗研究中發現的真理。顯然，他沒有公開表露自己的懷疑，他不想為此而危及自己的生命，但他的日記可以證實他對世俗和教會權勢持有不同尋常的批判姿態。

按照佛洛伊德的分析，在達文西身上所表現的鮮明的科學求索精神，是其幼兒時期性好奇的昇華。例如為建造一架能使他飛翔的機器，苦心孤詣，幾致迷狂。佛洛伊德解釋說，這種情況就是他潛在性慾的象徵性表現。

結語

最後，對於佛洛伊德深究藝術表象力量之根源的做法，我們想提出幾點批評。即使我們能夠接受佛洛伊德絕大多數作品的思辨性，具體對於其美學文本來說，仍難免有一些意見。

首先，我們時而在他的闡釋中會碰到一些事實性的錯誤。他將義大利語的「nibio」，意為「鳶」，翻譯成德語的「Geier」，即「禿鷲」。這真是個令人啼笑皆非的錯誤！不用說，這一錯誤將使關於飛鳥主題的一系列語源和象徵上的演繹在其效果方面大打折扣。一個更令人煩憂的事實是，研究表明，達文西並非與其生母生活了數年之後被帶回父親的家庭，而是僅僅數月。這就是說，有關其幼童時期與生母的深厚連繫及其發展的全部論述都是建立在虛言之上。這些傳記性資料當時並非鮮為人知，因而就有人批評佛洛伊德「對真理採取節儉的態度」（即故意隱瞞事實真相）。同樣

的責難也反覆針對於他治病的事例。他們說，佛洛伊德並非提供我們「科學小說」，而是將科學變成「小說」！

其次，佛洛伊德的藝術研究著述與美學本身究竟有多大的相關性？對此持懷疑態度者不在少數。不用說，由於其為傳記性研究，且主要限定在藝術家早年的經歷，這種相關性就不可避免地受到相當大的制約。但是依我們之見，即使認定這種傳記性研究對美學本身意義不大，那它也揭開了藝術作品為其自主性所遮蔽的另外一個維度。精神分析闡釋的可貴之處在於，它突顯了審美再現的實存（existential）的重要性。它表明，藝術的最大功用就是能夠調和我們的欲望，與經常是痛苦的現實生活之間的矛盾。

最後，我們想提出，佛洛伊德研究最有問題的地方是，其美學反思無論行進在多少條路線上，可終歸是要回到「尼羅河之源」，即幼兒性慾。雖然我們不必懷疑性慾在人類生活中的重要意義，但是，如果將一切衝動和欲望都追溯到性慾，那也真是還原得太過分了。視性慾為「超驗所指」，並將其列進西方形而上學傳統，佛洛伊德低估了他自己曾令人信服地表明的意義的多重決定性。

儘管追究起來，佛洛伊德對藝術的闡釋存在著很多問題，絕不只如上幾點，但從積極方面看，它對如何理解「藝術」這種人類現象還是做出了不容置疑的貢獻。

第二節　榮格

卡爾‧古斯塔夫‧榮格（Carl Gustav Jung, 1875-1961），瑞士心理學家、精神科醫生，是精神分析學派的主要思想家之一。曾於巴塞爾大學學習醫學，畢業後相繼任職於蘇黎世伯格爾茨利的精神病院、蘇黎世大學精

神病學講師，以論文〈論神祕現象的心理學與病理學〉獲得博士學位。榮格在與精神分析學派的創始人佛洛伊德結識後，加入了後者所開創的精神分析運動，在他們共同創建的「國際精神分析學會」（1908）中，榮格擔任了第一任會長。由於學說見解上的分歧，榮格於 1913 年與佛洛伊德決裂，創建了自己的分析心理學派。

　　榮格是繼佛洛伊德之後從無意識心理學角度研究人類心靈和文化現象的重要理論家之一，他的心理學研究和理論主旨不僅拓展、深化了佛洛伊德所開創的精神分析思潮，而且開創了無意識和病理心理學視角的人本主義關懷。榮格從集體無意識理論出發對人類心靈和文化困境所做的闡釋和救治、對文學藝術的基本問題的解答，在精神分析學派乃至現代西方思想史上都是富於創造性的。榮格的巨大成就也為他帶來了極高的聲譽，牛津、哈佛等著名大學競相授予其名譽博士學位，他還是英國皇家醫學會的名譽會員（1938）和瑞士醫學學術院的名譽會員（1944）。

　　榮格博學多產，一生著述達一百多種，其主要著作有：《無意識心理學》、《分析心理學》、《集體無意識的原型》、《心理學與文學》、《分析心理學的理論與實踐》、《尋求靈魂的現代人》、《人、藝術和文學中的精神》、《原型與集體無意識》。

一、榮格與佛洛伊德

　　榮格年幼時憂鬱而奇怪的性格，由於摔倒傷及頭腦而患上的「神經官能症」，及其所學習的醫學專業、精神病學職業和心理醫學專業的背景，使其從實際經驗的領域接觸到人類心理現象中由於貶抑而很少被關注的陰暗領域 —— 無意識心理。西方文化中過早、過度發達的理性主義文化支配性地將理性、秩序、光明等判詞頒布給人類的心靈世界，「人是邏各斯

的動物」、「人是理性的動物」幾乎主導了西方文化對阿波羅的「認識你
自己」的神諭的回答，然而即便是在哲學史的進程中，我們依然在「厄洛
斯」、「隱德萊希」、「意志」、「酒神精神」等相關概念上讀出人性和人類
心靈活動中的超出理性和意識的領域，理性和意識活動不僅未能占有人類
心靈的全部，甚至遠遠不是具有支配力、本質性和創造性的部分。「愛智
慧」、「渴慕上帝」、「求生本能」、「實現」等生存論基本情態所揭示的是
人類心靈更為根本的領域 ── 非理性、無意識的生命衝動力，現代心理
學將這個被西方理性主義文化所排斥和迴避的心靈領域稱為無意識領域，
作為精神現象的無意識在人類經驗中的存在，突出地展現在人類精神的異
類經驗中，如神經官能症、精神疾病、變態心理、夢幻、文藝活動、巫術
活動等，榮格最初正是經由這些領域而實證性地體驗和認識了無意識的心
理現象，這也促成了榮格與佛洛伊德天然的「緣分」。雖然在佛洛伊德之
前就有哈特曼（Karl Robert Eduard von Hartmann, 1842-1906）《無意識哲
學》的問世，然而，從心理學角度首次提出和研究人類心靈的無意識層面
的卻是佛洛伊德，在這一點上可以說佛洛伊德是榮格的心理學研究的先驅
和導師。因而榮格與前者在 1907 年結識之後，很快便開始了長達六年的
合作，之後榮格在佛洛伊德的極力支持下出任了他們所創立的「國際精神
分析學會」第一任會長。

　　佛洛伊德對無意識現象的開創性研究及其影響力對榮格啟發、肯定和
支持，奠基了兩者在精神分析學說上的合作關係，然而，當榮格沿著精神
分析學的道路繼續前行，卻發現了他與佛洛伊德學說的根本性的分歧，導
致了兩者在學術和友誼上的決裂。榮格與佛洛伊德的學說分歧主要展現在
以下三個方面。

　　（一）在對無意識作為心理能量的層面的解釋上，佛洛伊德將「力比多」（libido）視為一種生物本能，並且傾向於將其解釋為性慾方面的本能，從這種理解出發，佛洛伊德對人性和人類文化的解釋是「泛性論」和「生物主義」的；榮格的心理學則將無意識理解為心靈的一種能量和驅動力，其不僅僅包含性慾方面的衝動力，而且包含了人類精神中創造力和生命活動力的廣闊領域，這樣一來，榮格不僅克服了佛洛伊德對無意識的狹隘和貶抑性理解，而且將其擴展為人類文化、文明的創造性動力，賦予了心理無意識以正面、精神、人文的特色。

　　（二）佛洛伊德的理論基礎是理性主義和科學主義的，從這種主旨出發，佛洛伊德將人類精神生活中的無意識的「突顯現象」視為一種精神症狀，一種非理性主義的精神現象，而精神分析和治療的目的就在於疏導和消除無意識的破壞性能量，重新把無意識置於意識及其理性的支配範圍內，恢復所謂的健康狀態，正如亞里斯多德的「卡塔西斯」一樣，悲劇的效果在於恢復心理和倫理上的「常態」；榮格在這一點上所持的是徹底的人本主義立場，他將人類心靈世界裡的意識和無意識、理性和非理性都視為「正常的」精神存在，無意識活動所導致的病態精神現象被榮格理解成為意識和無意識之間的不和諧關係。他的分析心理學的理論和實踐並不是要消除無意識的破壞性的邪惡能量，而是讓兩者恢復或提升到和諧和平衡。榮格對人類精神世界的非理性的「陰暗面」和人格整體的肯定超出了理性主義、科學主義的立場，其學說歸屬於人本主義的陣營。

　　（三）在對無意識內涵的掌握上，佛洛伊德將其界定為個人遺忘、壓抑了的意識經驗，即個體生存經驗中的無意識，這展現了佛洛伊德心理學的個人、個體心理學的視角。這種視角支配了他對人類心理現象和文化現象的解釋；榮格對人類心理活動中的無意識領域作了進一步的劃分：人的

無意識包含了個體無意識和集體無意識兩個層面，集體無意識是比佛洛伊德的無意識更深一層的領域，它超出個體的人生閱歷，是一種先天遺傳的族類的集體性心理積澱（這一點類似於哲學上的先驗能力和先天知識）。這種無意識層面不僅超出人類的經驗，而且是作為人類的經驗活動賦形根據而存在的，可以說正是集體無意識使個體的精神生活成為可能。榮格的這種理解不僅使得無意識理論更富有哲學意味，而且將佛洛伊德的「個體主義」化的無意識解釋，擴展到「社會性的、集體的、超越個人」的層面，從而使得無意識理論更切近於人的「類」的本質。

二、榮格的幾個心理學概念

（一）集體無意識。榮格把無意識劃分為個體無意識和集體無意識兩個層面，集體無意識是位於個體無意識之下的深層無意識，是超出了個體經驗的具有「集體」屬性的族類記憶。下面摘錄的是其被廣泛引用的關於集體無意識的表述：

但這種個人無意識有賴於更深的一層，它並非來源於個人的經驗，並非從後天中獲得，而是先天就存在的。我把這更深的一層定名為「集體無意識」，選擇「集體」一詞是因為這部分無意識不是個別的，而是普遍的。它與個性心理相反，具備了所有地方和所有個人皆有的大體相似的內容和行為方式。換言之，由於它在所有人身上都是相同的，由此，它便組成了一種超個性的共同心理基礎，並且普遍地存在於我們每個人的身上。[024]

按照上述的表述，根據榮格整體的理論架構，可以把集體無意識的本質刻劃如下：

---

[024] 中國社會科學院外國文學研究所：《文藝理論譯叢》，中國文藝聯合公司 1983 年版，第 275 頁。

（1）無意識性、不可顯示性。集體無意識與個人無意識的區別就在於集體無意識是拒絕呈現給意識的。個人遺忘了的經驗可以被重新喚醒，但是集體無意識是無法被意識到的，即便我們可以透過原始意象、象徵和精神病症等變相地觸碰到集體無意識，但集體無意識本身是不可顯示的。

（2）普遍性。「集體、族類、全人類」等詞語所描述的不僅僅是數量上的集體的人、社會的人，其核心在於無意識的普遍性特徵。在這一點上，集體無意識類似於哲學上的存在論、形而上學知識、維根斯坦（Ludwig Wittgenstein, 1889-1951）的「基本命題」等，正是因為無意識存在的普遍性特徵，集體無意識才具有了超越個人、兩性、青年和老年、出生和死亡的「集體特徵」。

（3）永恆性。這一點刻劃的是集體無意識超越時間的恆定性，人類先祖的原始經驗之所以積澱成為世代相傳的集體無意識，其主要的原因就在於這種經驗形式和情境的「同一性」，即所謂的「太陽底下沒有新鮮事」、「同一者的永恆輪迴」。

（4）先天性。榮格借用遺傳以及先祖經驗等字眼所強調的倒不是生物學、人類學上的時間之先，而是經驗之先。集體無意識在這一點上無疑具有先天性的特徵，在其先於個體無意識和意識又使後兩者成為可能的構型，也就是說，集體無意識具有康德所說的「先驗性」特徵。

（二）原型（archetype）。原型的英文詞指的是原初的類型、原初的樣式和形象，在榮格的使用中該詞意指集體無意識的內容，至少在榮格看來原型是構成集體無意識的一種成分。上述對集體無意識的分析表明，集體無意識是無法提供給意識、不可顯現的心理存在領域，然而集體無意識又是確切地存在著的。在精神病症狀、文學藝術活動、宗教等人類經驗和文化現象中，都有確證集體無意識存在的依據。因而，為了對這不可顯示的

心理存在進行內容上的定義，榮格引入了原型的概念。按照這種淵源，原型必然具有集體無意識的所有特徵，不僅如此，原型必定還具有屬於自身的突出特徵，以此對集體無意識進行進一步的描述，從而為自身爭取存在的理由。按照榮格言明和未經言明的表述，原型大致具有以下幾層含義：

（1）原型是人的精神活動、生活經驗的形式。榮格在談到原型的時候提到斐洛（Philo Judaeus, 20 BCE-50 CE）所說的「上帝形象」、柏拉圖的「理式」、列維 - 布留爾（Lucien Lévy-Bruhl, 1857-1939）的「集體表象」，這些先天、先驗、永恆而又普遍的原初形式的要義就在於為人類心靈活動和精神生活賦予形式，從而使後者得以存在，因此它們本身才成為最早、最初的形式，正如晶體的構架使得晶體物質成為現實存在一樣。雖然上述概念看起來都是與認識論相關的概念，但是榮格也說過原始意象作為原型的典型形象，宛如心靈中一道深深開鑿過的河床，透過它，生命之流才得以奔湧成大江。這裡所說的已經儼然超出哲學認識論的領域，達於生命整體的關照，原型在此是為生命之流賦予形式而存在的。

（2）原型不僅僅是原初的類型和形式，而且包含了心理動力層面的心靈整體的應然性，這一點頗似於哲學上所說的目的論。在柏拉圖那裡作為對所有理式的起統一性作用的「至善」的理式，以及康德經由認識的純粹理性形式向作為其哲學的「拱頂石」的實踐理性的推進，可以被視為倫理和實踐層面的原型，那就是目的論上的應然和歸宿。這一點同樣適用於榮格的原型，在榮格看來，人類心理活動的不同方面的衝突所產生的心理能量就是所謂的情結，情結的擴大能夠啟動人心靈深處的原型，這個種類的原型就是人類心靈完整性的應然層面的原型，即榮格所說的自性（the self）。榮格在談到文學藝術中的原型對時代精神形式和心理病態的療救作用的時候，所意指的原型無非就是人格和心靈的和諧整體的應然的原初類型，這是一種理想、一個

烏托邦。雖然有多少生活的典型情境，就會有多少原型，但是基本的原型有以下幾個：面具、陰影、阿尼瑪、阿尼瑪斯、自性。

（三）象徵。在榮格看來，無論集體無意識還是原型都是不可知的心理領域，說它們不可知並不是說絕對的無法被意識，而是說無法直接呈現給意識，透過一定的中介存在物，集體無意識和原型都能夠被間接地呈現給意識，進而能夠被曲折地加以認識，否則就不會有所謂的心理分析和心理治療。神話、夢、文學藝術、生活中的典型情境、文化的象徵活動，都揭示了集體無意識「變相」地顯示自身的存在和不存在的事實，只是從「虛無的深淵」到有形的實在需要一個過渡、一個中間環節、一個貫通集體無意識和意識領域的媒介。榮格在把這個媒介指派給了原始意象，原始的、原初的意象本身介於意識和無意識之間，構成了不可意識的原型向可意識的具體形象的過渡。在這一點上，原始意象確實類似於康德所說的想像力的先驗圖型，康德認為知性和感性之間的中介是想像力，而在無形象的概念和理性範疇與具體經驗之間的中介是先驗圖型，憑藉先驗圖型，認識活動實現了概念和表象、先驗和經驗之間的溝通和過渡。正如想像力是對應於康德的先驗圖型的認識能力一樣，在榮格那裡，對應於原始意象的人類心理能力是象徵。

可以說，象徵作為一種心理活動乃是集體無意識、原型向具體可感的形象和意識經驗轉化的生成機制，榮格之所以在自己的心理學中賦予象徵以這樣的位置，其主要原因在於象徵本身的特徵。象徵活動的本質特徵是以具體的事物指示不可具體化的意蘊，將無形質的存在領域關聯於有形的存在物上。象徵活動的這種關聯機制本質性地刻劃了原型與意識經驗的關聯，人類的意識活動和經驗意象對原型的曲折反映，以及兩者之間關聯的內在機制的本質就在於象徵活動中。從心理動力論的角度看，榮格將佛洛

伊德性慾化的力比多釋放理解為人類心靈活動的動力之源，一切人類精神活動從力學原理上都源於力比多的驅動力，性慾以及人類為自保而生的生物衝動、本能僅僅占用了力比多的一部分能量；而當這些基本的動物性要求被滿足之後，力比多就轉向人類廣闊的文化活動領域，也就是象徵的領域，哪怕是在禁忌之類的對無意識的壓制領域，也仍然象徵性地表達了無意識的存在。在這個意義上，如果我們將集體無意識以及原型理解為某種心理能量的話，那麼象徵則是這種不可意識的心理能量向意識經驗轉化和生成的中介，象徵活動本身就是這種轉化的生成機制。

作為原型向意識經驗的生成機制，象徵的中介作用還表現在它對集體無意識、原型和意識活動的中和作用上。象徵作為樞紐不僅僅是一個中間環節，而且是兩者和諧存在的一種整合作用，在這方面象徵是完滿的人格和健康心理的一種存在狀態。由於象徵建構了集體無意識和意識之間的和諧，它在精神病醫學中也具有某種心理治療的功能。榮格曾談到象徵的超越性，這種類似於藝術的形而上慰藉功能的特性，能夠為人帶來存在的充實和豐盈，此即象徵的心理治療和精神救贖的功能。這個層面的內涵使得象徵在榮格的心理學中具有心理治療的功能，精神病患者乃至現代人的精神生活和心理世界的「病態」都能在象徵中得以治療。正因如此，作為象徵的文學藝術活動、宗教等與心理治療中的放大、繪畫療法、沙盤遊戲等一樣，都具有心理治療和精神救贖的作用。

（四）內傾型和外傾型人格。在榮格看來，心理活動的動力來自心理能量（力比多）驅動；力比多有其自身流動的方向，而人的心理活動中存在著兩種主要的心理流動方向，即先天向內和向外兩種流動方向。這裡的向內和向外是根據人的內心和外在世界兩個向度來衡量的，榮格根據心理能量向內（內心世界）和向外（外在世界）的流動方向，把人的心理類型

分為內傾型和外傾型態度或人格。

　　內傾型人格的心理活動的指向是內在的心理世界，這種人對外在世界的感受、認知和評價都是以內心的感受體驗為導向，表現出以自我為中心的特徵，世界是圍繞他們的內心而存在的，他們只生活在自己的內心世界裡，對外在世界的所有關涉都是以自我的內心體驗為基礎的。這種人格類型的心理活動類似於哲學上所說的反思活動，對客體世界的感覺、表象等活動的反向拋投，匯聚於一個焦點——自我，世界在這種反拋中成為「我的」世界。因此在內傾型人格中，自我的內心活動乃是他的世界的基點。與此相對，外傾型人格的心理活動的指向是外在的心理世界，這種類型的人的精神世界完全是以外在世界為導向的，個人的情感、價值等主觀的心理活動都決定於外在的人、事、環境，喜怒哀樂、思想和行動都取決於外在世界。在這一點上，如果說內傾型的人格是「以己喜，以己悲」的話，外傾型人格則是「以物喜，以物悲」；外傾型的人的內在世界處處受制於外在世界，客觀世界的情狀壓倒性地支配了他們的內心世界。

　　按照心理活動的傾向性、心理能力的流向，榮格把人格的主要類型劃分為內傾型和外傾型兩種，此外還有居中型的人格。內傾型和外傾型的心理態度或人格類型，結合感覺與直覺、思維和情感四種心理功能，人格類型在榮格那裡就被具體地劃分為八個種類：內傾感覺型、內傾直覺型、內傾思維型、內傾情感型；外傾感覺型、外傾直覺型、外傾思維型、外傾情感型。

三、榮格的美學思想

　　上述的幾個術語既是榮格心理學的幾個基本概念，又是榮格美學的核心詞彙；只有理解了這幾個概念的內涵，我們才能進一步理解榮格美學的基本觀點及其價值。榮格從其集體無意識心理學的學說出發，對美學的一

些基本問題提出了獨到論述，這些創造性的解答不僅視角新穎，而且從心理學上深化了我們對文學藝術的基本問題的理解，奠定了榮格的文藝思想在西方美學史上的不容忽視的地位。這裡把榮格的美學思想概述為藝術作品的本質、藝術創作、藝術家、藝術的救贖功能四個層面。

（一）藝術作品的本質：藝術作品是集體無意識、原型的象徵。藝術作品的本質首先展現在其物性特徵上，藝術作品的感性媒介乃至藝術作品的作品形態的固定和完成都首先是屬於物的，藝術作品必須首先是一物，這就是海德格（Martin Heidegger, 1889-1976）在〈藝術作品的本源〉開頭花了那麼大的篇幅談論「什麼是物」的原因。然而，榮格認為藝術作品的主要功能、價值、性質並不在於物，而在於依託於質料的意象，意象才是藝術作品的本體。榮格的論斷是中肯的，我們不能否定藝術作品的物態存在，然而構成藝術作品本質的乃是其中的藝術形式或形象（典型、意象意境、情節等），此即藝術意象，是意象規定了藝術作品的本質。

在榮格看來，藝術意象是一種象徵，藝術中的象徵就是透過呈現給意識的具體意象來揭示某種不可知的、正在生成中的東西，即集體無意識、原型，這樣一來，藝術作品本質對榮格而言就在於透過藝術意象對集體無意識或原型的象徵性呈示。按照榮格的理解，集體無意識及其原型是位於人類心靈深層的遺傳性的心理內容，其特徵就在於拒絕進入意識之中。閉鎖自身的集體無意識只是拒絕直接呈現給意識而已，其存在作為心理能量和先驗賦形作用（原型）需要與意識層面有所關聯，於是，透過原始意象和象徵活動，集體無意識、原型就以映射的形式進入意識層。在藝術的領域裡，集體無意識、原型是透過藝術幻覺的作用湧現於意識層的，無意識和意識相交接的領域就是原始意象（原初的形象，一切形象得以成行的本原形象、形式），一切藝術意象都是透過對原始意象的捕捉而生成的具體

形象。在這個意義上，藝術作品的本質就是透過意象對集體無意識、原型的象徵，藝術作品的創新就在於為集體無意識、原型尋找新的象徵形式，藝術作品是集體無意識裂開的深淵之上升騰出的意識的世界。

榮格對於藝術作品的本質觀從集體無意識和原型的角度解答了偉大藝術作品的本質特徵，這些見解揭示了無意識心理學在美學中應有的價值。從集體無意識的幻覺世界來說，偉大的藝術作品必定給人陌生、怪異、陰冷、荒誕、非同尋常等感覺，這是集體無意識的深淵的色調；從集體無意識的「全人類」、「集體的人」的角度看，偉大的藝術作品必定是能夠超越時空被人傳頌的經典；從象徵角度看，集體無意識對意識的超越、原型對人類理解力的拒絕，解答了偉大藝術作品深不可測的意蘊，以及它無法為一切時代所揭示的集體無意識的內容。由於原始意象完滿地展現在神話想像中，神話就保存了最基本的原型，因而一切偉大的藝術作品的理解都要「向後看」，到神話中去溯源所謂的原型母題。

（二）藝術創作：集體無意識向意識的湧現。在榮格看來，關於藝術的本質的問題應該由美學來解答，心理學所能作出見解的只有藝術創作方面的問題。不論這個觀點是否中肯，至少榮格學說中多受推崇的就是他對藝術創作的闡釋。

藝術創作一般被認為是藝術家個人的自由的創造性活動，而榮格卻從兩個層面反駁了這個觀點：其一，藝術家在藝術創作中的自由是一種假象，真正起支配作用的是集體無意識的湧動。榮格把創作中的藝術家比作游泳的人，裹挾著他游動的乃是身下看不見的潛流暗湧，這些浮載的暗流就是集體無意識及其原型。從榮格的心理動力學來看，藝術家是一類特別敏感的人，他們對時代精神生活的形式和內容上的匱乏有著敏銳的感知力，深感於時代心理形式的僵化使得他們退向童年和人類遙遠的過去，一

直深入到集體無意識的深淵。如此一來，一方面在意識域中累積了大量的心理能量，心理動力的負荷量形成了所謂的「自主情結」，正是這種情結推動了藝術家的藝術幻覺；沉浸在集體無意識中的藝術幻覺促使藝術家尋找符合時代特徵的象徵形式來表達集體無意識的原始意象。另一方面，藝術家憑藉其對時代文化的敏感性和強大的心理能量（自主情結），啟動了潛藏於心靈深處的集體無意識及其原型。被啟動的集體無意識帶著心理能量上的負荷在藝術家的心靈中醞釀成為藝術幻覺，直到其衝破藝術家的意識閾限，以象徵的形式（藝術作品及其意象）把原始意象呈現給意識活動，藝術作品就誕生了。在這個意義上，榮格是將集體無意識、原型視為支配藝術家、藝術創作活動的主導力量，將藝術創作活動理解成集體無意識藉藝術意象的象徵形式向意識活動呈現。其二，支配藝術創作的是集體無意識，這些集體無意識，是透過遺傳的方式保存下來的祖先經歷過的典型情境，凝結著祖輩經驗積澱的悲歡和榮辱。藝術創作作為集體無意識借藝術家之口的言說，必定是超越個人的經歷和偏好的。在這個意義上，藝術創作中的藝術家乃是「集體的人」，他們的創作乃是以人類的靈魂向全人類講話，這就在「集體」和「類」的意義上突破了藝術創作的個人屬性；正如荷馬史詩的作者可能並不是荷馬其人，而是希臘民族的集體創作一樣。

　　上述的分析闡述了榮格關於藝術創作的見解 —— 藝術創作是集體無意識向意識的湧現，這個結論從集體無意識的心理學角度揭示了美學關於創作中的一些古老的謎題。西方美學從柏拉圖就已經開始關注文藝創作中的靈感、迷狂等非理性的心理活動，這些對於意識和理性來說的不可知的黑暗之域，在榮格的「無意識」概念下得到了心理學上的闡釋。由於作為心理動力和象徵原型的集體無意識根本上是對意識活動閉鎖自身的，其

在藝術創作中的活動和「顯示」必定是非理性、無意識、不可解說的。同時，由於這種湧現出的無意識又是「集體的」，其必定是超越個體和時代的，這就從創作心理學角度解釋了何以偉大的藝術是能夠經受時代的考驗，何以其價值和意義是屬於全人類的，這在西方文論中古典主義的普遍和永恆的文藝教條、艾略特（Thomas Stearns Eliot, 1888-1965）的非個性化的創作理論等相關文論中都得到了映襯。

（三）藝術家：藝術家是藝術的僕人。榮格在談到藝術家類型的時候，提到過兩種創作方式 —— 心理型和幻覺型，心理型藝術家對於自己的創作活動是有意識的，人物和情節的安排、謀篇布局都是在作家可控制的範圍內進行的；而幻覺型藝術家的創作則是在無意識的狀態下進行的，藝術家的創作似乎受一種神祕的力量控制，在不自主、不自覺的情況下完成藝術創作。在榮格看來，無論是幻覺型還是心理型藝術家，兩者都是在集體無意識的支配下進行創作的，只不過心理型藝術家從一開始就有意識地默認了集體無意識的支配力。按照這種理解，藝術家必定是全然屬於藝術的奴僕。

上述的論斷是能夠從榮格的藝術理論中作出論證的。從藝術創作角度看，是集體無意識、原型抓住了天性敏感的藝術家，攫取了藝術家的身體、生命、精神和靈魂乃至藝術家的健康，令其成為集體無意識的代言人。藝術家作為現實的人可以有個人的日常生活、個性和屬己的人生經歷等，然而在藝術創作中，藝術家必定是超越其個體的，是作為「集體的人」向人類整體言說集體無意識的深度。榮格認為唯有訴諸集體無意識，才能解釋為何藝術家在作品中往往能說出遠遠超出可以言說的意義，何以藝術創作會成為藝術家本人的一種至高的使命和命令，為何偉大的藝術家和藝術作品會具有永恆和普遍的意義。既然藝術創作是集體無意識占用了藝術家的生命活動來言說自身，那麼藝術家在藝術創作中就必定處於僕人

的地位，藝術家為了藝術不僅要犧牲作為正常人的生活，甚至會奉獻出自己的健康和生命。藝術家越是對藝術活動敞開自身，他就越能履行藝術的奴僕的職責，從而越是自由地創作。在此，藝術家並不是藝術創作的主體，他個人及其自由乃是藝術活動得以實現的一個場所、一個工具，一個海德格所說的「此之在」。從藝術作品的角度看，藝術作品的本質作為集體無意識的象徵性呈現，不但具有超出藝術家的理解力的一面，而且具有自身的生命機制。藝術家對於藝術作品來說並不是一個主宰者，而是一個藝術作品藉以成就自身的守護者，如此，藝術家則大有參贊造化之功的殉道者的意味。在這個意義上，榮格認為並不是歌德（Johann Wolfgang von Goethe, 1749-1832）造就了《浮士德》，而是《浮士德》成就了歌德；藝術家藉由藝術作品而享有榮耀。

從藝術家作為集體無意識的代言人和傳聲筒的意義上，將藝術家定義為藝術的僕人，從心理學的角度解答了藝術作品自身獨立的生命世界和內在邏輯等藝術理論難題。此外，榮格的人格類型理論也可以用來描述兩種作家類型或者審美類型，內傾型人格和外傾型人格在藝術活動對應於移情和抽象，移情型的藝術家或審美類型傾向將自己的主觀情感和世界傾注到對象之內，而抽象型的藝術家或審美類型則是將其對客體的壓倒性地位的承認，進而固定形式 —— 即抽象。王國維在《人間詞話》中所說的主觀的詩人和客觀的詩人大致可以作為這兩種藝術家類型的類比，而中國美學中的情中景、景中情，西方美學中的沃林格（Wilhelm Worringer, 1881-1965）的《抽象和移情》也可以在此「攻玉」。

（四）文藝的救贖功能：在於集體無意識的療救作用。從精神病理學的角度看，精神上的異態既是個體的心理疾病，又是社會、文化和時代的精神異化；在榮格看來，一定時代的文化作為精神形式都是有其片面性

的，其匱乏和僵化的一面使時代的精神生活陷入病態之中，其中的一個表徵就是精神病患者。造成這種時代心理生活困境的主要病根就在於，時代精神一旦成為具體的形式，就割裂了與生命之泉源的集體無意識的關聯，從而處於無根基的狀態。雖然時代精神本身就源於集體無意識的泉源，然而其具體化的後果則是形式上的片面和凝固，這些使得時代的精神形式僵化為無家可歸的狀態。榮格認為，在這種情況下只有回歸於集體無意識才能溶解、消除、救治具體化的時代精神生活的困境，這一點頗有中國魏晉時代的「越名教而任自然」的意思，在尼采的悲劇觀中，日神的形態必定要植根在酒神的生命泉源中，才能求得健康、充盈的文化形態，大概也同於此意。

在榮格那裡，對於個體心理病態和時代的精神困境來說，只有回歸、深入集體無意識這個生命的本源之中，以其原始的精神活力、創造力和原型補救時代形式的匱乏，或者創造出更健康的精神文化形式，才能完成宗教意義上的人類心靈的救贖。作為人類精神文化中的種類之一，藝術以象徵的形式表達了集體無意識的原始意象，這使得藝術在人類文化中負載了精神救贖的使命，透過藝術形式的中介，個體心靈和時代精神能夠恢復與作為生命之源的集體無意識之間的關聯，幫助處於無家可歸狀態中的人類靈魂重新實現還鄉夢。按照榮格的思路，藝術憑藉與集體無意識的本質性關聯能夠對人的心靈產生某種魔力，使現代社會中疏離的個體重新回到集體的、社會的人之中，使隔閡了的人與自然重新恢復到親和之中，使異化、機械化的心靈恢復到原初的完滿和豐盈。一句話，使非人化的人類心靈重新獲得人性的生命和活力。榮格從集體無意識心理學出發，對藝術的救贖功能的理解，不僅是一種心理學的闡釋，更是文化和哲學層面的人文關懷。他的心理學的藝術功能論，在西方美學中的眾多藝術救贖理論中擁

有獨屬於自身的位置。

結語

　　榮格的美學是以其集體無意識心理學為理論基礎的，心理學的視角決定了榮格思想的基調，從人及其心理出發對人類文化、歷史現實的闡釋歸屬於人類學、人本主義、主體性的視角，在這一點上榮格是屬於「現代性」思潮的。然而，從集體的無意識視角出發的思考，使榮格的理論突破了個人主義、個體主義和理性主義、科學主義的藩籬，這使得榮格的心理學及其美學具有某種「前」現代或「後」現代的特徵。榮格從集體無意識心理學出發，對藝術作品的本質、藝術創作、藝術家、藝術的救贖功能乃至藝術的本質進行了理論上探討，這些思考對藝術活動的非理性特徵、藝術作品的經典性、藝術家的地位和藝術的功能等基本問題的解答是有其創造性和啟發性的，這些美學思想象徵著心理學美學的一定層面的深度和廣度。榮格的博學和深思賦予了他的美學廣泛的影響力，除了直接導源於其中的諾思洛普（Northrop Frye, 1912-1991）的原型批評之外，在結構主義、解構主義、現象學、解釋學等文論中都能夠見到榮格美學的理論影響。

第二章

生命美學

概論

生命美學是生命哲學在美學領域的展現。也許只有後來的現象學美學和存在主義美學能夠像生命美學那樣既把哲學思辨，尤其是認識論問題，當作自己的主要任務，又斷然拒斥傳統哲學的成規慣例。生命美學與 20 世紀初的「新哲學」幾乎同步興起，前者甚至早在 19 世紀的後半葉就已可察端倪。所謂的「新哲學」係指 20 世紀初出現的美國詹姆斯的機能心理學（「意識流」是其重要觀點）與法國柏格森的生命哲學的相互呼應和配合的思潮；直至第二次世界大戰前，這股對於人性和人類的無限創造力持樂觀主義態度的思潮才開始被忽視。

生命美學，也稱「生命直覺主義美學」，所依據的哲學原理獨具特色；生命美學家，即以狄爾泰為開創者、柏格森為完成者的一些生命哲學家，致力於打破西方傳統的理性主義和經驗主義的基本分野，以個體的生命作用和精神創造力為主要著眼點，以直覺為基本的哲學方法，進行對包括藝術創作和審美鑑賞在內的一切宇宙人生問題的考察、批判和規劃。直覺方法在各國各種流派的認識論中多有涉及，但由於它的基本內涵超出個體特定的知覺和知性判斷的範圍（如果以「冰山」來說明直覺，那麼其「底部」可以說是「無意識」），因此他們的有關描述多是一鱗半爪，甚至是玄之又玄的。生命哲學流派也沒有將直覺的方法完全闡述清楚，還留下一些「難以表達的」關鍵問題，或者說留下「不可理解的」意蘊，但是他們不是將之歸入「不可言說的」玄學，而是努力根據生命進化的底蘊來揭示直覺的作用形式。[025] 直覺是不以邏輯推理的方式而掌握身心內外的實在

---

[025] 參見德勒茲：《康德與柏格森解讀》，張宇凌、關群德譯，社會科學文獻出版社 2002 年版，第 99 － 128 頁。

的一瞬間的感悟，屬於非理性認識的範疇，但實質上並不反對理性，而且還需要理性和感性融合為一的知識為之鋪平道路。狄爾泰和柏格森的審美理想和立論路線便證實了這一點。

狄爾泰是德國出類拔萃的美學家，原為新康德主義者，後轉向生命哲學。他也是現代解釋學和精神科學認識論的奠基人之一，主張建立不以實驗為主，而以感知和分析為主的描述性的認知心理學。主要著作有：《史萊馬赫傳》（1870－1922）、《精神科學引論》（1833）、《世界的概念論》（1910－1927）、《體驗與詩》（1906）、《精神世界》（1926）、《關於德國的詩作和語言》（1933）等。從他的〈當代美學的三個時期及其當前的任務〉（1892）這一專題論文中，可以大致了解他的美學宗旨和相關的藝術理論。

狄爾泰既不欣賞實驗美學，也沒有附和理性美學，而是認為前者從印象出發解釋藝術品，忽視藝術品的統一性，因此無法掌握藝術品的風格及其特殊效果，而後者在美中只看到與邏輯的統一性沒有多大差別的、符合理性的統一性，這種美的原則重視真的作用甚於美的作用，並以思維關係代替美感，因此也無法理解偉大藝術品的整體風格和充盈其中的生命力。他認為「必須以從藝術的活生生的歷史性中所得到的那些概念，來代替關於在雜多中求統一和秩序的抽象理論」；他特別強調藝術創作與藝術欣賞的美學一致性，因為「藝術品的風格所喚起的印象是無法用喜悅、愜意或是愉悅感等概念窮盡的。欣賞者更多的是感覺到一種情節的特定形式，而他的內心正是在這種情節裡得到舒展、昇華、充盈，從而產生了一種能增強欣賞者的生命力、精力和情感的力量……因此，從對現實的審美認識來說，藝術家的創作以及藝術品欣賞中的過程是非常近似的」[026]。

---

[026] 張德興主編：〈世紀初的新聲〉，轉引自《二十世紀西方美學經典文本》（第一卷），復旦大學出版社 2000 年版，第 167 頁。

　　審美欣賞可以說是狄爾泰最重視的一項美學原則。他認為，個體的存在透過審美創造與欣賞的過程得到的昇華與擴展，如同強健的意志在合理、開闊的思維或者智勇雙全的行動中獲得的快樂一樣。所以，他接著寫道：「欣賞藝術品與創作一樣，也是一種內心活動，只不過較為輕鬆一些；內心由於從自身活動的內在形式中獲得快樂而超越了對本能的粗鄙的滿足。審美作用歸根究柢便在於生命力的這種昇華。人類道德文化的歷史就是這一最高生命力的不斷勝利，這種生命力跟外在的和內在的活動以及由它決定的精神存在的形式有關，能夠持續地獨立於外在事物而產生影響。」他認為第一流的藝術品「能在不同時代、不同民族的人那裡引起持久的、徹底的滿足」，因為它們激發了我們的情感，並使內心燃起的每種追求都得到一定的滿足；衡量藝術品的價值只能採取這種標準，而不是根據什麼「美」的抽象概念。

　　狄爾泰還注重從精神科學的角度建構他的生命美學。儘管他推崇在當時占據主流地位的自然主義藝術，但他斷定：如果把文學變成科學，那比進行道德說教更糟糕。他認為，詩人雖然以現實生活為主題並因此而追求真實，但他不能光從人物言行舉止的抽象推理出發，而只能著眼於那些牽動著個體的力量和情感的關鍵所在；只有這樣，他才能以全身心緊緊擁抱生活和認識生活。這裡也許部分地展現了狄爾泰的「相對的歷史主義」方法，即他所主張的「原型的人就分解於全部的歷史歷程中」，因此既不能單憑內省，也不能抽象地以歷史必然性為推理依據，去簡單地建立精神科學體系，而是要進行綜合研究；透過個體的生命體驗和表達，將個體與環境的密切關係及其社會歷史作用的象徵意義和偶然性作為精神科學的研究主題，從而建立一門解釋性的精神科學。

　　當時已經起步的心理學在狄爾泰的心目中與科學殊少差別。他認為，

這門新學科按其當時的發展程度只能對創造性的想像力做些微不足道的一般化解釋，而美學家必須從個別藝術領域的創造過程出發，對這些過程進行描述、判斷和分析；他必須具體展示這些過程，並解開心理學還無法解開的那些祕密。

狄爾泰的生命美學還有一個顯著特徵，就是極為重視個體的創造精神，重視天才的主導作用。他說：「沒有絕對的美的法庭。毋寧說是一個或者一群天才出來把他們的觀察方式強加給人們，然後使其他的藝術家學習他們觀察和想像的方式。這樣就形成了一種團體，一種流派。這是一個勢力問題，而不是原則問題。因為關鍵是看馬羅（Christopher Marlowe, 1564-1593）和莎士比亞的風格能否控制舞臺，能否打動最高貴的同代人，也就是女王；同時也看米開朗基羅能否去建造宮廷和教堂並為之配上人物像來裝飾，從而使同代和後世那些竭力抵抗的藝術家也屈服於他的形式的魔力。藝術批評的一切重大戰役都是圍繞著這一事實展開的：先是推崇舊有的東西，然後是一位咄咄逼人的後人要求登上寶座，或是推翻業已衰敗的藝術王朝。這些批評界的戰役都非常有用，富有影響力。」但是，他並不認為天才可以天馬行空地引領時代的潮流，而是要求藝術家去理解自己所處的時代的基本特徵，不要把時代的「心血來潮」與其持續方向混為一談。為此，他接著寫道：「我將要證明，只有當批評家不僅理解藝術，而且也懂得藝術家應該述說的時代祕密時，美學才有足夠的理由來裁決這些戰鬥。」[027]

他在《詩學的基礎》中還寫道：「詩人的技巧只不過是一個歷史時期的表達。文學創作有藝術法則，但是不存在普遍適用的文學技巧。像弗萊

---

[027] 張德興主編：〈世紀初的新聲〉，轉引自《二十世紀西方美學經典文本》（第一卷），復旦大學出版社 2000 年版，第 170 頁。

塔克（Gustav Freytag, 1816-1895）那種企圖弄出一套戲劇技巧的嘗試是必定要失敗的。形式是由內容以歷史的角度決定的。藝術史的任務就在於發現技巧的前後發展種類。」[028] 他認為，藝術家的精神內容由歷史決定，這種內容又制約著自己的理解方式和風格，並且大致為某個時期的藝術家所共有；而同一時期的欣賞者也傾向於同樣的理解方式，這對藝術家也有影響。他不無遺憾地指出：「拉斐爾、米開朗基羅、莎士比亞、塞凡提斯（Miguel de Cervantes Saavedra, 1547-1616）、高乃依（Pierre Corneille, 1606- 1684）的風格與技巧已不屬於我們。這是自希臘人以後的傑出風格。」為此，他在這篇長文的末尾呼籲「在各門模仿性藝術中開創新風格的天才」的來臨。

柏格森 1881 年從巴黎高等師範學院畢業後，歷任中學及母校和法蘭西學術院哲學講師、教授，並曾主講古羅馬詩人盧克萊修（Titus Lucretius Carus, 99 BCE-55 BCE）的長篇哲理詩〈物性論〉，對於營造法國當時的古典文學研究風氣頗有助益；1888 年完成博士論文《論意識的直接材料》（20 多年後的英譯本改名為《時間和自由意志》）；1896 年發表第二部論著《物質和記憶》（英譯本出版於 1911 年）。該書由探討大腦的機制入手，對諸如感知和記憶等意識的事實作了深入分析，藉此闡發精神與物質的相互連繫等哲學基本命題，廣泛涉及心理學、生理學以及病理學的新研究；1899 年在《巴黎評論》上分兩次發表論滑稽的意義的文章 3 篇，探究在日常生活中藝術元素的喜劇性，翌年編為《笑 —— 論滑稽的意義》一書發表；1903 年發表〈形而上學引論〉，該文專論以直覺方法認識實在本相的各種形式，被認為是包括《論意識的直接材料》、《物質和記憶》和 1907 年發

---

[028] 張德興主編：〈世紀初的新聲〉，轉引自《二十世紀西方美學經典文本》（第一卷），復旦大學出版社 2000 年版，第 171 頁。

表的《創造進化論》在內的柏格森三大著作的序文；1919 年發表論文集
《精神的能量》（又譯為《心力》）；1922 年發表專論〈綿延與同時性〉，
旨在闡明他先於愛因斯坦提出的時間的「綿延」概念，而愛因斯坦的相對
論仍有將時間空間化的弊病，此論文還辨析了綿延與同時性的區別；1932
年發表《道德和宗教的兩個來源》，專論其哲學思想的倫理學意義，此書
將人類社會分為「封閉」式與「開放」式兩類：前者產生了拘束性的道德
與靜的宗教，以機械論與智慧作用為基礎；後者產生了創造性的道德與動
的宗教，以「生命衝動」與直覺功能為基礎。1934 年出版另一論文集《思
維與動力》（此論文集的英譯本題為《創造的心靈》），較多涉及直覺的
論述。

　　柏格森的生命美學絕大部分融於其生命哲學之中，而他的生命哲學又
集中反映在其代表作《創造進化論》中。此論著認為，整個世界自始至終
進行著由「生命衝動」激發的一種「創造的進化過程」，精神在這一過程
中發揮主導作用，而物質是這種進化活動的副產品或補給品，其事實根據
無所不在，著重展現在有機物質與惰性的無機物質的轉換過程中；而在有
機物的進化過程中，與精神密切相關的部分，比如神經系統，一般都處於
優先得到保障的地位。柏格森認為，智慧是意識由內向外的運動，面向物
質而背向生命和意識，所以，智慧從已知的功利角度出發，不可能掌握
不受智慧支配的不斷創新的生命衝動。而直覺則是意識的向內運動，它
直面生命和意識的深處，「在直覺中，生命與意識總是相依相存著」，「直
覺就是衍變成無功利心而又自覺的本能，它能夠反映和無限擴大它的對
象」[029]。認識和掌握「實在」，就不能只靠理性的分析，而主要憑藉從本

[029] Henri Bergson, *L'Évolution créatrice*, Chap. I, Geneva: 1945.（瑞士日內瓦阿爾伯特·孔迪格出版
社曾擁有柏格森著作的版權，這裡所引的《創造進化論》中的文字均由筆者根據該出版社 1945
年首次限量發行的《柏格森全集》原版譯出）。

能發展而來的直覺。只有直覺，才能全面而直接地掌握宇宙的精神實質。

　　他認為，在對作為綿延之流的生命衝動的直覺過程中，在內在的生命和意識的運動變化每一瞬間，都有嶄新的東西（新物質）出現，生命的每一瞬間都是一種創造，「綿延意味著發明、形式的創造和對嶄新的東西的不斷研製」[030]，在已知的功利領域裡的智慧，與富有創造性的生命衝動格格不入。此處，柏格森接受了歌德等詩人和啟蒙思想家的「生命之樹常青，而理論是灰色的」教誨，將實踐高高地懸置於理論之上。他的所有著作，幾乎都是針對上述多數人嘴上說說的道理，所做的入木三分的論析，其結論是：西方自古至今的哲學都建立於智慧的基礎上，都具有「電影拍攝手法」般的弊病，即利用人的錯覺，以靜止和斷片連綴的方法去表現運動和持續變化的事物；而只有他的生命哲學超越了以往的哲學，成了真正的「直覺的哲學」[031]。這裡似乎存在著一個悖論，因為柏格森又認為：哲學史上一切有價值的東西，都是哲學家應用直覺的產物。但他接著明確指出，哲學家們在表述自己的發現時，卻往往運用分析的智慧，而推動他們去形成發現的，則是與分析的智慧截然相反的能力，這種能力就是我們所謂的「直覺」，亦即「共感」[032]。他還說：「那些固定的概念顯然可以透過我們的思維活動從運動的實在性中取得；但是，我們完全沒有辦法用

---

[030] Henri Bergson, *L'Évolution créatrice*, Chap. Ⅰ, Geneva: 1945.

[031] Henri Bergson, *L'Évolution créatrice*, Chap. Ⅳ, Geneva: 1945.

[032] Henri Bergson, *The Creative Mind: An Introduction to Metaphysics*, M. L. Andison (trans.), New York: the Philosophical library, 1946.《形而上學引論》後來收入作者的論文集《思維與動力》中，筆者已從其英譯本《創造的心靈》中譯此文。中文通常根據最初的英譯將「共感」譯為「理智的交融」。「理智」容易與「理性」混淆譯為「知性」或「智能」較妥。柏格森認為它與「直覺」截然不同，但要進入直覺，又須透過知性來轉換思維方式，否則只能停留在本能的水準。可能擔心引起誤解，他後來親自校注該英譯本時，默認刪去這裡的「智能的」或「知性的」一詞。

一些固定的概念來重建實在的運動性。」[033] 顯然，這一以萬物生生不息的運動變化或廣義的生命「綿延」為主題的「直覺的哲學」，為西方的傳統哲學以及近代「科學主義」所帶來的衝擊，是難以估量的。

但是，柏格森的生命哲學與德國唯心主義哲學家杜里舒（Hans Driesch, 1867-1941）等人提倡的「新生命力論」沒有多少共通之處。新生命力論者認為，生命物體均受一種非物質的、神祕的、超自然的「整體原則」的支配。而柏格森認為，生命是投入物質的意識，它將注意力或者集中在自己的運動上，或者集中在所通過的物質上；因此，它或者轉向直覺方向，或者轉向智慧方向。「直覺順應著生命衝動。我們的心智可以直覺地掌握實在，那便是透過剛剛提到的那種知性的共感路徑。但是，要這樣做是非常困難的。心智必須強迫自己這樣做，必須扭轉自己通常認可的那種運作方向，必須連續不斷地『修改』（更確切地說是『重建』）自己的範疇。這樣便能取得流動的概念，藉此可以體察入微地掌握實在，並且與事物最本質的內在生命運動息息相通。只有這樣，我們才能建立出一種進步的哲學。」[034] 運動離不開物質，由此可以推斷，柏格森不可能將生命和意識與物質截然分開。他明確指出其與眾不同的抱負是將科學與形而上學結合起來；其中，科學的對象是物質，形而上學的對象則是生命和意識的「綿延」。歸根結柢，探討的都是只有直覺才能掌握的「絕對」，即種種獨一無二的東西，而不是西方以往的形而上學所追求的抽象的「理念」、「本質」等。

因此，柏格森直覺的生命哲學主要著眼於改變習慣成自然的西方思維

---

[033] Henri Bergson, *The Creative Mind: An Introduction to Metaphysics*, M. L. Andison (trans.), New York: the Philosophical library, 1946.

[034] Henri Bergson, *The Creative Mind: An Introduction to Metaphysics*, M. L. Andison (trans.), New York: the Philosophical library, 1946.

方式，即破除一般情況下運用符號、概念等邏輯推理和分析的方法，從而去持續不斷地直覺「絕對」的「這一物」，然後以「流動的概念」表達出來。他說：「這種能力並非無法努力達到，人們除了正常的知覺之外還有審美能力，這就是一個證明。我們眼見的生物形象都只是組合的，而不是彼此有機地連接在一起的。生命沿著各條路線做單純的運動，其意向在於將這些路線集合一處並賦予它們意義，但又不自覺這種意向。藝術家想要重新抓住的就是這種意向，與此同時透過某種共感使自己置身於對象內部，並透過直覺的力量消除介於自我與對象（比如模特）之間的障礙。當然，這種審美的直覺，像在其他地方的外部知覺一樣，僅僅到達個人那裡。但是，我們可以設想有一種探討方式與藝術方式所取的路數或導向相同，它也以一般的生命為對象，像物理學一樣，緊跟著外部知覺所指示的方向前進，將個人的感受或接收到的事實擴充為一般法則。或許，這種哲學從來就沒有從它的對象那裡，獲得什麼可與科學從它的對象那裡獲得的認知相較的東西。智慧依然是由本能環繞著的光輝的核心；本能雖然也已擴展、純化為直覺，卻沒有形成比模糊的星雲更清晰、更確定的實體。但是，直覺固然缺乏只有純粹的智慧才有的那種可以明明白白地說出來的認知，卻能讓我們領會到當前智慧的相關資料或已知條件的不足，同時讓我們了解清楚對此補救的辦法。實際上，直覺一方面甚至利用智慧的機制來顯示：為何知性框架在這裡沒有找到適合自己的應用場合；另一方面，透過本身的作用暗示我們必須以何種方式取代知性框架……」[035] 這段話比較公允地衡量了我們所熟悉的兩大認識系統各自的利弊得失及其互補的機制。而柏格森的直覺認識系統，似乎更適合運用在本然的審美創造和審美欣賞的場合，這可能是他成為首位獲得諾貝爾文學獎的哲學家的原因

---

[035] Henri Bergson, *L'Évolution créatrice*, Chap. II.

所在。

柏格森的著作中也確實大多談及藝術與美學，且特別擅長以文學的方式撰寫一章又一章生動曉暢的科學描述和評析文字。他之所以認為藝術有助於消除我們與「實在」之間的屏障，原因仍在於那些優秀的藝術作品主要是憑直覺創造出來的。他在〈形而上學引論〉中舉小說創作為例，既撇開「模仿」說，也排斥「自我表現」說。他指出：「作者可能加以渲染和放大他的主角的特點，讓他按作者自己的意願來言說和行動，但這一切絕不會等同於我將會體驗到的那種單純而不可分解的情感（假設我能在剎那間化身成那個主人公）。出於那種渾然一體的情感，如同出於一道泉水，那個人物所有的言辭、姿態和行動在我看來都將自然地流瀉出來。它們不再是偶然的事件……在這裡，任何的文學描述、史實紀錄以及理論分析，都會在相對之中將我撇開。而只有與那個人物打成一片，休戚與共，才使我認知了絕對。正是在這個意義上，也只有在這個意義上，絕對才成了完美的同義詞。」[036]

《笑 —— 論滑稽的意義》是柏格森的美學專著，在作者生前就已再版過 20 多次。該書詳細論述了藝術的本質，尤其是創造性地演繹了笑、滑稽、喜劇性等美學範疇，對現代西方美學具有相當大的影響。它們與作者的哲學主張究竟存在何種關係，讀者可以結合下一節的柏格森美學思想專論加以求索。

綜上所述，在西方文化從傳統的形而上學主流向複雜多變的現代主義和後現代主義過渡的歷程中，生命美學是一股十分引人注目的精神科學和藝術哲學思潮。這股思潮與 19 世紀中葉以來歐美大陸的意志論哲學和

---

[036] Henri Bergson, *The Creative Mind: An Introduction to Metaphysics*, M. L. Andison (trans.), New York: the Philosophical library, 1946.

「深層心理學」的興起有著密切關係。然而，無論狄爾泰的「生命體驗」或「生命力的昇華」，還是柏格森的「生命衝動」或對「綿延」的直覺，都盡可能地涵蓋人類整體的生存意志、經驗和動力。比起叔本華（Arthur Schopenhauer, 1788-1860）對意志的否定、尼采片面的「強力意志」說，以及佛洛伊德同樣片面的「泛性慾」說，有著更加深邃而開闊的實在性、實踐性和社會文化基礎。「詩言志」，西方現代的美學本體論天平早已傾斜向東方，形形色色的意志論哲學在藝術美學領域的推廣應用是合乎情理的；但是，生命美學過分強調精神力量和萬物的內在作用，難免出現唯心主義的弊端。即使在藝術空間充分開放的今天，仍有必要警惕其輕視理性、脫離現實以及可能片面地「奔向自我」的審美傾向。

第一節　狄爾泰

一、狄爾泰的生平與著述

　　1833 年 11 月 19 日，威廉·狄爾泰（Wilhelm Dilthey, 1833-1911）出生在萊茵河畔靠近威斯巴登的一個叫比布里希（Biebrich am Rhein）的地方。他的出生，恰逢所謂「德國觀念論時代的終結」[037]。鉅子歌德、黑格爾都於 1931 去世，狄爾泰一生鍾愛的史萊馬赫也在 1834 年謝世了。狄爾泰的父親是本地的一位牧師，在歷史學研究方面頗有造詣，曾在拿索公國宮廷效命；母親是一位著名指揮家的女兒。狄爾泰也因受外公和媽媽的影響而有極高的音樂天賦。此外，狄爾泰的母親作為一個虔敬派的基督徒，對狄爾泰的哲學思想也產生了潛移默化的影響。譬如說，狄爾泰哲學

---

[037] 喬斯·德·穆爾：《有限性的悲劇 —— 狄爾泰的生命釋義學》，呂和應譯，上海三聯書店 2013 年版，第 14 頁。

中的一個核心概念「內在經驗」就明顯與其母親的宗教情結影響有關。

　　相關資料顯示，狄爾泰生性好學，天資聰穎。1839 年在家鄉上完小學，又以第一名的優異成績完成中學學業。1852 年狄爾泰來到海德堡大學，他未能按照自己的意願去學法律，而是成了神學院的新生，因為長輩們希望他將來子承父業成為牧師。1853 年 9 月，這個海德堡的二年級學生轉到了柏林大學，仍然在神學院繼續深造，但他對神學課程的興趣漸漸被哲學、歷史知識所代替。儘管他於 1856 年以優異的成績通過國家相關考試，也獲得了當牧師的資格，但是，他並不甘心像父親那樣做一輩子牧師。更重要的是，對此時的狄爾泰來說，哲學和歷史學具有一種難以抵擋的魅力。1859 年，26 歲的狄爾泰參加了史萊馬赫學會主辦的有獎徵文活動。他提交的〈史萊馬赫的解釋學的獨特貢獻〉一文參賽，力拔頭籌，獲得了一筆價值不菲的獎金，這可以說是狄爾泰在現代解釋學舞臺上的第一次精彩亮相，也可以視為其學術生涯的開端。

　　必須指出的是，在大學求學期間，狄爾泰得到過不少名師指教，其中包括費舍（Kuno Fischer, 1824-1907）這樣一些知名人物，對他產生了重要影響。1864 年，他以拉丁文寫成的〈論史萊馬赫的倫理學〉一文獲得博士學位，這一年他還因〈論道德意識〉一文獲得大學任教資格，次年在柏林獲得了一個「編外講師」（Privatdozent，即德語國家中報酬直接來自學生學費的無薪大學教師）的頭銜。1867 年，狄爾泰撰寫的《史萊馬赫傳》第一卷出版，為他贏得了廣泛的聲響，同年，他晉升為教授。值得注意的是，在這一時期，狄爾泰還撰寫了大量關於德國詩人的論文，如〈諾瓦利斯〉（1865）、〈萊辛〉（1867）、〈賀德林〉（1867）、〈歌德〉（1877）等，這些論文後來被收入到名為《體驗與詩》（1905）的文集裡。這些文章為研究當時的德國文學理論和美學思想留下了極為珍貴的文獻。

在狄爾泰學術道路的起點上，他所鍾愛的史萊馬赫無疑是其最重要的精神導師。他的獲獎徵文、博士論文都是以史萊馬赫為研究對象的，還有一項與之關係最為密切的研究就是《史萊馬赫書信集》的編輯與整理。1859 年他完成了這項研究的主要部分後，就開始了《史萊馬赫傳》的寫作，該書第二卷直到 1870 年才得以問世。

1867 年，他移居瑞士工作，受聘於伯恩、巴塞爾的多所高校，1882 年，他返回闊別 15 年之久的德國，分別在基爾、布雷斯勞（今波蘭樂斯拉夫）和柏林大學任教。在接替陸宰（Rudolf Herman Lotze, 1817-1881）留下的教席之後，狄爾泰才得以長期定居柏林，直到 1911 年離開人世。他在自己的母校柏林大學獲得了著名的「黑格爾哲學講席」（G. W. F. Hegel's Chair in Philosophy）教授職位，並在這個職位上工作到 1905 年退休。

狄爾泰返回柏林的第二年（1883），出版了《精神科學導論》第一卷，這本著作為他贏得了極大的學術聲譽，他也因此獲得了「普魯士皇家科學院院士」稱號。他的主要著作除了前文提及的《史萊馬赫傳》、《精神科學導論》、《體驗與詩》外，比較著名的還有《描述與分析的心理學觀念》（1894）、《黑格爾的青年時代》（1905）、《哲學的本質》（1907）、《精神科學中歷史世界的建構》（1910）和《歷史理性批判》（未完成稿）、《論德國的文學和音樂》（1937）等。不難看出，狄爾泰沒有專論美學的著作，但他上述著作中，幾乎都與美學或藝術有關聯。

縱觀狄爾泰的一生，作為一位歷史和文化哲學家，他是如此博學多聞，以致後世研究者很難將他納入某個具體學術科目的名下。他對人文學科的幾乎所有分支領域都有所涉獵，這固然可以說是其好學精神使然，但顯然也與其建立精神科學體系的學術宏願不無關係。狄爾泰興趣之廣、閱

讀量之大，從他早期的一些文章所涉及的領域即可略見一斑。有研究者指出，他早年的文章「包括了如下主題：史賓諾沙、萊布尼茲、盧梭、沃爾夫、康德、黑格爾、史萊馬赫、謝林、叔本華、特倫德倫堡、孔德、密爾和尼采等哲學家作品中的邏輯學、認識論、存在論、人類學、倫理學和美學；歐里庇得斯、莎士比亞、塞凡提斯、莫里哀、歌德、萊辛、席勒、格林、諾瓦利斯、賀德林、海涅、拜倫等人的文學作品；巴哈、莫札特、貝多芬、蕭邦、李斯特和華格納等人的音樂；涉及文學和音樂的理論；繪畫和建築的發展；孔德、史賓賽和馬克思的經濟學、社會學和政治學等方面的理論；教育問題；泰納、蘭克、德羅伊森、布克哈特和巴克爾等歷史學家的作品；心理學，尤其是密爾、費希納和馮特等人的心理學；達爾文和拉馬克的生物學理論；貝爾、福爾斯特和亥姆霍茲的科學著作」[038]。單就他對生命美學的解釋而言，各學科的跨學科特色使他明確地意識到，真正與時俱進的觸及本質的解釋，不僅關係到神學，也關係到哲學、文學批評、社會學、歷史學、人類學、民俗學、法學、倫理學、藝術批評等。

如此博學多聞，並不意味著狄爾泰像某些人那樣，看似無所不知，實無真知灼見。作為柏林大學黑格爾哲學講席教授，狄爾泰最主要的研究興趣主要是圍繞科學方法論問題展開的，他的求學經歷和執教生涯，都直接或間接地與生命美學和解釋學美學相關。作為一個經驗主義者，在德國理想主義風頭正盛的語境下，狄爾泰注重實證和經驗的研究方法，與英國流行的經驗主義和實證主義多有相似之處，但狄爾泰哲學的認識論和本體論色彩，又分明與德國哲學和德國美學傳統有著千絲萬縷的連繫。

如前所述，狄爾泰深受史萊馬赫的影響，早在讀書期間的那篇史萊馬

---

[038] 喬斯・德・穆爾：《有限性的悲劇──狄爾泰的生命釋義學》，呂和應譯，上海三聯書店 2013 年版，第 16 − 17 頁。

赫學會頒發的獲獎徵文裡，他就比較全面地評論介紹了史萊馬赫的解釋學
思想，並著重探討了以解釋學方法解讀基督教神學觀念的一些重要方法。
在狄爾泰看來，史萊馬赫運用分析和解釋柏拉圖哲學的方法考察基督教理
念，他對《聖經》文本，尤其保羅書信的閱讀貫注著浪漫主義精神，或許
正因為如此，後世美學批評家才將史萊馬赫和狄爾泰的解釋學美學稱之為
浪漫主義解釋學。從一定意義上說，〈史萊馬赫的解釋學的獨特貢獻〉這
篇論文的獲獎，為狄爾泰帶來了榮譽和信心，並極大地影響了他的研究方
向。此後不久，狄爾泰興趣盎然地參與到編纂四大卷的《史萊馬赫書信
集》的繁瑣工作之中，應該說與其相關論文的獲獎經歷不無關係。

　　在《史萊馬赫書信集》的編輯工作中，不到 30 歲的狄爾泰充分意識
到史萊馬赫在哲學史上的重要性，於是，決定撰寫一部多卷本的《史萊馬
赫傳》。這些工作進而促使他建構起自己的精神科學體系和解釋學體系，
正是在此基礎上，狄爾泰創造性地提出了現代生命美學和解釋學美學的一
系列概念和理論。

　　就解釋學的發展史研究看，人們通常把狄爾泰以前的解釋學稱為古典
解釋學，由他開創的解釋學體系經海德格、伽達默爾和利科等人的繼承與
發展，已經成了當代西方哲學的一個重要分支。與此同時，由他和史萊馬
赫奠基的現代解釋學美學，也是 20 世紀西方美學史上屈指可數的重要流
派。根據謝地坤的說法，1900 年發表的《解釋學的興起》是「西方哲學繼
史萊馬赫以後在解釋學領域的又一重要論著」[039]。相關研究資料顯示，
從 1860 年代中葉起，狄爾泰就自覺地把解釋學當作研究精神科學的首要
方法。1900 年，他從胡塞爾的《邏輯研究》得到啟迪，開始從精神科學全

---

[039]　葉秀山、王樹人主編：《西方哲學史》第七卷，江蘇人民出版社、人民出版社 2015 年版，第
　　　296 頁。

面轉向解釋學，並致力於建立一種「具有系統組織的解釋學」，將運用於文本理解的概念和範疇擴展到對整個歷史和世界的理解，以論證人類生命的普遍本質和意義。他提出了許多與時代潮流相左的觀點，譬如說，他強調語言是生命的表達，也是解釋世界和理解生命的工具。他從廣義的語言運用層面探討了解釋學的性質和功能，將其視為哲學本身的一種展現。他對解釋學的三個核心概念「體驗」、「表達」和「理解」作出深入開掘，為之賦予全新的意義。[040] 不難看出，狄爾泰的解釋學美學與其生命美學是一個相輔相成的有機整體，有學者稱之為「生命與解釋的審美重奏」，可謂得其三昧之論。

令人遺憾的是，狄爾泰將幾乎所有相關與不相關的範疇與概念都有意識地網羅到「精神科學體系」中，以致直到去世都未能完成其精心編撰的《精神科學導論》第二卷，也許這部著作隱含著狄爾泰一顆超越康德與黑格爾的學術雄心，但無可奈何的是人人「生也有涯」，這位了不起的哲學家和美學家，可以說是在沒有任何徵兆的情況下突然中斷了其偉大的精神探索。1911 年秋天，時年 78 歲的狄爾泰，偕同妻子去義大利度假，在途中的客棧裡不幸染上傳染病，並很快告別人世。其彌留之際，狄爾泰身邊只有妻子和一名隨行的學生。

關於狄爾泰的生平與著述，喬斯·德·穆爾（Jos de Mul, 1956-）在《有限性的悲劇》中以「生命的解釋學」進行了精闢概括。狄爾泰早年鍾情於康德，曾被人視為新康德主義者；因其寫過《黑格爾青年史》，曾被稱為黑格爾主義者；後來轉向生命哲學，終於成為生命哲學的重要代表人物。狄爾泰一生最勤於耕耘的領域是「歷史理性的批判」，且長期在「歷史的相對主義」困境中摸索與掙扎，他的成就和局限，都在歷史理性批判

---

[040] 參見梁工：《當代文學理論與聖經批評》，人民出版社 2011 版，第 335 － 336 頁。

和生命哲學研究中得到了充分展現。他認為哲學的中心問題是生命，透過個人「生活的體驗」和對生命同情的「理解」，就可以認識到文化或歷史即生命的展現。他同時認為任何一種宇宙觀都是相對的，這就是歷史主義的要義。他創立了一門新的學科——「精神科學」，它的研究對象是「人以及人的精神」。他認為，人透過「體驗」生活的表現，就能理解自己的歷史，而這種理解又為人系統性地解釋自己的經歷提供了依據。狄爾泰在評論介紹自己的研究工作時指出：「我的哲學的基本觀點是，迄今為止，還尚未把哲學思維奠基於完全的、充分的、未被斷章取義的經驗之上，因此還沒有奠基於完整而充分的現實性之上。」[041] 由此不難看出他的追求和他的遺憾。

二、精神科學：開創生命哲學的新時代

狄爾泰在 1860 年 4 月 1 日的日記中，對自己的學術目標進行了這樣的描述：基於「歷史—哲學的世界觀」寫一部《新純粹理性批判》。在此後的半個世紀裡，狄爾泰將這一意圖發展為一個巨大的「精神科學」探索工程。「新純粹理性批判」，這個術語似乎清晰地烙印著康德的痕跡。事實也正是如此，作為康德的追隨者，狄爾泰在為自己的著作命名時承襲康德名著，幾乎是天經地義的事情。有人說早期的狄爾泰就是一個不折不扣的新康德主義者，但在康德與狄爾泰之間，畢竟還有黑格爾、謝林、史萊馬赫等大家橫互其間，因此，狄爾泰對康德的追隨不可能亦步亦趨。狄爾泰認為，康德的「新純粹理性批判」等觀念僅對自然科學有效，對精神科學則還需要在存在論和認識論方面進一步開拓。在這種意識的引導下，他漸

---

[041] Wilhelm Dilthey, *Gesammelte Schriften*, Ⅷ, p171. 轉引自陳鋒：《生命洪流的奔湧 —— 對狄爾泰哲學的敘述、分析與批評》，黑龍江人民出版社 2010 年版，第 4 頁。

漸從新康德主義轉向了生命哲學。儘管如此，我們從狄爾泰所取得的一系列令人矚目的成就（尤其是他所致力的「歷史理性的批判」）中，仍然可以清楚地看到，終其一生，狄爾泰也沒有完全擺脫康德的影響，即便他的生命哲學，也與康德哲學有著千絲萬縷的連繫，譬如說，他的「生命」概念就與康德的「物自體」概念有諸多相似之處。

　　當然，狄爾泰對生命問題哲理化探索的獨創性也是不容否認的。也正是這方面的研究，為他贏得了傳統生命哲學「集大成者」和現代生命哲學「開創者」的美譽。就此而言，狄爾泰最突出的貢獻在於把生命問題提升到哲學研究的核心層面。他將生命哲學和歷史理性的批判都納入其「精神科學」體系，雄心勃勃地把有關「人及其精神」的一切領域設定為研究對象。他認為，透過個人「生活的體驗」和對生命同情的「理解」，就可認識到文化或歷史即生命的展現。人們透過「體驗」生活的表現來認識自己的歷史，而只有理解了自己的歷史，人們才能系統地解釋自己的經歷。

　　穆爾在研究狄爾泰生命哲學的著作中提出了這樣一個有趣的問題：狄爾泰的「新純粹理性批判」是應該理解為對康德「先驗哲學」的根本性「突破」呢，還是應該理解為對其持續的「發展」？莫爾認為，這主要取決於「先驗的」這個形容詞在多大程度上可以運用於狄爾泰的生命哲學。首先，「狄爾泰談到生命的深不可測和難以理解時，似乎也經常受到一種直覺的引導，這種直覺指向生命深不可測的一面，那一面先於任何定義，而且因此他本身無法被定義。生命是一個我們無法破解的謎，我們無法在公式中表達或說明生命是什麼。思維產生於生命中，並且在生命的關聯總體中存在，它無法深入到生命的背後……對思維而言，生命依然深不可測，作為基準的思維本身產生於生命中，但他不能深入到生命的背後……一切知識都植根於某種完全不可知的東西。然而，他在文本中無法充分意識

到生命的深不可測。」這說明狄爾泰的生命哲學並沒有突破性的進展。此外，狄爾泰本人明確表示他的作品傳承了康德的先驗哲學。但是在狄爾泰那裡，「先天之物」問題的認識論範圍並不是最基本的核心，因為它是一個更大的「存在論」問題的一部分。「先天的」這個概念不再具有邏輯必然性和普遍有效性的內涵，而是指「可變的」、由歷史決定的「結構」。因此，說狄爾泰的探索是一種「準先驗的」探究也許更有道理。更重要的是，狄爾泰不僅採用了康德的哲學的一些重要假設，而且在他修正這些假設的時候，也遵循著康德本人提出的思路。

資料顯示，狄爾泰所處的時代，工業發展非常迅速。狄爾泰認為，歐洲文化在工業化的影響下經歷了一場巨變。他認為，那個由「黑暗」、「恐怖」包圍的時代是一個以「科學、世界工業和機器」為里程碑的時代，但同時也是一個「歷史意識到發展」的時代。儘管狄爾泰對這個「世界工業的新時代」懷有深深敵意，但他相信技術現代化已經給歐洲帶來了根本性的「精神危機」。自然科學的成功，改變了德國的思想生活──「觀念論的世界觀」業已讓位於「實證主義的世界觀」。自然科學的快速發展奪去了思辨的、觀念的哲學幾乎所有的聲譽。19 世紀中葉出現的這場「認同危機」，使人文科學日益傾向於自然科學。哲學在「回到康德」的口號下實際上已經變成了實證主義的認識論，而且越來越疏離於它早先的規範性假設。在狄爾泰看來，這場危機的嚴重性怎麼重視都不過分；他認為，世界正在經歷著自古希臘和羅馬帝國衰亡以來前所未有的絕望。[042] 由此不難看出，狄爾泰對康德的繼承實際上包含著對現實的反思和批判。

穆爾認為，狄爾泰為之奮鬥的「生命品質的提升」還包含更重要的審

---

[042] 喬斯・德・穆爾：《有限性的悲劇──狄爾泰的生命釋義學》，呂和應譯，上海三聯書店 2013 年版，第 24 頁。

美成分，他關注生命的詩化和審美化。在生存這種詩化方面，狄爾泰像尼采一樣受到了他非常讚賞的浪漫主義派詩人和思想家的深刻影響。他讚賞藝術，不僅是由於藝術能夠以人類其他表達手段無法做到的方式如實地反映生活，而且更具體的是由於它喚起了我們的生活理想。他在後期的一些文本中列舉了莎士比亞、塞凡提斯和歌德等偉大的詩人教會我們的東西，是理解世界並在此基礎上樹立一種生活理想。在世俗的現代世界裡，藝術已經取代了宗教來解答重大的生命問題。最終他內在的哲學讓我們看到，我們必須將生命本身當作一件藝術品。在他看來，充分回應現代文化的危機，似乎需要整合科學、道德和藝術。[043]

　　從一定意義上說，對「精神科學」體系的建構是狄爾泰終生追求的事業，事實上這也是其終生未竟之業。但究竟何為「精神科學」，即便在狄爾泰的哲學著作中，這也是一個多少有些含糊不清的概念。且不說這個概念本身充滿多重矛盾和不確定性，僅就漢語根本沒有與之對應的概念這一點來說，我們要深入並準確地理解狄爾泰所謂的精神科學就絕非易事。資料顯示，狄爾泰所說的「精神科學」已成為當時哲學界的流行語，在德文中寫作「Geisteswissenschaften」。德語「Wissenschaft」這個詞近似於英語中的「science」（科學），但其意義卻更廣泛，它既有現代科學的意思，也有知識或認識的意義；它既包括物理學、化學等自然科學，也涵蓋了歷史學、文學等人文學科。不難看出，德語中的這個「Wissenschaft」幾乎包括了一切形式的學問。不僅如此，「Geist」一詞的含義也相當複雜，它有「精神」、「靈魂」、「精靈」、「智慧」、「心智」等多方面的含義：一方面，它是指抽象思維、邏輯推理、概念判斷等理性的思辨能力和創造能力，這

---

[043] 喬斯·德·穆爾：《有限性的悲劇——狄爾泰的生命釋義學》，呂和應譯，上海三聯書店 2013 年版，第 24 頁。

樣的能力把人與一切其他生物區分開來；另一方面，它是指精神這種能力所產生和形成的一切東西，狄爾泰稱之為「精神的客體化」。我們可以看到，狄爾泰所說的精神既有人類特有的理智、文化現象，也包括社會、歷史等多方面的內容。[044]

有研究者指出，狄爾泰的精神科學開闢了一個如此廣泛的領域，它一方面為自己創造了無限的可能性，另一方面它也帶來許多無法度量的驗證的問題。我們不應說精神科學觀點的基礎就是內在的感受和理解，而只能說是外在和內在的結合。由於精神科學的研究對象是人在社會和歷史中的生活實踐，由此形成的研究方式肯定就不同於自然科學。精神科學是從生活去理解生活，而自然科學是適時地單向度探討人的外在，依據的方法只能是實驗和測量。根據精神科學和自然科學探究方式的不同，狄爾泰對兩個不同的科學群作出了本質意義上的區分。

當然，在相對含混的中文語境中，精神科學這個概念比較接近人文科學。眾所周知，人文科學這個概念具有極強的包容性，因此，不少學者逕以「人文科學」翻譯狄爾泰所謂的「Geisteswissenschaften」，而不肯使用「精神科學」這個具有特定哲學學術史意義的專有名詞，這不僅在詞義選擇上具有以簡馭繁的合理性，就資訊傳播的有效性而言，「人文科學」似乎也比「精神科學」更符合中文表達習慣。因此，某些討論「現代西方美學史」的著作似乎更習慣將狄爾泰所謂的精神科學譯作「人文科學」，譬如說，我們前文所說的《精神科學中歷史世界的建構》通常也被譯為《人文科學中歷史領域的結構》。

關於狄爾泰的生命哲學，多數學者也常常將精神科學理解為國人耳熟

---

[044] 葉秀山、王樹人主編：《西方哲學史》第七卷，江蘇人民出版社、人民出版社 2015 年版，第299頁。

能詳的人文科學。例如，有評論家指出，狄爾泰所在時代「流行的實證主義哲學的機械論世界觀與黑格爾思辨哲學的抽象原則，都無法令人信服地解釋充滿生命活力的現實世界，因此提出以『生命的充實』為根據的『生命哲學』作為觀察、解釋世界本質的新的世界觀。不過，狄爾泰不是泛種論或生機論者，他所謂的生命，僅指人的生命，他說：『在人文科學中，我們僅將生命一詞用於人的世界。』可以說，他的生命哲學，實際上是人的哲學，或人的精神哲學。而且他的生命概念，主要不是指人的個體生命，而是指人類的共同生命或生命整體；主要不是指人的自然生命，而是指人的精神（包括理智與文化在內的）生命。」[045]

　　狄爾泰將人的生命視為最高存在或根本本體，其核心內容及其主要特性是「內在體驗」。在狄爾泰看來，詩或藝術作為呈現人類生活內在關聯及其意義的最有效手段，在一定意義上，可以說它們就是生命存在確證自身的最佳方式。藝術的主要功能就是將生命存在轉化為可以被感官掌握的、也能為人們所感受到的詩意的表達，使人類生命的真諦與本質得以審美化地呈現。為此，狄爾泰把生命與體驗、表達和理解系統地融貫在一起，建立了一種與古典解釋學有本質差別的現代解釋方法，即一種與前人不同的理解人類精神世界的解釋學方法。狄爾泰在《精神科學導論》中將表達分為「語言表達」、「生命表達」和「行為表達」三種類型。他特別重視「語言表達」，認為「只有在語言裡，人的內在生命才能得到完全、徹底、客觀和可供理解的表達」。[046]

　　1890 年，狄爾泰撰寫了具有理論開創性的文章〈信仰的起源：外界的真實性及其理由〉。在這篇文章中，狄爾泰表現出鮮明的感性現實主義傾

[045] 朱立元主編：《現代西方美學史》，上海文藝出版社 1993 年版，第 289 － 290 頁。
[046] 狄爾泰：《精神科學導論》，《狄爾泰全集》（德文版）第 5 卷，1990 年版，第 319 頁。參見謝坤〈狄爾泰與現代解釋學〉，《哲學動態》2006 年第 3 期。

向。如果說〈描述與分析的心理學觀念〉（1894）一文為他開創現代解釋學奠定了心理學基礎的話，那麼，〈信仰的起源〉則可以看作是狄爾泰生命哲學的一塊重要里程碑。在狄爾泰看來，心理學的目的是要尋求解釋生命的因果關係，即便它只是描述性的，也不應止步於對感知作出簡單的心理學解釋，它應該在一些數量有限的心理現象中開掘出一個對生命因果關係的相對全面的認知和理解。

描述的心理學與分析的心理學和傳統心理學不同，它的根本任務是闡發產生於意識關聯在不同過程中的意義差異。這種意識關聯發生在現實生活中。在狄爾泰看來，我們每個個體並不僅僅只是作為一種表象而存在，我們的精神生活與外部世界存在著千絲萬縷的關聯，從而使精神生活也存在著極為複雜的因果關係。但大多數時候，我們會忽略這種複雜關係的存在而直接透過感覺來評價事物的價值，當然，感覺也並非與外界無關，也常常會受情緒影響或外界因素的干擾。從生命哲學的視角看，人類的精神生活並非只由一些離散元素雜湊而成，實際上，它始終是一個連續不斷的內在自我的統一體。這些觀念在此前的〈詩性想像力與瘋狂〉（1886）、〈詩人的想像力：詩學的基本要素〉（1887）等詩學與美學論文中都已有涉及，在此後的一系列研究中，狄爾泰賦予描述心理學如此重要的地位，以致取代認識論而成為《歷史理性批判》的最基礎部分 [047]。

此外，作為一個醉心於歷史研究的哲學家，狄爾泰的生命哲學和審美美學對歷史領域的高度關注也是其不容忽視的一個重要特點。他認為，人的個性並不是以我們所擁有的獨特的品性所決定的，我們每個人都是歷史發展的產物，我之所以成其為我，是我從歷史和傳統中所獲得的那些東西

---

[047] 喬斯・德・穆爾：《有限性的悲劇 —— 狄爾泰的生命釋義學》，呂和應譯，上海三聯書店 2013年版，第 170 頁。

決定的，而不是我的主觀意識發展的必然結果。狄爾泰的心理學觀念對傳統心理學發出了嚴峻的挑戰，儘管它流露出了某些消極主義傾向，但對當時的心理學界一定產生了強烈的影響。有人批評他過分依賴於理論假設，狄爾泰本人也承認自己的心理學從來沒有與理論假設脫離關係。心理學家艾賓豪斯（Hermann Ebbinghaus, 1850-1909）對他的〈描述與分析的心理學觀念〉提出了嚴厲的批評，雖然他並沒有正面回擊，但他還是仔細修訂了論文中的一些觀點，並將其題目修改為〈論個體性研究〉。但是，當新康德主義代表人物文德爾班（Wilhelm Windelband, 1848-1915）對其心理學提出批評時，狄爾泰進行了態度堅決的反駁。文德爾班聲稱心理學與歷史科學沒有真正的關聯，心理學並不是什麼人文科學，我們要像研究自然科學和歷史研究一樣研究心理學。對此，狄爾泰提出了完全不同的意見，他認為，只有在具有規律性的理解框架裡，五光十色的歷史資料才會變得有意義。

在《精神科學引論》中，狄爾泰把所有以社會實在和歷史實在為研究對象的學科都囊括到「精神科學」的旗幟下，他希望透過精神科學這個概念，將區別於自然科學的人文科學及其相關科學融貫為一體，並使其最終得到闡明和辯護。事實上，狄爾泰的學術成就和理論局限性也都在這一宏大的體系化建構中得到了充分展露。

有研究者指出，狄爾泰把「科學」這個詞語定義為「一個由各種命題組成的複合體」。而「科學」這個「複合體」至少具備如下三個特點：一是這些命題的成分都是一些經過完全界定的成分，也就是說，它們在囊括一切的邏輯體系內部永遠都是普遍有效的；二是它們的各種連繫都具有充分的理由；三是就這種「複合體」而言，各個組成部分都為了進行溝通而被連結成為一個整體。狄爾泰還特別強調「為溝通而連結」的意義，因為

溝通與連結不僅使人們有可能透過各個命題所具有的這種連繫，設想實在的一個片段存在於實在的整體之中，而且有可能利用它而對人類活動的某個領域進行調節。在這裡，「科學」這個詞語被用來表示任何一種由精神性事實組成的複合體──這樣的複合體具有我們上面提到的各種特徵，並且一般來說會因而被賦予「科學」這樣一個名稱。這樣一來，我們就可以暫時界定我們任務的範圍了。

　　但是，狄爾泰所建構的這一龐大的精神科學體系，在其幾乎無所不包的構想中，也包含著諸多自身的難題，譬如說，如何把分散的各門具體科學結合起來，這應該說是完成精神科學的基本前提之一，但對狄爾泰來說這實際上也是一件頗為困難的事情。對此，有研究者認為，狄爾泰從認識論上對精神科學與自然科學的區分在感覺上是正確的，但由於他把外在世界與內在體驗籠統地結合在一起，沒有意識到現實對意識的獨立性，這說明狄爾泰在西方的形而上學傳統和顛覆這種傳統的科學實證主義之間多少顯得有些猶豫和迷茫。[048]

　　對此，盧卡奇（Lukács György, 1885-1971）有相當深刻的認知，一方面他肯定了狄爾泰的貢獻，認為「狄爾泰有這樣一個正確的意識，即只有透過實踐的道路才能在認識論上解答人與客觀世界的關係」。另一方面，他批評狄爾泰「根本就沒有認識到客觀的、獨立於意識的現實」[049]。雖然盧卡奇的批評難免有些苛刻，但也不得不承認盧卡奇確實擊中了狄爾泰精神科學體系的要害處。

三、生命美學：「體驗」、「表現」與「理解」

---

[048] 葉秀山、王樹人主編：《西方哲學史》第七卷，江蘇人民出版社、人民出版社 2015 年版，第 303 頁。

[049] 盧卡奇：《理性的毀滅》，王玖興等譯，山東人民出版社 1988 年版，第 366、369 頁。

　　狄爾泰在〈世界觀的類型及其在形而上學體系中的展開〉中將「世界觀」分成宗教、藝術和哲學三大類。宗教世界觀起源於某種宗教，它的基本特徵可以說是與「不可見者」交流。哲學世界觀要求普遍有效性和普遍性。當哲學世界觀從概念的角度被理解、被奠基，從而被提升到普遍有效性的層面時，「形而上學」就誕生了。與宗教世界觀和哲學世界觀不同的是藝術世界觀。儘管三種世界觀的終極意義都是對生命意義的表達，但藝術表達生命意義的方式與宗教、哲學的表達方式有明顯的區別。

　　狄爾泰指出，藝術作為宗教體驗的崇高表達，在數個世紀中扮演過重要角色。藝術的巨大價值在於，它闡明了生命相關總體中富有意義的關係。藝術表述生命意義的特殊方式將其與宗教和哲學區分開來。第一，以創造性為特徵的藝術無需借助概念，它在藝術作品的形式或藝術形象中得到表達。藝術的意義不是將「生命直觀」置入藝術作品中就能找到的，而是在藝術「創造物」的內在形式中找到的。藝術動用一切手段，以便這種意味「不」被「明確陳述出來」就能為人所知。狄爾泰指出，「往事成為一種象徵，不是思想的象徵，而是在生命中被直觀到的相關總體的象徵」。第二，藝術創造物的特徵在於，「客觀的觀點」、「意志的動機」和「情感」緊密地結合在一起。哲學家研究的方式越科學，他對各種態度的區分、對直觀的分析也就越巧妙；而詩人是根據其「力量的總體性」來創造的。第三，藝術表達意義的特徵是，面對生命的實際具有非凡的自由。在狄爾泰看來，藝術家和作家之中最自由的是詩人。在詩人與各種情緒和形態遊戲的過程中，甚至連與現實的固定關係也被消解了。

　　藝術對生命的重大意義尤其表現在上述最後的這一特徵上。藝術作品允許我們部分超越人類經驗的極端有限性。因此，詩歌的歷史揭示了感受和洞察生命的無限可能性，這些可能性包含在人性中，也包含在人性與世

界的關係中。狄爾泰認為，哲學反思在古希臘和文藝復興時期都得到了充分的藝術滋養。但他同時也指出，在高度文明化的文化中，審美世界觀越來越受到「思想規訓」的侵蝕。這種情況讓他很傷心，因為「荷馬這樣的藝術家比那個時代的哲學更自由、更清晰、更有人情味地表達了更崇高的人類思想。」[050]

　　生命的有限性迫使人們依賴某種世界觀，這便是形而上學意識永存的原因。狄爾泰明確指出 —— 生命是世界觀的「終極根基」。每一種世界觀，無論是宗教的、藝術的抑或是哲學的，它們的出發點都是對「生命有限性」的「悲劇式」領悟，每個人在沉思其生命時，這種領悟都會「降臨」到他身上。生命經驗的基本特徵對所有人來說都是一樣的：「人間一切事物，無不轉瞬即逝，人的一切努力，最終歸於徒勞，而人只具有享受現在的能力。有些人試圖建立某些表示其存在的『堅實結構』來克服這種短暫性，有些人則耽於思考希望在無形的幻想世界中接近永恆。但是，儘管生命的形式千差萬別，我們每個人所擁有、珍愛甚至仇恨、害怕的一切，注定都將化為烏有；唯一不變的是那無時不在、無人能免、決定著生命意義的死亡。」[051] 生命的有效性「喚醒」人們去追求某些具有永恆特徵的東西，死亡這一事實，驅策著我們去建立離奇的想像，以幫助我們理解那「無底深淵」所隱藏的奧祕。宗教也好，藝術也好，哲學也好，從本質上講都是人們藉以、直面或逃避那「無底深淵」的「形式」。

　　儘管宗教千姿百態、藝術五彩繽紛、哲學豐富多樣，人類「世界觀」可謂森羅萬象、百法紛湊，但萬變不離其宗，它們均在「生命」的交會中

---

[050] 喬斯・德・穆爾：《有限性的悲劇 —— 狄爾泰的生命釋義學》，呂和應譯，上海三聯書店 2013 年版，第 295 － 296 頁。

[051] 喬斯・德・穆爾：《有限性的悲劇 —— 狄爾泰的生命釋義學》，呂和應譯，上海三聯書店 2013 年版，第 291 頁，譯文略有改動。

保持著狄爾泰意義上的「相同結構」。它們不僅共用了「與世界和生命之謎的本質關聯」，而且也在某種特殊的「生命情緒」中找到了「根基」。必須說明的是，這裡的「情緒」可以理解為一種具有普遍意義的生命外化現象。我們知道，追隨德國浪漫主義的狄爾泰雖然並不否認情緒的「主觀性」，但他認為，情緒不僅關係到人的「內在心靈」，而且也是一種「存在方式」，一種支配著人類和世界的東西。就此而論，生命範疇決定了主客體相互「調和」的方式。而情緒的重要特徵在於可以「規避」、「主觀」和「客觀」的對舉，以及「內在」與「外在」的分列。在狄爾泰看來，「情緒」可以被看作對世界的「原初解釋」，只有基於這種解釋，對生命和世界的主觀的哲學解釋才得以可能。

　　大量研究資料一致認為，狄爾泰生命哲學最重要的特點是植根於體驗，偏向於表現，側重於理解。狄爾泰美學也是如此，對其生命美學而言，「體驗」、「表現」和「理解」無疑是其最重要的三個概念。我們注意到，在狄爾泰的生命哲學體系中，「體驗」、「理解」和「解釋」是三個至關重要的關鍵字，這些關鍵字也是我們認識狄爾泰精神科學的重要線索。在喬斯・德・穆爾研究狄爾泰的著作中，就有這樣一個標題「生命：作為體驗、理解和表現的結構性總體關聯」，在這裡，穆爾簡明扼要地闡發了狄爾泰的生命哲學的基本蘊意。

　　狄爾泰的精神科學（包括美學）最重要的關鍵字之一是「體驗」。體驗是其認識論中首要的也是最重要的基本概念。體驗之所以重要，是因為它與生命直接關聯，休戚與共。人對生命的認知，不僅「源於體驗」，而且「變於體驗」，並最終「止於體驗」。人的體驗可謂與生俱來，與死俱迄，從這個意義上說，「體驗」即「生命」，或者說生命本質上是由一系列活生生的具體「體驗」組成的。在狄爾泰看來，生命本身，包含著賴以揭

示一切經驗和思維的關聯，而且對整個認知的可能性具有最後的決定性意義。離開了生命和經驗，就根本不會有人類的思維形式、原則和範疇的存生之地，任何有關心理與思維的高論，一旦撇開了生命與經驗，就必將成為毫無意義的痴人說夢。人們所謂對現實的認知，說到底不過是對生命和經驗的某種分析結果而已。

概而言之，「體驗」是從「經歷」而來，並從經歷中累積經驗，獲得意義。體驗是獲取認識的第一步，是一種直接感受，是認識得以建立的「基石」。但狄爾泰也注意到，人是社會的基本「細胞」，社會是人與人之間以及人與外部世界之間「交互作用」的結果。因此，個體的體驗不僅具有個體性，也必然具有社會性，狄爾泰將這種個體性與社會性相統一的特徵，看作「體驗」的首要特徵。因為人的認知（包括體驗、感知、價值評價、道德選擇等）不可能單純地從個體心靈中產生，而更多地來自社會。

「體驗」的另一個重要特徵是其時間性或時限性。任何體驗都是一種「過程」，都是時間之流中的「短暫瞬間」，即便是某些銘心刻骨的體驗，也會在無情的時間長河中稍縱即逝。「此情可待成追憶，只是當時已惘然。」因而對於認識主體來說，「體驗」是個體在生命之流中由「內在」和「外在」要素共同構成的具有統一意義的「實在」，既往「體驗」會在時間的長河中漸行漸遠以至於「虛無」。

當然，並非所有「體驗」都將變成毫無意義的「夢幻泡影」，體驗既然是一種「真實不虛」的經歷，就必然會留下有「意義的蹤跡」，即所謂「直接的給定性」之「印跡」。人們借助於親身經歷而獲得某些直接給定的東西，經過對其加工整理而形成明確的認知。如果從這個意義上去理解狄爾泰的生命美學和解釋學，我們或許可以說他的出發點和歸結點都是活生生的人，即一個擁有知覺、情感、意志，且三者完美結合而不可割裂的整

體；必須說明的是，在人的體驗過程中，外部世界也是一種獨立的實在，主體只有在實踐中才能解釋人與客觀外界的關係。

與「體驗」密切相關的另一個重要概念是「表現」。狄爾泰的「表現」含義複雜，有各種不同的解釋。我們比較贊成這樣一種說法：狄爾泰所謂的「表現」是對胡塞爾的引用並加以泛化的概念。狄爾泰通常在比胡塞爾的表現（Ausdruck）更廣泛的意義上使用這個概念。事實上，狄爾泰常常以「生命表現」（Lebensäuβerung）一詞來代替「表現」。從這個意義上講，「表現」的意義是極為廣泛的。但狄爾泰在詳論「表現」時，又將其分為三種類型，即「邏輯表現」、「行為表現」和「體驗表現」，而他所論述的所謂「表現」通常只局限於狹義的「體驗表現」。人的體驗會以各種方式傳遞出來，而表現就是傳遞內心體驗的方法，它使人的精神感受有可能為外界所知。

值得一提的是，「生命表現」有時也被狄爾泰稱為「生命顯示」，在某些文本中，這個概念特指人以某種面部表情、軀體姿態、手勢音調等傳情達意的行為。這類表現往往發自生命的深處，不受規範和習俗限制，如臉紅、啼哭、笑逐顏開等往往是情不自禁的。這種表現方式「具有袒露心靈隱祕和揭示真相的驚人力量，因為它們是自發的，不易偽裝的」[052]。由此不難看出，狄爾泰的「表現」實際上是一個多變的概念。但無論如何，人與人之間的交流只有透過自我表現和相互表現才能實現。表現是接近生命的途徑和方法，只有深入探討和研究表現，才能深刻地認識和理解生命。

關於「理解」，我們不能像理解通常意義上的「理解」那樣理解狄爾泰的「理解」。因為他的「理解」包含著比一般「理解」複雜得多的內容。從一定意義上說，他的全部哲學都是說如何「理解」世界與「生命」

---

[052] 里克曼：《狄爾泰》，殷曉蓉等譯，中國社會科學出版社 1979 年版，第 185 頁。

的哲學。如前所述,生命在 20 世紀成了哲學思想的中心概念,並為生命美學的發生與發展奠定了堅實的哲學基礎。被人譽為「當代德國哲學的鼻祖」的狄爾泰既是德國生命哲學的集大成者,也是生命美學的重要代表人物。他所理解的「生命哲學」既不是「有機體哲學」,又不是探討世界之本原的「生命本體論」,而是一種認識論(一種對生命的「理解」)。認識論觀點始終是狄爾泰思想的關鍵。[053]從認識論視角體驗生活、理解生命、解釋世界,最終建立精神科學體系,這才是狄爾泰的「真正目標」 —— 創立一套「適用於人文科學的方法論」。「在我們面前,我們的任務被清楚地指明:遵循康德的批判道路,在與別的領域的研究者的相互作用中奠定人類精神的一門經驗科學;有效地認識支配社會、智力、道德現象的法則。對法則的認識是人類一切力量之源,對精神現象而言也是泉源。」[054]「學康德」、「重經驗」、「求法則」,這可以說是我們理解狄爾泰之「理解」的三個關鍵字,也可以說是其美學思想的關鍵字。他在康德哲學的認知論思想和實證主義哲學融合中尋找更為完善的人類精神活動的法則,而他所謂的「法則」,都直接或間接地與他所標榜的「體驗」、「表現」和「理解」有各式各樣的連繫。

狄爾泰的「理解」是其整個哲學系統中最重要的環節,他的精神科學密切關注人的生活世界,他不滿於自然科學唯理性馬首是瞻的理論體系,因此試圖建立一種具有普遍有效性的精神學科的原理或方法,期望它能夠在自然科學難以有效發揮其解釋功能的領域 —— 生命的複雜關聯性和精神的無限豐富性中發揮作用。按照我們對狄爾泰「理解」的理解,精神科學的任務不是描述社會的外部現象,而是探索社會現象的內在價值。它必

---

[053] 莫偉民:〈論狄爾泰的生命認識論〉,《學術月刊》1991 年第 1 期。
[054] Wilhelm Dilthey, *Gesammelte Schriften*, Band V, Abdruck, Leipzig und Berlin: 1924, S. 171.

須涉及人的內心世界和心理活動，接觸到活生生的個人和由人參與的具體事件，這就勢必牽涉到生命。因此可以說，狄爾泰的精神科學所研究的不是任何別的東西，而是我們每個具有歷史意義的活生生的「人」，從這個意義上講，我們可以得出這樣一個結論：狄爾泰全部生命美學的邏輯起點就是人的「生命」，就是與生命息息相關的一切審美活動。

在《歷史理性批判手稿》中，狄爾泰將歷史及其生產系統、人文科學的基礎和範疇等問題作為探索對象，在此，他創造性地提出，對於精神產品例如文藝作品的研究，知人論世固然重要，但對作者沿波討源的心理世界分析最好適可而止，這種有關作者的心理學叩問，應該以不影響藝術鑑賞者此時此地的體驗、理解與感悟為前提。越來越多的有藝術接受經驗的資料研究表明，知人論世並不就是某些人所說的那樣是理解文藝作品的首要途徑，因為任何偉大的經典之作本身已經具有自己的生命，它本身就是一個審美價值不斷增值的自有系統，可以在無關乎作者的語境下綻放自身的藝術魅力，從而在時間的長河中創造出日益深刻的意義。在這裡，作品的「生命」是我們理解狄爾泰生命美學和解釋學美學最重要的概念之一。

在狄爾泰的生命美學體系中，語言是一個不可忽視的因素。語言擁有複雜的語法系統，能透過嚴密的結構傳遞精確而微妙的意義。它表意明確，能長久留存在人的記憶中。但它也能被不誠實者用來行騙，或由於不同時空中習俗和慣例的影響而使人發生誤解。有研究者指出，狄爾泰早年曾高度評價由語言表達構成的文學著作，稱它們能負載重要的社會意義和歷史真實；他晚年對理論更為推崇，認為理論具有普遍性和恆常性價值，對人類能產生更加深刻而久遠的影響。至於「理解」，依狄爾泰之見，它雖然司空見慣，貌似平淡無奇，卻是至關重要，因為人類社會的和諧運作

全依賴於人與人之間的相互理解。人不僅具有發明和運用語言的能力，還有傳遞、理解和接受各種資訊的能力，這使人類有可能在自然科學、社會科學和人文科學的各個領域源源不斷地取得成就，並將那些成就用於改善人們的物質生活和精神文化生活。

在狄爾泰的精神科學體系中，體驗、表現和理解是相互關聯的，其中體驗居於核心地位。只有能夠恰當地體驗、準確地表現、周全地理解，才能最終獲得認識自我和認識世界的能力，在一個紛繁複雜、氣象萬千、由必然性支配的宇宙中克服盲目、擺脫束縛而贏得自由。[055]

如前所述，生命美學所依據的哲學原理是生命哲學，狄爾泰作為生命哲學的主要開創者之一，在調和西方傳統的唯理論和經驗論的對立方面做出了卓有成效的貢獻。狄爾泰以個體的生命作用和精神創造力為主要著眼點，以體驗、表現和理解為基本方法，進行了對包括藝術創作和審美鑑賞在內的一切宇宙人生問題的考察、批判和解釋，為美學的心理學轉向起到了推波助瀾的作用。在 20 世紀美學史上留下了濃墨重彩的一筆。他的美學思想誕生於叔本華、尼采等人風頭正健的非理性主義思潮之中，但他的美學觀念卻保持著適度的理性色彩；他曾公開宣稱自己是康德批判哲學的繼承者和踐行者，但他對康德的先驗論思想進行了大膽揚棄與改造，以致那些將其歸入新康德主義陣營的人不禁遲疑再三；雖然他曾對浪漫主義時代潮流投入過極大的熱情，但他的美學著作卻始終整整齊齊地披著形而上學的外衣。在一個黑格爾式的宏大體系分崩離析的時代，狄爾泰試圖建立一個更為科學嚴謹的超越前人的宏大體系，這種英勇悲壯的學術探險注定不會成功，但這種知其不可為而為之的精神讓人敬服與感佩。

---

[055] 梁工：《當代文學理論與聖經批評》，人民出版社 2014 年版，第 336 － 337 頁。

第二節　柏格森

　　柏格森（Henri Bergson, 1859-1941）的美學有許多不同尋常的地方，其中最令人詫異的是，他既認為藝術是揭示現實的主要方法之一，又從未全面地闡發他此類美學思想；他的美學專著《笑 —— 論滑稽的意義》對藝術的作用作了詳細解釋，也不過用了 20 頁的篇幅。或許正因為柏格森在這一方面沒有做過集中的研究，他的藝術觀念至今還罕有人知；T. E. 赫爾姆（Thomas Ernest Hulme, 1883-1917）是英國一位唯一有影響的柏格森美學研究者，寫過《柏格森的藝術理論》（1924），但對柏格森的思想卻有些誤解，這一點容後細說。

一、「綿延」：經驗的真實

　　柏格森在美學領域的貢獻只有透過廣泛地涉獵他的哲學著作才能得到理解。柏格森本人相信，每一位哲學家的工作都可以還原為一種「無限單純的」洞見[056]，「單純」的洞見針對的是具體經驗的明晰性，尤其是集中闡述具體經驗的流動性和原創性。這一點在艾瑞克・麥修斯（Eric Matthews）看來足以證明柏格森是一位現象主義者：

　　柏格森雖然沒有為自己貼上現象主義者的標籤，我們仍不妨認為他是某種形式的現象主義者。我這樣稱呼他的原因在於：他不把哲學看作解釋性的理論建構，而是盡力避開理論化，從而集中於盡可能單純地描述我們怎樣實際體驗到的世界。[057]

　　柏格森首先明確地宣稱：採用科學和數學的學理對現實進行理論說明

---

[056] John Mullarkey, *"Introduction" for The New Bergson*, Manchester: Manchester University Press, 1999, p. 3.
[057] Eric Matthews, *"Bergson's Concept of a Person"*, in: The New Bergson, pp. 118-119.

有其局限性，而且，我們與外面世界的日常交往也容易產生理性化的經驗，因此同樣帶有局限性。柏格森認為，這裡的問題在於：這種方式的理論說明將我們從經驗的精髓、本質或本體中抽離出來，因為它都是採取一些概括的形式來表達經驗的那獨一無二的特性。這裡，他所提出的直覺經驗與抽象思維的基本對立現象，是自古希臘開始出現的文化神話學的部分內容，其底蘊分別由兩位神祇來展現：阿波羅代表理性和抽象的秩序，戴歐尼修斯透露自發的生命體驗之訊息。柏格森的貢獻就在於，他將這種具體的人生經驗與對世界的理論感悟清晰地區分開來。

根據柏格森的說法，我們的經驗自始至終都是變動不居的。存在於他心目中的生命最基本的連續性和能動性，就是像飛翔、舞蹈或位移那樣的動態感覺。為了透析能動性的本質，柏格森首先對科學作出這樣的批判：

……綿延（durée）和運動本質上都與數學式的認知方法無緣，因為這種方法只能從同時性的角度來看待時間，從靜止的觀點來掌握運動的本質。[058]

在他看來，科學理論的失誤就在於僅從所穿越的片斷空間來靜止地討論運動，未考慮運動的不可分割性。科學儘管有其局限性，柏格森仍肯定它的實際作用：透過文字將能動的東西固定化，使人更方便地觀察世界，即：「完全憑藉人的理智所構想的世界，使我們能夠有條不紊地操控、測算和論證它，而且還可能與它交談。」[059]

柏格森不僅認為科學會導致混亂，而且對古希臘哲學家芝諾（Zeno of Elea）的幾個著名悖論也加以審視，其中最為人熟知的是烏龜與扮成兔子的

---

[058] Henri Bergson, *Essai sur les données immédiates dela conscience* (first published by F. Alcan, 1896), Paris: Presses Universitaires de France, 5th edition, 1997, p. 176.

[059] Henri Bergson, *Essai sur les données immédiates dela conscience* (first published by F. Alcan, 1896), Paris: Presses Universitaires de France, 5th edition, 1997, p. 73.

阿基里斯賽跑。一位專司運動的神祇做了這樣的安排：兔子無論跑得多快，也趕不上行動遲緩的烏龜，因為後者有其提前出發和堅持不懈的優勢。柏格森揭示，這一悖論同樣產生於這類機械論的思維方法：運動是由無數靜止的點相加而成；在龜兔賽跑這一案例中，據此可以認為烏龜一旦搶先一點，阿基里斯或兔子便再怎麼樣也追不上，因為每當後者趕上所落下的那一點的間距時，烏龜又已經向前移動了一點，從而形成了新的間距。

　　柏格森認為這種推理和概括方式事實上已成為日常生活不可避免的組成部分，反映出我們通常對時間和運動的看法。例如，他指出，「鐘錶上的時間」僅表示一連串靜止的點，並非作為綿延過程的那種時間：「我不會按人們所設想的那樣去測量時間；我只考慮和計算各類事物運動中出現的同時性。」[060] 柏格森也承認用鐘錶來測定時間有其實際用途，這樣可以提供公認的「參考點」，但他將這種通常的「鐘點」與所謂的「真實時間」或「綿延」加以區分。

　　他還說明了我們對時間的體驗方式各不相同，不同的心態（比如下述的厭煩態度）會有不同的時間感覺：

　　假如我想要調製一杯糖水，就要費點工夫等待糖分溶化。這件小事裡面蘊含著大道理。因為，我要等待的時間儘管轉瞬即過，它已不同於整個物質世界所經歷的那種數學時間。它與我的著急心情貼合在一起，也就是說，是我個人的綿延的某一段時間，不隨意志的作用而延長或縮短。它所涉及的不是思維，而是實際經驗。它不代表某種關係，而代表絕對的東西。[061]

---

[060]　Henri Bergson, *Essai sur les données immédiates dela conscience* (first published by F. Alcan, 1896), Paris: Presses Universitaires de France, 5th edition, 1997, p. 80.

[061]　Henri Bergson, *L'Évolutioncréatice* (first published by F. Alcan, 1907), Paris: Presses Universitaires de France, 7th edition, 1996, pp. 9-10.

　　柏格森還透過年歲增長的過程，強調說明經驗性的時間所隱含的連續性。他指出，從概念說明角度將年歲增長過程劃分為一系列孤立的生命階段，如嬰兒、兒童、青少年、成年、中年（成熟的象徵）和老年，其實意義不大（因為這是人為的抽象）；年歲增長無非是「老化的過程」[062]。

　　柏格森「綿延」的概念起著一種進行時的生命史的作用，如他所說的：「我無法肯定它們之中何者結束何者開始。事實上，它們之中既沒有任何開始，也沒有任何結束，而是相互之間都在延展著，你中有我，我中有你」[063]。這種持續發展的能力可以解釋過去的經驗如何影響和決定我們未來的行為。對柏格森來說，這種普遍的持續能力也確保了現實的原創性和獨特性。從對獨特性的關注中可以引出柏格森對經驗的探究。透過優先考慮經驗的個體性，柏格森似乎只承認主觀的第一人稱；然而，實際情況並非如此。柏格森確實並不看重主體和客體兩者之間的二元性，因為這種二元性將個人視為一般化的樣板中的特殊例子。柏格森提出這樣的見解：「粗獷而且生機蓬勃的個性」[064]並不是一種自由闖發行為，而是如上所說的一種我們自我綿延的條件，是它在進化過程的每一瞬間都持有的一種獨特的存在。這種見解向我們提供了一種新的透視法。因此，根據柏格森的這種視角，任何情感或經驗對特定的個人來說都是獨一無二的，必須根據其人獨特的生命史來確定；任何情感或經驗，從其產生的時間來說，也是獨一無二的，這意味著它們有不可重複性。下面的一段文字便是柏格森對這類見解的總結：

[062] Henri Bergson, *L'Évolutioncréatice* (first published by F. Alcan, 1907), Paris: Presses Universitaires de France, 7th edition, 1996, p. 15.

[063] Henri Bergson, "*Introduction à la métaphysique*", in: Revue de métaphysique et de morale, Paris: 1903, p. 5.

[064] Henri Bergson, *Essai sur les données immédiates de la conscience* (first published by F. Alcan, 1896), Paris: Presses Universitaires de France, 5th edition, 1997, p. 125.

當我吸入一朵玫瑰花的氣味時，幼年的記憶立刻回到我的腦海。說實話，這個記憶絲毫沒有來自玫瑰花的香味：我僅僅是在那氣味中呼吸到自己幼年的回憶；它是衝我而來的，僅此而已。他人則會產生不同的感覺 —— 你們會說，這毫無二致的氣味所引起的聯想卻是不同的 —— 但願你們都這樣說；但是，不要忘記這樣說的同時，你們先已取消了玫瑰花所給予我們的不同印象本身的特殊性；你們只保留了玫瑰花的氣味中屬於公共領域的客觀上的東西……[065]

柏格森認為，我們通常並不賞識這種獨特性，因為人們往往對人們的情感進行概念說明或一般概括，指認諸如愛、恨等非特異狀態的東西，正像他所解釋的那樣，因襲現行語言所造就的情感模式：

語言對所有人都用相同的詞語指代那些狀態；因此它只能框住在我們的心靈中翻騰的愛情、仇恨以及上千種情感的客觀和非個性化方面的東西。[066]

促使我們的經驗客觀化也有好處，即可以發揮我們的社會作用，並且交流我們的需求和欲望；但其後果是造成「我們老是圍著事物以及我們自己的周遭打轉，在概念和符號之間忙碌不停」[067]。在《時間與自由意志》（《論意識的直接材料》的英文譯名）一書中，柏格森對決定論的心理學發起猛烈攻擊，指責它看似客觀，實際上沒有參透人格的本質和獨特性。[068]

[065] Henri Bergson, *Essai sur les données immédiates de la conscience* (first published by F. Alcan, 1896), Paris: Presses Universitaires de France, 5th edition, 1997, pp. 121-122.

[066] Henri Bergson, *Essai sur les données immédiates de la conscience* (first published by F. Alcan, 1896), Paris: Presses Universitaires de France, 5th edition, 1997, p. 164.

[067] Henri Bergson, *Le Rire: Essai sur la signification du comique,* Paris: F. Alcom,1900, p. 154.

[068] Henri Bergson, *Essai sur les données immédiates de la conscience (*first published by F. Alcan, 1896), Paris: Presses Universitaires de France, 5th edition, 1997, pp. 140-221.

二、藝術與經驗的獨特性

柏格森歸根結柢是在如何表達經驗的本性的問題上公開地對科學以至日常語言中最為普遍認可的解釋方式投不信任票:「在這裡,現有的描述、傳說和分析都讓我莫衷一是(即:持相對主義的觀點)……」[069] 這裡重要的是根據具體語境說明他的保留意見,即認清他的這些意見已經成為象徵主義美學的一部分。

傑出的象徵主義詩人史特凡·馬拉美(Stéphane Mallarmé, 1842-1898)有一句名言:「說出事物的名稱,無疑要毀掉其四分之三的詩意。」[070] 柏格森不僅像馬拉美那樣,而且還進一步確認象徵主義的規則,從而認為藝術語言是一種清晰的表達方式,它可以透闢地呈現現實。[071] 例如,他在下面的一段文字中就概括地說明了虛構的人物如何表現出像真人那樣具有個性:

再沒有比哈姆雷特這個人物更獨特的了。如果他在某些方面與其他人相似,那肯定不是這一點最使我們感興趣。他之所以具有普遍的真實性,只是因為他被我們普遍地接受,而且被普遍地認為是活生生的人物。所有的其他藝術品也都如此。它們之中的每一件都是獨一無二的……[072]

柏格森在研讀和分析各方面的藝術評論時,實際上已經發現藝術的揭示作用立足於兩種清晰可辨的不同方面。首先,他提出藝術語言具有反映

---

[069] Henri Bergson, *"Introduction à la métaphysique,"* in: Revue de metaphysique et de morale, Paris: 1903, p. 2.

[070] Stéphane Mallarmé," *Enquête sur l'Évolution littéraire* (entre S. Mallarmé et Jules Hurset)",首發於 *L'Écho de Paris*, 3 March-5 July 1891;再版於 *Les interviews de mallarmé* (ed. Dietmar Schwarz), Paris: Éditions Ides et Calendes, 1995, p. 30.

[071] 柏格森與象徵主義的關係參見 Robert Grogin, *The Bergsonian Controversy in France 1900-14*, Calgary: University of Calgary Press, 1988.

[072] Henri Bergson, *Le Rire: Essai sur la signification du comique*. Paris: F. Alcan, 1900, p. 166.

現實的功能，是富有表現力的交流方式；其次，他認為藝術家具有類似於預言家的能力，能夠直覺到生活中通常被掩蓋的本質。無論這兩種能力的哪一種更加突出一些，其目的都在於傳達經驗的原創性和能動性。

能動性這個概念在柏格森著作中固然是核心的東西，但他的美學仍主要關注藝術如何傳達經驗的獨特性，因為後者通常被人所忽視。從下面的引文中可以看到，柏格森完全是從個性角度來定義藝術表現的：

由此可知，藝術總是以個人的東西為表現對象。畫家在畫布上繪出的圖像，是他在某地、某日、某時所見到的，帶有他人再也見不到的色調。詩人所吟唱的是他自己而不是別人的某種心態；這種心態轉瞬即逝，絕不會一絲不差地重現。戲劇大師展現在我們面前的是某種心靈活動，是情感和事件活靈活現的編排，歸根結柢是某件不可重複的事。[073]

赫爾姆將柏格森的藝術觀歸納為：可以認為藝術是「從非個性化中激發並昇華情感的努力」[074]，經驗的原創性。然而，也有人提到，赫爾姆混淆了柏格森學說中的某些概念，錯誤地斷定柏格森的審美經驗是以強化或誇大普通經驗為運作要領的：

比如說，我在日常生活中是以強度係數為 2 的感受力來領會某一客體。一個藝術家則會用強度係數為 4 的感受力來對待同一客體，並且以他的強調姿態影響我，於是我也用了與他一樣的強度來領會這個客體……從這個意義上可以說藝術是生命的交流。[075]

赫爾姆還將這個觀念發展為：藝術過程就是「增添某些」、「隱私性

---

[073] Henri Bergson, *Le Rire: Essai sur la signification du comique*, Paris: F. Alcan, 1900, p. 165.
[074] T. E. Hulme, *"Bergson's Theory of Art"*, in: Speculations: Essays on Humanism and Philosophy of Art, p. 165.
[075] T. E. Hulme, *"Bergson's Theory of Art"*, in: Speculations: Essays on Humanism and Philosophy of Art, p. 168.

的細節」。[076] 然而，這裡有必要重申一下，柏格森從不認為應將個性添加於一般性上；他認為個性是一種與眾不同的存在方式（即我們的經驗性自我）。而且，柏格森還認為，藝術的長處就在於它是一種與眾不同的交流方式，並非對我們日常的概念化語言的裝飾和美化。

在《笑 —— 論滑稽的意義》一書中，柏格森探討獨特性是如何構成藝術品結構內涵的一部分。他提出了一種形式論：藝術家之所以鍾情於形式（原話是「藝術家是為色彩而色彩、為形式而形式的人，似乎那些色彩和形式都是自足自為的，而不是因為他而出現的……」[077]）是因為某種別出心裁的安排可以反映經驗的獨特性。柏格森還認為，這種獨特性決定於藝術家的心理定勢，在這種定勢下，任何一個表現都必定連繫到該藝術家感情歷程的某一特定時刻：「藝術家向我們提示的思想，往往是一再表現他的經歷中不太引人注目的那一部分……以此構成了他複雜的原創性。」[078] 柏格森忽略了藝術中的一個至關重要的特徵，那就是藝術品的直接性（immediacy），透過它，獨特性才得以顯現。這意味著藝術家生命的獨特時刻是以某種有形的媒介來表現出來的；由於此媒介中斷了他的生命發展經歷，也昇華了他生命中的這種獨特時刻。

柏格森對形式的推崇，即「為色彩而色彩，為形式而形式」[079]，想起克萊門特・格林伯格（Clement Greenberg, 1909-1994）所宣導的形式主義傳統。事實上，格林伯格在繪畫領域同樣強調了色彩和形式這兩樣東西的作用。但是，眾所周知，就形式主義傳統而論，正規的藝術都具有抽象的本質，都向人們提示一種超越現實世界的獨立自足的境界；例如，格林

---

[076] T. E. Hulme, *"Bergson's Theory of Art"*, in: Speculations: Essays on Humanism and Philosophy of Art, p. 165.

[077] Henri Bergson, *Le Rire: Essai sur la signification du comique*, Paris: F. Alcan, 1900, p. 155.

[078] Henri Bergson, *Essai sur les données immediates de la conscience* (《論意識的直接材料》), p. 13.

[079] Henri Bergson, *Le Rire: Essai sur la signification du comique*, Paris: F. Alcan, 1900, p. 155.

伯格在推崇音樂時便說它具有「絕對性，遠離模仿，完全沉浸於其媒介的純粹物理質性中」[080]。而柏格森則認為形式具有先天的意義，是為傳達經驗的「粗獷而且生機蓬勃的個性」[081]而創設的獨一無二的手段。因此，在柏格森的藝術模式中，形式可以揭示現實。

確實，柏格森明白無誤地給予藝術以超越通常觀感的優先權：

> 人們在定義藝術時所碰到的困難，可能主要在於一般都認為自然美先於藝術美：藝術手法不就是藝術家表現自然物之美的方法嗎？而美的本質又是神祕莫測的。然而，我們也可以捫心自問一下：自然是否會比我們的某些藝術手段所幸運地捕獲的東西更美？在某種意義上，藝術是否真的無法超過自然？[082]

他還透過下面的論說進一步闡發這種藝術觀：

> 藝術的意旨何在？如果現實曾直接震撼我們的感官和良知，如果我們能與事物和我們自己直接溝通，我想就不必有藝術了，或者說，我們都成了藝術家了，因為我們的心靈將不停地與自然共振。[083]

柏格森談到揭開現實的帷幕所產生的心靈的「震顫」[084]，它意味著內在精神面貌的表現；他認為（戲劇）藝術就是為我們提供這種樂趣，使我們面對自己內在的（悲劇）人格，並與之妥協。這種關於藝術的正面含

---

[080] Clement Greenberg, *"Towards a Newer Laocoon"* (first published in Partisan Review, VII, No. 4, July-August, 1940), reprinted in Art in Theory, 1900-90, Oxford, UK & Cambridge, USA: 1993, p. 557.

[081] Henri Bergson, *Essai sur les données immédiates de la conscience* (first published by F. Alcan, 1896), Paris: Presses Universitaires de France, 5th edition, 1997, p. 125.

[082] Henri Bergson, *Essai sur les données immédiates de la conscience (*first published by F. Alcan, 1896), Paris: Presses Universitaires de France, 5th edition, 1997, pp. 10-11.

[083] Henri Bergson, *Le Rire: Essai sur la signification du comique* (first published by F. Alcan, 1896), Paris: Presses Universitaires de France, 5th edition, 1997, p. 154.

[084] Henri Bergson, *Le Rire: Essai sur la signification du comique* (first published by F. Alcan, 1896), Paris: Presses Universitaires de France, 5th edition, 1997, p. 161.

義與現存的表現主義藝術的性格化理論大相徑庭；表現主義認為藝術必須突顯出我們的情感生活，結果總是走向極端，弄得令人毛骨悚然。[085]

三、藝術與經驗的能動性

前面已經提及，對於藝術如何傳達生命之能動性方面的問題，柏格森往往閃爍其詞，一些充滿哲理的洞見完全散落於他的幾部不同題材的著作中。他早年把注意力集中在藝術的表現性上，認為形式具有突出或限制生命的能動性的作用。對於有礙能動性中所包含的連續性的不完整形式或其他斷片結構，他顯然是採取排斥態度：「如果出現斷斷續續、缺乏興味的行動，那是由於其中每一部分都獨立自足，不交代一下接著出現的是什麼。」[086] 接著這句話之後，他還譴責了呆板、生硬的語言，指出其方方正正的秩序只能傳達出內在思理的壅滯。[087] 這裡顯然可以看出它涉及未來主義和立體主義：兩者都採用幾何圖形的方法，行動舉止十分笨拙，然而兩者都被人認為可以表現柏格森式的「綿延」[088]；有趣的是，柏格森看不出它們與自己的思想和有關的美學有什麼親緣關係。[089] 相反，他看重另一種十分不同的藝術形式：

---

[085] 如 S. Behr 對表現主義藝術的界定：「那種非現實的色調、扭曲的形狀以及常常顯得很原始和粗糙的技術」（繪畫），「乖謬的鏡頭角度、恐怖的明暗對照和怪異的布景」（電影），「過於戲劇化的場面和主角備受折磨的精神狀態」（音樂）。見 *Expressionism Reassessed*（《重估表現主義》）, S. Behr and D. Fanning (ed.), Manchester: Manchester University Press, 1993, p. 1.

[086] Henri Bergson, *Essai sur les données immediates de la conscience* (first published by F. Alcan, 1896), Paris: Presses Universitaires de France, 5th edition, 1997, p. 9.

[087] Henri Bergson, *Essai sur les données immediates de la conscience* (first published by F. Alcan, 1896), Paris: Presses Universitaires de France, 5th edition, 1997, p. 9.

[088] 比　如 Mark Antliff, *Inventing Bergson: Culture Politics and the Parisian Avant-garde*, Princeton: Princeton University Press, 1993.

[089] 柏格森於 1911 年讀過一篇題為〈立體主義與傳統〉的文章後表示它與其哲學無關，還批評了該文的分析方法，說：「它作為理論也許有些吸引人，但在創造方面則落在後頭。」參見 Mark Antliff, *The Relevance of Bergson: Creative Intuition, Fauvism and Cubism*, Ph.D. Thesis, Yale: 1990, p. 1.

曲線美之所以討人喜歡，是因為構成曲線的每一點都可被看作為斬頭去尾的直線，它們作不斷改變方向的運動，而每一新方向都由原先的方向所指定。[090]

在柏格森看來，不標示任何取向說明的、不受干擾的、簡單、連續的曲線，代表了真實時間的本質。

柏格森還考慮了另外一種可能性，即：能動性可透過某種真實的能動經驗來傳達，在這種情景下，藝術所起的作用如同觸發器，關鍵在於接下來的活動。在《材料與記憶》一書中，柏格森首次提出了一種能動經驗的概念，他這時關注的是繪畫活動：

我們可以設想有兩種繪畫方式。頭一種方式是在畫紙上標出一定數目的點，然後將它們連接起來，整個過程是反反覆覆的探索，要畫到盡量與原物相似。這就叫「點畫法」。可是，我們習慣的畫法與此完全不同。我們是在仔細看好模特兒的樣子或者將之揣摩一番後就畫上「連續的一筆」。[091]

為此，柏格森將這兩種畫法分別與他列舉的兩種實況掛鉤：「點畫法」被他當作精神病患者的手法，因缺乏某些功能，無法啟動主體的記憶，因此只能產生對外部世界的膚淺感知。與此相反，連續的線條則出自健康的個體之手，反映出記憶的正常流程，因此可以表現「綿延」在開放狀態下的創造衝動。

就這種論述而言，與其認為柏格森關心與藝術相關的某些問題，不如說他實際上更關心記憶作用的展示；不過，在這個過程中，他毫不含糊地

---

[090] Henri Bergson, *Essai sur les données immédiates de la conscience* (first published by F. Alcan, 1889), Paris: Presses Universitaires de France, 6th edition, 1997, p. 9.

[091] Henri Bergson, *Matière et mémoire* (first published by F. Alcan, 1896), Paris: Presses Universitaires de France, 5th edition, 1997, p. 106.

指向一種與眾不同的藝術概念，即：將藝術過程的經驗作用擺在優先地位。將藝術當作一種經驗的過程，這種觀念已成為現代藝術的核心，它使造就藝術品的人工活動得以被突顯，既指向藝術家的創造過程（由於引入一個先在的生命而擴延了作品的生命跨度），也把旁觀者帶進某種活動氛圍之中。這種活動氛圍的觀念證實了柏格森如下的命題：只有借助實際經驗，才能領會能動性的本質。

柏格森對後面這種可能性並沒有做深入的考察，他的著作中只有一些蛛絲馬跡說明他是沿著這條路線思考的。在《笑 ── 論滑稽的意義》中，下面一處便說明他將藝術突顯為某種能動性的經驗：

在演繹和傳播這種音樂時，他們的用意在於逼迫我們注意它；這就像行人會情不自禁地加入舞蹈行列中一樣，我們也會不由自主地隨著他們特殊的節奏安排而沉浸在其音樂中。透過這種藝術實踐，他們撥響了我們內心深處靜待振動的琴弦。[092]

在探討曲線的意義時，他還提出這樣的看法：不僅曲線形式愉悅我們的感官，更重要的是它使我們產生時間是如何展開的具體經驗；他對此的解釋是這樣的：「某種技藝之所以感動我們，是因為它融進了某種使我們賞心悅目的情景；透過一些藝術手段產生暫停時間運行的心理意識，並將未來與現在牽拉在一起，便會出現這一種情景。」[093]

四、簡短的歸納和評論

將散見於柏格森的幾部著作中的藝術思想集中起來，我們就能看到柏格森藝術論的總體面目了。顯然，我們截留下來的這些斷片，都只能是他

[092] Henri Bergson, *Le Rire: Essai sur la signification du comique*, Paris: F. Alcan, 1900, pp. 160-116.

[093] Henri Bergson, *Essai sur les données immédiates de la conscience* (first published by F. Alcan, 1896), Paris: Presses Universitaires de France, 6th edition, 1997, p. 9.

的一些原創性的藝術觀點。毋庸置疑，柏格森的美學沒有為藝術家提供一套現成的理論，而且，在他生前，藝術家和理論家們一般也都根據他的總體命題建構各自的美學，[094] 也就是說，他的總主題留有很多解釋的餘地。儘管如此，柏格森本人的論述依然澄清了他所關注的藝術的兩個中心命題：能動性和原創性。同時，他還展望了兩種截然有別的交流方式：第一種著重於藝術的表現性，以類似曲線那樣的象徵符號來反映有關存在的種種觀念；第二種以藝術來啟動某種現實的經驗。

這兩種表現形式事實上均反映如下的相關含義：藝術的作用逃離不出柏格森的命題。在第一種表現形式中，藝術是以有表現力的語言來產生作用的，此處，藝術在揭示柏格森的實在中發揮關鍵的作用，因為其揭示力量在於其語言的清晰結構之中。在第二種表現形式中，藝術更主要扮演催化劑的作用，鼓勵觀賞者做出直覺反應，並且直接體驗實在的本質。由於柏格森將直覺作為藝術的基礎，藝術的最終意義便成了問題；但是，既然柏格森把直覺當作藝術家的同情心，同時認為藝術家或詩人是獨具「揭開垂掛在大自然和我們的意識之間的帷幕」的天才[095]，這種力量便無疑存在著。然而，即使在這裡，成功的審美經驗依然有賴於觀賞者直覺和重新體驗原作節奏的能力。在後期著作中，柏格森進一步肯定直覺作為一種普遍的審美方法，可以使人直接地體驗現實的能動性和原創性，於是藝術本身的作用便大為縮小。

藝術在柏格森的命題中具有相互矛盾的兩種作用，這表明這位哲學家從未建構出體系完整的美學。他在《笑 —— 論滑稽的意義》一書中分散而簡要地提出一些激進的藝術觀點，但這些觀點並未充分發展，而且，當

---

[094] 關於柏格森與野獸派畫家馬諦斯的關係，參見 Catherine Lever, *The Relevance of A Theoretical Context of Matisse*, D. Phil. Thesis, Oxford: 2001；又見 Mark Antliff 的著作。

[095] Henri Bergson, *Le Rire: Essai sur la signification du comique*, Paris: F. Alcan, 1900, p. 159.

他進一步闡發他的直覺概念時，他的理論與藝術的關係便越來越疏遠了。儘管如此，柏格森在他多部重要的哲學著作中還是提出了令人耳目一新的一種理解藝術的美學立場，即：藝術旨在傳達我們能動的經驗現實。

第三章

社會學美學

概論

「社會學美學」（sociological aesthetics）這個術語出自齊美爾（Georg Simmel, 1858-1918）的同名文章。當然，看到這個標題或許有人要問：社會學和美學有什麼關係？為什麼要將兩者結合在一起？

布迪厄（Pierre Bourdieu, 1930-2002）說過這樣一個觀點，社會學和藝術不是好伴侶。[096] 因為藝術家總是會強調自己的獨特性，強調藝術世界的自主性，從而拒絕社會學家的解剖和研究。同樣，我們也會問，美學或者審美現象怎麼能夠用社會學去裁剪呢？對此，齊美爾透過「一切美學的最初動機都是對稱」這樣一個形式主義命題指出：「合理的社會組織 —— 完全不考慮它的個人感覺效果 —— 有很強的美學魅力，它要把整體生活變成藝術品，而現在的分散式生活幾乎不可能會這樣。我們的觀點所能概括的形態越集中，美學範疇的應用就會明顯地從個別的、思想上可以認識的形態上升為社會形態。」[097]

也就是說，在齊美爾看來，隨著社會的發展、都市的擴張和社會交往的日益頻繁，作為整體的生活日益成為美學的對象，而這種美學也是社會學的，因此就有了社會學美學這個概念。

我們知道齊美爾是與馬克思、涂爾幹（Émile Durkheim, 1858-1917）和韋伯（Max Weber, 1864-1920）齊名的四大社會學家之一。但齊美爾卻主要將自己視為一個文化哲學家（盧卡奇將其視為尼采思想譜系中的生命哲學家），一個對現代社會的諸多現象進行哲學反思的思想家（這種非專業主義或者業餘主義讓齊美爾成為「學院局外人」，一直無法得到主流學

---

[096] Pierre Bourdieu, *But Who Created the "Creators"?* in: Jeremy Tanner (eds.), The Sociology of Art: A Reader, London: Routledge, 2003, p. 96.

[097] 齊美爾：〈社會美學〉，轉引自《橋與門 —— 齊美爾隨筆集》，涯鴻等譯，上海三聯書店 1991 年版，第 221 – 222 頁。

術界的承認，比如有人就說，「一個上學期講授康德深奧哲學的人，下學期卻發表什麼氣味社會學、食品社會學或者時裝社會學論文的人，我們怎麼能為他安排出專業的研究呢？」[098] 更有人將其稱為「哲學松鼠」，從一顆堅果跳到另一顆堅果；但另一方面，這種非專業主義也可以說是尼采生命哲學的延續，這種生命哲學呈現出貴族式的認識論，而這種貴族式認識論與齊美爾社會學中的審美主義風格是緊密相關的），而這些現象大多是外在於正統社會學的研究視野，如時尚、羞恥、風景等。甚至於當齊美爾探討貨幣問題的時候，他的立足點也不是馬克思式的經濟學批判，而是一種人與人的互動批判，是對現代文化的批判。在齊美爾看來，對貨幣的信仰一方面揭示了金錢所具有的承諾與暴力內容，另一方面也包含了義務與信任，總之，它指向的是人與人之間的社會關係。這與馬克思對商品拜物教的分析存在異曲同工之處：

商品形式在人們面前把人們本身勞動的社會性質反映成勞動產品本身的物的性質，反映成這些物的天然的社會屬性，從而把生產者與勞動的社會關係反映成存在於生產者之外的物與物之間的社會關係。由於這種轉換，勞動產品成了商品，成了可感覺而又超越感覺的物或社會的物。[099]

在馬克思看來，商品拜物教是貨幣拜物教的根源，而齊美爾與馬克思的差別就在於，他沒有從生產層面去揭示出商品拜物教的祕密，而只是從社會交往層面去揭示貨幣拜物教。

正如弗里斯比（David Frisby, 1944-2010）所指出的：「以各自不同的方式，齊美爾、科拉考爾和班雅明都關注人們感受和體驗資本主義劇變所產生的社會和歷史存在的新的方式。他們的中心是表現為過渡、飛逝和任

---

[098] 龐文等編著：《西方社會學理論概要》，東北師範大學出版社 2011 年版，第 49 頁。
[099] 馬克思：《資本論》第 1 卷，人民出版社 2004 年版，第 89 頁。

意的時間、空間和因果性這三者的不連續的體驗 ── 這種體驗存在於社會關係的直接性中，包括我們與都市的社會和物質環境之間的關係，以及我們與過去的關係。」[100]

　　現代社會為這些社會學家提供了前所未有的經驗，讓他們的社會學理論呈現出強烈的審美化特質，正是從這一點我們可以說，齊美爾是日常生活審美化思想的緣起。當然，從症候式分析來看，這源於齊美爾心靈與形式的二元對立思想，以及這種思想所蘊含的非理性根源 ── 生命哲學。為了擺脫客觀文化的冰冷與壓抑，齊美爾只能訴諸盧卡奇所謂的「自我陶醉的（視外物為浮雲的）玩物主義」[101]，並且開啟了後來法蘭克福學派的文化批判。

　　而在馬克思和法蘭克福學派的文化批判之間起到類似中介作用的還有齊美爾的好友韋伯。齊美爾的貨幣哲學就一反馬克思的生產優先論，其根本在於反對唯物主義的經濟基礎和上層建築關係理論，而韋伯的社會學也同樣如此，因此他對精神、倫理、文化等現象就格外重視。為了反對經濟或物質的第一性，韋伯針鋒相對地指出：興趣（物質的和觀念的）並不直接支配人的行動，觀念才直接支配人的行動。但是，觀念產生出來的「世界圖像」，時常像鐵道工人一樣規範著行為興趣變化發展的道路。正是基於這個論斷，盧卡奇指出，雖然韋伯主觀上想要反對非理性主義，但他的論述中不乏非理性主義的意味。[102]

　　韋伯在方法論上是一個徹底的理性主義者，但他無法完全將價值問題消解掉，而這種非理性主義就成為韋伯思想中審美救贖論的根源。他和齊美爾的審美思想都源自於德國的生命哲學傳統。

---

[100] 大衛・弗里斯比：《現代性的碎片》，盧暉臨等譯，商務印書館 2003 年版，第 8 頁。
[101] 盧卡奇：《理性的毀滅》，王玖興等譯，山東人民出版社 1988 年版，第 406 頁。
[102] 盧卡奇：《理性的毀滅》，王玖興等譯，山東人民出版社 1988 年版，第 542 頁。

第一節　齊美爾

　　格奧爾格·齊美爾出生於柏林，青年時期在柏林大學研習歷史和哲學，博士畢業後留任柏林大學，開設哲學、心理學、社會學等五花八門的課程。他著述多方，除了專著《歷史哲學的問題》、《貨幣哲學》、《社會學》等，齊美爾還以驚人的旺盛精力撰寫了大量對當時的婦女運動、工會權利、文學藝術思潮迅速作出反應的隨筆文章，發表在相關報刊上。早在19世紀末至20世紀初，他就成為與史賓賽、孔德、馬克思等人齊名的歐陸思想型學者。[103]20世紀聲名鵲起的盧卡奇、布洛赫、舍勒（Max Scheler, 1874-1928）、布伯（Martin Buber, 1878-1965）等人都曾師承齊美爾，但他的思想遺產卻沒有忠貞不渝的繼承者。早早就蓋在齊美爾身上的「新康德主義者」和「形式社會學家」的標籤，模糊了他的獨特學術成就和富有生命力的多元文化思想。20世紀將近50年的時間裡，人們似乎已忘卻了他的思想遺產，他的學說「飄到四方，消散於他人思想之中。」[104]有趣的是，面對齊美爾的思想遺產，貶損者和褒揚者都熱情洋溢，雄辯滔滔。人們不得不承認，齊美爾是一個「思想極為矛盾的理論家。他的思想觀點往往被人們從不同的方面加以解釋，並且這些解釋有時看起來是完全對立的」[105]。

　　1880年，齊美爾第一次提交博士論文〈對音樂的心理學和人類文化學研究〉（*Psychologische und ethnologische Studien über Musik*）沒有通過，

---

[103] 當時，帕累托、滕尼斯、韋伯乃至涂爾幹的影響力均不及齊美爾。參見 Theodore Abel, *The Contribution of Georg Simmel*, in: David Frisby (ed.), Georg Simmel: Critical Assessments, Vol. III, London: Routledge, 1994, pp. 264-266.

[104] 皮茲瓦拉（E. Przywara）：〈齊美爾、胡塞爾、舍勒散論〉，轉引自王岳川等編《東西方文化評論》第四輯，北京大學出版社1992年版，第256頁。

[105] 蘇國勳：〈齊美爾〉，轉引自袁澍涓編《現代西方著名哲學家評傳》（上卷），四川人民出版社1988年版，第500頁。

一年後他以另一篇論述康德哲學的論文提交答辯，才獲得博士頭銜。這件事耐人尋味之處是，「哲學家齊美爾」的身影中，總是若隱若現地展現出「美學家齊美爾」的身姿。對於審美藝術領域，齊美爾始終表現出孜孜不倦的熱情。他論及美學和藝術（文學、繪畫、雕塑、音樂）的文章和專著一直不斷，持續到他逝世後齊美爾夫人 1922 年編輯出版的《論藝術哲學》（*Zur Philosophie der Kunst*），貫穿了他的整個學術生涯。此外，齊美爾還有大量有關藝術、美學的文章散見於報紙雜誌，如代表當時的新藝術解放思想的慕尼克青春藝術風格派（jugendstil）的《青年》雜誌（他在上面發表了不下 30 篇文章，甚至還有詩作）和哲學雜誌《邏各斯》（*Logos*）。此外，齊美爾在柏林大學主持的美學和文化講座，從 1902 年到 1915 年持續了十餘年。對當時的現代美學運動，齊美爾瞭若指掌，在講座和撰文中時常論及自然主義、印象派、象徵主義和表現主義，而他心儀的藝術家則有米開朗基羅、林布蘭（Rembrandt Harmenszoon van Rijn, 1606-1669）、羅丹（Auguste Rodin, 1840-1917）、歌德和詩人施特凡·格奧爾格（Stefan Anton George, 1868-1933）。

齊美爾融哲學家、美學家和社會學家於一身，他對現代藝術的敏銳感悟和對「社會學美學」的獨到發現，彌補了古典社會學思想在審美這一領域的缺乏，顯示出他對現代社會生活樣態敏銳的領悟力。

一、審美 —— 感性與現代性

據齊美爾的文化生成理論，文化是生命與形式二元互動的產物。不同的文化形式，如審美、宗教、理論、習俗等形式介入到這一過程中，造就出迥異的文化產品。

生活形式紛繁多樣，諸如社會生活形式、文學生活形式、宗教生活形

式以及人格生活形式等，與它們相對應的遠遠不止個別內容，況且，它們還不斷地為自己創造新的內容；而個別內容也只有借助多種彼此不相干的形式才能在本質上保持穩定。[106]

正因為審美或藝術形式是文化生活形式的一種，因此，齊美爾對這種文化形式和文化產品進行了文化社會學的闡釋。儘管這其中也有一些美學的義理辨析，但這絕少是齊美爾審美言說的主旨。毋寧說，他要揭示的是審美化存在的個體心性與社會本質，尤其是現代生活中個體與社會的生活型態徹底向審美型態和性質的轉型。

審美或藝術之所以不同於其他文化形式，顯見之，首先是形式的原因。按齊美爾的理解，宗教按照宗教天性規約宗教生命，這是宗教的形式，藝術自然按照審美化的形式原則規約藝術生命。藝術形態「以本身固有的規律有效地與生活連繫在一起而形成自身的客體，這正是『藝術品』。」[107] 藝術和審美之形式特質在於，其形式因素相互作用，從而表現為一個和諧的統一體。「藝術的特殊意義……在於它所描繪的對象的意義，在於將其最清晰地表達出來，使其形式及空間位置的飽滿和內在契合，以及它們表現出來的精神實質得以充分地被理解。」[108] 藝術品就是「形式各部分互相作用」而形成的完美統一體。藝術形式的完美統一使藝術品超越了本身的局限性和偶然性，獲得另一種普遍的美的含義。就此而言，藝術形式發揮著超越手段和媒介的作用，它本身具有內在價值。而美就「是一種按一定的規律組成的表面要素的關係，是一定的生活發展表現

---

[106] 齊美爾：〈論宗教社會學〉，轉引自《現代人與宗教》，曹衛東等譯，（香港）漢語基督教文化研究所 1997 年版，第 9 頁。

[107] 齊美爾：〈風景的哲學〉，轉引自《橋與門——齊美爾隨筆集》，涯鴻等譯，上海三聯書店 1991 年版，第 167 頁。

[108] 齊美爾：〈1870 年以來德國生活與思想的傾向〉，轉引自《宗教社會學》，李放春譯，人民出版社 2003 年版，第 186 頁。

到外部而被觀察者接受的結果」。[109] 所以,我們在偉大的藝術品中所感受到的東西往往要比這件藝術品本身還要多,就是因為偉大的藝術品具有形式美的完整統一性,譬如古希臘雕塑。

顯然,齊美爾描繪的審美形式原則是帶有古典色彩的事物「表現要素的關係」。在現代主義藝術中,這種古典式和諧的形式關係破裂了,「曾為自己建造過樂園的舊的藝術形式已經成為當今生活的枷鎖」[110]。藝術的形式結構由穩定趨向動感,統一固定的藝術框架被充滿差異和個性化的藝術構成風格取而代之。要理解審美領域中的形式顛覆運動這一現代性事件,就必須看到,形式因素固然是審美這一文化形式的特徵之一,但它還未能詮釋審美內在的文化特性。在現代藝術中,形式結構原則雖然被瓦解了,但審美的內在特性並未消失,甚至表現得更加明顯。

審美在現代性事件的發生中占據著極其重要的位置,甚至占據著現代性的中心。[111]這不僅是因為藝術家或詩人在現代獲得了前所未有的尊榮,也不是因為形形色色的現代藝術詮釋現實的震撼性力量,而是在於審美成為現代生存的依據。在審美精神中,現代人尋覓到了什麼樣的生存依據?這就涉及對審美的精神特質的界定。審美的這一內在特性,稱作感性。

感性是審美這一文化形式所表達的理念,與其他文化形式截然不同。宗教表達的是虔信的宗教生命,而審美和藝術只為生命的感性存在歌唱。形式因素只不過是抒寫感性存在的方式和媒介。因此,審美化與感性化同步進行。審美的精神取向就是「心理主義」、感覺論,是一種感性至上的精神特質。在〈論羅丹〉中,齊美爾逕直將現代性的本質歸結為「心理主義」。

---

[109]　齊美爾:〈日爾曼風格與古羅馬風格〉,轉引自《橋與門 —— 齊美爾隨筆集》,涯鴻等譯,上海三聯書店 1991 年版,第 191 − 192 頁。

[110]　齊美爾:〈文化形式之變遷〉,轉引自《橋與門 —— 齊美爾隨筆集》,涯鴻等譯,上海三聯書店1991 年版,101 頁。

[111]　Gianni Vattimo, *The End of Modernity: Nihilism and Hermeneutics in Post-modern Culture*, John R. Snyder (trans.) & (intro.), Cambridge: Polity Press, 1988, p. 95.

古典時期的雕塑追尋所謂形體的邏輯，羅丹尋求的是他的心理學。因此，現代性的本質基本上就是心理主義（Psychologism），是根據我們的內在生活以及本質當作一個內心世界的反應對世界的體驗和解釋，是固定不變的內容在流動不居的心靈成分中消解，一切實體的東西都從心靈那裡過濾掉了，而心靈形式不過是變動的形式而已。[112]

「心理主義」看來就是指現代的心靈形式成為變動的形式，而固定不變的內容之所以被消解掉，是感性占了上風。審美主義就是把感性的經驗作為生存的理由，並拒絕其他的生存價值。

現代主義的審美和藝術愈加強化了感性的本質化和感性的個體化。審美主義的世界觀堅持的是感性形而上學 —— 即感性是其最終的需求，它削平了哲學、宗教和情感的形式差異，消解了它們的價值差異。現實的每一感性碎片的存在都不比另一存在更有意義或無意義。對意義的追尋，轉化為對身體觀感和生命本能的感性體會。審美現代主義的感性個體化，是指美只能透過個體表現出來，再也不存在超越個體感性體驗的普遍的美和超驗的美，因為，「在現代人那裡，個體的美和美的個體構成了一個不可分割的整體。」[113]

一般論者對審美現代主義的論述注意到了主體性、自我確認性等現代性的審美精神主張[114]，感性的重要意義。在現代性對傳統精神觀念的轉型中，樹立主體性當然是一大重點（如康德哲學）。不可否認，現代審美

[112] G. Simmel, *Rodin*, 轉引自 Rüdiger Kramme und Otthein Rammstedt, *Georg Simmel Gesamtausgabe*, Band 14, Frankfurt am Main: Suhrkamp, 1996, S. 346.

[113] 齊美爾：〈柏拉圖式的愛慾與現代的愛慾〉，轉引自劉小楓編《人類困境中的審美精神 —— 哲人、詩人論美文選》，魏育青等譯，東方出版中心 1994 年版，第 266 頁。

[114] Robert B. Pippin, *Modernism as a Philosophical Problem: On the Dissatisfactions of European High Culture*, Basil Blackwell, 1991, pp. 38-39. 另外，Vattimo 把「新」作為現代性與藝術相關聯的根本價值（Gianni Vattimo, *The End of Modernity: Nihilism and Hermeneutics in Post-modern Culture*, p. 99.）「新」或現代感雖可說是現代性審美主義的一個感性主張（如表現在「時尚」中），但說它是現代性或審美的根本價值基設，則差強人意。

主義也延續了這一精神觀念的轉型。但審美的精神特質之所以不同於哲學、倫理學、宗教等文化形式，原因卻不在於主體性這一現代觀念的表達。要追問的是，審美現代主義是在哪一精神層面來表達主體性的？它是如何以不同於其他文化形式的方式來表達主體性的？顯見之，審美現代主義的這一精神層面就是感性，它是以相當個性化的、反傳統的方式表現出審美的主體性。現代藝術的感性本質化與感性個體化均是以感性為審美精神訴求的起點，感性的本質化使現代審美主義追尋感性形而上學，感性的個體化則把審美的感性與主體性的主張連在一起。現代審美主義的精神訴求使現代文化生活追求的內涵改變了，人的本質也改變了。

審美主義並非自現代始才出現，傳統的審美主義與現代審美主義均追求感性的展現，但它們的一個顯著區別在於：傳統審美主義擁有和諧的形式因素、穩固的形式結構，而現代審美主義則反其道而行之。這再次涉及如何理解現代審美領域中的形式顛覆運動。現代審美主義的藝術形式，是根據現代思想、現代經驗形成的一種具有高度自我意識和分裂傾向的藝術風格。它以一種「抽象化、不連貫和變動的模式」，突出了現代人類關係和人性之變化 —— 一種現代危機。

> 朝著深奧微妙和獨特風格發展的傾向，朝著內向性、技巧表現、內心自我懷疑發展的傾向，往往被看作是為現代主義下定義的共同基礎。[115]

現代主義的文體變革，是現代危機的一種表徵。因此，形式危機、「形式絕望」之感就不僅僅囿於形式的意義。現代主義的形式顛覆就不止是一個美學事件，它反映的是一種文化的危機。

按新馬克思主義者馬庫色（Herbert Marcuse, 1898-1979）的詮釋，現

---

[115] 瑪律科姆・布雷德伯里、詹姆斯・麥克法蘭：〈現代主義的名稱和性質〉，轉引自布雷德伯里、麥克法蘭編《現代主義》，胡家巒等譯，上海外語教育出版社 1992 年版，第 10 頁。

代審美的形式顛覆旨在於釋放人的「新感性」，釋放人的本能，使潛藏於藝術中的創造性、否定性實現「藝術－審美」對社會規範和體制的批判功用。[116] 阿多諾（Theodor Adorno, 1903-1969）的觀點與馬庫色不謀而合，按照他對藝術的二分法，即「論戰」的藝術和「意識形態」的藝術，現代藝術顯然屬於前者。現代藝術對「形式的解放」標舉出一種社會解放的意志，「社會的解放包括在形式的解放中，因為形式，即全部特殊的審美背景，在作品中代表著社會關係。」[117] 因而現代的「審美建構主義」不應解釋為人性的墮落，而是對另一種社會現實可能性的肯定。顯然，新馬克思主義完全是站在社會批判的角度，對現代審美主義的形式碎裂作為社會功用論的詮釋，從而肯定現代藝術對資本主義社會的批判作用。齊美爾的觀點與之不同。[118]

　　現代藝術對形式的顛覆是其想成為釋放感性的直觀呈露，這一點不言而喻。問題的實質糾結於，同樣追求感性的傳統審美主義何以不若此？傳統的審美主義是在超感性與感性的聯姻中追求感性化的呈現，無論其超感性表現為哲學理念（柏拉圖「美的理念」）或超驗的上帝。齊美爾認為，精神和靈魂具有統一審美形式的力量，「澆鑄到藝術形式之中的恰恰是我們的靈魂」[119]。正是超感性的精神力量具有統一和調配感性形式因素的能力，因此傳統藝術中，感性與超感性、個體與超個體的精神元素之二元對立並未造成這兩方面的關係破裂。從超感性與感性的關係這一方向進行拆解，可以恰當地說，傳統審美主義是一種宗教式審美主義，其中，超感

---

[116] 馬庫色：《審美之維 —— 馬庫色美學論著集》，李小兵譯，三聯書店 1989 年版，第 108 頁。

[117] 馬克‧傑木乃茲（Marc Jimenez）：《阿多諾：藝術、意識形態與美學理論》，欒棟等譯，（臺北）巨流圖書公司 1990 年版，第 141、160 頁。

[118] 有關齊美爾與叔本華、齊克果、韋伯、布洛赫等人美學觀點的比較，參見 Günther K. Lehmann, *Ästhetik der Utopie*, Stuttgart: Neske Verlag, 1995.

[119] 齊美爾：〈基督教與藝術〉，轉引自《橋與門 —— 齊美爾隨筆集》，涯鴻等譯，上海三聯書店 1991 年版，第 142 頁。

性仍然統轄感性，彼岸仍然是此岸之前設；而現代審美主義是徹頭徹尾的反宗教審美主義，「它要求徹底取消彼岸，取消感性、感覺及其存在基質（身體）的對立者」[120]。這即是齊美爾在現代審美主義中探究到的現代性思想的重大問題，審美主義的根基在於彼岸的失落。

> 現代精神的重大問題在此顯露出來了：它要在有活力的現象本身之中為超越這種現象的給定性的一切事物尋找到一個位置，而不是把它轉換到空間上的彼岸。[121]

現代人找到的這個位置就是個體的感性生命。因而，現代審美主義建立的是世俗化的感性形而上學，它在感性這一層面推進了現代社會的世俗化發展。在這個意義上，現代審美主義處理的是傳統宗教料理的問題，但它轉化了這一問題的提法：不是論證上帝存在之合法性，而是論證感性生命替代上帝之合法性。

審美的問題就與齊美爾所理解的現代性結合起來。齊美爾的現代性是描述現代「生活－世界」內在經驗的轉型，內在經驗主要指現代生命主體的心理感受和精神體驗。在齊美爾看來，由貨幣經濟、金錢文化催生的現代人物化和世俗化的精神本質，使他們的心理感受轉向自我本能衝動和感官刺激。這樣一種現代性的生存樣貌，其本質就是感性論和審美主義的狀態。反過來看，在現代性處境下，個體的感性化生存成為心理和精神的重要構成元素，並且擴展為整個社會形態、結構的本質。

但是，個體如何把這一感性生存事實表達出來？在齊美爾看來，這正是現代人所遭遇的一個困境。

---

[120] 劉小楓：《現代性社會理論緒論 ── 現代性與現代中國》，上海三聯書店 1998 年版，第 32 頁。
[121] 齊美爾：〈柏拉圖式的愛慾與現代的愛慾〉，轉引自劉小楓編，魏育青等譯《人類困境中的審美精神 ── 哲人、詩人論美文選》，東方出版中心 1994 年版，第 267 頁。

現代生活最深刻的問題根源是個人要求保持其存在的獨立性和個性，反對社會的、歷史習慣的、生活的外部文化和技術的干預。[122]

外部文化機制已經不堪承負個體內在的獨立生存事實，這其中包括個體極為個性化的感覺、趣味、喜好。這是審美現代性產生的社會因素。齊美爾體察到，這一社會因素的背後隱藏著更為根本的哲學因素和文化因素。按他的思路，生命與形式的恆常衝突在於現代的極端化，使生命反對形式本身。生命撕裂拋棄了形式原則，現代性的這一哲學和精神革命轉變了知識學和美學的方向：生命要以生命自身言說自己。文化的變動隨之跟進，主客文化雙重結構的嚴重失衡，使主觀文化不得不以極端的主觀主義抗衡客觀文化。社會的、哲學的、文化的因素從各個方面決定了現代性的「審美－感性」生存的實質內容：以反傳統的形式表達個體化的感性之在。現代藝術中的表現主義（expressionism）最集中地展現了現代審美的感性之在，「生命無論是什麼時候表現自己，它都只願表現自己」。表現主義藝術品的現實形式只是無可奈何的附屬品，因為無形式的形式似乎不可避免地是一種存在形式，儘管這一形式消除與解構了傳統形式的意義。[123] 表現主義因而展示了生命與形式的悖論關係：生命只想表現衝破形式藩籬的自身，卻不得不依靠在某種形式之上。

齊美爾的審美言說分明讓人感受到，他藉著掌握「審美－藝術」，理解了現代人和社會的精神品性。這也許可以解釋，為什麼在古典社會學家中，唯有齊美爾注重分析現代藝術作品。在「審美－藝術」此處，他的敏銳觸覺感受到了現代生活品質的嬗變。由此，齊美爾進入了「社會學美學」。

---

[122] 齊美爾：〈大城市與精神生活〉，轉引自《橋與門 —— 齊美爾隨筆集》，涯鴻等譯，上海三聯書店 1991 年版，第 258 頁。

[123] Bryan S. Turner (etc.), *Theories of Modernity and Postmodernity*, London: Sage Publications, 1990, pp. 84-85.

二、「社會學美學」

齊美爾的審美言說，究其實質，是把個體的生命體驗和社會的生存事實描述為審美的。齊美爾對社會實存的審美化樣態的描摹，即他對社會學和美學的互文性闡釋，他稱之為「社會學美學」[124]。齊美爾的審美感觸異常敏銳，常常在社會「生活－世界」的各方面感受到審美之維的存在，這從齊美爾寫於 1901 年至 1908 年的若干文章篇名就可看出：「面容的美學意義」（Die ästhetische Bedeutung des Gesichts）、「畫框」（Der Bilder-rahmen, ein ästhetischer Versuch）、「論美的數量」（Über ästhetische Quan-titäten）、「肖像美學」（Aesthetik des Porträts）、「論藝術的第三維」（Über die dritte Dimension in der Kunst）。無論在社會生活的哪一個角落，他總能以不同尋常的眼光探測到背後的美學含義。

「社會學美學」要把「藝術品作為社會」，但這根本不是指社會的整體性與藝術品的整體性在象徵意義上的等同。齊美爾指的應該是，社會不是藝術品，但是社會可以被研究和描述，好像它是一件藝術品。[125] 如果說齊美爾的社會學闡釋幾乎是以一種審美的方式表達出來的，則他的審美表達也是在描述社會實存的審美式存在本身（社會實存的審美主義）。這正是社會整體的感覺化存在，即現代性社會的生存特性 —— 審美化或感性化的存在狀態。

齊美爾以為，歷史上每個時代都出現過以審美形態表達的哲學或社會理念，如古希臘的動與靜，中世紀的神聖與凡俗，近代的自然與精神。因

---

[124] 同名論文〈社會學美學〉（*Soziologische Äesthetik*）1896 年刊於《未來》（*Die Zukunft*）雜誌第 17 卷。《橋與門》中的漢譯文〈社會美學〉缺失前六自然段。

[125] Barbara Aulinger, *Die Gesellschaft als Kunstwerk: Fiktion und Methode bei Georg Simmel*, Wien: Passagen Verlag, 1999, S. 229.

此詩藝的有效性不僅限於審美或藝術領域，它適用於人類活動的各個方面。[126] 在他看來，現代社會的兩大對立思想，其政治表達是社會主義和個人主義，哲學表達是理性主義和非理性主義，美學表達是審美平等（「審美泛神論」）與審美差異。齊美爾的「社會學美學」，主要就是考察這兩種對立的觀念，其社會化的審美形式和感覺實質是怎樣的。在他看來，社會主義追求平等、公平的審美感性表達是一種「審美泛神論」。

> 這種世界觀轉變成審美泛神論（Ästhetischer Pantheismus），每一點都包含著朝向絕對的審美意義解決的可能性，對受過訓練的銳利眼睛而言，從每一點出發並生成整體意義的美，發散出世界作為整體的完整意義。[127]

「審美泛神論」與特勒爾奇（Ernst Troeltsch, 1865-1923）的「直覺泛神論」具有相同的概括力，[128] 均指一種無差別的、具有強大整合能力的感性審美訴求。平等是一種烏托邦式的理想，不平等才是社會的現實，那麼，社會主義如何達到其審美平等的理念呢？透過抑高揚低、變醜為美、整飭秩序、弭平差別，它最主要的審美形態乃是對稱，「社會主義的烏托邦總是按照對稱的原則對它的理想域或理想國進行詳細的設計」[129]。

個人主義與社會主義相反，它追求獨特、具有差異感的審美表達，齊美爾認為這是現代生活更具典型性的社會化感覺性質。審美個人主義拒斥「審美泛神論」。

---

[126] G. Simmel, *Soziologische Äesthetik*, Heinz-Jürgen Dahme und David Frisby, *Georg Simmel Gesamtausgabe*, Band 5, Frankfurt am Mam: Suhrkamp,1992, S. 197-198.

[127] G. Simmel, *Soziologische Äesthetik*, Heinz-Jürgen Dahme und David Frisby, Georg Simmed Gesamtausgabe, Band 5, Frankfurt am Mam: Suhrkamp,1992, S. 199.

[128] 劉小楓：《現代性社會理論緒論 —— 現代性與現代中國》，上海三聯書店 1998 年版，146 頁。

[129] 齊美爾：〈社會美學〉，轉引自《橋與門 —— 齊美爾隨筆集》，涯鴻、宇聲譯，上海三聯書店 1991 年版，第 222 頁。

希望調和審美平等（Allgleichheit）與審美獨特（Alleinheit）的魅力與審美個人主義的魅力這種概念，無法完全滿足審美個人主義的要求。[130]

審美個人主義的需要是保持個體性、主體性和差異性，不是為了平等或整體放棄個體自由的審美價值訴求，而毋寧是在自成一體的、獨一無二的個體中實現審美價值。現代主義是這一社會化理念的藝術性表現，其明顯的感性特徵即是不對稱。

下面的表格概要地列出了齊美爾對現代社會中兩種審美化「哲學－政治」的社會學闡述。[131]

哲學理念	理性主義	非理性主義
美學動機	思考省力：以最小努力展開最豐富想像	個人的自由感，且個人是一個整體
美學形式	對稱：一點對多點的牽制	不對稱：每個要素肆意發揮
社會理念	追求平等的社會主義	追求差異的個人主義
社會／國家形式	社會主義	自由的國家形式，如立憲政體

「社會學美學」的含義於此清楚了，從純粹的審美動機出發產生的美學形式，在社會結構和國家形態中可以找到共鳴，這是齊美爾把藝術的「特殊結構性質置換在社會現象之中」，研究審美之社會學的原因。那麼，為什麼社會化的存在，「社會－政治」理念的表述會呈現為審美樣貌呢？就社會主義和個人主義的社會存在而言，齊美爾只闡述了後者的原因，即現代性狀態下個體化的審美感性之在的緣由及方式。他並未道明，

---

[130] G. Simmel, *Soziologische Äesthetik*, Heinz-Jürgen Dahme und David Frisby, Georg Simmed Gesamtausgabe, Band 5, Frankfurt am Main: Suhrkamp, 1992, S. 199.

[131] 齊美爾雖然說對稱和不對稱是美學的動機，但表述為美學表現形式更為恰當。（齊美爾：〈社會美學〉，轉引自《橋與門——齊美爾隨筆集》，涯鴻等譯，上海三聯書店 1991 年版，第 219 － 225 頁。）

社會主義追求審美平等的現代性轉換是如何達成的。這或許從另一方面證明了，追求差異感、個體性、原創性的審美個人主義，更是一種典型的現代性社會化實存形態。現代審美主義在根本上乃是個人主義式的審美性表述。

在齊美爾研究專家弗里斯比看來，齊美爾對審美領域的強調與現代性（乃至與後現代）不無關係，他進而認為，這是因為齊美爾把偉大的藝術作品視為對現代性衝突的超越和解決。[132] 弗里斯比的論據，是齊美爾對雕塑家羅丹的評論。

但如果人們認為，從生命的煩惱和漩渦中得到拯救，在生命的運動和衝突之外獲得安寧與調解乃藝術之永恆目標，就會以為，從生命的不安和難過中得到的藝術解脫，不僅遁入藝術的對立面可以做到，事實上也可以透過最完美的風格化和藝術內容最高級的純淨昇華做到……恰恰因為羅丹展示了這種發軔於運動（Bewegtheit）的激情的生命之最完美的形象，他拯救了我們……他讓我們在藝術領域中再次體驗最深刻的生命，就是從我們在現實範圍體驗到的東西裡，他把我們拯救出來。[133]

齊美爾在羅丹的藝術中不僅看到了現代性的再現 —— 運動不息的現代生命「完美形象」的突顯，而且羅丹以一種「超時間的、永恆的意象」抓住了流動的現代生命本身。因此他感嘆，羅丹代表的現代藝術風格「不止掌握真理，它就是真理」[134]。弗里斯比據此推論，齊美爾的審美理念就是以藝術化解現代性的衝突，調和主客文化領域的矛盾。[135]

[132] D. Frisby, *Simmel and Since*, London: Routledge, 1992, p. 173.
[133] G. Simmel, *Rodin*, 轉引自 Rüdiger Kramme und Otthein Rammstedt, *Georg Simmel Gesamtausgabe*, Band 14, Frankfur am Mam: Suhrkamp, 1996, S. 347-348.
[134] G. Simmel, *Rodin*, 轉引自 Rüdiger Kramme und Otthein Rammstedt, *Georg Simmel Gesamtausgabe*, Band 14, Frankfur am Mam: Suhrkamp, 1996, S. 347-348.
[135] D. Frisby, *Simmel and Since*, London: Routledge, 1992, p. 77.

　　齊美爾的確經常以欣賞者的口吻談論現代藝術，尤其是那些展露出個性化藝術魅力的畫家（如林布蘭）。他後期轉向生命哲學，對獨特地掌握現代生命感的藝術家尤其青睞有加（如羅丹）。但並不能因此就說，齊美爾認可現代藝術和審美的價值立場和精神依歸。現代審美主義放逐了對彼岸的終極追求，將生命欲求鎖定於感性之在。如果說現代性之根本衝突如齊美爾所言，乃是生命與形式的衝突，則現代審美主義沒有調和這一二元衝突，而是根本取消了這一衝突──只剩下感性（無超感性）生命（無形式）這一層，衝突不復存在了。就此而言，弗里斯比的結論堪疑。齊美爾對現代藝術的欣賞是一回事，以為他論述的現代性衝突在藝術中獲得了最終的解決是另一回事。

　　此外，審美個人主義主張的是主觀文化的極端化。而齊美爾早已告之，文化的終極目的是靈魂的完善和諧，因此，審美個人主義絕非主體生命可以依靠的歸宿。生命的感性之在是一種「自然命運」，無論它以多麼個體化的方式呈現出來，審美式生存狀態仍只是自然之在。在齊美爾看來，這種「在」之自然狀態或許可以以審美的態度觀照、欣賞，但絕不是生命的終極衝動停靠的彼岸。現代人在片斷的、猶豫不決的生命存在中確實渴望一種解脫，他們也確實在「審美─藝術」領域中找到過這種解脫。但對於現代審美主義作為一種出路的尋求，齊美爾的回答是：

　　這種渴望由於其許多特性，具有某種審美的風格──它們似乎在藝術觀念中找到了對破碎的、痛苦的現實生活的解脫，對藝術的感知似乎暗示我們在藝術與靈魂的基本需要之間存在一線關聯……如果我沒看錯的話，這種藝術熱情的高漲不會持續很久。人類超驗的衝動在對任何終極事物緘默不語的科學面前、在忽略精神內在的自我完善的社會─公益活動面前，遭到毀滅，它必須為自身在審美活動中尋找一個出口，但人們很快會

得知，這個領域同樣有其局限性。[136]

　　在現代性狀態下，靈魂的超驗衝動仍在為生命個體尋找解脫和拯救。科學一筆勾銷了這種尋求本身，社會主義只為集體不為個體設置這一尋求。生命個體的感性衝動在現代藝術和美學中尋找到了適性之所，但齊美爾透闢地觀察到，靈魂的超驗衝動卻無法在審美之維中駐足，它仍然要找尋超驗的適合形式，也就是宗教的形式。但傳統的宗教形式已無力承納現代生命個體的靈魂之在，宗教生命的現代性表達只能以「宗教性」——一種非宗教的宗教形式承擔。

　　齊美爾的「社會學美學」的確指明了現代社會審美化生存本質的特徵。「這一既熱衷於柏克萊，又熱衷於印象主義；既熱衷於自然主義，又熱衷於象徵主義；既熱衷於社會主義，又熱衷於尼采的發展時期，便在那些極端的『主義』蕩激中尋求生活最高的優美境界。」[137]在齊美爾的審美論述中，現代的諸種「主義」話語不僅有外在的美學形式，其內在的本質也是審美感性的。故而，齊美爾挖掘到現代各種審美表現形態的社會學基礎。

三、距離感：個體審美主義

　　「距離」（Distanzierung）這一感覺論域是齊美爾特別勾畫出的一個關係描述詞，用以刻劃文化現象中生活風格和藝術風格的感性特徵。距離是怎樣一種關係？

　　一個經常用以描述生活內容之構成的形象，是把它們圍成一個圓圈，圓圈的中心是真正的自我。有一種關聯的模式存在於這個自我與事物、他

---

[136] 齊美爾：〈1870 年以來德國生活與思想的傾向〉，《宗教社會學》，曹衛東譯，上海人民出版社 2003 年版，第 223 － 224 頁。
[137] 狄塞：〈齊美爾的藝術哲學〉，《哲學譯叢》1987 年第 6 期，第 74 頁。

人、觀念、興趣之間，我們只能稱之為這兩方面的距離（Distanz）……我們只能藉著對兩者的距離的一種確定的或變化的直觀的象徵，來描述自我與其內容間特定的關係。[138]

　　齊美爾特別選取「距離」，是因為它能表述一種時間和空間上的外在或內在的遠近親疏關係。這種關係既可從哲學層面上定義，即主體與客體，或與其他主體的關係，也可從社會學層面界定，即個體與個體、個體與社會的關係，還可從美學義理層面定義，即藝術與現實的關係。[139] 但齊美爾特別在意的是，不同的距離關係類型中主體表現出不同精神狀態和內心體驗結構。因此距離僅是他的一個切入點，由此出發，他剖析了現代生活風格中現代人心理感受的改變，與現代藝術風格表徵的現代性精神氣質，以及現代諸風格造就的文化命運。

　　為什麼用「距離」這個屬於時空關係類型的範疇來描述現代生活風格和藝術風格？這涉及齊美爾對風格與距離之間的關係在現代性處境中的獨特掌握。

　　風格存在的純粹事實本身就是距離化（Distanzierung）最重要的一個例證。風格作為我們的內心過程的呈露，它說明這些過程不再即刻噴湧而出，而是在呈現之時就套上了偽裝。風格作為個別細節的一般形式，對這些細節而言它是一層面紗，為那些接受其表現形式的人強加了一道壁壘和距離。[140]

　　減輕和掩飾個人性的東西，驅使著現代人如此強烈地驅向某種風格，這是風格的本質……一種超個體的形式和法則在主體個性與主體的人類環

[138] 齊美爾：《貨幣哲學》，陳戎女等譯，華夏出版社 2002 年版，第 384 頁。

[139] Ute Faath, *Mehr-als-Kunst: Zur Kunstphilosophie Georg Simmels*, Würzberg: Königshausen & Neumann, 1997, S. 117.

[140] 齊美爾：《貨幣哲學》，陳戎女等譯，華夏出版社 2002 年版，第 384－385 頁。

境、客觀環境之間產生了，即風格化的表達（Stilisierte βerung），生活形式、趣味 —— 這一切都是限制和距離，它使這個時代誇張的主體主義找到一種平衡，一種掩飾。[141]

按齊美爾的理解，現代文化的風格特徵之一就是表現距離感。風格幾乎是一種普遍的文化形式，它也要力圖整合充滿個性化色彩的現代生命個體。具體而言，表現距離感的社會文化風格分為兩種。第一，現代「生活風格」具有表現距離感的傾向，這是貨幣經濟在現代社會深化的結果；第二，藝術的不同風格是產生不同的精神距離的反映，現代藝術則有拉大該距離的傾向。某種意義上，藝術風格是生活風格在審美領域中的延伸。

雖說現代風格（以及風格中的距離形式）是對誇張主體主義的平衡、調和、偽裝、掩飾，但它們平衡和偽裝的能力有限。如果古典的生活或藝術風格是將內容和形式整合為一體的話，那麼現代風格的整合力受到挑戰，是因為現代的客觀生活內容與主體生命彼此疏遠，導致大量風格產生。

透過風格的分化，每一個別的風格以及一般意義上的所有風格都變成了客觀的東西，風格的有效性不受主體的人及其興趣、行為、喜歡或不喜歡的束縛。我們的文化生活的全部直觀內容分裂為多元的風格，這瓦解了主客體最初在風格當中尚未分裂的關係。[142]

現代多元風格的形成肇因於客觀文化和主觀文化古典關係的斷裂，故此，現代「生活－藝術」風格愈來愈成為客觀物，失落了主體生命的內

---

[141] 〈風格的問題〉（*Das Problem des Stiles*）一文發表於 1908 年，討論的問題主要針對當時德國的青春風格運動（Jugendstil），兼論及米開朗基羅和林布蘭。（G. Simmel, *"Das Problem des Stiles"*，載 Otthein Rammstedt, *Georg Simmel Gesamtausgabe*, Band 11, Frankfurt am Main:Suhrkamp, 1993, S. 382.）

[142] 齊美爾：《貨幣哲學》，陳戎女等譯，華夏出版社 2002 年版，第 375 頁。

容。「多元的風格」因而演化成了「無風格」（stillos）。[143] 現代式「無風格」的風格對主體主義的平衡和調和就值得懷疑了。它至多是一種偽裝、掩飾，背後隱藏的是強大的主體個性之流，時時衝擊作為文化形式的風格框架。這揭示出：現代風格的偽裝和掩飾之下，最真實的乃是現代個體的感性生命的強烈衝動。

　　強調距離感的現代生活風格和現代藝術風格，均是齊美爾式距離感類型的審美言說。它既有對個體心理體驗中距離感覺類型的描摹，也有對社會化距離感的分析。在此，距離既是對一種實際空間關係的描述，但更重要的是作為一種審美的感覺類型，來掌握遠近親疏的距離感之後隱藏的現代「社會－藝術」的精神面相。以下分別剖析齊美爾的現代生活風格的距離感和現代藝術風格的距離感。

（一）生活風格的距離感

　　距離感在現代生活中的興起，與貨幣經濟對文化生活中的主體的影響相關。從齊美爾的貨幣文化理論可以獲悉，貨幣經濟引起現代文化價值觀向平均化、量化和客觀化的轉型，同時也賦予了個體發展個性和自由的可能。後面這個文化向度的一個表現，就是現代生活風格中距離感的增加。

　　貨幣在經濟領域中使用的是交換媒介功能，在流通過程中無處不在。同時，使用貨幣使相隔遙遠的交換雙方之間實際的空間距離無足輕重，就這點來說，金錢「征服了距離」，實際的空間距離對「放之四海皆準」的金錢不起作用了。齊美爾關注的是，貨幣征服實際距離後的反方向發展，即金錢強化了人與人之間的內在距離、人與物之間的心理距離。這即是貨幣對現代生活中普遍保持距離感傾向的生活風格的影響。同樣的，齊美爾

---

[143] G. Simmel, *Das Problem des Stiles*，轉引自 Otthein Rammstedt, *Georg Simmel Gesamtausgabe*, BandII, Frankfurt am Main: Suhrkamp, 1993, S. 383.

看到，現代技術的發展一方面使人們征服了距離，如望遠鏡和顯微鏡的使用，但另一方面技術征服的仍只是外部距離，「外在方面被征服的距離越多，內在方面增加的距離就越大。」[144]

金錢使人與人互相疏離，人們彼此間樹立了心理屏障，這一方面是因為貨幣經濟深入到家庭生活和經濟活動中，使人與人之間傳統的心理維繫解體；另一方面，心理距離確是現代人在嘈雜的都市生活中內心生活的必需品。

人與人之間樹立起一道內心的屏障，然而對現代生活形式而言，這一道屏障是不可或缺的。因為，若無這層心理上的距離，大都市交往的彼此擁擠和雜亂無序簡直不堪忍受。當代都市文化的商業、職業和社會交往迫使我們跟大量的人有身體上的接觸，如果這種社會交往特徵的客觀化不與一種內心的設防和矜持相伴隨的話，神經敏感而緊張的現代人就會全然墜入絕望之中。種種關係的金錢性 —— 要麼公開的，要麼以上千種形式隱蔽起來的 —— 在人與人之間塞入了一種無形的、發揮作用的距離，它對我們文化生活中過分的擁堵擠迫和摩擦是一種內在的保護與協調。[145]

貨幣經濟改變了現代社會中人與人互動的形式，現代生活越來越密集，這使人更加關心身體和心靈擁有的空間。人與人之間日漸拉開的心理界線，正是對身體不得不與人接觸的一種補償。現代（都市）人心理體驗中的距離感就成為必需。只有在相互保持心理距離時，個體才能感到安全、自由和自我的存在。這一文化現象意味著什麼？意味著現代人的自我身分的確認發生了轉移。現代人自我身分的認可與距離感覺類型密切相關。唯有與他者推距到一定程度，個體的身分才能得到確認。這種帶有自

---

[144] 齊美爾：《貨幣哲學》，陳戎女等譯，華夏出版社 2002 年版，第 387 頁。
[145] 齊美爾：《貨幣哲學》，陳戎女等譯，華夏出版社 2002 年版，第 388 頁。

我保護和自我欣賞味道的遠距離式自我認同，標舉出現代都市人審美主義
的心理實質——超越現實（或應該稱作逃避現實）以獲得自我身分感的
心理補償機制。齊美爾的距離感審美學說指示出這樣一個命題：現代性中
自我的確立不僅有哲學的基礎，也有感覺論的基礎。遠距離式的自我身分
感強調的乃是我與他人不可混同、不可比照的個體存在。因此，這一感覺
類型仍屬於審美個人主義之列。

　　疏離的感覺不唯人與人之間存在，人與物之間也產生了距離。

　　貨幣及其擴大距離的作用不斷使事物之間的心理距離越來越遠，這種
情況經常發生，物質的意義上的本質在我們的視域（Sehweite）之外，我們
和事物完整的、與眾不同的存在之間的內在關聯被瓦解分裂了。[146]

　　人與物之間距離的加深，實際上與金錢使主體價值觀的量化有關。量
化價值觀以金錢為衡量標準，看重事物的量而不是質。物質的差異在主體
的視界中失落，人與物無法保持「內在關聯」，兩者間精神距離擴大。這
種精神疏遠，使人與物之間難以用金錢、數量來表達的親近關係和意義從
主體手中滑落。一些伴隨人的靈魂和情感的親近物被置換到圓圈的最外
圈。甚至，這種精神的疏遠也引起了現代人直接接觸物體時的敏感和不
適。對此心理體驗，現代人的表現症候是齊美爾形象概括的「畏觸病」。
「害怕過分接觸物體是『畏觸病』（Berührungsangst / agoraphobie）所特有
的基本病症，是用力直接接觸就會感到疼痛的觸覺過敏的結果。」[147]畏觸
病是距離感覺的極端化類型，害怕接觸不僅是對物的外在疏離，而且是從
心理情感上根本拒絕外物進入自我內心。人與人、人與物之間保持的心理

[146] 齊美爾：《貨幣哲學》，陳戎女等譯，華夏出版社2002年版，第389頁。
[147] 齊美爾：〈社會美學〉，轉引自《橋與門——齊美爾隨筆集》，涯鴻等譯，上海三聯書店1991
　　　年版，第229頁。

距離乃至「畏觸病」，使現代人產生了遠距離式的自我身分的認可，它透過否定他物肯定自我，透過否定外在肯定內在。這在現代個體中引起否定評價多而肯定性趣味少的普遍心理傾向，其表達的生存態度就是回到人的內心。現代個體的這一生命體驗帶出了新的性格特徵，即樂極生厭和玩世不恭。這兩種性格都否定價值的差異。玩世不恭的現代大眾在貨幣文化的金錢特性中及時行樂、享受快感；樂極生厭的現代個體追求形式的差異，但對價值的否棄和對個體化形式的玩味和熱衷，無不展示出一種「審美—感性」的個人主義精神特質。如此，現代人追求距離感的生命體驗切實地帶出了審美式的精神構架：以感性拒斥超感性的快感大眾文化，和以形式個人主義拒斥價值差異的審美（個人主義）菁英文化。

外在距離、心理屏障、精神距離、「畏觸病」，現代生活中距離感的深化一發不可收拾。它不僅成為現代生活風格的外在徵兆，而且引起自我審美式（距離感）的定位和對傳統精神的親疏關係的轉化。現代生活風格對距離感的轉換，帶來了如此變化的文化發展，「最遙遠的東西離人近了，付出的代價是原初和人親近的東西越來越遙不可及。」[148] 原來和人親近的東西是什麼？是由宗教的神靈所維繫的精神空間，是由哲學目的論所證明的人應然追求的幸福，是由家庭的親密無間營造的情感世界。現代人雖征服了現實事物的距離，但精神距離、道德距離和情感距離的無限拉大卻成為現代生活的生存風格。

（二）藝術風格的距離感

藝術風格與生活風格雖有差異，但就距離概念下的藝術風格而言，[149]

---

[148] 齊美爾：《貨幣哲學》，陳戎女等譯，華夏出版社 2002 年版，第 387 頁。

[149] 齊美爾從兩個不同的方面談到兩種藝術風格：其一，表現出共性和個性的藝術品具有迥異的藝術風格；其二，藝術品在我們與事物之間造成的不同距離產生不同的藝術風格。前者是就藝術品而言，後者涉及欣賞主體、欣賞客體與生活三個方面。本節主要涉及第二種藝術風格。

可以說是生活風格在審美領域的延展。齊美爾為什麼要從距離來界定藝術風格？我們已得知，齊美爾把距離視為重要的感覺類型，距離的感性或審美式表述就是藝術風格，這是齊美爾關於藝術風格的審美學說之基礎。更重要的是，他透過距離感這一審美形式揭示個體和社會的精神實質，尤其是現代藝術風格中表露出的現代人的心性結構和審美價值訴求。這是齊美爾對藝術風格的審美言說之意義所在。因此，距離感對齊美爾而言既是一種感覺表述又不止於感覺，藝術風格更不單純指藝術技巧。

　　先略述齊美爾對藝術審美理論的義理辨析。在他看來，「藝術風格的含義可以解釋為是藝術風格在我們與事物之間所產生的不同距離的結果。」[150] 一方面，藝術使人與現實更接近，使人置身於現實存在、獨一無二、最內在的意義之中，使冷淡的現實向人敞開它存在的精神性。透過藝術，人更加理解現實；另一方面，藝術使人與所認識的事物之間隔了一層，人不再直接面對現實，因此藝術本然地在人與物之間製造出間離效果。藝術風格就是間離效果、距離感的象徵性表達。不同藝術風格影響下，人們對藝術品會產生不一樣的心理距離。從這點來說，距離「也代表了審美價值的基礎」。因為齊美爾對審美價值的看法乃是：審美價值並不是事物的一個內在部分，即不是事物的形式獨自享有審美價值，毋寧說審美價值「像別的價值一樣，並不是客體的總體部分，而更是我們情感的投射……情感的內容似乎被客體吸收了，並且像具有獨立的重要性、內在於客體的某種東西一樣與主體相會」[151]。從他對審美價值的定義來看，審美價值是審美主客體之間的連接紐帶，審美主體的情感內容成為審美客體存在的意義。藝術風格造就的主體的不同距離感也是一種情感的投射，不

[150]　齊美爾：〈社會美學〉，轉引自《橋與門——齊美爾隨筆集》，涯鴻等譯，上海三聯書店 1991 年版，第 226 頁。

[151]　齊美爾：《貨幣哲學》，陳戎女等譯，華夏出版社 2002 年版，第 15－16 頁。

同藝術風格的審美價值有賴於對它激發的距離感的闡釋。

自然主義的藝術風格突出近距離感，不僅在創作手法上盡可能地複製現實存在的一切，並且使審美主體最直接、不受阻礙地感受到所寫所述之現實存在。齊美爾並不注重自然主義藝術風格具體的手法運用，他意欲揭示出該文學藝術風格所蘊藏的精神態度，以及對文化生活的影響。

在藝術上，對直接呈現於感官之前的事物的鍾情，不僅帶來了對偶然現象盡可能的複製，以及印象主義者對瞬間效應的「固定」，而且帶來了對瑣碎和醜陋之物的崇拜 —— 因為只有如此對待一個主體，其真實性才令人信服，那種充滿魅力與意義的藝術處理方式被指責為文飾和理想化。而且，藝術中的醜陋比美好能更迅疾地引發對真實的信奉。只有「這是真實的」這一事實能勸服我們去表現醜陋，儘管在面對美好事物時，我們的表現欲是源於美好事物令人心悅的內容，而絕非其真實性。現在，自然主義已經在文學乃至造型藝術上銷聲匿跡了好些年，一些自然主義代表甚至回歸到了象徵主義和「風格化」的學派。儘管在自然主義階段，這些自然主義者的態度並非淺薄不堪，但現在，他們也第一次認識到，只有淺薄的，而不是深邃的事物真實才展現於對個別事物最精確的複製之中。[152]

齊美爾勘察出，自然主義風格對距離感的征服，對現實存在的膚淺複製，表達出文化生活的一個精神傾向：現實感的加強。生活中物質力量越來越增大的時候，現實世界的重要性就不言而喻了。現實感增強的含義是只關注實在的世界（無論美與醜）、實在的感覺（無論愛感、死感、性感），忽略實在世界之外的意義，輕視感覺之外超感性的精神力量。如果說自然主義是這種精神傾向的審美風格，實證主義就是其科學風格。

---

[152] 齊美爾：〈1870 年以來德國生活與思想的傾向〉，轉引自《宗教社會學》，李放春譯，人民出版社 2003 年版，第 226 － 227 頁。

　　自然主義藝術風格屬於近距離感覺類型，切近地描述現實存在之感。對於這種近距離的現實感，自然主義所作的闡釋不加任何價值的評判，任由審美主體產生各色情感的投射。齊美爾的藝術理想是超越現實的自足存在，「藝術中能夠直觀到的完美性以及靈魂的表達，現實中可以說從未出現過……這正是我們在現實之外還需要藝術的原因所在。」[153] 因此，從藝術的本質來看，齊美爾不會太讚賞自然主義藝術風格對實在的忠實模仿。從自然主義包含的精神傾向和藝術理念來看，追求現實感，沒有精神性的表現，有悖於齊美爾所謂藝術應追求靈魂的表達，追求源於思想的「精神真實性」的原則。[154]

　　現代藝術風格與自然主義相反，屬於明顯的遠距離感覺類型。現代藝術不直接描述現實存在，無論是藝術家，還是欣賞者，都與審美的對象保持若即若離的關係。因此，現代藝術發展出了象徵主義的風格傾向。

　　我們極為講究的文學風格不直接描寫客體，只用言辭輕觸遙遠的客體邊緣，這種文學風格掌握到的絕非事物，而僅僅是罩在上面的面紗而已。這異常清楚地表現在造型藝術、言語藝術和文學的象徵主義傾向中。[155]

　　現代藝術的象徵主義風格在語言上刻意求精，但精湛的言辭卻似乎不忍精確地描景狀物，而是強化事物的存在激發的特殊感知，從而使所述之物超越其範圍，展現出對生活深度的象徵。[156] 在齊美爾眼中，這種藝術技巧、這種生活方式把「距離」的感覺誇大到了極點，但他並非指作為一

---

[153] 齊美爾：〈論宗教〉，轉引自《現代人與宗教》，曹衛東等譯，漢語基督教文化研究所 1997 年版，第 84 頁。

[154] 齊美爾：〈演員與真實性〉，轉引自《橋與門——齊美爾隨筆集》，涯鴻等譯，上海三聯書店 1991 年版，第 201 頁。

[155] 齊美爾：《貨幣哲學》，陳戎女等譯，華夏出版社 2002 年版，第 386 頁。

[156] 斯科特：〈象徵主義、頹廢派和印象主義〉，轉引自瑪律科姆·布雷德伯里、詹姆斯·麥克法蘭編《現代主義》，胡家巒等譯，上海外語教育出版社 1992 年版，第 185 − 186 頁。

種純粹的詩藝技巧的象徵主義有如何的獨到之處。象徵主義的技法早在古希臘悲劇文學中就已存在。現代象徵主義雖是藝術風格，卻不止於藝術風格，更是一種「社會－生活」風格和社會學美學 —— 它是掌握生活和理解文化的現代方式，它反映了現代「社會－文化」的特殊精神表徵，而且展露出現代個體的心靈性質。

與接近的魅力相較，現代的藝術感基本上是非常強調距離的魅力的……這種盡量從含蓄中來理解事物的奇特傾向更成了現代諸多方面的共同特徵。對空間和時間上含蓄的文化和風格的偏愛便屬於這種特徵。朦朦朧朧的東西極易激發許多捉摸不定的想像，從而滿足我們多方面刺激的需要……所有這些在一切藝術中慣用的形式都使我們跟事物的完整和完美保持著一段距離，並沒有把真實情況十分明確地告訴我們，並沒有把真實情況十分明確地表達出來；而是留了一手，好像「隱隱約約」地告訴我們。[157]

在含蓄中理解事物從藝術中脫胎出來，成為一種新的文化理解方式。這種保持心理距離、精神距離和情感距離的文化理解方式，就成為「現代性社會－文化」的生存風格。事實上，齊美爾認為，保持距離的文化傾向「肯定是事物的本質的、內在的關係……我姑且把它歸結於保持距離的量的關係，這只能算是象徵性的相似的說法」。[158] 由此可見，距離感覺類型的遠近親疏關係遠遠不只是對文化風格的量化判斷。在齊美爾看來，「距離」的量化標準和丈量的是文化的本質狀態。齊美爾暗示的現代文化的本質狀態，就是以審美式的距離感文化，帶動現代社會生活全方位（個體心理、社會精神、道德意義）的距離轉換。齊美爾之所以用藝術風格突顯現

---

[157] 齊美爾：〈社會美學〉，轉引自《橋與門 —— 齊美爾隨筆集》，涯鴻等譯，上海三聯書店 1991 年版，第 228 － 229 頁。

[158] 齊美爾：〈社會美學〉，轉引自《橋與門 —— 齊美爾隨筆集》，涯鴻等譯，上海三聯書店 1991 年版，第 230 頁。

代審美式的距離感文化，乃是因為藝術最敏銳、最詩意地反映了這種文化。不得不說，他對現代文化距離感的掌握相當獨到且耐人尋味。

　　在現代距離感文化中，個體的心性本質是什麼？是對自我獨一無二身分的感性確認。只有確立了個體身分，才有距離可言；只有張揚個體的（距離）感性，才成其為審美式的文化形態。現代生活風格中，個體追求超越現實的遠距離自我認同。從保持身體距離到保持心理距離，目的皆是為獲得絕然我屬的個體感覺。現代主義風格的文學或藝術只描述一種存在，即個體的感性（審美）存在。這就是為什麼從浪漫派文藝到 20 世紀初的現代主義，「我在」成為主題中的主題。無論其「在」的方式是美或醜，「在」的感覺是歡愉或痛苦，只要是我之「在」，就有登上文藝舞臺的合法性。

　　距離感是現代「社會－生活」的感性存在樣態之一。齊美爾從這一存在樣貌的生活形式和藝術形式中，窺探出現代生活向審美式、感覺式生存型態的轉變，以及現代個體沉浸於絕然我屬之生命感悟的心態。齊美爾說的沒錯，保持距離的文化傾向反映出的是本質的文化理解方式，而不僅是表象的、量化的文化關係。就此而言，審美式距離感文化的確是對現代文化側影的一個精妙且不失力度的概覽。

四、時尚：大眾審美主義

　　時尚（Mode）作為論題進入研究題域，源自 19 世紀末。時尚的產生發展與社會工業、經濟的興起和政治體制的發展相隨，因此，早期的時尚研究注重分析時尚（主要指服飾）的社會性質（包括時尚的經濟研究、階級研究、歷史研究等）[159]。待時尚進入文化研究領域後，後期的研究者

---

[159]　Thorstein Veblen, *The Theory of the Leisure Class*, New York: Macmillan, 1899, republished by the Viking Press, 1953, p. 118.

把時尚視為一種符號和象徵，研究它表現的社會地位、性別身分、身體語言和文化含義等抽象的所指內容。新近的時尚研究在多元中心和多元形態的文化趨勢中，偏重從特定的個體、族群、社會群中搜取研究素材，表現時尚系統與其環境中的文化政治。[160]

齊美爾屬於研究時尚題材的早期社會學家之一，但走的是文化社會學、心理學的路徑。對他而言，時尚（或時髦）是一個富含哲學、美學、社會學內涵的「社會－文化」現象，既表達出個性化的感覺意味，又暗藏著社會化的感覺類型。時尚早在古代原始社會中就存在（齊美爾不時提及這點，因他把時尚視為普遍的社會形式和文化現象，不只現代社會才有時尚），然而，時尚獲得更為深化和豐饒的內涵顯然是現代社會諸多方面的轉型造成的。故此，時尚是極富激發性的現代性論域之一。齊美爾敏銳地勘測到時尚的感性和現代性特徵。

在〈時尚心理的社會學研究〉一文中，齊美爾首先從社會學的角度，分析作為社會形式的時尚具有的雙重性本質。

這一點對於時尚來說是根本性的。一方面，就其作為模仿而言，時尚滿足了社會依賴的需要；它把個體引向大家共同的軌道上。另一方面，它也滿足了差別需要、差異傾向、變化和自我突顯……透過某些生活方式，人們試圖在社會平等化傾向與個性差異魅力傾向之間達成妥協，而時尚便是其中的一種特殊的生活方式。[161]

齊美爾認為，時尚就是社會化和個體化這兩種衝動感調和以後的產物，它的本質是表達了人們模仿和變異「特殊的統一體」的心理狀態。模

---

[160] 珍妮佛‧克雷克（Jennifer Craik）：《時裝的面貌》，舒允中譯，中央編譯出版社 2000 年版，第 3 頁。

[161] 〈時尚心理的社會學研究〉（*Zur Psychologie der Mode: Soziologische Studie*, 1895）一文是後來《時尚的哲學》的基礎。（齊美爾：〈時尚心理的社會學研究〉，轉引自劉小楓編《金錢、性別、現代生活風格》，顧仁明譯，學林出版社 2000 年版，第 94 — 95 頁）

仿的心理狀態產生的是社會化衝動感，變異的心理狀態導向個體化的衝動感。兩種衝動感覺交互作用，此消彼長，沒有哪一種衝動感可以長久地占據生活方式的主導地位。心理感覺衝動的交替變更，使時尚不斷變化，從舊的時尚發展演繹出新的、更新的時尚。

既然時尚表徵的是既社會化又個體化的感覺類型，相應地，時尚感（或時髦感）既可是個體感覺，也可是社會感覺。

某位傑出人物發明了一種服飾、行為和趣味等時尚，透過這種時尚他讓自己顯得鶴立雞群。基於這種時尚的意義，他人便試圖盡可能快地模仿已經出現的特立獨行之舉。某種時尚在原始狀態下是這樣形成的，在較高的狀態下亦然。傑出人物的滿足感顯然在於，它混淆了擁有特殊物的個人情感和被大眾模仿並負載起大眾精神的社會情感。儘管這兩種情感在邏輯上似乎自相矛盾，但它們在心理上卻絕對相容，甚至相互促進。[162]

時尚的個體感覺在於創新和特別，表達的是個體主義的美學主張，而時尚的社會感覺是對這種創新和特別的模仿與複製，結果是無差別的共感共用時尚。前者形成了個人時尚，後者形成了社會時尚，時尚就充斥於個人生活和社會生活中。「時尚總是存在，因而，儘管個別意義上的時尚是多變的，但作為一個普遍概念，作為事實的時尚本身，它確實是永遠不會改變的。在這種情況下，改變本身不會改變，這是每個客體都具有的事實，它受到心理上隱約的不變性所影響。」[163] 無論哪一種時尚，它們的「審美－感性」特徵都十分明顯：時尚要表達的和唯一要表達的就是感性主張——一種特定的時髦感覺。

---

[162] 齊美爾：〈時尚心理的社會學研究〉，轉引自劉小楓編《金錢、性別、現代生活風格》，顧仁明譯，學林出版社 2000 年版，第 97 － 98 頁。

[163] 齊美爾：〈時尚的哲學〉，轉引自《時尚的哲學》，費勇等譯，文化藝術出版社 2001 年版，第 90 頁。

在齊美爾對時尚的勾勒中，時尚的感性主張中隱含著短暫與永恆的調和，包容著過去與未來的時間融合，而連接短暫與永恆、過去與未來的「現在」成為時尚的感性主題。

時尚在被普遍接受與因這種普遍接受而導致的其自身意義的毀滅之間搖晃，時尚在限制中顯現特殊魅力，它具有開始與結束同時發生的魅力、新奇的同時也是剎那的魅惑。時尚的問題不是存在（being）的問題，而在於它同時是存在與非存在（non-being）；它總是處於過去與將來的分水嶺上，結果，至少在其達到高潮的時候，相比於其他現象，它帶給我們更強烈的存在感。[164]

「強烈的存在感」承認當下即刻的感覺，它總是短暫易逝，曇花一現，這正是時尚所要表達的感覺特質。無論時尚的個人感覺還是社會感覺，強調的只不過是這一刻短暫的感性之在。趕時髦就是追逐「存在感」，「存在感」越強烈，它存在的時間就越無法持久，[165]因而時尚的審美價值就寓於主體對「現在」的感性玩味中。因為，「這種短暫性完全不會降低時尚的地位，實際上反而會對它現存的情形增加吸引力……時尚變成了一個價值概念。」[166]由此，時尚的感性主張演變為一種價值主張，其價值的立論源於這樣一個基礎論斷：時尚乃是短暫的現時之美。時尚的文化精神特質呈現為生命對一特定時間意識的感悟。這一感悟顯明整個現代文化中的生命已經失去了終極目標，生命意志只能在短暫之在中隨波逐流，不斷複製自己。時尚中生存的就是這樣的現代生命：只有短暫，沒有永恆；只有過渡，沒有終極。時尚遂成為現代生命樣態和文化樣態的象

---

[164] 齊美爾：〈時尚的哲學〉，轉引自《時尚的哲學》，費勇等譯，文化藝術出版社2001年版，第77頁。
[165] 時尚的反面是「過時」，說明過時的東西中不存在「現時感」的感覺特質，因而時尚無法在裡面生存。
[166] 齊美爾：〈時尚的哲學〉，轉引自《時尚的哲學》，費勇等譯，文化藝術出版社2001年版，第77頁。

徵——體會短暫之美的現代人和崇尚時髦感覺的現代文化。

相對於古典精神理念中對永恆的追求，時尚的現代性特徵更加明瞭：體會且只體會現時之在。由此，齊美爾對時尚的剖析揭示出一個現代性主題：感性之在以短暫的現時感代替永恆，完成了現代生活價值論的置換。作為一個感性的「社會－文化」現象，時尚折射出現代人對價值觀念的重新選擇。在個體化抑或社會化的時尚中，現代人追求的是現時的感性生命的愉悅。永恆作為時間的終極追求被「現時」取代，作為價值的終極追求被感性之在充滿。

在解釋現在的時尚為什麼會對我們的意識發揮一種有力影響的理由中，也包含著這樣的事實：主要的、永久的、無可懷疑的信念越來越失去它們的影響力。從而，生活中短暫的與變化的因素獲得了很多更自由的空間……時尚已經超越了它原先只局限於穿著外觀的界域，而以變換多樣的形式不斷增強對品味、理論信念，乃至生活中的道德基礎的影響。[167]

不可否認，時尚及其展現的「感性－現代性」主張愈來愈成為現代「文化－生活」的主張。短暫的現時感使人們不再執著於一個固定的對象，現代生活不可避免墮入令人眼花撩亂的變化中，文化與生活中不確定的因素越來越多。時尚不僅使現代人的口味越來越時髦化、現時化，更深刻的影響在於，它使生活的道德基礎和精神取向轉向了生命短暫的感性之在。

但還有一點並未澄清，即時尚如何完成價值論的置換？換一種問法，即時尚怎樣形成自身的文化精神特質，一種現時短暫的感性生存性質？這一點乃是詮釋時尚的現代性本質的關鍵，這還要從齊美爾的文化哲學出

---

[167] 齊美爾：〈時尚的哲學〉，轉引自《時尚的哲學》，費勇等譯，文化藝術出版社 2001 年版，第77－78頁。

發。齊美爾的看法是，作為文化現象，時尚根本性地撕裂了主體與客體的關係、生命形式與生命內容的關係。「時尚的更替瓦解了主客體之間吸收和同化的內在過程，該過程通常不允許它們兩者間有分歧。」[168] 時尚是一種文化形式、社會形式和生命形式，它的抽象性在於，對具體的生命內容無動於衷。時尚只索要屬於形式意義的時髦感，一種短暫的現時之美，因此時尚賦予那些非審美的領域以自身特定的現代性審美特徵。時尚只沉迷於對形式（而非內容或意義）的感性體會之中，這是時尚的審美性特徵；時尚只品味飛逝而過的、反常極端的形式之美（而非「經典」的東西，崇高旨趣的和諧恆定之美）[169]，這是時尚具有的現代性特徵。依賴於這雙重的精神特性，時尚完成了其對價值論的轉換：感性顛覆了超感性，現在取締了永恆。而且，現代社會的時尚意圖把這一轉換推進到其他領域，以時尚的現代審美經驗替代宗教經驗、倫理經驗等的價值訴求。因此，時尚從根本上轉變了現代生存的價值依據。[170] 作為審美化的文化生存現象，時尚與審美式的距離感文化一樣，加深了現代「社會－生活」的世俗化性質。

　　齊美爾敏銳地察覺到，時尚的精神特質和它代表的生存態度對現代生活的文化發展和個體心理帶來了既廣且深的影響。因此，他對時尚審美特性的分析向「文化－現代性」理論的縱深進行推進。

　　時尚的變化反映了對強烈刺激的遲鈍程度：越是容易變動的年代，時尚的變化就越迅速，（這樣做）只是因為（其）需要（表達）將自己與他人

---

[168] 齊美爾：《貨幣哲學》，陳戎女等譯，華夏出版社 2002 年版，第 374 頁。

[169] 齊美爾說，「經典」離時尚較遠，而且往往與時尚對立，因為所有「經典」共有的東西具有穩定性，不會帶來不安、失衡，只有那些不自然的反常極端的東西才會進入時尚的領域，它們與生命和事物的永恆中心缺乏一種關係。「所有的時尚都有點不自然。」（齊美爾：〈時尚的哲學〉，轉引自《時尚的哲學》，費勇等譯，文化藝術出版社 2001 年版，第 91 － 92 頁。）

[170] 弗里斯比雖然認識到齊美爾對「時尚」的論述富含現代性理論因素，但他並未對時尚轉變價值論和生存論的根本依據有足夠的探討。（弗里斯比：《現代性的碎片》，盧暉臨等譯，商務印書館 2003 年版，第 126 頁）

區別開來的訴求，而這正是所有時尚最重要的因素之一，然後，隨著衝動力的減弱而漸次發展。[171]

　　時尚的感覺本來產生於人的心理衝動，故此，時尚的變化反映出整個時代的心理結構。按齊美爾的思路，古代社會的時尚主題較為恆定，表現出古代社會穩定協和的心理性質，而現代社會中頻繁更迭的時尚主題，揭示出現代社會神經緊張和衰弱的心理體驗。每一種時尚都不能持久，變化的速度越來越快。每一種時尚只能生存於片段的感性之在，剛一開始就已然結束，新的時尚接踵而至。新舊時尚的迅速轉換中，現代人難有固定的注意力焦點，來不及選擇，時尚已經變換了。時尚因此與現代心理特徵吻合，各種印象的變化中，我們內心的節奏需要的停歇越來越短暫，注意力的重點從實在的中心轉移到開始與結束之處。因此可以說，時尚使現代人緊張的心理體驗、茫然的生命感覺全化於漂浮不定的時髦感中。

　　現代人趨時髦的過程中，心理體驗越來越轉向感性化、現時化的時髦感，但這種時髦感是相當羸弱的生命體驗，它的產生就昭示著死亡，生命之在沉迷於短暫的、輕飄飄的感覺中。速生速滅、漂浮不定的時髦感使整個現代文化正在不可逆轉地向時尚文化轉向。因為，「社會形式、服裝、審美判斷，人類表達自我的整體流行風格藉時尚而不斷變異。」[172] 形成時尚文化的前提不僅是現代人對生活方式的選擇，也是他們對時尚所轉變的生存依據的選擇。現代時尚崇尚的是審美的時尚感文化，其文化理念是追尋短暫的現時之美。因而崇尚時尚的現代文化不可避免地演化為審美形態的文化，其文化本質是世俗化的身體感覺之瞬間存在。

---

[171] 齊美爾：〈時尚的哲學〉，轉引自《時尚的哲學》，費勇等譯，文化藝術出版社 2001 年版，第76 頁。

[172] 齊美爾：〈時尚的哲學〉，轉引自《時尚的哲學》，費勇等譯，文化藝術出版社 2001 年版，第74 頁。

　　齊美爾以身為「貨幣哲學家」的老練，注意到了時尚（尤其是現代時尚）在保存個體性與自由方面的作用，儘管現代人必須為此付出高昂代價。

　　人類以各種形式在外在性上做出犧牲，即，在外在性上受一般大眾的支配，以達到保存內在自由的目的，時尚只是這些形式中的一種……時尚也是極有利的一種社會形式，因為就像法律一樣，它只影響生命的外在領域，也就是說，它只影響那些和社會有關的生命領域。它提供給存在一種方式，透過這種方式我們能夠清楚地證實社會習俗對我們的束縛，以及我們對一些標準的順從，這些標準是由我們的時代、我們的階級、我們的小圈子所確立，而且也能使我們退回到生命中被賦予的自由，並使這種自由越來越集中於我們最內在的和基本的因素之中。[173]

　　時尚展現出一種自由與束縛的對立平衡，犧牲外在的東西以保存內心的自由。無論是個人時尚還是社會時尚，都表現出自由和束縛之間不斷更新和變化的關係，都是相當社會化的形式。即便是標新立異，宣布個人主義美學主張的個人時尚，即便那些故意不趨時髦的人，其實外在形式也受制於時尚本身的社會化趨勢，以另一種形式展現著大眾的模仿心態。「如果摩登是對社會樣板的模仿，那麼，有意地不摩登實際上也表示著一種相似的模仿，只不過以相反的姿勢出現，但依然證明了使我們以積極或消極的方式依賴於它的社會潮流的力量。有意不時髦的人接受了它的形式，只是不時髦的人以另外的類別將它具體化：在否定的過程中而非誇張的表現中。」[174] 時尚的反面是過時，而不是不時髦。時尚的根本特徵是既表現

---

[173] 齊美爾：〈時尚的哲學〉，轉引自《時尚的哲學》，費勇等譯，文化藝術出版社 2001 年版，第85頁。
[174] 齊美爾：〈時尚的哲學〉，轉引自《時尚的哲學》，費勇等譯，文化藝術出版社 2001 年版，第80頁。

了統一化與個性化的衝動，又表現了模仿與獨創的誘惑，自由和束縛的辯證關係在這裡有了特別豐富而獨特的表現空間。

但無論如何，時尚作為客觀文化產品，最終被納入到客觀化和社會化趨勢時，就脫離了主體的主觀願望而獨立發展。「時尚的擴展就廣度和速度來說似乎都是一場獨立的運動，一種客觀自主的力量，不受個人的約束走著自己的路……時尚較少依賴於個體，個體也較少依賴於時尚，它們各自的內容像一個獨立進化的世界，各不相干。」[175] 時尚的客觀化程度提高的時候，它對人的自由和主體性不可能有什麼幫助。反之，這時的時尚已成為客觀文化的一部分，與主體文化之間已有一道深深的鴻溝。個體的內部世界被塑造得受制於時尚，事物的個性受到了無情的侵犯。時尚模糊了事物的「細微差別」，最終展現為群體力量主宰個體的方式。時尚與個體的關係最終是一種對照，以達到靈魂期望的平衡；時尚代表著易變的外在，襯托持續穩定的自我感覺。

平等對待各種各樣的個性，並且總是以不會影響整個存在的方式去運作，這事實上是時尚的基本面；對個體而言它始終是外在的東西，即使在那些服飾時尚以外的界域也是如此。它向個體展現出來的容易變動的形式在所有情況下都是自我感穩定性的對照，而且由於這種對照，自我感一定會意識到它的相對持續性。時尚各種因素的變化表現為變動性，同時又透過持久的自我感因素逐漸顯示出它的吸引力。[176]

時尚不會影響人的基本存在，只影響存在的外在領域，但卻在與自我的對照中顯現出難以言表的靈魂活動的對立統一的運作。因為在一定程度

---

[175] 齊美爾：《貨幣哲學》，費勇等譯，文化藝術出版社 2001 年版，第 374 頁。

[176] 齊美爾：〈時尚的哲學〉，轉引自《時尚的哲學》，費勇等譯，文化藝術出版社 2001 年版，第 83 頁。

上，個體靈魂深處也重複著同一化與個性化之間的關係。齊美爾最終把「時尚的哲學」還是歸結為探討靈魂的細微活動的形而上學了。「時尚是一種複雜的結構，以各種方式表現出靈魂中主要的對立性傾向。」[177]不管時尚具有多麼誘人的魅力，它對於自我是外在的東西，而時尚本身則表露出它「由於迅速性而導致的虛幻本性」。這就是齊美爾對時尚的最終斷言。

　　與距離感文化相似，齊美爾的時尚文化也概括出了現代社會生活的一種感性生存型態，它們兩者在本質上均是審美式的文化。如果說距離感的審美文化帶動了社會生活在社會精神和個體心理上由近及遠的距離轉換，那麼，時尚文化則催動現代人在萬花筒般快速翻迭的新舊時尚中感悟生命舉重若輕的短暫之在。若要辨別這兩種審美文化，距離感文化所表達的更多是一種個體化的審美主義，它所確立的是現代感性生命獨一無二的存在感；而時尚文化象徵了一種更為大眾化的審美主義，[178]時尚的個人化傾向被客觀文化的社會化傾向抹平了。距離轉換的是現代的空間意識，時尚轉換的是現代的時間意識。時空意識的轉換不僅締造了全新的現代性世界觀，也轉化了傳統的生命意識和心理體驗：在距離感文化中現代人對感性生命之在的體驗是一種遠距離式的自我認同，在時尚文化中則是一種曇花乍現般的現時之在。

　　齊美爾的審美言說所揭露的審美精神特質，是一種感性化的生存特質。這一特質在現代文化生活中前所未有地繁榮，乃是因為現代精神放逐了超感性，確立了感性至高無上的地位。齊美爾別出心裁的「社會學美

---

[177] 齊美爾：〈時尚的哲學〉，轉引自《時尚的哲學》，費勇等譯，文化藝術出版社 2001 年版，第 88 頁。

[178]「時尚根除了羞恥感，因為時尚代表著大眾行為，同樣的，在參與大眾犯罪行為時責任感就消失了，而當個人單獨這樣做的時候他也會感到畏懼。」那些優雅的人、特別的人接受時尚只是作為一種面具，在時尚的面具中尋求庇護。社會與個人之間的爭鬥在此得到了解決。（齊美爾：〈時尚的哲學〉，轉引自《時尚的哲學》，費勇等譯，文化藝術出版社 2001 年版，第 84 － 85 頁。）

學」描述了社會整體的感覺化存在和各種主義話語的審美感性表達。距離和時尚可稱為齊美爾審美言說中更為細緻經典的個案，它們分別標舉了追求自我身分的距離感覺類型 ── 一種個體化的審美主義，和追隨時代潮流的時髦感覺類型 ── 一種大眾化的審美主義。

第二節　韋伯

韋伯是 20 世紀最偉大的社會學家和經濟史家之一，雖然他提倡價值中立，但這並不妨礙他的價值關懷，那就是對現代資本主義這個「鐵籠」世界的憂慮。因此，可以說韋伯也是一位哲學家，在審美領域也有著他的特定關懷。

一、生平和著述

韋伯生於德國圖賓根的艾爾福特，是家中的長子，父親是知名的政治家和公務員，弟弟阿爾弗雷德也是一位著名的社會學家和經濟學家。韋伯的家庭就是當時著名的沙龍，聚集了諸多優秀的學者和公眾人物。

因為有著良好的家庭教育，很小的時候韋伯就在歷史方面表現出超人的天賦。韋伯在 14 歲時開始引用荷馬、西塞羅、維吉爾（Publius Vergilius Maro, 70 BC-19 BC）、李維（Titus Livius, 64 BC-AD 17）等人的著作，在進入大學之前已經熟讀了歌德、史賓諾沙、康德和叔本華等人的著作。

1882 年，韋伯進入海德堡大學法律系求學。除了法律之外，韋伯還學習了經濟學、中世紀史學和神學，這些學科為他將來的學術事業奠定了堅實的基礎。韋伯在 1886 年通過了律師「實習階段」的測驗，成為實習法官。在 1880 年代後期，韋伯繼續自己的歷史研究，並在 1889 年完成了名

為〈中世紀商業組織的歷史〉的博士論文，取得法律博士學位。

1893 年，韋伯與瑪麗安娜結婚，婚後搬往弗萊堡，並在弗萊堡大學晉升為經濟學教授。1897 年，韋伯被聘為海德堡大學教授。但是之後韋伯患上失眠症，個性也越來越神經質，無法勝任教授的工作，不得不在 1899 年學期中途休假離開，直到 1902 年才返回海德堡。

1903 年，韋伯辭去教授職位，與松巴特創辦《社會科學與社會政策文庫》期刊，並擔任副主編。1904 年，韋伯在該期刊發表一系列文章，而名為《新教倫理與資本主義精神》的系列論文則成為他最為知名的作品。這也是唯一一本他在世時便已出版成書的著作，而其他作品都以手稿和論文的形式得到保存。

韋伯並不是一個書齋型學者，相反，他對政治尤其是德國政治有著強烈的參與感，例如他對德國社會主義民主黨和自由主義者的認知，對魏瑪憲法的參與、對德國人政治成熟的呼籲等。韋伯在 1920 年 6 月 14 日因肺炎在慕尼黑逝世。

韋伯與馬克思和涂爾幹並列為現代社會學的三大奠基人（加上齊美爾則是四大奠基人），但韋伯的特點在於他注重從主觀意圖、個人行動去對社會進行理解和詮釋。這尤其展現在他的《新教倫理與資本主義精神》中，在這本書中韋伯提出，清教徒的思想影響了資本主義的發展，這與涂爾幹的實證主義和功能論以及馬克思的經濟基礎—上層建築框架是截然不同的。除此之外，《學術與政治》、《經濟與社會》等都有著重要影響。韋伯的主要作品都已翻譯成中文，其中包括 2014 年出版的《音樂社會學》。

二、理性化思想

如果說每個思想家終生都在思考一個核心問題，馬克思思考的是勞動

與資本的關係，海德格思考的是存在與此在的關係，那麼韋伯所思考的則是理性化與資本主義的關係問題。可以說，為何現代資本主義會發源於西方而非世界的其他角落問題，是韋伯的根本追問。

韋伯將哲學中的理性概念改造為社會學中的合理性（rationality），用來說明資本主義發展過程中的理性化進程。這個過程就表現為世界的袪魅，人們可以透過理性的計算去實現各式各樣的目的，而不必再訴諸外在的神祕或超自然的原因。但這個理性化或者袪魅過的世界並沒有為人類帶來許諾好的幸福。

在《以學術為業》中，韋伯引用了《舊約·以賽亞書》中的守夜人之歌，到了《以政治為業》的結尾，韋伯則明言極地寒夜將臨。韋伯把時代視作暗夜，固然和德國當時一戰造成的衰頹處境有關，然而，更深層的原因在於，他掌握了這個理性化時代的精神狀況，並對它的前景報以最深的懷疑和焦慮。西方世界兩千多年以來，一直處於不斷袪魅的歷程之中，一切神祕的東西都漸次失去了他們的魔力，在科學理性的審視之下成為一個單純的客體，服從於數學計算的邏輯。但理性的光芒並沒有照亮一切，相反，它把一切鮮活、有機和生命的東西都驅入了理性化的牢籠。理性非但沒有完成啟蒙，反倒迎來了一個世界之夜。

在承繼韋伯理論遺產的法蘭克福學派看來，啟蒙已倒退為神話，這就是啟蒙辯證法，這就是理性的失色。但這些哲學家沒有陷入韋伯式的絕望，憑藉馬克思的理論，他們發動了對資本主義現代性的工具理性批判。而身處世界之夜中的韋伯，卻沒有這份樂觀和魄力，他掙扎在現代性的分裂狀況之中，在科學與人生觀、學術與政治之間劃了一條深不見底的鴻溝，結果，他自身的心靈也隨之分裂，他不得不在學術中壓抑他的政治關懷，不得不把價值決斷的熱情隱藏在價值中立的面紗之後。在這兩篇演說

中，我們均能感受到他這種自我壓抑。他的自我壓抑及其原因是多重的，但其癥結卻在這一點上，即他對現代性的矛盾態度：既完全投身，又斷然拒絕。他的投身依憑理性，但拒絕卻是非理性的。

　　韋伯深刻地洞悉了現代性狀況下科學、道德與藝術的分裂，科學已不再包含人生意義的思索，並與終極關懷無涉。他深深厭惡那種對科學理性的天真樂觀，對於那些依然懷抱往日古典科學信念的人們，他鄙夷地稱之為老稚童。但韋伯遠未對科學的這種境況報以歡呼，相反，他陷入深深的憂慮之中。這種專業分工所帶來的，只是對人性的壓抑和摧殘。韋伯雖嚴屬地把科學通往存在、藝術、自然、上帝與幸福的說法視為幻象，但他言語間仍對那種統一性報以悠長的懷戀。像黑格爾以降的所有德國偉大的思想家一樣，他無疑渴慕古典時代的人神統一的境界，但他認為，西方兩千年以來的祛魅過程是不可逆轉的。在他看來，那種年輕人的神祕體驗和信念倫理的激進政治對現代性的簡單拒絕，非但無法擺脫理性化的枷鎖，反而因為理性對神祕領域的審視而更加深陷其中。這些人不敢直面現代性的現實境況，逃避到一種專注自我的可悲境地中。這樣的人，是沒有聽到學術與政治召喚的一群人，用我們現在的話說，就是文藝青年。

　　韋伯兩次引用了歌德的箴言以提醒那些對現代性的簡單拒絕者：「魔鬼是位元老，要認識他，你得先變老。」也許，韋伯的意思是，要尋求超越現代性的途徑，你得先完全融入現代性的現實之中，縱然你的內心對此極不情願。但韋伯並未提出一種超越現代性的途徑，他甚至從未表現出這種意向。韋伯雖然沒有借助任何一種歷史哲學，卻陷入了對歷史必然性的絕望，同時，也由於他拒斥了任何一種歷史哲學，所以他在不確定的未來中看不到希望。他在理性與情感意志的焦灼中，心懷厭惡地擁抱了現代性。

　　最終，韋伯極富悲劇意味地縱身跳入現代性的深淵——他給德國年

輕一代的建議是，接受理性化的現代境況，並把理性化的原則貫徹到學術
與政治志業中去。至此，我們已明白韋伯的分裂所造成的思想後果。他秉
承科學中價值中立的原則，然而，因為他仍然對人生意義等偉大的價值
問題懷有信念，便只能把價值決斷問題付諸個人非理性的內心獨白。他
對現代政治的官僚化深諳於心並坦然承受，卻又呼喚超凡魅力的領袖出
現，改變德國官僚政治的不成熟。如果說理性化最終的後果只能像韋伯所
言那樣，造就一些「沒有精神或睿識的專家和全無心肝的縱欲之徒」，那
麼，改變這種境況就無法依靠理性和無關價值的科學，而只能把希望寄
託於先知的指引和古老價值的復興。卡里斯瑪（charisma，原意為「神聖
的天賦」）成了他擺脫技術政治的唯一希冀。於是，韋伯便在「理性化的
牢籠」中完成了向非理性主義的縱身一躍，無論是內心守護神還是卡里斯
瑪，都不過是一種非理性主義的遁詞而已。韋伯雖然本著價值中立的原
則，把價值世界排除在科學研究之外，但卻無意間把它們驅向了非理性的
領地。韋伯自動走入理性化的牢籠，心底卻在對非理性發出呼喚。這就是
韋伯自身的分裂狀況。盧卡奇也因此把韋伯的思想史家位置放置於德國思
想從理性主義到完全露骨的非理性主義的轉變的關節點上。

　　《以學術為業》旨在於現代性的分裂狀況下重建科學的意義，但很少
有人覺得韋伯重建了科學本身的意義。技術知識、思維方法再加上一點點
頭腦精明，這就是韋伯所認為的現代科學的全部意義，可是與古典時代的
通往存在、藝術、自然與上帝的宏偉理想相比，它顯得多麼貧乏與單薄。
但韋伯對此默然領受，在他看來，如果用工具理性去統轄人生意義等偉大
的價值問題，才是真正令人難以忍受的。韋伯無疑厭惡實證主義的科學主
義立場，但卻弔詭地把實證主義事實與價值二分的邏輯推到了極端。在韋
伯看來，科學不再是派發神聖價值的先知，而只是個人價值決斷的技術工

具，憑藉它，個人可以獲得對價值後果的知識思考。《以政治為業》正是這種科學觀的實踐結果。韋伯條分縷析地分析了現代政治的狀況以及政治家的品格要求，嚴格地貫徹了他價值中立的原則，既沒有表明他自身的政治立場，也沒有完全拒斥激進政治的要求。他所做的，僅是澄清激進政治的全部後果和蘊含。韋伯在此描述了一個真正能擔當使命的政治家所應具備的倫理要求 —— 信念倫理與責任倫理的結合，這兩種倫理對應於政治家的激情和責任的人格要求，如果再加上智識上恰如其分的判斷力，這三位一體的結合，便鑄就了政治家的人格特徵。韋伯在演說中明顯地表現了對責任倫理的偏好，但切不可將其當作一個責任倫理的鼓吹者，他所針對的是年輕的激進主義者中那種不顧後果、不負責任的信念倫理。他藉責任倫理的言說向他們表明，一個真正的政治家所應具有的品格。因此，他並未闡明和提出一種倫理學，責任倫理的要求並不是普遍的，年輕人可以不負責任地遁入神祕主義體驗中，只要他不涉入政治並且具有神祕主義的稟賦。在韋伯看來，一個人最大的美德便是忠於自己，成為你自己，因此，他才會對真誠這種品性如此傾心，才會號召年輕人追隨撥動他生命之弦的守護神。忠於自己的守護神，這才是韋伯對他的聽眾所做的唯一要求。韋伯所遵承的倫理學，乃是一種本真性的倫理學。但是，如列奧·施特勞斯（Leo Strauss, 1899-1973）所言，那個守護神也可能是惡魔，韋伯的真正教導是：「按照你的意願去追隨神或惡魔，但是不管你做出何種選擇，都要付出你全部的身心和力量。」[179] 這種把價值決斷交由個人本性的行為，結果必然是背棄理性，陷入虛無主義的泥淖，或者用盧卡奇的說法，導致一種徹底露骨的非理性主義。

　　韋伯自身思想的悖論，要到現代性的根本悖論中去找。韋伯把理性化

---

[179] 施特勞斯：《自然權利與歷史》，彭剛譯，三聯書店 2003 年版，第 47 頁。

的邏輯推到極端，不僅呈現了他自身的非理性，也讓現代性的非理性面相暴露無遺。一種看似冰冷無情令人戰慄的理性主義，反倒導致了完完全全的非理性主義，這既是韋伯自身的悖論，同時也是現代性本身的悖論。理性化的祛魅非但沒有祛除一切非理性的神祕，反倒迎來了眾神的複歸。誠如韋伯所言：「那些古老的神，魔力已逝，於是以非人格力量的形式，又從墳墓中站了起來，既對我們的生活施威，同時他們之間也再度陷入無休止的爭鬥之中。」[180] 席勒（Johann Friedrich von Schiller, 1759-1805）曾經哀悼希臘的諸神在機械的鐘聲中退隱，如今，韋伯發現祂們改頭換面，浴火重生。然而，重生的並非是希臘時代那個統一世界的諸神，毋寧說，這是群魔的復活。韋伯在兩篇演講臨近結尾處，均引用了上文所提到的一句格言：「魔鬼是位元老，要認識他，你得先變老。」魔鬼作為一個隱喻，在韋伯的演說裡分別喻指現代科學和官僚政治，這些都是神靈世界的反面。然而，韋伯用一個非理性的事物喻指技術理性的產物，卻不經意間道出了一個現代性的二律背反：現代性到底是技術統治還是群魔狂舞？到底是一個理性化的過程抑或漸趨非理性化。韋伯並非沒有意識到這個問題，在《新教倫理與資本主義精神》中，他也提到存在一種與清教徒精於算計的資本主義相對立的非理性資本主義，同時他也提到合理性只是相對的，換一個精神視角看，可能就是不合理的。但韋伯沒有考慮到理性與非理性之間的關聯和相互衍生，他最終迷失在這個悖論之中。

　　事實上，導致理性與非理性二律背反的工具理性，其前提乃是事實與價值的二分，而這一分別又植根於近代以來主客體的二元對立。正是這種笛卡兒（Rene Descartes, 1596-1650）的二元論，把自然改造為一個單純的事實，由此衍生了對自然的技術態度，科學理性漸漸等同於技術化的工具

---

[180]　韋伯：《學術與政治》，馮克利譯，三聯書店 1998 年版，第 40 ─ 41 頁。

理性，人生意義等價值問題被排除出了科學領域。循此一路徑，韋伯才遭遇了理性與非理性的二律背反，祛魅後的世界才變成了「冰冷的極夜」。因此，問題的關鍵在於反思現代性及其主體性前提。韋伯最終沒有完成對現代性的理性批判，這一任務要由他的學生盧卡奇來開啟。正是這個在韋伯的學術圈中才華橫溢的年輕人，最終找到了一條擺脫主體與客體二律背反的道路，他賦予了無產階級一個超越客體與主體對立的歷史位置。盧卡奇的目標是，克服工具理性背後的非理性主義，走向總體性。或者用施特勞斯派的話語表述就是：理解整全。只不過，整全的掌握不僅僅需要去理解，更需要一種革命性的實踐。在盧卡奇和法蘭克福學派那裡，這種實踐或多或少被賦予了一種彌賽亞的意味。不同於在世界之夜中彷徨無路的韋伯，這些同處於黑暗時代的猶太人，說的是另一種充滿希望的語言：「只是因為有了那些不抱希望的人們，希望才賜予了我們。」

三、審美烏托邦的濫觴

如何走出鐵籠，如何走出現代資本主義的絕境，韋伯並沒有給出明確的答案，但是他的某些美學思想卻經過盧卡奇的中介，啟發了法蘭克福學派的美學理論，我們可以將這種審美救贖理論稱為「審美烏托邦」。我們知道，在法蘭克福學派那裡，審美，尤其是現代藝術，不僅僅有美學價值，更為重要的是具有解放價值，是走出資本主義現代性鐵籠的重要途徑 —— 如果不是唯一道路的話。而法蘭克福學派對工具理性的批判、對藝術審美救贖功能的期待則源於韋伯。

盧卡奇透過韋伯的視角認識到，隨著現代技術的發展，工業體系日益成熟和完善，合理化日益加強，工廠（包括企業）也成了一個自律性的體系。尤其是隨著泰勒制（即科學管理）的推廣，工廠內部的操作日益理性

化。但這種理性化是以工人的被摧殘為結果的，這種摧殘不只是身體的損害，同時也是靈魂的物化。以泰勒制為代表的工廠制度可以說是理性化原則的徹底貫徹，結果卻是最徹底的非理性——這就是韋伯所說的，形式合理性導致實質非理性。

這種現象的前提是什麼？那就是工人身分的轉變：他們已不再是人，而是資本家從市場上買回來的勞動力和消費品。資本家消費工人的什麼呢？那就是他們的「活的勞動」，即他們的體力和精神，或者他們的時間。這勞動必須要結合「死的勞動」，即生產資料，才可能產生價值。這種生產徹底發揮形式合理性，將原本手工業時代完整的勞動過程分解為抽象合理的局部操作，將生產過程機械化、碎片化，使之更合乎理性，更便於計算，更易於管理。其結果自然是工人意識的機械化，如《摩登時代》中的卓別林。如盧卡奇所說，隨著對勞動過程的現代「心理」分析（泰羅制），這種合理的機械化一直推行到工人的「靈魂」裡，甚至他的心理特徵也與他整個人格分離，與這種人格相對立地被客體化，以便能夠被整合到合理的專門系統裡去，並在這裡歸入計算的概念。[181]

於是工廠內的時間完全失去了其性質中的要素，變成了純粹的量，以便於計算和操控。時間變成了一個可量化的連續統一體，或者用班雅明的話說，現代資本主義的時間成了同質而空洞的時間。現代社會的無意義蓋出於此。

這裡我們可以看到盧卡奇自身的二律背反：一方面，他根據韋伯的理性化理論，深入分析工人在工廠內的碎片化和機械化，並指出這種境況造成了工人靈魂的徹底扭曲，可以說這是一種生產力批判；另一方面，盧卡奇卻試圖藉助於無產階級革命這一外部彌賽亞事件來解放無產階級的身體

---

[181] 盧卡奇：《歷史與階級意識》，杜章智等譯，商務印書館 1999 年版，第 152 頁。

和靈魂，打破原有的生產關係。但如何確保徹底被扭曲的工人從事這種彌賽亞式的革命行動呢？那就要透過作為先鋒隊的黨的意識灌輸。換句話說，工人還得接受教育才能自我覺悟。但盧卡奇在前面也論述道，工人自己就可以意識到其主客體同一化的歷史地位。自我覺悟還是接受教育灌輸，這是盧卡奇沒有解決的問題。

到了法蘭克福學派，則基本將火力集中在生產力批判上，不再那麼重視對生產關係的改造。而對生產力的批判則不可避免地將他們引向審美拯救。生產力則與「技術－目的」理性緊密相關，正如沃林格所言：「恰恰是由於何種對規範理性的極端懷疑，審美維度在批判理論中的地位才顯得如此舉足輕重：似乎只有藝術才能彌補由過度的主觀理性的失敗而造成的損失。」[182] 又如羅克里茨（Rainer Rochlitz, 1946-2002）所指出的，《機械複製時代的藝術作品》（班雅明）從一個更為廣闊的角度進入到「靈韻」這個主題中，很明顯，這與韋伯的祛魅主題有所關聯。[183]

在韋伯看來，合理化所帶來的價值領域分化雖然導致了意義的混亂，卻並不簡單地意味著意義的徹底喪失。因為在這裡，仍然存在著拒絕工具理性主宰一切的力量，它們借助於韋伯所揭示出來的另一種理性 —— 價值理性，獲得了完全不同於工具理性世界的存在方式。[184] 工具理性追求的是「技術－目的」合理性，這種合理性就導致了阿多諾（Theodor Adorno, 1903-1969）和霍克海默（Max Horkheimer, 1895-1973）所說的啟蒙的辯證法：「技術的發展為人們帶來了安逸，統治也以更為沉穩的壓榨手段鞏固了自己的地位，同時也確定了人類的本能。想像力萎縮了。……對進步權力

---

[182] 沃林：《文化批評的觀念》，張國清譯，商務印書館 2000 年版，第 124 頁。

[183] Rainer Rochlitz, *The Disenchantment of Art: The Philosophy of Walter Benjamin*, New York: The Guilford Press, 1996, p. 154.

[184] 李健：〈韋伯與法蘭克福學派：一段思想史的美學考察〉，《馬克思主義美學研究》（第 9 輯），第 104 頁。

的適應既引起了權力的進步，又每每帶來退化的後果，這種退化所展現的並不是進步的失敗，而恰恰是進步的成功。勢不可當的進步的厄運就是勢不可當的退步。」[185] 一切領域都因為祛魅而走向理性化，其中也包括救贖性宗教，但是還剩下一點希望，那就是藝術或審美的力量，正如韋伯所說：

在知性主義（intellectualism）和生活合理化的境況下，藝術正越來越變成一個掌握了獨立價值、並可以獨立存在的世界。無論怎樣解釋，藝術確實承擔起一種此世的救贖功能。藝術為人們擺脫日常生活的繁瑣，特別是擺脫越來越沉重的理論的與實踐的理性主義的壓力提供了拯救。[186]

從這段引文我們就可以明白法蘭克福學派的審美救贖思想，只不過他們主要訴諸先鋒藝術，因為一般的藝術已經成為「文化－工業」的組成部分，失去了否定性和解放性。只有先鋒藝術還保持著獨立的價值，維持著自身的運行邏輯，為人們擺脫異化的邏輯提供啟迪。正如霍克海默所說：「自從藝術變得自律以來，藝術就一直保留著從宗教中昇華出來的烏托邦要素。」[187]「自主性作為現代藝術的一個基本特徵，是在韋伯的文化社會學中透過價值領域分化概念成為一種理論事實的。從這個意義上說，藝術自主性作為法蘭克福學派第一代理論家對藝術救贖功能展開討論的一個基本前提，無法離開韋伯為此所作的理論開拓工作。」[188]

四、音樂社會學

音樂社會學在 20 世紀末至 21 世紀初有著長足的發展。可以說，音樂

---

[185] 霍克海默、阿道爾諾：《啟蒙辯證法》，渠敬東等譯，上海人民出版社 2006 年版，第 28 頁。

[186] Gerth and Mills (ed.), *From Max Weber: Essays in Sociology*, New York: Oxford University Press, 1946, p. 342.

[187] 霍克海默：《霍克海默集》，曹衛東編譯，上海遠東出版社 2004 年版，第 214 頁。

[188] 李健：〈審美烏托邦的現代想像：從韋伯到法蘭克福學派〉，《天津社會科學》2010 年第 3 期。

社會學起源於韋伯，但是韋伯的作品在當時影響甚微，即便當下其關於音樂作品的影響也難以企及關於宗教和官僚制的作品。[189]然而在韋伯看來，西方的音樂也有一個理性化即排除非理性和神話的祛魅過程。《音樂社會學》寫於 1911 年，在 1921 年由慕尼黑三面具出版社（Drei Masken Verlag）首次出版，同年作為《經濟與社會》的附錄再版。韋伯的問題是一貫性的：為什麼正是西方達到和絃、自然音、和聲的理性化？[190]而音樂理性化的結果就是音樂擺脫原始的魔法的實用目的，如避邪（崇拜）和祛邪（醫療）。正如韋伯所指出的，「音樂的真正理性化始於音樂發展成為一門『永久的』藝術，具有修士修行或歌唱讚頌的特性：即出於純粹實踐的目的使用傳統樂音形式，喚醒人們的純美學需求」[191]。韋伯的音樂分析主要有如下七個方面：音樂理性化中的和聲與旋律因素；音樂理性化的基礎：前自然音階和西方音階體系；調性及其在古代旋律中的對應物；以五度和四度為基礎的音階理性化：近代調性的基礎；西方音樂的多聲性演化；樂音系統與律制的理性化；近代音樂與樂器之間的技術、經濟、社會關係。

　　可以說羅馬天主教的官僚制是現代國家官僚制的先驅，對教會音樂的理性化產生了舉足輕重的影響。韋伯應用、研究羅馬天主教的音樂記譜法，來揭示理性化的證據。在韋伯看來，是教會的修士透過標準化的記譜法來教授和傳播禮拜音樂。同樣的，樂器也以標準化的形式生產出來，去滿足教會音樂等的要求。與宗教社會學研究一樣，韋伯也採用了比較研究的方法，並未在其他文化中發現同樣的音樂記譜法。

[189] Timothy Dowd, *Sociology of Music*, in: Clifton D. Bryant and Dennis L. Peck (ed.), 21st Century Sociology: A Reference Handbook, CA: Sage, pp. 2-3.
[190] 克羅耶爾：〈德文版序〉，參見韋伯《音樂社會學：音樂的理性基礎和社會學基礎》，李彥頻譯，西南師範大學出版社 2014 年版，第 2 頁。
[191] 克羅耶爾：〈德文版序〉，參見韋伯《音樂社會學：音樂的理性基礎和社會學基礎》，李彥頻譯，西南師範大學出版社 2014 年版，第 40 頁。

　　韋伯「所提出的『合理化』理論，解釋了音樂的進步和發展。可以說，音樂的一切進步和發展都有其社會原因且來自於特定的社會階層的需要」[192]。正如韋伯所說：「法國器樂曲顯示出舞蹈帶來的影響，這是受當時法國的社會結構所決定的。……鋼琴製造是由大眾市場決定的，由於其獨特的音樂特性，它成為了市民的家庭樂器。」[193] 而韋伯的這個思路也為阿多諾等人所繼承發展。

　　「從韋伯的分析中，我們可以看到，他對西方音樂社會學分析所採取的方法是新康德主義。他首先假設西方音樂歷史中存在著一種合理化的過程，然後再用大量的研究來為這個合理化過程尋找證據，他把西方社會中的音樂歷史的發展，看成是一個非理性的文化被合理化社會發展過程所組織，並由此變得合理的過程，由於近代歐洲社會是被一種合理的手段日益組織、合理化的產物，因此，文化本身只能根據社會本身的合理性來生產。」[194] 這種思路在韋伯的社會學中是一以貫之的。

　　「韋伯對音樂的分析可以概括為兩個方面：其一，音樂是歷史中理性化進程的一種藝術品，這個歷程促成了西方資本主義的興起。其二，音樂也是社會文化極為關鍵的組成部分，這種文化也深深觸動了韋伯本人。」[195] 因此，我們不應將韋伯個人對音樂的興趣與其對音樂的社會學分析隔離開來。但這裡更為重要的是，韋伯透過對音樂的研究，試圖去揭示文化與社會的互動關係，這也啟發了後來的文化研究學者。

---

[192] 白學海：〈論音樂社會學研究方法的範型〉，《西北師大學報》（社會科學版）2008 年第 2 期。

[193] 韋伯：《音樂社會學：音樂的理性基礎和社會學基礎》，李彥頻譯，西南師範大學出版社 2014 年版，第 108、111 頁。

[194] 方德生：〈阿多諾對馬克思・韋伯音樂社會學的翻轉〉，《哲學研究》2007 年第 4 期。

[195] Alan C. Turley, *Weber and the Sociology of Music*, in: Sociological Forum, Vol. 16, No. 4, 2001, p. 635.

第四章

距離美學

概論

說到「心理距離」，自然是以愛德華・布洛赫的論述在美學史上最為典型了，因為它最系統、最嚴密，也最有影響。但如果說它是布洛赫的首創，那恐怕是要加上很多的限定方可說得通的。就其理論譜系而言，朱光潛早就指出：「『心理距離』說可以在德國美學中找到根源。叔本華已經把審美經驗說成是『徹底改變看待事物的普遍方式』。」[196] 其實，叔本華也曾更具體地使用過「距離」一詞，不過因出處冷僻而不大為人注意罷了，如：「我們的生命履歷就像一幅馬賽克圖案：唯當與其拉開一定的距離，我們方才能夠認識它、鑑賞它。」[197] 朱光潛對「距離」的分析是「就我說，距離是『超脫』；就物說，距離是『孤立』」[198]。這是對布洛赫「心理距離」說的闡發，也是對叔本華由哲學而美學的「距離」的解讀。距離在審美主體是「超脫」於為利害盤算所困擾的日常生活中的自我，而對象或客體則是將其從與我們的功利性關係中「孤立」出來，審美活動由此因距離化而發生。

對此我們尚需進一步指出，第一，自我的「超脫」與對象的「孤立」分開說雖各有側重，一為「我」，一為「物」，但整體觀之，它們又是同一審美活動的兩個方面，是同時出現的，是辯證一體的。無法在「超脫」與「孤立」之間排出個時間的先後來。審美主體的形成過程同時就是審美對象的形成過程，這尤展現於自然之成為美這一現象。不過說到藝術品也不例外，雖然自然或生活已經轉化為藝術品，但這樣的藝術品並不一定就是審美對象，用接受美學的術語說，文本，有待於在閱讀或欣賞中活動起

---

[196] 《朱光潛全集》第 2 卷，安徽教育出版社 1987 年版，第 233 頁。

[197] 轉引自金惠敏《意志與超越 —— 叔本華美學思想研究》，中國社會科學出版社 1999 年版，第 173 頁。

[198] 《朱光潛美學文集》第 1 卷，上海文藝出版社 1982 年版，第 22 頁。

來，成為「作品」，即成為我的審美對象。當然，我們並不否認審美教育在培養審美主體方面的作用，但無論如何，未進入審美活動的主體都不能被視為審美主體，他至多只是一個潛審美主體或文本性主體。形象地說，「音樂的耳朵」在未聽到音樂的時候不過就是普通的耳朵；「音樂的耳朵」只能是在音樂中的耳朵。

第二，由於物不能自己呈現為審美客體，所以物之「孤立」說到底將取決於一個審美主體的存在及其作用，這就是何以布洛赫被作為「態度」（attitude）理論家的原因。換言之，主體的審美「態度」是一物能夠成為審美對象的終極性原因。儘管物理性間隔，如時間和空間等，天然地具有造成心理距離的效果，但心理距離在布洛赫那裡首先是一種積極的主觀態度，「距離經驗是我們能夠學習獲得的某種東西」，如研究者所指出：「在這一基本的意義上，距離是一種心理狀態或態度，而非一個數量尺度。審美距離沒有物理距離那樣的單位。距離經驗幾乎可以發生在任何情境，指向任何對象，只要一個觀照者有足夠的能力施之於如此的經驗。」[199] 那麼「至少於理論上，任何東西都可以是審美欣賞的潛在對象」[200]。不難發現，在其對「態度」的強調上，布洛赫的距離觀其實就是笛卡兒－康德主觀唯心主義哲學的美學翻版，就是美學上的「人類中心主義」，或審美上的現代性，儘管這並非一定是說布洛赫對此已有明確的意識或意圖。這裡我們只是願意指出布洛赫距離美學所暗含的傾向而已。可以作為對照的是，叔本華的審美距離觀恰恰是反人類中心主義的，是對生命意志的否定和棄絕，因而預示了 20 世紀的後現代主義思潮。

---

[199] Dabney Townsend (ed.), *Aesthetics, Classic Readings from the Western Tradition*, Belmont: Wadsworth, 2001, p. 238.

[200] Michael Kelly (ed.), *Encyclopedia of Aesthetics*, Vol. 4, New York & Oxford: Oxford University Press, 1998, p. 317.

　　布洛赫從心理學的角度去研究審美欣賞中的距離問題，其特色，如果說不是什麼創新的話，不在於心理學方法的使用，不在於距離問題的指出，進而總體上說也不在於從心理學出發去考察審美現象，而在於以心理學的方法探討了一個具體而又自康德以來便位處核心的現代性美學概念——「距離」。布洛赫在 20 世紀美學史上的經典意義首先是心理學的，「心理距離」是一個審美心理學的概念；但遠不止於此，超出心理學界限，布洛赫以獨特的「心理距離」視角進而窺測了如今被廣泛討論的「審美現代性」問題。

　　所謂「審美現代性」，其背景是自始以來審美或藝術從日常、功利、實用和理性中的疏離，是這種疏離生產出以藝術為其精華的審美活動；而現代社會對於工具理性的過度崇尚和依賴並由此而形成的一套現代價值觀念或簡單說是「現代性」又給這亙古便有的藝術與日常生活的矛盾塗抹了新的色彩、強度和複雜性。在「審美現代性」理論中，「審美」被作為對「現代性」的救贖，但反諷的是，這「審美」又與「現代性」同根生。可以看到，以現代藝術所展現的「審美」理想恰是自主、自由、個性、創新等這些最基本的現代性原則，於是「審美現代性」就成了一個自相矛盾的概念。究其根源，這不在兩種觀念內部的相悖與相合，而是出自於觀念被付諸現實所必然發生的「異化」，因而「審美現代性」不是別的，它是現代性對其後果的審美反思，現代主義藝術的社會批判，凡是觸及源出現代性的文化現實都當如是理解。

　　在這一「審美現代性」的理論語境中，「審美」如果說不只是「距離」，那麼「距離」至少也是「審美」最關鍵的內容。格奧爾格·齊美爾指出：「在那些提供實際愉悅的案例中，我們對客體的欣賞就不是側重於審美的，而是實用的；只有當其作為增加距離、抽象和昇華的結果時，它

才能夠變成審美的。」[201] 說「距離產生美」，在康德「審美無利害」觀念為主導地位的現代性美學中似乎並無多少新意可言；齊美爾曾以康德專論獲取博士學位，在 1902 年至 1905 年間他幾乎每年都在講授美學，他自然不會就此止步。

但是，齊美爾「距離美學」的意義，既不在康德，即將美形式化、去功利化，也不在黑格爾，將豐富而複雜的整個世界蒸發為一個「概念」；換言之，不再用現代化生活去加強經典的力量，恰恰相反，而是沿著既往美學的思路開闢對現代社會特徵及本質的新理解和新概括。當代英語世界最著名的齊美爾研究專家大衛·弗里斯比一語道破：「說到底，齊美爾現代化分析的重要意義是，它突出了我們現代經驗的審美之維。」[202] 或者，「說到底，齊美爾無庸置疑地就是最先使我們意識到現代生活美學的社會學家之一」[203]。這即是說，齊美爾最重大的美學貢獻，是將美學分析施之於我們的現代生活或我們對現代生活的新經驗中。在齊美爾的意義上，我們可以斷定，現代社會就是一個「美學社會」，即一個以距離美學為特徵的社會；由是觀之，在當代學者如費瑟斯通（Mike Featherstone）和布希亞（Jean Baudrillard, 1929-2007）對由於圖像、符號而引起的「日常生活審美化」的「後現代性」討論中，充斥著齊美爾「審美現代性」的理論幽靈的。據此，儘管我們無法否認在齊美爾那裡也有為浪漫主義、現代主義所標榜的「審美現代性」（例如他揭示過「冒險」與「藝術」在本質上的相類，它是與世俗日常世界的「斷裂」，是生活中的「島嶼」或「飛地」），但是其特殊重要性則只能是依賴於他對現代社會的這種美學描述和界說。

[201] Georg Simmel, *The Philosophy of Money*, Tom Bottomore & David Frisby (trans.), London: Routledge & Kegan Paul, 1978, p. 90.

[202] David Frisby, *The Aesthetics of Modern Life: Simmel's Interpretation*, in: David Frisby (ed.), Georg Simmel, Critical Assessments, Vol. III. London & New York: Routledge, 1994, p. 63.

[203] David Frisby, *The Aesthetics of Modern Life: Simmel's Interpretation*, in: David Frisby (ed.), Georg Simmel, Critical Assessments, Vol. III. London & New York: Routledge, 1994, p. 63.

　　我們可以將前者稱之為「藝術的審美現代性」，後者稱為「社會的審美現代性」；進而也可以將「距離」分為「藝術的距離」和「社會的距離」。對於齊美爾來說，「社會距離」既包含有藝術的「客體化」即人性的顯出和確證，也可能發展為「異化」即對人性的片面化和否定。因而一個「美學社會」有可能是「反美學」的「社會」。對此傾向，齊美爾有暗示，有警告；我們看到在布希亞那裡，常常是「日常生活審美化」（或用我們的術語，「社會的審美現代性」）與「藝術的審美現代性」的對抗，前者總是被置於後者之批判的審視之下，從而暴露出其「反美學」的性質來。藝術誠然需要距離，但藝術所需要的那種距離又從來是有分寸的。

　　布洛赫主題無法被解除，實際上也沒有被後人所解除。在海德格對「人詩意地棲居」的憧憬中，在他對電子媒介造成地理距離之消除而並未因此使人多少地更接近於「物」的批評中；在德希達對因電信技術而致情書消失的哀悼中，儘管一同消失的還有他憎惡的西方形而上學和形而上學的認識論；在詹明信關於後現代主義新空間如何使「批判距離」被淨除的描述中，在他對於安迪·沃荷（Andy Warhol, 1928-1987）「無深度」藝術的深度剖析中；需要再次提及布希亞，在他對擬像是如何謀殺了真實的揭露中，一個典型的後現代景觀，都有所保留地表達了對「藝術的審美現代性」的鄉愁。這提醒我們，即使「藝術的審美現代性」或簡言之「審美現代性」是一個有問題的理論，它至少也是不該那麼被輕易地棄如敝屣的。

第一節　布洛赫

　　20世紀前半期，愛德華·布洛赫（Edward Bullough, 1880-1934）的「心理距離」說在西方美學界產生了巨大影響。美國學者喬治·迪基

（George Dickie, 1926-2020）回憶說，1956 年，當他開始在大學裡講授美學課程時，「幾乎所有美學導論類的書籍都在書的開始闢出一章，解釋審美態度的性質，並將之與諸如道德、科學和經濟等方面的實際態度作對比」[204]。而「心理距離」則是這種審美態度說的一個重要組成部分。

　　布洛赫的「心理距離」說取得成功的原因，主要有三條：第一，該學說與康德、叔本華美學傳統的獨特關係。從 18 世紀到 19 世紀，哲學美學經歷了從審美趣味說逐漸向審美態度說的轉變。康德、席勒和叔本華的美學，清楚地顯示出審美態度說產生並取得主導地位的過程。這個哲學發展過程為布洛赫學說的產生和美學界接受這種學說準備了條件。布洛赫距離說的一個重要特點是，它用一種簡明、形象而直接的比喻來說明審美感受。讀者無須去理解和適應一個龐大而晦澀的形而上學體系，再把自己的感受納入這個體系的框架中去；他們所需要的只是接受布洛赫所提供的一兩個鮮明而生動的例子（如海上遇霧、襲擊戲臺上的壞人、嫉妒的丈夫觀看《奧賽羅》等），並根據這些例子體會和理解一條原理（「心理距離」），進而將之運用到藝術和審美的各個方面。由於這種特點，布洛赫的思想很容易被哲學美學圈子之外的一般藝術評論家和普通讀者所接受。

　　第二，布洛赫似乎解決了當時困擾美學界的一個大問題。美的對象是各式各樣的，而美學作為一個學科，總希望能為之找到一個普遍適用的原理。自從費希納提出「由下而上」的方法以後，過去那種求助於思辨哲學的做法已不靈了。舊的理論被破除之後，人們對新的東西產生了一種期待心理。在這種情況下，一種既保存了哲學的部分結論，又相容當時追求科學性的時代潮流的思想最能贏得人們的共鳴。布洛赫一方面同意美的對象

---

[204] George Dickie, *Art and Aesthetic: An Institutional Analysis*, Ithaca & London: Cornell University Press, 1974, p. 9.

的多樣性，承認不可能在它們之中找到共同因素；另一方面又堅持在多樣化的審美活動中尋找「公約數」。他認為，這種「公約數」不應在對象中去找，而應該在審美心理中去找（與布洛赫相反，克萊夫‧貝爾則在審美客體中找，找到了「有意義的形式」）。由此，他創造了一個可以進行多種解釋的「心理距離」概念，這在當時具有挽救美學這個學科的意義。

第三，布洛赫對美學的「準科學」態度。布洛赫主張在美學領域採用科學方法，他自己就做過多年的審美心理學實驗。[205] 但是，在心理學仍不成熟的時代，嚴守當時的心理學方法不會為他的研究帶來什麼好處。當時最流行的是行為主義，講的是「刺激→反應」和資料統計，和美學似乎根本沾不上邊。布洛赫對這種方法進行批判，堅持更為傳統的內省心理學方法。[206] 儘管如此，他的試圖使美學科學化的意願，仍然為當時的學術界留下了深刻印象。

下面我們將具體闡述布洛赫「心理距離」說的幾個主要問題。

一、「距離」可以被「安插」嗎？

討論「心理距離」說所碰到的第一個、也是最基本的問題，就是我們在審美欣賞時，是否「安插」了「心理距離」？如果說是「安插」，那意味著什麼？

布洛赫從海上遇霧的例子開始了他對「心理距離」的闡述。在那個主要依賴船隻作為交通工具的時代，海上大霧，對於絕大多數人來說，是一

---

[205] 例如在 1905 年至 1908 年間，他做過大量有關色彩欣賞的試驗，並分別於 1907、1908 和 1910 年在《英國心理學雜誌》上發表了三篇有關這方面成果的研究報告。

[206] 參見 Edward Bullough, *The Modern Conception of Aesthetics* 一書，這是他在劍橋大學講演美學的講稿。參見 Edward Bullough, *Aesthetics: Lectures and Essays,* London: Bowes & Bowes, 1957, pp. 1-89，尤其是 p. 57。同時參見 Elizabeth M. Wilkinson 在編輯布洛赫的書時所寫的引言，同上引書，p. xxvii.

個極不愉快的經驗。[207] 對不可預見的危險的擔憂,對輪船誤期的焦慮,再加上潮濕的空氣,水手們緊張地在船上跑動,汽笛尖利的聲音此起彼伏,這一切都使人們的旅行興致全無。但是,假如換一個角度看,也許你會看到下面這幅景色:

輕煙似的薄紗,籠罩著這平謐如鏡的海水,許多遠山和飛鳥被它蓋上一層面紗,都現出夢境才有的依稀隱約,它把天和海連成一氣,你彷彿伸一隻手就可握住在天上浮游的仙子。你的四圍全是廣闊、沉寂、奧祕和雄偉,你見不到人世的雞犬和煙火,你究竟在人間還是在天上,也有些猶疑而不易決定。[208]

兩種截然不同的經驗源於視角的轉換,或「安插」(insertion)了一種神奇的「距離」。布洛赫提出,這種距離是安插在我們的自我與我們的廣義的(身體和精神)感受之間,這通常也等於將距離安插在我們自我與作為這種感受的泉源或媒介的對象之間。[209]

當然,「距離」只是一個比喻(布洛赫自己也這麼說,他將之稱為metaphor)。[210] 從詞彙學上講,這個比喻應以實際的空間距離為依託。站在一幅油畫面前,距離太近了,看到的是不成物象的筆觸;站得太遠了,看到的是模糊的一團色彩;只有站在適中的距離,才能實現對這幅畫的欣賞。「心理距離」說的吸引力,在很大程度上是由於其包含的實際空間

---

[207] 布洛赫論「心理距離」的論文發表的同年(1912),發生了鐵達尼號海難,這有助於說明布洛赫舉這個例子在當時的實際意義。

[208] 《朱光潛美學文集》第一卷,上海文藝出版社 1982 年版,第 21 頁。

[209] 參見 Edward Bullough, *Psychical Distance as a Factor in Art and an Aesthetic Principle*(〈作為一個藝術因素和審美原則的心理距離〉)。參見 Edward Bullough, *Aesthetics: Lectures and Essays*, London: Bowes & Bowes, 1957, p. 94.

[210] 參見 Edward Bullough, *Psychical Distance as a Factor in Art and an Aesthetic Principle*(〈作為一個藝術因素和審美原則的心理距離〉)。參見 Edward Bullough, *Aesthetics: Lectures and Essays*, London: Bowes & Bowes, 1957, p. 94.

距離的暗示。一位堅持和發展布洛赫學說的澳洲學者塞拉‧道森（Sheila Dawson）曾在討論合適距離時對這個比喻作了引申，說距離的調整如同看一幅畫，眼睛近視的走近一點，眼睛遠視的則走遠一點。只要不是盲人，這麼試來試去，總會找到最合適的距離。[211] 本來是空間距離的道理被推廣到了心理領域，被說成是在心理學上也存在著類似的道理。然而，布洛赫堅持一個恰好相反的說法。他認為「心理距離」才是普遍形式，而空間和時間距離則是這種「心理距離」的特殊形式。[212]

　　布洛赫給了這種「安插距離」另一個比喻，即「打空檔」（out of gear，指汽車打空檔而自由滑行）。透過與實際的自我「打空檔」，使之不再是我們個人需要和目的的對象，從而能「客觀」地觀看它，注意它的「客觀」特徵。

　　在這裡，我們碰到的第一個理論問題就是「安插」是什麼樣的心理活動，是有意識的還是無意識的？意志對它究竟有多大的控制力？布洛赫在講「安插」距離時沒有在這方面作出明確交代。但從用「安插」這個詞，從他將這種視角的轉換比喻為短暫地打開一束強烈的光，照亮了最普遍、最熟悉的事物而產生的感受等，都可看出，這是一種有意識的行動。[213] 這一點對於理解布洛赫的思想非常重要。在布洛赫看來，歸根結柢，心靈若有意願，就可以安插這樣的距離在它與對象之間。

　　朱光潛在引述布洛赫海上大霧的例子時，用了「把海霧擺在實用世

---

[211] 參見 Sheila Dawson, *Distancing as an Aesthetic Principle*, in: Australasian Journal of Philosophy, August 1961, p. 172.

[212] Edward Bullough, *Psychical Distance as a Factor in Art and an Aesthetic Principle*，參見 Edward Bullough, *Aesthetics: Lectures and Essays*, London: Bowes & Bowes, 1957, p. 93.

[213] Edward Bullough, *Psychical Distance as a Factor in Art and an Aesthetic Principle*，參見 Edward Bullough, *Aesthetics: Lectures and Essays*, London: Bowes & Bowes, 1957, p. 94.

界以外去看，使它和你的實際生活存有一種適當的『距離』」的說法，[214]
他還很愛引用阿爾卑斯山谷路旁的一個標語牌「慢慢走，欣賞啊！」的例
子，說能聽從勸告的「比較幸運」的人，「在這一駐足之間，他應付阿爾
卑斯山的態度就已完全變過」。[215] 這兩個例子說明，安插距離的意思是人
就可以像「駐足」那樣以支配行動的能力來調整「距離」。

　　在這方面，塞拉·道森作了更進一步的發揮。她認為，欣賞者不僅可
以透過調整以達到最合適的距離，而且面對同一部作品，在同一時間裡，
可以兼有不同的距離。她舉例說，布洛赫（可能受克羅齊影響）認為，批
評家由於關注作品的技術細節而非作品總體，因而與作品「距離太遠」，
同樣，樂隊演奏成員、演員、園藝師和建築師與他們的作品都具有類似的
關係。塞拉認為這是不對的。這些人實際上可以在欣賞和對技術細節的關
注中均獲得成功。要達到這一點，他們需要一種輕鬆而迅速地在兩種關
係（兩種不同的距離）間進行轉換的能力。因此，這兩種關係起著互補的
作用。[216] 不僅藝術欣賞是如此，藝術創作也是如此。塞拉還說，藝術家
在創作作品時，也應該巧妙地轉換「距離」，時而更貼近生活，時而更抽
象。[217]

　　綜上所述，這些「距離」說的主張者，都認為距離是可以人為地「插
入」、「擺置」、「調整」和「轉換」的。這種思想，是審美態度說的要旨。
我們將於下文提到，布洛赫、朱光潛和道森在具體論述這個問題時，有很
多的不同點，但他們在人為地插入距離這一點上是一致的。審美態度說認

[214] Edward Bullough, *Psychical Distance as a Factor in Art and an Aesthetic Principle*，參見 Edward
　　　Bullough, *Aesthetics: Lectures and Essays*, London: Bowes & Bowes, 1957, pp. 21-22.
[215] 《朱光潛美學文集》第一卷，上海文藝出版社 1982 年版，第 20 頁。
[216] Sheila Dawson, *Distancing as an Aesthetic Principle*, in: Australasian Journal of Philosophy, August
　　　1961, pp. 159-160.
[217] Sheila Dawson, *Distancing as an Aesthetic Principle*, in: Australasian Journal of Philosophy, August
　　　1961, p. 168.

為，由於某種心理活動，物體成了審美對象。然而，人究竟有沒有能力在欣賞時人為地，或者說故意「插入」距離？某種心理的活動是否能成為像布洛赫所說的「普遍的審美原理」？這問題被人們忽視了。

二、「否定」和「肯定」對構成審美經驗的意義

布洛赫分析說，「距離」的作用包含有兩個層面：

它具有一種否定性的、阻卻性的層面——一切除了事物的實際方面和我們對它們的實際態度，以及另一種肯定性的層面——在這種阻止性的距離行動基礎上提煉我們的經驗。[218]

從邏輯上說，這是一個含糊不清的表述。「距離」總是有待於「安插」、「擺出」或「拉開」，即他所說的「距離行動」。如果繼續用前面提到的比喻，那就是「往後退」，直到達到一個合適的觀察距離。但在這裡，布洛赫講的是「阻止性」和「否定性」，因而簡單地用「往後退」來解釋就不夠了。布洛赫所舉的是另外兩個著名的故事：一是襲擊臺上的壞人，二是讓嫉妒的丈夫欣賞《奧賽羅》。這兩者都是由於失去距離而無法把藝術品當作純粹的藝術品看，因而無法實現審美活動的例子。它們分別代表了兩種不同的情況，一是行動失控，二是心理失控。行動失控的結果可能會是災難性的。依照這個理論，觀眾提刀去殺臺上的曹操（朱光潛的例子）和士兵舉槍打臺上演壞人的演員，都是由於欣賞者沒有能保持距離，因而無法將藝術品當作藝術品來看。當然，演戲時有人這麼一鬧，戲就看不成了。從這個意義上講，無人這麼鬧是大家能順利看完戲的前提，也是演員能安全地演完戲的前提。對於這個可能成為襲擊者的人來說，控

---

[218] Edward Bullough, *Psychical Distance as a Factor in Art and an Aesthetic Principle*，參見 Edward Bullough, *Aesthetics: Lectures and Essays*, London: Bowes & Bowes, 1957, p. 95.

制行動也是他正常看戲的前提。但是，這種否定及阻止自身的心理動作，就是藝術欣賞的前提嗎？

為了清楚地說明這一點，在這裡舉一個否定性和肯定性共存的例子。在荷馬史詩《奧德賽》中，奧德修斯為了能安全地欣賞賽蓮的歌聲，預先用蠟封住水手們的耳朵，又讓水手們捆住了他自己的手腳。在這個故事中，否定的一面是那根捆住奧德修斯的繩子，而肯定的一面是美妙歌聲對他的吸引力。繩子是這種欣賞不致造成災難性後果的保證，但並不是這種欣賞成為可能的條件。沒有繩子，奧德修斯照樣能欣賞賽蓮的歌聲，只是這樣的話，他就會經受不住誘惑，他的船就會撞上礁石。

僅僅是心理失控，即第二種情況，當然不如第一種情況，即欣賞歌曲所帶來的危險性，然而，問題的性質還是一樣的。嫉妒的丈夫能否觀賞完《奧賽羅》，當然取決於他的心理承受力能否允許他安穩地坐在劇院的椅子上。如果無法，只是他自身無法形成注意力而已。他的心理狀態不允許他看這齣戲。如果可以，這種心理的力量在一定程度上，產生的仍是奧德修斯那根繩子的作用，保證他安穩地坐在那裡而已。

如此說來，距離的作用只是否定性的、阻止性的或抑制性的。它與肯定性的欣賞是否有因果關係？是什麼性質的因果關係？這是仍需探討的問題。但不管怎麼說，維護安全，保證觀者能安穩地坐在劇院中看戲，是藝術作品欣賞的外在條件。這絕不等於說，一種否定性的心理的力（距離）是藝術欣賞出現的基礎或前提條件。當然，更不應說，這樣一種心理上的力，構成藝術欣賞本身的一部分。繩子不是對賽蓮歌聲欣賞的一部分，劇場警衛人員不是戲劇欣賞的一部分，對於善妒的丈夫家庭生活問題的恰當解決方法，也無法構成對莎士比亞戲劇欣賞的一部分。

把這種「否定」與「肯定」的概念進一步推廣到前面所舉的觀霧和在

解說時所舉的退幾步以觀畫的例子，我們可以進一步看到「否定」與「肯定」這兩種不同的動作（包括心理上或行動上的）在審美活動中所起的作用。在觀畫的行動中，為了形成合適的距離而做的退幾步的動作本身當然不是觀賞。一個不懂畫的人可以模仿鑑賞家那樣踱步在畫廊中，獨自在有名的畫作前或進或退，但我勸他還是湊到人群中聽講解的人或別的懂畫的人說些什麼。裝模作樣什麼也得不到，而聽別人說點什麼倒是好的語言誘導，是藝術啟蒙常常要過的一關。由此來看「觀霧」的例子，僅僅不去想霧會帶來的麻煩和危險，拉開距離，並不能像布洛赫所說的那樣，立刻就會有一束光照亮心靈，進而欣賞霧。為這兩種心理動作尋找相應的外在動作，我們可以看到，前者相當於船長告訴大家：輪船不會誤期，更不會有任何危險。聽了船長的話後，乘客們會變得安心，欣賞霧景便成為可能。但船長的話產生的作用僅是如此而已。大家放心了，可以安心去打麻將、聊天或睡覺了，但不一定就要去欣賞霧景。在這時，相當於審美誘導的是：有同船的人說，你看這霧多漂亮，並以有感染力的語言描述一番；欣賞者回憶起描繪霧景的詩篇；欣賞者想起在遊覽名山大川時看到的類似的霧景；或者，欣賞者想起讀過的神話故事等等。這些才是給予欣賞者的一種肯定性的、積極的「力」。把上述兩種話語力量內化，回到所謂兩種心理的「力」上來，我們可以說，對欣賞海霧產生直接作用的不是「距離」的力，而是對象本身所具有的吸引力、主體對對象的喜愛和產生審美誘導作用的情境。

「否定性」的距離並非審美欣賞的一部分。布洛赫對此也不是毫無認識。他說「肯定性」的欣賞是以「否定性」的距離為基礎。這個表述固然也有前面所指出的問題，但畢竟還顯示出布洛赫的謹慎之處。布洛赫之所以在表述中注意到這一點，也是前面所說的在一定程度上的對形而上學思

維方式的放棄和對科學方法的採用。

　　叔本華接受了康德區分本體（noumenon）和現象（phenomenon）的理論模式。當他說「世界是我的理念」時，他是說，外部世界只有透過人的感覺和思想才能被掌握，但我們不能從外部觸及事物的真正本性。唯一使我們能觸及這種本性的途徑是從內部，即從我的「意志」（will）來掌握世界內在的「意志」。這種「意志」不同於黑格爾用以克服康德二元論的理性，而是非理性、本能、欲望和無意識。對於他來說，意志先於思維，本能先於理性，心重於腦。意志是人痛苦的根源。照叔本華看來，生活是苦痛的，這種苦痛的根源在於人的欲望，從而在意志或欲望的驅動下，做出尋求意志實現或欲望滿足的活動。欲望的滿足只會引發更多的欲望，因此，生活充滿了痛苦。現象界的物體有不同的類型和等級，這展現出了某種普遍性，即理念。藝術品呈現給我們去觀照的正是這種理念。由於這些理念具有普遍性、無時間性，因而對它們的觀照（例如觀照人性的基本特徵）就使我們擺脫了「充足理由律」的支配。對藝術品的觀照，從主體方面說是去欲，從客體方面說是呈現物的理念，由此成為一個既否定又肯定、既消極又積極、既毀又成的過程。顯然，只有在這樣一種理論模式中，才能理解所謂「距離」的消極方面和積極方面的統一。

三、距離的二律背反

　　距離的二律背反（the antinomy of distance）是布洛赫距離說的核心觀點之一，許多距離說的重要原理都是由此引申出來的。

　　當布洛赫說距離的作用在於「否定」與「阻止」，從而去除事物的實用方面和我們對它的實用態度時，他講的都是主體的某種心理力量。他認為在此距離行動的基礎之上提煉我們的經驗時，即他所謂「肯定的方面」

時，依賴的還是某種心理力量。當然，這兩股力量並不是其中一股把客體從主體那裡拉開，另一股把客體拉向主體，結果造成兩者互相抵消。布洛赫的意思更像是一股力量握住篩子，另一股力量把麵粉往篩子上傾倒，其結果是過了篩的精細麵粉。

這兩股力量都是主體方面的心理的力。是否僅僅依靠對心理的闡釋就能解決一切美學問題？布洛赫在論述時有自相矛盾的現象。為了確立「距離行動」的重要性，認為「距離行動」能使人們形成一種與實用態度完全不同的審美態度。運用這種審美態度來觀照世間萬物，世界就變成美的了。同樣的一個物體，用日常實用的態度來觀看它，它並不美，但經由「距離行動」而用審美態度來觀照它，它就變成美的了。因此，事物的美不是由於它本身的性質，而是由於人對它的態度，具體地說，是人面對該事物時的「距離行動」。

然而，即使在這個思想框架內，仍可能出現兩種不同的情況。喬治‧迪基曾把審美態度區分為「弱形式」和「強形式」。「弱形式」認為，一種知覺或意識的方式是掌握和欣賞一種獨立於那種知覺或意識方式之外的客體所擁有的審美特徵的必要條件；而「強形式」則認為，某種知覺或意識方式把一種審美特徵強加在（任何）客體之上。

布洛赫似乎有著建立「強形式」的願望。他強調說：

距離透過改變我們與（客體的）特徵之間的關係，使它們變得似乎是虛幻的，而不是這種特徵的虛幻性改變了我們對它們的感受。[219]

似乎一旦「心理距離」產生作用，審美態度就形成了，客體就成了美的，整個世界就有了「虛幻性」，變成了一個舞臺。布洛赫提到過用觀賞的眼光看世界，甚至還提出「審美文化」的概念（指把審美意識推廣到一

---

[219] Edward Bullough, *Psychical Distance as a Factor in Art and an Aesthetic Principle*，參見 Edward Bullough, *Aesthetics: Lectures and Essays*, London: Bowes & Bowes, 1957, p. 98.

般生活領域）。[220] 他甚至說：「不插入距離，美從最廣的審美價值的意義上講是不可能的。」[221]

然而，布洛赫並非不重視審美對象的特徵。他承認藝術的非現實的、抽象的特徵在加強距離效果方面的作用。這就把客體引入了距離說的討論範圍。布洛赫認為，審美和藝術需要距離，但距離不是越大越好，也不是中規中矩就正好。最為理想的距離，是一方面要盡最大可能縮短距離，另一方面又不失去它。

所謂盡最大可能地縮短距離，是指藝術欣賞有待於藝術品與欣賞者之間的共鳴，越是適合我們個人的獨特口味的藝術作品，就對我們越有吸引力。或者說，藝術品越能契合欣賞者的思想、情感、經驗和癖好，產生的藝術效果就越大。

所謂不失去距離，是指不可失去藝術欣賞與私人心理的最後界限。懷疑自己妻子不貞的丈夫應該最能與戲劇《奧賽羅》產生共鳴，因為他自己有非常類似的心理體驗，但當他陷到自己的思緒裡無法抽離時，他就失去了距離。同樣，對臺上的壞人產生仇恨，是一種藝術共鳴；而將這種仇恨付諸行動，去攻擊演員，就失去了距離。

由此，布洛赫引入了對主客兩方面條件的討論。形成具有恰當的「距離」的審美欣賞關係，既依賴於主體方面的條件，也依賴於客體方面的特徵。主體方面的條件是與客體「肯定」的心理共鳴、「否定」的維持距離的力量。客體方面的條件是「肯定」的接近自然和「否定」的、以幫助形成距離的不自然和抽象。

---

[220] 參見 Edward Bullough, *The Modern Conception of Aesthetics*，參見 Edward Bullough, *Aesthetics: Lectures and Essays*, London: Bowes & Bowes, 1957, p. 83.

[221] Edward Bullough, *Psychical Distance as a Factor in Art and an Aesthetic Principle*，參見 Edward Bullough, *Aesthetics: Lectures and Essays*, London: Bowes & Bowes, 1957, p. 118.

這種對客體特徵的關注，表明布洛赫的體系歸根結柢，還是審美態度的「弱形式」。主體的心理活動，是掌握和欣賞外在客體審美特性的必要條件，而不是把審美特徵強加給客體。後者只有在一些形而上學體系（例如叔本華的體系）之中才可能實現。

四、恰當的距離與距離的多樣性

「距離的二律背反」原則把客體距離與主體距離納入統一的二元互動關係之中，試圖對不同的藝術門類，對從現實到歷史、從成人到兒童、從西方到東方在內的多種藝術現象進行解釋。

這個問題討論的起點，仍是所謂「恰當的距離」問題。布洛赫說，「最希望得到的」（most desirable）距離，是「盡可能縮小距離而又不失去它」。他提出兩種失去距離的方式和兩種最可能失去距離的情況。兩種失去距離的方式，是「距離過大」（over-distance）和「距離過小」（under-distance）。無論是在客體方面還是在主體方面，都各有兩種失去距離的可能。客體方面的「距離過大」，是太抽象，失去真實；「距離過小」，則是過於真實，失去藝術與生活的區別。主體方面的「距離過大」，是對藝術品採取過於冷漠的態度，例如只關心形式和技術方面；「距離過小」則是把藝術當成生活真實。將這四種情況用圖表示，就是：

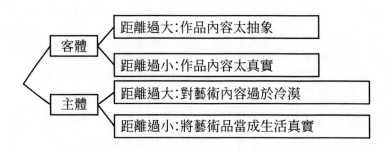

客體
　距離過大:作品內容太抽象
　距離過小:作品內容太真實
主體
　距離過大:對藝術內容過於冷漠
　距離過小:將藝術品當成生活真實

照布洛赫看來，這四種情況都可能發生，都需要在藝術創造和欣賞時努力避免。但是，他認為最常見的失去距離的兩種情況，是主體方面「距離過小」和客體方面的「距離過大」。[222] 因此，人們要在這兩個方面付出努力，在作為欣賞者的主體，要加強保持距離的力量；而在藝術創作者方面，要透過表現更真實的生活和更個人化的感情，以縮小距離。用他的話說就是，「不斷地接近自然，使距離的界限變得精細，但又不跨越藝術與自然的分界線，永遠是藝術的天然傾向」[223]。

他認為，從理論上講，距離的縮小應永無止境；而實際上，特定時期的特定觀眾，需要有特定距離的藝術品。這就出現了距離的「度」（degree）的概念。

合適的距離與距離的度是兩個問題，應分開來談。一些更嚴格、更具有學術氣息，並追求對該理論的數學式表述的人，會提這樣一個問題：既然如此，是否對於特定的個人，在特定的時期，面對特定的藝術品，應該有一種「正確的」（correct）距離。道森認為，「正確的」一語科學色彩太強，用「最適合」（optimum）更好，因為後者允許距離程度的一定的模糊性。[224] 不過，布洛赫的用語「最希望得到的」（most desirable），其實意思也差不多。這只是詞句上的推敲而已，並無實質內容上的區別。

布洛赫在確定了這樣一個建立在特定的條件下的理論公式之後，再試圖將之向一些具體的藝術現象推廣。最希望得到的、最理想的、從理論上講可能的存在，在實際的藝術中是不存在的。但是，由於前者提供了一

---

[222] Edward Bullough, *Psychical Distance as a Factor in Art and an Aesthetic Principle*，參見 Edward Bullough, *Aesthetics: Lectures and Essays*, London: Bowes & Bowes, 1957, p. 100.

[223] Edward Bullough, *Psychical Distance as a Factor in Art and an Aesthetic Principle*，參見 Edward Bullough, *Aesthetics: Lectures and Essays*, London: Bowes & Bowes, 1957, p. 107.

[224] Sheila Dawson, *Distancing as an Aesthetic Principle*, in: Australasian Journal of Philosophy, August 1961, pp. 162-163.

個理論框架，將之投射到具體的藝術現象中去，就得出了一種對藝術的解釋。

例如兒童喜歡童話故事，在故事中，人會飛，動物會說話，花草樹木都可以變成小仙女。這些故事顯然是不真實的，屬於距離較大的藝術。兒童之所以喜歡這種藝術，其原因在於，兒童主體方面保持距離的力量較弱，因此，需要在客體方面加大距離來補償。再如，鄉下老人衝上前去攻擊臺上的壞人，普羅大眾在裸體畫中僅感覺到性的樂趣等，都屬於保持距離力量弱的例子。一般來說，藝術家保持距離的力量較強，而一般民眾保持距離的力量較弱。許多藝術家與大眾的藝術趣味的差異，以及相關藝術是否過於煽情或有傷風化的爭論，概出於此。

進一步，布洛赫提出了普遍文化水準（level of general culture）的概念。為了適應一些民族和時代的人文化水準普遍較低的狀況，藝術常常具有較大的距離。例如埃及雕塑的巨大尺寸、程序化形態和表情、人獸結合（如獅身人面），以及無個性特徵等，都意在製造距離。相反，文化水準普遍較高的希臘人的雕塑距離就小得多，而羅馬奧古斯都時期的人則作出「幾乎是自然主義的」雕像（布洛赫反對那種認為羅馬藝術已經退化的希臘藝術的觀點）。文藝復興時期則是普遍文化水準較高因而藝術趨向現實主義的又一個例證。根據這些例子，布洛赫得出結論，繁盛時期的藝術表現為狹小的距離。與此相反，東方藝術的大距離特徵，是文化水準普遍較低的證明。

這種距離的「度」的觀點，既適用於主體的保持距離的力量，也適用於量化的客體與生活距離。布洛赫把這兩者統一起來，形成主客互動的理論模式，在這個模式中，主體占據著主導地位，客體隨著主體而發生變化。用數學術語說，主體的距離的力是引數，而客體的距離是它的函數。

五、距離與參與

在論述距離與參與問題時，布洛赫僅舉了襲擊臺上的壞人和嫉妒的丈夫難以正確地欣賞《奧賽羅》的例子。然而，他所堅持的不可突破的距離界限，被幾乎所有的距離派學者認定為反參與的明證。因此，從總體上來說，距離說是反對欣賞者的任何參與形式的。

距離派反對的首先是行動性參與。前面已幾次提到襲擊臺上壞人的例子，後面我們還要專門就此進行討論。喬治・迪基曾猛烈地批評布洛赫從極端的例子、而不是從較為平常的例子開始討論這一方法上的錯誤。前面既然已介紹過這些極端的例子，我們現在還是接觸一些日常的例子。

布洛赫曾經提到英國兒童文學作家巴里（J. M. Barrie, 1860-1937）的小說《彼得潘》（*Peter Pan*）。這部小說改編成的兒童劇後來引發了一個重要的關於觀眾參與戲劇發展的重要爭論。在小說中，彼得潘是一個永遠不會長大的孩子，會飛、生活在永無島上。有一天，他到小女孩溫蒂家裡玩，被她家的狗嚇跑了。慌忙之中把自己的影子丟在了溫蒂家。在回來找影子時，他與溫蒂和她的兩個弟弟交上了朋友。他帶著溫蒂和她的兩個弟弟以及與他一同來的小仙女叮叮飛到了永無島，經歷了一番海上奇遇。溫蒂和一群孩子回到了家裡，長大了，該上學念書了。彼得潘不願回到現實，因為他不願長大，要永遠當一個無憂無慮的孩子。

《彼得潘》是西方兒童熟知的故事，後來被改編成了兒童劇。在《情感與形式》一書中，蘇珊・朗格曾回憶自己小時候看這齣戲的情景。當她看到戲的高潮，即小仙女叮叮為了救彼得潘，代他喝了毒藥因而快死的時候，演彼得潘的演員轉過頭來問觀眾：你們相信世界上有小仙女存在嗎？只要你們相信，叮叮就能活下來，相信的人請鼓掌。頓時，在場的孩子們

都鼓掌叫起來，而她（蘇珊・朗格）卻由於戲劇幻覺的消失在很長一段時間裡感受到一種強烈的痛苦。[225]

塞拉・道森在描述這一場景時說，聽到這句問話，大部分小孩都想逃出劇場，不少人哭了。他們不是為叮叮快死了而哭，而是為戲劇中的魔力消失而哭。[226]

喬治・迪基認為，道森的描述是不準確的。相反地，朗格倒是說出了事實，儘管朗格自己持反對態度。孩子們對這種戲劇處理的反應是熱烈的，因為戲劇家給了觀眾一次參與戲劇行動的機會。而朗格說自己感到痛苦，很有可能是由於她的童年回憶已經被她自己的理論過濾了。[227] 說到這裡，我們已經超出了純粹的理論思辨，而進入可觀察的領域了。觀察和實驗可以證明，迪基是對的，而道森是錯的。

在現代實驗戲劇中，廣泛地出現故意讓觀眾參與劇情或演出的現象。如請一個或幾個觀眾上臺，演員向觀眾發問等。實驗劇場的形式變化，如舞臺伸入觀眾中，演員從觀眾席一方走上舞臺而不是從後臺出來等，這方面的新發明層出不窮，其努力的方向都在參與而不在隔離。

不少學者都嘲笑過某些讀者，說這種人鑽到書裡硬充一個角色。其實，這種嘲笑也許多少帶有自嘲的味道。一個人從童年、少年、青年，繼而到成年，其間不知「充當」過多少角色。男孩想像自己是美洲豹、恐龍或皮諾丘，女孩想像自己是燕子、百靈鳥或白雪公主。孩子們喜歡一些神奇的故事，這絕不是由於這些故事與他們「距離合適」（即不像現實的故事對他們來說距離太小），而是因為他們或多或少感到自己正生活在這樣

[225] Susanne K. Langer, *Feeling and Form*, London: Routledge & Kegan Paul, 1959, p. 318.
[226] Sheila Dawson, *Distancing as an Aesthetic Principle*, in: Australasian Journal of Philosophy, August 1961, p. 168.
[227] George Dickie, *Art and Aesthetic: An Institutional Analysis*, Ithaca & London: Cornell University Press, 1974, pp. 102-105.

的世界之中。少年時代有一般性的英雄崇拜，崇拜體力、智力上的英雄偶像。青年時代則開始性格和人格對比，想像自己更像書中的哪一個角色。成年人，特別是常讀文學作品的人，也許直接移情作品中某一個人物的情況減少，但仍存在對人物一定程度的認同；感到某個人物的所作所為怎麼看怎麼順眼，喜歡從他的角度為他設身處地去想，而對另外一些人物則相反。對於這種現象，布洛赫沒有作具體論述，但他提供的不參與的原則與此當然是相通的。

現在讓我們再次回到布洛赫的一個經典的例子上來。襲擊臺上壞人是反對欣賞者參與戲劇反應的最有力證據。當我們舉奧德修斯的繩子的例子時，我們僅僅是用最簡明的例子來剖析欣賞過程中出現的兩種力量。即使我們假設在遠古時代有這種類似的約束的必要，存在著普遍的不分幻象與真實的現象，人類在誘惑面前還缺乏一定的自制力。隨著社會的發展，藝術與宗教的分離，人類社會的發展和人的心靈的豐富，情況早已發生了巨大的變化，人們早已形成和習慣了正常的藝術欣賞方式。這種藝術欣賞方式不應被簡單地看成是奧德修斯的繩子的內化，而應看成人與客體新的關係的建立。

山繆・詹森（Samuel Johnson, 1709-1784）在討論莎士比亞的戲劇時說：「真實的情況是，觀眾時時刻刻都是清醒的，知道從第一幕到最後一幕，舞臺僅僅是舞臺，演員僅僅是演員。」[228] 喬治・迪基曾試圖批評距離對「正常」與「非正常」的定位。「距離說」認為，生活中的實際態度是一種正常態度，這時，人與客體是沒有距離的。只有依賴於某種心理距離，才能形成某種審美態度。前者是常態，後者是借助於「距離的力量」而產生的心理狀態（變態）。這種說法是不對的。人們有一種對藝術作品的正

---

[228]　Walter Raleigh, *Johnson on Shakespeare*, London, 1950, p. 27.

常欣賞方式。看戲有看戲的常態，坐在那裡，或笑或流眼淚，或鼓掌或在劇作家和導演設計的範圍內應答演員的問題等。一種全身心的參與和意識到這是在演戲是可以並行不悖的。這是看戲的常態，而不是變態。[229]

襲擊演員的情況只可能有兩種解釋：一是襲擊者知道看戲的方式，這時，他是精神失常；二是他不知道看戲的方式，這時，他是無知。兩種情況都不應視為正常狀態。讓我們設想，如果一個士兵看戲時舉槍打死了一個演壞人的演員。事後審理這個案子時，能不能這樣下結論：這個士兵對壞人的仇恨太深了，以致沒有忍住（失去了距離），而不像大多數士兵那樣，能忍住（距離力量強）或仇恨不太強也不太弱，正好合適（不即不離）。把所有看戲的人都說成是在忍耐著（有距離），而少數人終於忍無可忍，採取了行動（失去了距離），這是不符合藝術欣賞的實際情況的。這種說法會引起極大的混亂。類似的例子比比皆是，例如國際比賽中足球流氓（Football Hooligans）鬧事，無論根據哪國的法律，也不會這樣寫判決詞：嫌犯出於過分強烈的愛國感情，而不能很好地控制住自己的情緒，以致於發生了攻擊對方球員或攻擊支持對方的觀眾的行為。

在歷史的發展過程中，人類早就形成了適合外物的觀賞方式。它本身不是偏離正常；相反，不以這種方式觀賞才是偏離正常。

如果繼續用奧德修斯的例子來說的話，我們也許可以拋棄神話思維，設身處地來想自己在奧德修斯的處境中會怎麼辦。我們大概用不著那根繩子（布洛赫式的「心理距離」），更不會在遠遠地隱約聽到一點歌聲時，就決定不再靠近，說有聽到這麼一點就可以了，覺得這比靠近聽還要好（朱光潛式的「不即不離」）；而是一邊聽歌聲，一邊小心掌舵，繞開礁石

---

[229] George Dickie, *Art and Aesthetic: An Institutional Analysis*, Ithaca & London: Cornell University Press, 1974, pp. 99-101.

將船靠近賽蓮島，聽得清楚，聽得投入，也聽得安全。

外物對主體的觀賞作出規定，藝術性客體要求一種對藝術的觀賞方式。也許，布洛赫的理論盲點在於，他把自然與藝術放在同一個平面上，希望某種心理力量來幫助他解決審美中的難題；然而，只有在心理之外、在一個新的基礎上來討論外物的性質，才是出路。

六、心靈與媒介

當然，布洛赫並非不重視客體的性質。他曾專門寫過一篇重要論文來討論藝術媒介問題，闡釋他與克羅齊思想的區別。

在 1920 年於英國牛津召開的哲學大會上，設立了一個專題，討論「藝術中的心靈與媒介」問題。會上有四位學者發言，第一位發言人查爾斯‧馬里奧特（Charles Marriott）認為藝術就是對媒介的技術處理，審美就是對實際問題的有效處理的感知。第二位發言人沃克利（A. B. Walkley, 1855-1926）堅持克羅齊的觀點，認為藝術從本質上說是心靈的，媒介從美學上講不重要，只是起實際上的傳達功能。第三位發言人瓦特（H. J. Watt）以音樂藝術為例，既反對馬里奧特把藝術等同於對媒介的處理，也反對沃克利所引述的克羅齊的「直覺的表現」的觀點。布洛赫是第四位發言者，在發言中，布洛赫表示贊成沃克利用克羅齊的觀點對馬里奧特的物質媒介論的批評，但同時又認為，克羅齊的美學理論只是他的唯心主義一元論哲學體系的一部分。布洛赫所做的工作，就是引入心理學和心物二元的藝術論。

布洛赫理論的第一步，是區分藝術的靜態方面和動態方面。藝術的靜態方面是指「客觀的藝術世界」，這是一個包括古今公認的藝術品的廣闊領域；而藝術的動態方面是指從創造性的藝術家和積極的欣賞家的角度看

而形成的審美對象，因而對主體有著依賴性。

「客觀的藝術世界」中只有很少一部分進入創造性藝術家和積極的欣賞家的視野，轉化為動態的、從藝術家和欣賞家的觀點看的藝術。但是，這種「客觀的藝術世界」對於藝術欣賞的「標準化」和產生適應、期待以及情感反應產生了重大的作用，構成一種積蓄已久的力量，導致一定的趣味習慣。同時，對於藝術家也造成了「標準化」的作用。

藝術家在開始其藝術生涯時，總是要模仿別人（前人和周圍人）的風格。但是，他也必須要實現自我。這就導致每一位積極的、創造性的藝術家都陷入與技術的永恆爭鬥中。這種爭鬥的失敗意味著藝術家的無能或矯揉造作。

因此，一方面來說，「客觀的藝術世界」僅是作為藝術家反對、反抗和革命的外物在產生作用；而另一方面，「客觀的藝術世界」仍具有三個方面的價值：第一，表現了某種形式的歷史連續性；第二，對於藝術家和欣賞者來說，代表著一種集體的、由社會決定的標準；第三，代表著同樣由社會決定的、非個人的技術傳統。

藝術必然包含著技術的層面，卻又總要將之作為對立面而加以克服。藝術是連續的，或者說藝術是可能的。在藝術中，存在著技術的累積；藝術又是不連續的，因為審美不具有連續性，總是此時此地的直覺的表現。藝術是可以教育、可以傳授的，其中的技術部分可以學而知之；藝術又是不可教育、不可傳授的，某方面來說，它是藝術家獨特的創造。

藝術要以技術為基礎，但又絕不等同於技術。為了清楚地說明這一點，布洛赫曾經舉建築為例。眾所周知，有關建築從屬於工科還是文科，是工程學還是藝術，長期以來存在著爭議和劃界的困難。布洛赫從討論兩個均可譯為「建築」的英文詞 building 和 architecture 入手，來說明兩者的

區別。他認為，building 是製造結構，關注物質形式中包含的各種技術問題，而 architecture 則是一種空間形式，注重製造效果。他舉了一個例子來說明這中間的差別：一根希臘建築的柱子，從結構上說是向下的，承負重量的；而從空間形式說，是向上的，飛騰的。後者以前者為基礎，即依據結構製造空間幻象。布洛赫特別指出，同樣的原則也適用於雕塑，並在經過細節修正後，也適用於其他各門藝術。

在這一番對物質媒介重要性的闡述的背後，存在著布洛赫的基本理論立場。他贊同克羅齊把直覺概念當作藝術概念的核心，並與克羅齊一樣，堅持藝術的統一和獨特性，反對對於藝術史的普遍處理方式。但他認為，克羅齊只講了心靈這一元，而缺乏物質這一元。克羅齊只講哲學，而從心理學上講，直覺說是含糊不清的。[230] 布洛赫認為，他的理論補充了對物質媒介的思考和心理學方面的論證。這兩者歸結到一點，就是「距離」。布洛赫提出，「媒介，對它的處理，它本身的局限，以及它在技術層面上與藝術家的意象的融合，是藝術創造的主要因素之一。它把距離過程強加給藝術家，同時，又為藝術家保持距離提供便利」[231]。物質媒介和藝術家對它的掌握（技術）成了與直覺相對的另一面，它以「客觀的藝術世界」作為依託，施加影響於藝術家的創作。

布洛赫的所謂「二元」，歸根結柢，還要統一於「心」這一元。藝術創作和欣賞都依賴於心靈的表現，媒介是藝術的創作和欣賞都不得不碰到的東西，但只是作為挑戰的對象存在的：藝術要最大限度地縮小距離而又不失去它。把這個公式轉用到心靈與媒介的關係上來，藝術要最大限度地

[230] Edward Bullough, *Mind and Medium in Art*, 參見 Edward Bullough, *Aesthetics: Lectures and Essays*, London: Bowes & Bowes, 1957, pp. 133-134.
[231] Edward Bullough, *Mind and Medium in Art*, 參見 Edward Bullough, *Aesthetics: Lectures and Essays*, London: Bowes & Bowes, 1957, p. 150.

制約媒介的作用，但又不得不依賴它。畢竟，不存在沒有媒介的藝術，其實在他討論「距離」與外物特徵間的關係時，他的這種觀點就已說得很清楚了。布洛赫認為，不是由於外物的虛幻性使我們產生了距離，而是距離透過改變我們與外物特徵的關係而使這些性質顯得虛幻。外物之所以成為審美對象，不是由於該物的特徵，而是由於一種「心理的力」（距離）。照此看來，人們連點石成金的舉手之勞也不必費，可以意念成金了。

結語

在結束本節之時，我想回到三個較為基本的問題，以對本文所作的探討進行扼要的概括。這三個問題就是：一、距離能被插入嗎？二、藝術家在製造距離嗎？三、審美態度是神話嗎？

對於第一個問題，即「插入距離」問題，我們在討論中否定了這種「插入」的心理動作與審美欣賞的直接關係。在審美欣賞前，先進行某種心理調整是可能的，培養一定的心理狀態以審美也是必要的；但把這種調整和培養視為普遍的審美原理，則是不正確的。布洛赫和道森的這種思想，從屬於 20 世紀初流行的美學上的心理主義，是一種把美學歸結為心理學的表現。朱光潛也接受和堅持這種思想，但他有一些獨特之處。這種歸結顯示出美學想脫離一些思辨哲學體系，但由於無法從心理學那裡找到足夠的支持，只得又回到思辨哲學的尷尬境地。

對於第二個問題，即認為藝術的抽象性是製造距離。這種思想在布洛赫那裡就已存在，但他主要是講製造距離的被動層面。由於主體距離力量的弱小而不得不在客體方面製造距離。朱光潛則強調製造距離的主動和積極層面。他認為現代西方藝術與中世紀藝術、東方藝術（包括中國藝術）一樣，具有抽象性，這種抽象形式的目的在於製造距離。關於這點，我們

討論了從康德思想，經 20 世紀初的原始主義、後印象主義直到符號學的理論，說明了形式與情感對應的可能性，從而擺脫了在這個問題上進行理論論證時對「距離」概念的依賴。

第三個問題是針對喬治·迪基而言的。喬治·迪基完全否定審美態度，認為除了對藝術品「密切注意」（Paying close attention）以外，不存在獨特的審美態度，這是一個神話（Myth）。我們對藝術品沒有程度不同的注意力，只有注意與不注意之別；沒有不同的知覺，只有知覺到與沒有知覺到之別。[232] 審美態度是神話嗎？在放棄了心理主義的方法以後，有沒有可能為審美態度尋找新的根據？維根斯坦講動詞的及物與不及物用法之別，講藝術對象的生命形式，[233] 存在主義哲學講人與人以及人與物關係的區別，[234] 這些都對建構審美態度學說提供了啟示。當然，正面敘述審美態度，已遠遠超出了本文對「心理距離」進行概念整理和澄清的目的。我們只是在此說明，喬治·迪基對「心理距離」的批判固然是有力的，但他對審美態度的否定則有待於進一步分析。怎樣在批判「心理距離」及一些 20世紀初期的類似學說以後，在新的基礎上建立新的審美態度說，仍是擺在我們面前的一個重要課題。

第二節　布洛赫之後

「距離產生美」，這是中西方美學中一個被時常論及的命題。在西方

---

[232] George Dickie, *The Myth of the Aesthetic Attitude*, in: American Philosophical Quarterly, Vol. 1, No. 1, 1964, pp. 56-65.

[233] Richard Wollheim, *Art and Its Objects*, p. 41, p. 45. 以及 Simo Säätelä, *Aesthetics as Grammar: Wittgenstein & Post-Analytic Philosophy of Art*, Uppsala University, 1998, Chapter 4.

[234] Martin Buber, *I and Thou*, R. G. Smith (trans.), 2nd edition, New York: Chales Scribner's Sons, 1958. 德文原文 *Ich und Du*, 1923.

美學史上，將「距離」延展為一個美學概念（或者說，主要是一個審美心理學概念）——「心理距離」（Psychical Distance），並透過詳細闡釋而將之確立為一種美學學說——「距離美學」的，是 19 世紀末至 20 世紀初瑞士美學家愛德華・布洛赫（Edward Bullough, 1880-1934）。他的「心理距離」說最早見於 1912 年發表在英國心理學雜誌上的論文〈作為藝術因素與美學原理的「心理距離」〉（*Psychical Distance as a Factorin Artandan Aesthetic Principle*）。布洛赫提出，「心理距離是透過把客體及其吸納與人的身體分離開來而獲得的，也是透過使客體擺脫了人本身的實際需要與目的而取得的」[235]。也就是說，在布洛赫看來，「心理距離」對於審美客體，是將其從與我們的功利性關係——實際需要與目的——中「擺脫」出來；對於審美主體，是「超脫」於利害關係而達到冷靜客觀地看待事物的自我；審美活動由主客體之間的距離而發生。布洛赫「距離美學」的理論要點是：藝術欣賞講求距離，距離隨審美對象的性質而變化，隨審美主體的能力而變化。布洛赫的「距離美學」是對康德「審美無利害」思想的承繼，然其特色和典型性在於：他不僅從心理學的角度具體探討了自康德便處於核心的現代性美學概念——「距離」，而且從「心理距離」視角窺測了如今被廣泛討論的「審美現代性」問題。由於布洛赫「心理距離」在美學史上的典型意義，使得其後許多藝術理論家、藝術史家、美學家、美學史家從不同角度對布洛赫的「心理距離」說進行了回應。這些回應既包括對布洛赫「心理距離」說的反思與批評，也包括從「心理距離」說獲得靈感而對「距離美學」的推進與完善，還包括以「陌生化」概念群為代表的對布洛赫「距離美學」的深化與拓展。

---

[235] Edward Bullough, *Aesthetics: Lectures and Essays*, London: Bowes & Bowes, 1957, p. 96.

一、對布洛赫「心理距離」說的反思與批評

布洛赫在題為〈作為藝術因素與美學原理的「心理距離」〉一文中提出了其著名的「心理距離」說。然因此文篇幅不長，且在其他論著中未對「心理距離」延伸出更進一步的闡述與發揮，致使其觀點存在許多含混、模糊之處，由此引起其後不少學者對其「心理距離」說及該學說的各方面的反思與批評。

（一）語義學角度的反思與批評。以金斯利‧普萊斯（Kingsley Price, 1917-2009）和喬治‧迪基為代表，他們認為，布洛赫使用的「心理距離」一詞在詞義方面存在歧義，這在其文章開頭把「心理距離」視作時間距離和空間距離的普遍形式時即埋下了隱患，「心理距離」沒有很好地揭示出布洛赫所試圖表達的意義，或者說該詞所表達出的意義至少是不完整的。普萊斯指出，這種歧義性主要表現在兩個方面：一是布洛赫的「心理距離」沒有完善地區分審美態度的「心理距離」與「經驗距離」；二是儘管布洛赫指出了「心理距離」與「時空距離」的不同，但在實際論述中卻又一再地將「心理距離」與「時空距離」相混同。[236] 迪基在分析布洛赫所舉的「海上遇霧」的例子時認為：船上的人既可以感受到威脅，也可能感受到美。以此出發，他指出：「我們是否真的需要先去假設有一種獨特的稱為『獲得距離』的活動和另一種獨特的稱為『心理距離』的心理狀態，才能解釋我們欣賞具有威脅性事物的那種特徵呢？」[237] 在此，迪基透過否定審美態度，進而否定了布洛赫的「心理距離」概念。我們認為，布洛赫

---

[236] Kingsley Price, *The Truth about Psychical Distance*, in: The Journal of Aesthetics and Art Criticism, Vol. 35, No. 4, Summer, 1977.

[237] George Dickie. *Bullough and the Concept of Psychical Distance*, in: Philosophy and Phenomenological Research, Vol. 22, No. 2, Dec., 1961. And George Dickie, *Is Psychology Relevant to Aesthetics*, in: The Philosophical Review, Vol. 71, No. 3, Jul, 1962.

使用的「心理距離」一詞之所以無法很好地表達其思想，從根本上說，是因為他試圖用心理學這種科學方法去掌握無法完全透過科學方法進行闡釋和論證的美學問題，這是布洛赫的「距離美學」難以擺脫的根本性矛盾。

（二）人類學角度的反思與批評。以美國學者萊斯特‧朗曼（Lester Longman, 1905-1987）為代表，他從人類學的角度對布洛赫「心理距離」說的預設前提提出了質疑。朗曼指出，布洛赫理論中有兩個基於其自己的生活環境所提出的假設：其一，人人皆追求實際利益；其二，追求實際利益是審美活動時產生的唯一對立面。朗曼認為，布洛赫之所以對生活和審美做出如此區分和截然對立，受到了他作為撒克遜人講求實際的生活方式的影響。然而，這種在生活中講求實際利益的經驗不應推廣至整體人類。因為，從歷史的角度看，不同時代的人們並不都像撒克遜人那般在生活中追求實際利益和實用效果，也不像撒克遜人那般缺乏美感。從現實層面看，現實存在的許多審美活動需要功利性參與，某些對象更是因為具有了功利因素才產生了美感。另外，在審美活動過程中，接受者的期待視野、接受心境、審美能力以及對象所提供的種種條件都會影響到審美活動的開展和審美經驗的獲取。由此，朗曼指出，布洛赫僅僅從自己的生活經驗出發而將對美感經驗的分析放在非功利層面，僅僅從非功利角度去思考並以此規定審美活動的局限性和距離問題，將審美過程中的心理活動簡單化，這不僅不符合歷史和現實，也無法真正揭示出審美活動的本質。[238]

二、對「審美距離」的直接探討

除了直接對布洛赫的「心理距離」說進行反思和批評外，亦有學者

---

[238] Lester D. Longman, *The Concept of Psychical Distance*, in: Journal of Aesthetics and Art Criticism, Vol. 6, No. 1, Sep, 1947.

透過對「距離」的直接探討，對布洛赫的「審美距離」說進行了補充和完善。其中，最具代表性的是義大利馬克思主義思想家安東尼奧·葛蘭西（Antonio Gramsci, 1891-1937）和德國社會學家格奧爾格·齊美爾。

（一）葛蘭西對文藝欣賞中「距離」的探討。義大利共產黨領導人、馬克思主義思想家安東尼奧·葛蘭西在獄中寫給其妻子的信中從文學欣賞、文藝批評的角度對「距離」問題進行了探討。他在 1931 年 6 月 1 日致茱莉亞的信中指出：「我覺得，一般說來，一個聰明的現代人應當保持一定『距離』來閱讀經典作品，即僅僅欣賞其審美價值，而不『迷戀』暗合贊同詩歌思想內容的意思。」[239] 在此，葛蘭西是從文學欣賞的角度來談論「距離」的。他提出了「距離」和「迷戀」這一對立概念：保持一定「距離」來欣賞文學作品，針對的是作品的「審美價值」而非「思想內容」；而「迷戀」則是「距離」的喪失，是不加判斷地附和作品的「思想內容」。那麼，應該如何不「迷戀」於文學作品的內容而在文學欣賞、文學批評中保持「距離」呢？葛蘭西在 1932 年 9 月 5 日致尤爾卡（葛蘭西對其妻茱莉亞的暱稱）的另一封信中給出了答案：「我把審美欣賞與藝術美的積極判斷區分開來。即把對藝術作品本身的讚賞態度，以及道德上讚賞、從而參與藝術家的思想意識世界區分開。我覺得，從批評的角度看，這種區分是正確的和不可或缺的。我能從審美角度欣賞托爾斯泰的《戰爭與和平》，但不能贊同該書的思想實質。」[240] 在此，葛蘭西區分出「審美欣賞」和「道德讚賞」。他強調，要在文學欣賞中保持某種「距離」而不陷於「迷戀」，或者說，從文學批評的角度看，應該將審美欣賞與道德讚賞區分開來，就像面對托爾斯泰的《戰爭與和平》以及他所說的莎士比

---

[239] 葛蘭西：《獄中書簡》，田時綱譯，人民出版社 2008 年版，第 323 頁。
[240] 葛蘭西：《獄中書簡》，田時綱譯，人民出版社 2008 年版，第 464 頁。

亞、歌德、但丁那樣。葛蘭西只是在兩封書信中探討了「距離」問題,這
種探討是零散的、隨意的、感性的。同時,我們也無法確定葛蘭西是否
閱讀或受到布洛赫「距離說」的影響,但其從文藝欣賞、文學批評角度對
「距離」問題的探討確是對「距離美學」的一種補充。

　　(二)齊美爾「距離」概念的美學意蘊。「距離」是德國社會學家格奧
爾格‧齊美爾描述審美現代性特徵的一個重要概念,既包含社會學意味,
又有豐富的美學意蘊。他在出版於 1978 年的《貨幣哲學》(*The Philoso-
phy of Money*)一書中指出,「在那些提供實際愉悅的案例中,我們對客體
的欣賞就不是側重於審美用途,而是實用的;只有當其做為增加距離、抽
象和昇華的結果,它才能夠變成審美的」[241]。對齊美爾而言,「距離產
生美」,審美有賴於距離。僅此而言,齊美爾的論述並無多少新意;然而
他並未止步於此,而是從現代社會中的貨幣經濟以及城市生活角度對「距
離」的審美意義進行深化,使「距離」成為洞察現代社會形成和特點的重
要視角,這是其審美「距離」說的獨特之處。他認為,「貨幣將我們置於
越加基本的與客體的距離之中;印象、價值感受、對事物興趣的直接性被
削弱了,我們與它們的連繫斷裂了。我們要體驗它們彷彿是只經由一個媒
介,而它不允許它們完整的、自主的和直接的存在全部呈現出來」[242]。
他還說,「貨幣交易看來就像是去創造那種做為審美判斷一個必要前提的
距離」[243]。也就是說,齊美爾在使用價值和交換價值、自然需求與需求
滿足、主體世界和客體世界之間植入一個「中介/距離」——貨幣。根
據「距離產生美」這一公式,貨幣應當具有審美的特徵和作用——它是

---

[241] Georg Simmel, *The Philosophy of Money*, London: Routledge & Kegan Paul, 1978, p. 90.

[242] David Frisby (ed.), Georg Simmel, *Critical Assessments*, Vol. III, London & New York: Routledge, 1994, p. 54.

[243] David Frisby (ed.), Georg Simmel, *Critical Assessments*, Vol. III, London & New York: Routledge, 1994, p. 54.

對現實生活的抽象化、符號化即距離化，因而原則上貨幣就具有要求被認作藝術品的權利。另一方面，我們無法忽視資本主義生產方式與精神生活的敵對而坦然接受它們在距離美學上的和解，那麼，就必須將藝術從距離美學中進一步區分出來，齊美爾就是這樣做的：「只要對象僅僅是有用的，那麼它們就是可以互換的，任何東西都可以被其他能夠發揮相同效用的東西所取代。但是如果說是美的，那麼它們就以一個特殊的個體存在，一方的價值不能為另一方所取代。」[244] 美的之所以成為美的，固然一方面是由於如齊美爾所看到的「美是典型的、超越個性化的和普遍有效的事物」[245]，如貨幣所分享於此的，但更有可能的是，從另一方面來說它是一種不可重複、不可替代而獨具個性的存在。在此，齊美爾揭開了美或藝術的一個悖論：它們既是普遍的，又是特殊的；既是全體的，又是個體的；既是理念的，又是現實的，是接通了所有普遍真理的、具體的現實存在。這似乎又回到黑格爾的「美是理念的感性呈現」的經典話題，在那兒「理念」是「一」，「感性」是「多」；前者是普遍性，後者是個性或個體性。

三、「陌生化」：「審美距離」說的深化與拓展

對布洛赫「心理距離」說的深化與拓展主要展現在由俄國形式主義評論家維克托·什克洛夫斯基（Viktor Shklovsky, 1893-1984）提出並被德國戲劇理論家貝托爾特·布萊希特（Bertholt Brecht, 1898-1956）、加拿大媒介思想家馬素·麥克魯漢（Herbert Marshall McLuhan, 1911-1980）、美國馬克思主義文學理論家詹明信等進一步發展和完善的「陌生化」理論。

（一）什克洛夫斯基：「陌生化」的提出與「審美距離」可能性問題的解決。如果說布洛赫的「心理距離」說主要討論了保持主客體之間審美距

---

[244] Georg Simmel, *The Philosophy of Money,* London: Routledge & Kegan Paul, 1978, pp. 74-75.
[245] Georg Simmel, *The Philosophy of Money,* London: Routledge & Kegan Paul, 1978, p. 74.

離之「必要性」問題的話，那麼，俄國形式主義文論家維克托·什克洛夫斯基的「陌生化」理論則主要探討了保持審美距離的「可能性」問題。在 1917 年的論文〈做為手法的藝術〉（*Artas Technique*）一文中，什克洛夫斯基正式提出了其「陌生化」（俄文：Остранéние，英文：defamiliariza-tion）理論：「那種被稱為藝術的東西的存在，正是為了喚回人對生活的感受，使人感受到事物，使石頭更成其為石頭。藝術的目的是使你對事物的感覺如同你所見的視象那樣，而不是如同你所認識的那樣；藝術的手法是事物的陌生化手法，是使形式複雜化的手法，它增加了感受的難度和時延。」[246] 在什克洛夫斯基看來，文藝作品與其他文本的本質區別在於是否獲得新穎驚奇的審美感受，文學的價值在於讓人們透過閱讀恢復對生活的感覺，並在這一感覺過程中產生審美快感。因為，或如美國自然主義美學家喬治·桑塔亞那所說：「如果重複的刺激不是十分尖銳，我們頃刻之間就會淡忘了它們；就像時鐘的滴答聲一樣，它們變成了我們體內狀態的一個要素。……我們習慣了醜的東西，譬如我們衣服或牆壁的破損並不使我們難堪，並不是因為我們看不見它們的醜，而是因為我們習而不察。」[247] 由此，藝術家要有意識地運用一些偏離、背反、變形、重組等「陌生化」手法，透過「將該事物置於新的語義系列中，置於屬於另一範疇的概念系列中」，打破原有形式的規範與格局，增加欣賞者對藝術形式感受的難度和「距離」，拉長審美欣賞的時間，進而使接受主體在欣賞作品時擺脫那種司空見慣的、機械麻木的「自動化」體驗，獲得一種朦朧含蓄的「距離」美感。在此意義上，什克洛夫斯基的「陌生化」手法，實質上是使藝

---

[246] 維克多·什克洛夫斯基：〈作為手法的藝術〉，轉引自《俄國形式主義文論選》，方珊等譯，生活·讀書·新知三聯書店 1989 年版。

[247] 喬治·桑塔亞納：《美感》，繆靈珠譯，中國社會科學出版社 1982 年版，第 72 頁。引用時稍有改動。

術作品以不為人熟知的形式打破欣賞者先前的期待視野，拉長欣賞者與文學作品之間的「審美距離」，而這個審美距離，也就是布洛赫所提出的「心理距離」。

（二）布萊希特：「陌生化效果」與向戲劇領域的拓展。如果說什克洛夫斯基著重探討的是文學作品欣賞中的陌生化手法，那麼，受到什克洛夫斯基「陌生化」理論影響的德國戲劇理論家貝托爾特‧布萊希特，則主要從舞臺演出與觀眾之間的關係探討了戲劇的陌生化效果。[248]他借助於對戲劇舞臺上所使用某些特殊手法的概括，發揮出一套關於戲劇藝術與歷史現實之間的關係的學說，以否定自古希臘時期亞里斯多德以來西方戲劇理論中的「模仿－反映」模式。1935 年，布萊希特在莫斯科觀賞梅蘭芳的精湛演藝後，完成了題為〈中國戲曲表演藝術中的陌生化效果〉的論文，提出了著名的展現史詩劇核心特徵的「陌生化效果」（德文：verfremdungseffekt，英文：estrangement effect，又譯「間離效果」、「疏離效果」）理論。布萊希特認為，自古希臘時期亞里斯多德提出「模仿論」以來，西方戲劇理論大多強調透過對現實的逼真模仿來反映現實，觀眾將情感移植到演員模仿的角色上，盡量與演員保持一致，從而引起人們在情感上的共鳴和精神上的淨化，以此出發，人們總是自覺或不自覺地把「真實」與否作為評判戲劇好壞的標準。布萊希特對深受亞里斯多德影響的易卜生（Henrik Johan Ibsen, 1828-1906）等人的現實主義戲劇及其理論深感不滿，他認為，戲劇要達到的效果是明白告訴觀眾：「這不是真的。」戲劇不是把反映真實作為唯一目標，而是「坦白承認是演戲」，讓人們認識到戲劇和生活並

---

[248] 1935 年，布萊希特訪問莫斯科並結識退特雅科夫。退特雅科夫將什克洛夫斯基的術語「陌生化」翻譯為德語詞 Verfremdung 並將之介紹給布萊希特。什克洛夫斯基本人 1964 年在巴黎的一次採訪中也認為，是退特雅科夫把自己的理論介紹給了布萊希特。詳見：Douglas Robinson, *Estrangement and the Somatics of Literature: Tolstoy, Shklovsky, Brecht,* Baltimore: The Johns Hopkins University Press, 2008, pp. 167-172, p. 284.

不是一回事，讓人們意識到藝術就是藝術。基於這樣的理解，布萊希特要求演員積極地運用理性來使自己和角色保持一定的「距離」：「必須使演員擺脫全面進入角色的任務，演員必須設法在表演時與他扮演的角色保持某種距離。演員必須對角色提出批評。演員除了表演角色的行為外，還必須能表演另一種與此不同的行為，從而能使觀眾做出選擇和提出批評。」[249] 透過刻意製造「某種距離」，使戲劇達到一種「陌生化效果」，使觀眾將戲劇和「正在進行著的生活」相區別。布萊希特的「陌生化效果」，就是有意識地借助種種戲劇藝術手段，「除去所要表現的人物和事件之理所當然、眾所周知、明白了然的因素」，「為它們打上觸目驚心、引人求解、絕非自然、絕非理所應當的印記」，以在演員與所演戲劇、角色之間，觀眾與所看演出的戲劇事件、角色之間製造一種「距離」，使演員和觀眾跳出單純的舞臺情境幻覺、情感體驗或共鳴，以「旁觀者」的目光審視劇中人物、事件，運用理智進行思考和評判，引起深廣的聯想和冷靜的思考，獲得對社會人生更深的認識。為了達到陌生化效果，布萊希特建議演員應該盡量真實地傳達出自己的言辭，主張用一些手段使被表演的人物言行陌生化，如使用第三人稱、過去時態等；另外，他還提出了一種把當代戲劇「歷史化」的方法：「陌生化就是歷史化，亦即說，把這些事件和人物作為歷史的暫時去表現。」[250]

　　（三）麥克魯漢：「反環境」概念與認識和實踐之雙重內涵的賦予。加拿大當代媒介思想家馬素・麥克魯漢的「反環境」概念與西方美學史上的「陌生化」觀念一脈相承。在 1967 年的《媒體即訊息》一書中，麥克魯漢提出並論述了其「反環境」概念。在他看來，「反環境」指的是藝術家們

---

[249] 布萊希特：《布萊希特論戲劇》，丁揚忠等譯，中國戲劇出版社 1990 年版，第 262 頁。
[250] 布萊希特：《布萊希特論戲劇》，丁揚忠等譯，中國戲劇出版社 1990 年版，第 63 頁。

透過自己的藝術創作，「創造性地損壞習以為常的、標準的東西」，「瓦解『常備的反應』，創造一種昇華過的意識」，「最終設計出一種『新』的現實以代替我們已經繼承的而且習慣了的現實」。[251] 麥克魯漢以此闡明的是：透過「反環境」，儘管原先的舊環境成為新環境的「內容」而顯得「過時」，但「『過時』並非『終結』，而是『審美之始』」。「我們總是透過『後照鏡』洞察現在，倒退著進入未來。」[252] 為此，麥克魯漢以文藝史上的例子分別說明了文藝復興時期藝術家們對中世紀的回望、工業時代對文藝復興時期的「後視」，以及 20 世紀新媒體時代對於機械工業時代的「向後看」。麥克魯漢將藝術史上這種透過反觀過去而與當下環境保持疏離，並在這種疏離中喚起對當下環境感知的藝術稱作「作為反環境的藝術」，以與「常規性藝術」相區別：「『常規性藝術』是安撫人的催眠術，是對媒體環境單純的重複；只有『作為反環境的藝術』能夠喚醒人們對於環境的感知。」[253] 也就是說，對真正的藝術家而言，他們「擁有辨識當前環境的能力」，他們能夠透過創造出「反環境」而使人們與當前的媒體環境保持一定的距離並對當前環境有所感知。這也正是麥克魯漢「反環境」概念的根本目的，它旨在不斷更新人們對於日常生活的陳舊感知，把人們從狹隘的日常關係束縛中解放出來。在此，麥克魯漢的「反環境」概念與什克洛夫斯基「陌生化」範疇有異曲同工之妙。當然，同樣作為對西方文藝美學史上「陌生化」詩學理論傳統的繼承與革新，麥克魯漢的「反環境」概念與什克洛夫斯基的「陌生化」又有很大差異，主要表現在兩個方面：第一，什克洛夫斯基提倡的「陌生化」方法更多地展現在文學語言的具體應

---

[251] 特倫斯・霍克斯：《結構主義與符號學》，瞿鐵鵬譯，上海譯文出版社 1987 年版，第 61－62 頁。

[252] Marshall McLuhan, Quentin Fiore and Jerome Agel, *The Medium is the Massage*, New York: Bantam, 1967, p. 72.

[253] Marshall McLuhan, *Letters of Marshall McLuhan*, Oxford: Oxford University Press, 1987, p. 315.

用或者說修辭學層面，而麥克魯漢的「反環境」概念則主要表現為藝術家們在創作過程中對於當下的「疏離」和對於過去的不斷「回望」。第二，什克洛夫斯基宣導「陌生化」的根本目的在於保持和捍衛文學作品的「文學性」特徵，強調文學應當成為獨立的「自足體」和與世界萬物相分離的「自在之物」，因而對「陌生化」的認識論意義和社會效果關注不多。麥克魯漢以「反環境」概念來總結藝術史上的「後照鏡」現象，不再是單純的就藝術論藝術，而意在藉此喚起人們對於現實媒體環境的感知，並進而幫助人們如何參與到新的媒體環境中去。在此，麥克魯漢的「反環境」概念已經超越了什克洛夫斯基「陌生化」概念那種單純的形式與結構層面的意義，而兼具認識論範疇與實踐範疇的雙重內涵。麥克魯漢希冀藉「反環境」概念使人們意識到：由主流媒體所形塑的環境及根據主流媒體而衍生出的整個社會制度和文化模式，不是永恆的和「自然的」，而是歷史的和人為的，因而是可以透過人的活動加以改變的。也正是以此為出發點，麥克魯漢將媒體研究的重心轉移到對媒體自身及其「感知效應」的關注上，推動西方媒體研究在 1960 年代實現了一次具有「哥白尼革命」意義的全新典範轉型。

（四）詹明信：從政治與倫理兩個層面對「陌生化」的拓展。如果說什克洛夫斯基的「陌生化」理論解決了審美主客體之間「審美距離」的可能性問題，那麼，在對「陌生化」理論的拓展方面，布萊希特將「陌生化效果」拓展至戲劇和政治領域，麥克魯漢以「反環境」概念賦予「陌生化」以認識論和實踐的雙重意義，而美國當代著名的馬克思主義文學理論家弗里德里克·詹姆森（Fredric Jameson，漢名詹明信，1934-）則進一步從政治、倫理、歷史感等方面，豐富了「陌生化」的理論內涵。在 1972 年出版的《語言的牢籠》（*The Prison-House of Language*）一書中，傑姆

遜把俄國形式主義的「陌生化」理論介紹給美國作者，並從馬克思主義角度對其進行了闡發和補充。具體來說，這種闡發和補充主要展現在三個方面：第一，對文學中實現「陌生化」技法的完善與挖掘。在他看來，要實現「陌生化」，「可以透過隱去事物的名稱而只在其經驗所及的範圍內描寫它；或透過從某個不尋常的角度或從某個遙遠的距離上來描寫它；或把事物置於顯微鏡下；或採用慢鏡頭；或採取平行描寫，將被描寫的事物和另一個與它不同的事物並列，使前者從未被注意到的性質得到顯著的表露；或改變傳統的因果期待等。這些手法中的大多數均可轉用於敘事情節上，這時主要的陌生化類型表現為延宕、分布合成、雙重情節以及『展示技法』。」[254] 第二，從歷史角度對「陌生化」的補充。在詹明信看來，什克洛夫斯基的「陌生化」是一個純粹的形式概念，他「把文學變化當成一種一成不變的機制，認為它在任何時間任何場所都始終如一」，也就是說，忽視了「時間」的維度，由此導致的結果是「最終將歷時性變成僅僅是一種表面現象，破壞了對形式變遷的任何真正的歷史意識」。為此，詹明信認為，要使什克洛夫斯基的模式重新獲得歷史感，就應當「把注意力從任何的歷史轉向感知本身的歷史」，「試圖對神祕化或感知麻木的獨特類型與明確模式作出解釋」。[255] 第三，從政治－倫理層面的補充。詹明信以什克洛夫斯基在陌生化分析中引用托爾斯泰關於清潔房間的一段日記為例，認為什克洛夫斯基的「陌生化」理論「倫理含義深遠」，但由於其論述重心在於文學的「文學性」，而「從未這樣接近於採取一種真正的形而上或道德的立場」[256]。詹明信在布萊希特對戲劇之陌生化效果的分析中發現了對什克洛夫斯基陌生化理論所缺乏的政治－倫理意義的補充，並因此對布

---

[254] 弗里德里克・詹姆森：《語言的牢籠》，錢佼汝譯，百花洲文藝出版社 1997 年版，第 50 頁。
[255] 弗里德里克・詹姆森：《語言的牢籠》，錢佼汝譯，百花洲文藝出版社 1997 年版，第 48 頁。
[256] 弗里德里克・詹姆森：《語言的牢籠》，錢佼汝譯，百花洲文藝出版社 1997 年版，第 41 頁。

萊希特大加讚賞。可以說，詹明信正是從馬克思主義的角度，自布萊希特對陌生化理論的發展中，發現了什克洛夫斯基的「陌生化」理論的文學價值和政治－倫理價值相統一的可能性，並嘗試在兩者的結合中實現馬克思主義與形式主義的真正對話。

概而言之，自布洛赫於 1912 年提出「心理距離」並將之延展為一種美學原則以來，後來者們或從語義學（金斯利·普萊斯和喬治·迪基）、人類學（萊斯特·朗曼）的角度對其概念的含混之處進行了反思、檢討和批判，或直接對作為文學欣賞、文學批評（安東尼奧·葛蘭西）、社會美學範疇（格奧爾格·齊美爾）的「距離」作了進一步的探討和完善，或以「陌生化」這一全新的概念對布洛赫「心理距離」的具體實現、領域拓展、認識論與實踐之雙重內涵豐富、歷史維度、政治與倫理視角等方面進行了更為深入的補充與拓展（維克托·什克洛夫斯基、貝托爾特·布萊希特、馬素·麥克魯漢、弗里德里克·詹姆森）。這些學者們從不同角度、不同層面對審美「距離」說所付出的努力 —— 反思、檢討、批判、完善、補充、拓展 —— 最終使「距離」概念成為 20 世紀西方美學史上一個始終位處核心的現代性美學範疇，使「距離美學」成為 20 世紀西方美學史中一個重要的美學思潮和美學派別。

第五章
形式主義美學

概論

所謂「形式主義美學」（formalistic aesthetics），更準確地說，「視覺形式主義」（visual formalism），是 20 世紀初最早在歐洲成熟的美學流派之一。它將形式從審美對象當中「純化」出來，並將其置於美學體系的至高無上位置，甚至宣稱藝術即是「純形式」世界的一種美學思潮。從詞源學上講，「形式主義」（formalism）一詞來自拉丁文「formalis」。在歐洲美學史上，對形式的最早探索可以追溯到畢達格拉斯學派以「數論」為基礎的美學思想。但是，「形式主義美學」並不等於「形式美學」（formal aesthetics），關於形式的審美探索在歐洲文化當中源遠流長，比如英國畫家賀加斯（William Hogarth, 1697-1794）的《美的分析》（*The Analysis of Beauty*）一書中，就論證了「蛇形線」（Serpentine Line）是「美的線條」和「富有吸引力的線條」的這類形式問題。[257]

近代意義上的「形式美學」的源頭可以追溯到康德，因為他對審美判斷的「無目的的合目的性」的規定[258]，在崇尚形式的信徒那裡引起了廣泛共鳴。其後，德國哲學家和心理學家赫爾巴特（Johann Friedrich Herbart, 1776-1841）直接將理論分析的任務歸結為：從審美功能上對「藝術形式」諸要素加以研究。這種基本研究取向分別在音樂美學和美術史研究領域被發揚光大。

奧地利音樂學家漢斯力克（Eduard Hanslick, 1825-1904）在《論音樂的美：音樂美學的修改芻議》（*On The Musically Beautiful : A Contribution Towards the Revision of the Aesthetics of Music*）當中，一反 18 世紀下半葉

---

[257] Willam Hogarth, *The Analysis of Beauty*, Oxford: The Clarendon Press, 1955, p. 70.
[258] Immanuel Kant, *Critique of Judgment*, Indianapolis: Hackett Publishing Company,1987, p. 73.

開始的音樂「情感美學」或「內容美學」，認定音樂有其「自律性」（Autonomie）：「音樂的內容就是樂音的運動形式，音樂美的形式就是自由的形式。」[259] 在美術史領域，奧地利美術史家李格爾（Alois Riegl, 1858-1905）和瑞士美術史家沃爾夫林（Heinrich Wölfflin, 1864-1945）直接將造型藝術的歷史視為「視覺形式的進化」史。在 19 世紀的德國和英國，在藝術理論領域才興起了「形式學派」，以菲德勒（Konrad Fiedler, 1841-1895）的《論對造型藝術作品的評價》（*Über die Beurteilung Von Werken der Bildenden Kunst*）和希爾德布蘭（Adolf von Hildbrand, 1847-1921）的《造型藝術中的形式問題》（*Das Problem der Form in der bildenden Kunst*）為代表作，其影響在造型藝術領域是深遠的。

真正意義上的「形式主義美學」出現在 20 世紀頭十年。從貝爾到弗萊皆從某種「形式主義理論」（theory of formalism）出發建構自己的美學觀念。隨著該美學思潮於 1920 年代在歐洲盛極一時，貝爾和弗萊都成了國際知名美學大家。然而，更使他們名噪一時的，是他們一起為「後印象派」所做的著名辯護。這是因為，一方面，他們集中在「視覺形式主義」而迥異於音樂形式學的探索；另一方面，也因為他們為具有現代傾向的藝術潮流搖旗吶喊，從而與傳統意義上的「形式主義美術史學」拉開了距離。

眾所周知，借助於塞尚（Paul Cézanne, 1839-1906）等藝術家的藝術實踐，貝爾提出了著名的「有意義的形式」（significant form）假說，他認定一件藝術品的根本性質在於「有意義的形式」；與此同時，這種有意義的形式是某種特殊的現實情感的表現。弗萊也提出了「雙重生活」論，在他看

---

[259] Eduard Hanslick, *On The Musically Beautiful: A Contribution Towards the Revision of the Aesthetics of Music*, Indiana: Hackett Publishing Company, 1986.

來，藝術只是對「想像生活」的表現，抑或對於「想像生活」的刺激，這種生活顯然不同於「現實生活」，它是一種面對形式的「純粹形式反應」。因此，形式主義美學的基本理論主張是建立在以下哲學前提之上的：

首先，形式主義美學始終是建立在一種「二元論」基石上的，這表現為形式與內容、藝術與生活的截然兩分。貝爾與弗萊的共同理論傾向是，貶低藝術中的本來存在的任何內容要素，而將獨立自主的形式提升到美學知識論的首要地位。進而，只有形式與內容分離，形式才能為藝術品提供內在的支撐意義。而且弗萊明確主張，人們要過一種藝術的生活而蔑視現實的生活，從而順應了美學上的主觀主義與個體主義的傾向。然而，按照麥克維利（Thomas McEvilley, 1939-2013）的批評，形式和內容之間的區別僅僅是「一種幻想」[260]，或者說只是「理論的想像」，形式和內容顯然無法獨立於對方而單獨存在，這種兩分似乎是不合邏輯的假設。同時，生活也不能被機械地劃分為藝術與非藝術兩極，因為生活本來就是一個流動的整體，這樣做只會割裂生活與藝術的本然關聯，壓縮審美經驗的本有疆域。

其次，形式主義美學難逃「循環論證」的指責，因為在貝爾與弗萊那裡，形式與情感始終具有「內在的張力」，它們是互相支撐從而彼此成就的。形式與意義是「有意義的形式」的兩面，形式是由藝術品構成因素組成的純形式，意義則是不同於一般情感的審美情感。如此一來，純形式來自於審美情感的物化，而審美情感則僅僅來自於純形式的激發，循環往復，互相佐證。弗萊後來自己也清醒地意識到這不過是在兜圈子而已。[261]

[260] Thomas McEvilley, *Art & Discontent: Theory at the Millennium*, Kingston, New York: McPherson & Co., 1991.

[261] Roger Fry, *A New Theory of Art*, in: Christopher Reed (ed.), A Roger Fry Reader, Chicago: The University of Chicago Press, p. 159.

照此而論，形式主義者倒並不是「為形式而形式」的，他們無法完全排除形式之外的因素，審美情感要素反而成了「形式價值」的另一種基礎。正因為這種審美情感具有完全自律的特性，所以，與之相對應而出現的形式也具有了某種自為存在的性質。形式主義儘管最初想克服心理主義，但最終往往淪為心理主義的某種變體。況且，對於「何為審美情感」的問題，形式主義者向來語焉不詳，這種對情感的含糊解讀顯然是以個人的審美體驗為基礎的。因此，形式主義者的兩難境遇在於：主觀上想將形式從藝術當中「純化」出來，但客觀上卻為形式提供的另一種支援反倒是形式之外的情感要素，所以形式與情感只能彼此「循環論證」。

再次，從更深層的觀念上看，形式主義者基本上持「非歷史的」立場，他們僅從「共時性」維度來理解形式。這種基本立場顯然來自形式主義者的「本質主義」哲學觀念，因為他們要在一切視覺藝術品的背後找到一個固定不變的本質，從而試圖在 20 世紀初建構出一套並不完善的藝術本體論。當他們篤信純形式具有普遍的「形式價值」時，便忽略了對藝術史的歷史解讀，從而將後印象派之前與以後的藝術史統統納入到自己的「形式價值觀」的狹隘視野中來考察，這從貝爾和弗萊對藝術史的非歷史性的闡釋中可見一斑。這種哲學立場不僅使形式主義者在接受範圍上嚴格將審美經驗局限於形式，忽視了審美經驗的「歷時性」；而且在藝術創造領域中認定藝術家的創作目的僅是構造形式，從而丟棄了藝術創造的完整性和全面性。實際上，無論後印象派還是抽象藝術，如果被認為僅僅是純形式的作品而毫無內容，那都是一葉障目，因為即使形式再抽象也不可能是絕對「純粹」的，生活經驗都以各種潛在的方式被融會在其中。

在 20 世紀初的國際美學界，貝爾的「形式論」與克羅齊的「直覺說」簡直成了「雙雄鼎立」之勢。實際上，這兩者恰恰是互補的。一方面，

「形式論」包孕了感情的基因；另一方面，「直覺說」也具有某種形式化取向。可以說，「克羅齊和克萊夫‧貝爾分別對兩種美學理論做出了貢獻，因而對現代藝術批評和現代美學的發展產生了深刻的影響。克羅齊的貢獻在於形成了如下的觀點：「藝術作品的基本個性不在於它自身特殊的物理特性，而在於能帶給敏感的觀察者直觀的體驗。克萊夫‧貝爾在試圖分析『所有的物體會引起審美情感的專門特性』時，忽然想出了『有意義的形式』的說法……現代藝術批評的主要趨勢已經把這兩種觀點糅合在一起，將『形式和形式之間的關係』的結果之主觀印象成分，隱含地表現於批評裡。」[262]

　　如果說，貝爾和弗萊是透過為「後印象派」的「造型語言」辯護而建立新的美學原則，那麼，同時代的抽象主義藝術大師康丁斯基（Wassily Kandinsky, 1866-1944）則透過為「抽象派」的視覺話語進行文本解釋的方式，提出其一整套「視覺形式主義」原則。康丁斯基一生所寫的重要著作都是與抽象繪圖組合直接相關的，例如《論藝術的精神》（*Über das Geistige in der Kunst*）以及作為包浩斯小冊子出版的《點‧線‧面》（*Punkt Und Linie Zu Fläche*）。兩書都堪稱抽象藝術理論的經典之作。

　　實際上，德國學者早在 1901 年就發表了〈色彩論〉一文，認定顏色應成為藝術中獨立的抽象體，需要將之獨立出來而認定其具備音符特徵。按照這種理論，「每一個人都清楚某種特定的色調與某種複雜的情感相對應」，「凡是感覺敏銳的人都盡可能創造屬於自己的顏色符號」。康丁斯基基本上接受這種觀點，但他的美學獨特創建更在於點、線、面的「形式」方面，這的確是理論上的積極拓展。在《論藝術的精神》中，康丁斯

---

[262] 弗雷德‧奧頓、查理斯‧哈里森：《現代主義‧評論‧現實主義》，崔誠等譯，上海人民美術出版社 1991 年版，第 55 頁，譯文有改動；亦參見 William Elton (ed.), *Aesthetics and Language*, Oxford: Basil Blackwell, 1967, pp. 100-113.

基明確將「抽象派」藝術視為「形而上」的藝術形式，他所弘揚的正是某種「幾何抽象」（geometric abstraction）的「形而上精神」！他的精妙比喻是，「準確地說，形式是內在含義的外現。讓我們再用鋼琴來比喻：如果用形式代替色彩，那麼藝術家就是彈鋼琴的手，它彈奏著各個琴鍵（即形式），有意識地以各種方法彈撥著人類的心弦。顯然，形式的和諧必須完全依賴於人類心靈有目的的反響。人們一向把這一原則稱為內在需要的原則。」[263] 在作為《論藝術的精神》續篇的《點‧線‧面》裡，康丁斯基對「藝術要素」中的基本要素進行了相當細緻和精確的解析。他從「點」這個繪畫的最初要素開始，進一步系統全面地研究了「線」和「面」的形式問題，從而建構出一整套的視覺形式學的體系。

在「視覺形式主義」之後，美學家們對形式的探索仍在繼續。譬如帕克（Dewitt Henry Parker, 1885-1949）就透過《藝術分析》（*The Analysis of Art*）試圖建構一整套的、幾乎囊括所有藝術的形式美學原理。而且，作為方法論的形式主義在今天影響猶在，例如當代藝術批評家格林伯格就設計了一套「文化－形式批評」方法。[264] 在曾為「後印象派」辯護的早期形式主義美學之後，20 世紀歐美藝術的「抽象化運動」也需要形式理論的闡發，格林伯格和弗雷德（Michael Fried, 1939- ）針對 1940 年代到 1960 年代之抽象主義的積極闡述，同樣依靠了早期形式主義者關於純藝術的基本觀念。同時，就純粹理論的影響而言，形式主義美學對於符號論美學、格式塔心理學美學、結構主義美學也產生了一定的影響。

簡言之，在 20 世紀現代美學的第一波浪潮裡，首先出現的就是「形式」研究。形式主義美學作為 20 世紀的早期形態的美學，既繼承了康德

---

[263] 康丁斯基：《論藝術的精神》，查立譯，中國社會科學出版社 1987 年版，第 37 － 38 頁。

[264] Clement Greenberg, *Art and Culture: Critical Essays*, Boston: Beacon Press, 1961.

以降歐洲古典美學對形式的一貫關注，也在前現代邁向「現代主義」的藝術變革時刻，在闡釋藝術新潮的同時，開拓了自己的理論空間。

第一節　克萊夫・貝爾

克萊夫・貝爾（Clive Bell, 1881-1964）早年在劍橋「三一學院」研修歷史，後來成了享譽國內外的藝術批評家和藝術哲學家，他還是當時英格蘭著名的學術團體「布盧姆茨伯里派」（The Bloomsbury Group）的主將。該團體由於其成員聚集在布盧姆茨伯里廣場附近而得名，其基本傾向是蔑視愛德華七世的審美風尚，崇尚新的審美主義浪潮，貝爾是其「美學觀」代言人。他最重要的美學專著，就是 1914 年以來至今一再出版、閱讀者甚眾的《藝術》（*Art*），不僅理論家將之視為 20 世紀初的美學必讀文獻，而且它也為從後印象派至今的大量的藝術家所津津樂道。

《藝術》這本具里程碑意義的著作不僅是形式主義美學的「奠基石」，也是形式主義美學的「拱心石」。它直接受到了兩個方面的影響：一個是後印象派乃至整個現代主義藝術的發展，這是他所「感」的；另一個則是英國「新實在論」哲學，這是他所「思」的。所「感」的上升為美學理論，所「思」的用於圖像的闡釋，就促成了著名的「有意義的形式」假說的出現。

一、《藝術》的藝術之源

先來看《藝術》的藝術之源。「後印象派」藝術的確是「有意義的形式」假說的激發者，但是從藝術史角度來看，每當一種理論成型的時候，它總是不滿足於解釋那些使其得以滋生的新藝術，還要將這種嶄新的理論模式向上追溯，力求在此前的藝術長河裡獲得更大的闡釋空間。因為每個

時代都有屬於這個時代的「藝術史敘事」（narrative of art history）[265]，它不僅為這個時代的藝術所提供，而且也力求適用於所有先前的藝術品。[266] 無論形式主義還是表現主義都是這樣的理論，它們都宣稱能夠對所有先前的藝術進行評價並與之相應。同樣，貝爾的理論既適用於印象派，也適用於從原始面具石器到古希臘古風時代雕塑，從拜占庭風格藝術到喬托（Giotto di Bondone, 1267-1337）的文藝復興時代的藝術形式。

當然，貝爾主要關注的還是諸如塞尚這樣具有美學意義的「後印象派」藝術家。從1914年《藝術》首版開始，直到1934年撰寫《欣賞繪畫》（Enjoying Pictures: Meditations in the National Gallery and Elsewhere），在兩部闡述其理論思考的著作之間，貝爾寫得更多的是藝術史和藝術批評類的專著，包括《自塞尚以來的繪畫》（Since Cézanne）、《19世紀法國繪畫的里程碑》（Landmarks in Nineteenth-Century French Painting）、《法國繪畫簡介》（An Account of French Painting）等。但他的夙願是要彰顯出「後印象派」的地位。他對塞尚這些藝術家的評論已經成為西方藝術批評史上的經典之作。眾所周知，在視覺藝術領域，早期印象主義成了反叛古典主義和歐洲造型藝術「求似」傳統的開始，發展到「後印象派」更是走向了對「純形式」的探索，塞尚就是以一種絕對理性的精神來呈現物體形式的。按照貝爾的經典評論來看，塞尚是發現「形式這塊新大陸的哥倫布」，他「創造了形式」，走向了「對形式意義的表現」，在藝術取向上站到了印象派這個正確的一方。[267] 所以，整整一代藝術家都能從塞尚的作品中吸取靈感，「後印象派」這場新運動也是從塞尚那裡發源的。

[265] Arthur C. Danto, *After the End of Art: Contemporary Art and the Pale of History*, Princeton: Princeton University Press, 1997, p. 47.
[266] Sondra Bacharach, *Can Art Really End?*, in: The Journal of Aesthetics and Art Criticism, Vol. 60, No. 1, (Winter, 2002).
[267] Clive Bell: *Art*, London: Chatto & Windus, 1949, pp. 207-212.

　　總之，塞尚及其後的藝術實踐，為貝爾的美學提供了最有創造力的啟示和最有力的佐證，貝爾的形式主義美學則是對以塞尚為代表的藝術傾向的理論總結和辯護。塞尚以前，在藝術模仿說占據主流的情況下，暫時出現的關注形式的傾向只能位居次要地位。塞尚則徹底拋棄了藝術的模仿性因素，建構了一種符合內在感情的主觀的造型語言。

二、《藝術》的理論來源

　　再從理論相關角度來看，貝爾顯然認同康德的哲學和美學觀點，[268] 或者說，從康德到貝爾的理論發展具有共同的趣味純化和菁英取向，他們都把對某種對象的「審美鑑賞」與其他各種具有利害關係的「看」區分、分離開來。這種鑑賞實際上就是康德所說的「鑑賞判斷」（Geschmacksurteil）[269]。在這種判斷的基礎之中，作為第一契機的「審美非功利」觀念占據主導地位，而且，更強調「為審美而審美」的純粹性和不及物性。這是因為，只有當「審美之維」被屏棄一切訴諸利害的關聯時，「形式因」才能被抽象出來。所以，貝爾始終強調一種特定的、獨特的、單純的、必然的「審美感情」（aesthetic emotion）是實際存在的。

　　然而，與貝爾更直接的哲學關聯，則來自同時代英國新實在論的奠基者摩爾（G. E. Moore, 1873-1958）的影響，或者說，當時一種曾占據主導地位的「倫理直覺說」（ethical intuitionism）深刻影響了形式主義美學的建構。根據摩爾的《倫理學原理》（*Principia Ethica*），「善」是事物本身具有的一種性質，人們是透過「直覺」才認知到事物的善的。[270]這種「直覺」是對某一物或者某一事件狀態所作出的單純的凝思（simply contem-

---

[268] McLaughlin, T.M, *Clive Bell's Aesthetic: Tradition and Significant Form*, in: Journal of Aesthetics and Art Criticism, 1977, p. 35.

[269] Immanuel Kant: *Critique of Judgment*, Indianapolis: Hackett Publishing Company, 1987, pp. 44-45.

[270] G.E. Moore, *Principia Ethica*, Cambridge University Press, 1903.

plates），它使人直接意識到「這就是善」。當然，摩爾的意思是說，某個人依據這種直覺也能毫不遲疑地即時認識到「這是紅色的」，或者作出某些類似的判斷。貝爾對這一點極為贊同，但他並沒有受到把直覺與審美畫上等號的克羅齊美學的影響，而是從倫理哲學那裡直接獲取靈感，認定真正的「審美價值」就應該是這種善的「直覺形式」之一。

的確，貝爾的理論有著和康德美學一樣的「純而又純」的基本訴求。因而，那些諸如貝殼、圖案、相框或壁紙上的簇葉裝飾、無標題幻想曲之類的既無生命又無內容的「純粹美」，才被康德認定為是「自由的美」，而具有任何一種既定目的的作品都被歸之於「只是依存的美」。儘管康德從崇尚人的理性的觀念出發，認定只有「依存美」才能進而成為「理想美」，但貝爾卻忽視了這一點而只發展了其「自由美」學說的空間。貝爾並不懷疑「視覺的呈現」是可能的。在對從原始時代到後印象派的具體藝術作品的闡發中，他慣用的手法是將對作品的評論回溯到作品本身的「審美質素」（aesthetic quality）上，用以區分追求形式化的技巧和過於浪漫化的聯想。

三、「有意義的形式」假說

在藝術觀照和哲學思考的基礎上，貝爾的「有意義的形式」便被提出來。這種美學假說可以分解為兩個方面：

第一假說是「在一件藝術品裡的根本性質（essential quality）是有意義的形式」。[271] 這顯然是從「欣賞者」角度出發而訂的規定。這是視覺形式學的核心假說，貝爾對此深信不疑。當然，這種形式就是線條、色彩這些基本的形式元素，按照某種組合規律進行搭配而形成的「某種形式」與「形式與形式之間的關係」，亦即某種「動人的組合和排列」。

---

[271] Clive Bell, *Art*, London: Chatto & Windus, 1949, p. 100.

　　第二假說是「有意義的形式是對感受到的關於現實的特殊感情（peculiar emotion felt for reality）的表現」[272]，或者說，「藝術是對某種終極實在的感情（an emotion for ultimate reality）的表達」[273]。這顯然是從「創作者」角度出發所作的規定，也被稱為「形而上學」假設，貝爾對這個補充性假說並沒有多少自信。所以，他的重點在於對「形式」的基本界定。

　　在他看來，唯有具備了「第一假說」的性質，儘管是在最低程度上具有這種性質，藝術品便不會毫無價值。可見，「有意義的形式」不僅僅是藝術的基本規定，也是最低限度意義上的規定。假若一件藝術品缺失了這種性質，那麼，它是否能成為藝術就變得十分可疑；貝爾甚至認定這樣的藝術品不可能存在。必須補充說明的是，這裡的藝術主要是指「視覺藝術」，但諸如有某種韻律的詩歌、有組織結構的小說，其實也可以用這種基本規定來衡量。

　　為了論證這種觀點，《藝術》所舉的例子主要是視覺藝術及各類的視覺審美對象，貝爾因此將「有意義的形式」視為一切視覺藝術的性質。他連續舉出的例子是：聖索菲亞大清真寺（舊稱聖索菲亞大教堂），夏特聖母主教座堂的窗子，墨西哥的雕塑，波斯的古碗，中國的地毯，帕多瓦市（Padua）的喬托的壁畫，普桑（Nicolas Poussin, 1594-1665）、弗朗切斯卡（Piero della Francesca, 1415-1492）和塞尚的作品；那麼，這些東西的共同性質究竟是什麼呢？答案就是「有意義的形式」。「在各種不同的作品中，線、色以某種特殊的方式組成了某種形式或者形式之間的關係，從而激發出我們的審美感情。這種線、色的關係與組合，這些審美的動人之形式，我想稱之為『有意義的形式』。所謂『有意義的形式』，便是一切視覺藝

---

[272] G.E. Moore, *Principia Ethica*, Cambridge University Press, 1903, p. 100.

[273] G.E. Moore, *Principia Ethica*, Cambridge University Press, 1903, p. 103.

術的共同性質。」[274]

　　總而言之，從形式主義視角來看，一切視覺藝術都是由於具有某種「有意義的形式」才能稱其為藝術；貝爾對藝術的基本界定就是這樣從「形式」的角度做出的，但這還不全面。他的藝術觀念不僅僅是由「形式」規定的，因為這種「形式」還必須是「有意義」的。因而，他就試圖繼續從「感情」的角度來繼續規定，力求透過「兩面夾擊」來確定藝術的本質。

四、「審美感情」論

　　在 20 世紀初的英國，幾乎所有「美學體系」都是以某種獨特感情的個人體驗為出發點的。換言之，那個時代的人們大多認定只有足以激發感情的對象才能稱之為藝術品。所以，對「藝術品產生一種獨特的感情」這種說法，人們是普遍贊同的。然而，貝爾儘管同意這種說法，但又有所保留。這是由於並非所有作品都能引發出相同的感情。事實上，每一個藝術品所激發出來的感情都是不同的。即使如此，貝爾最終還是要將它們一網打盡，因為，這些被藝術激發出來的感情儘管不同，但都是可以歸屬於「同一類」的感情。

　　因而，他反覆使用「審美感情」（aesthetic emotion）這個術語。「有意義的形式」恰恰具有激發出這種「審美感情」的能力，在享受藝術的過程中，每個人都能感受到這種特殊的感情。這種獨特的「審美感情」是被不同的視覺藝術激發出來的。貝爾認為，激發這種獨特感情的對象，既包括繪畫、雕塑、建築這些主流藝術，也包括工藝品、雕刻和紡織品這些西方藝術界所謂的「次要藝術」。這種「審美感情」一方面具有一定的「普遍性」，有可能使每個觀賞者都表示普遍贊同；另一方面也具有「必然性」，

---

[274] G.E. Moore, *Principia Ethica*, Cambridge University Press, 1903, p. 8.

因為對於任何有能力感受它們的人來說，這種感情都是毋庸置疑的。所以，在「第二假說」的意義上，貝爾試圖在一切視覺藝術品上都「發現」這種感情，試圖由此發現一切視覺藝術品的根本性質，從而依據這種性質將藝術品與其他對象區分開來。

如何規定「審美感情」的問題甚至被貝爾視為「美學的核心問題」。只有解決了這個問題，美學的問題才能迎刃而解。但是，他畢竟注意到了感情之間的差異。他認為，「審美感情」會因為不同個體（each individual）而出現變化、是「因人而異」的，因為「一切審美判斷都是個人鑑賞力（personal taste）的結果」[275]。即便如此，藝術還是有共通的規律可循，它就是「形式的結合」（combination of forms）；與此同時，審美的形式也有共同的心理依據，它就是「審美感情」。

五、形式與感情：循環論證

但無論「形式」還是「感情」，在貝爾那裡都不是割裂的存在，而是始終合為一體的。換言之，在他那裡，一切藝術問題都必然涉及某種特殊的感情，同時，這類感情一般也是透過形式而被知覺的。他最終確定的是「感情和形式這兩個方面，實質上就是同一的」[276]。

究竟是什麼喚起欣賞者的「審美感情」呢？答案是只有「有意義的形式」才能充當這個角色。因為離開了這種性質，藝術品就無法被稱為藝術品，一旦擁有這種性質，藝術品就不會一點價值都沒有。或者說，一切審美方式的起點必須是對某種特殊感情的切實感受，而喚起這種感情的物品才被稱為藝術品。這樣，「形式」與「感情」就被連結起來了。談「形式」

---

[275]　G.E. Moore, *Principia Ethica*, Cambridge University Press, 1903, p. 8.
[276]　G.E. Moore, *Principia Ethica*, Cambridge University Press, 1903, pp. 65-66.

時所說的是富有「審美感情」的形式，談「審美」時所說的則是被賦予了某種形式的「審美感情」。這樣一來，「有意義的形式」主張就難逃被指責為「循環論」的宿命：對形式的審美來自於意義，或者說形式就因為「有意義」才「美」；而「美」則取自形式，因為各種感情都是經過形式此一媒介才萌生出來的。

正如貝爾所主張的那樣，唯有訴諸某種內心的烏托邦，即「對終極實在的感情」，這種矛盾才能得到解決。因此，形式也就成了「某種對『終極實在』之感受的形式」[277]。顯然，當他談到真正的藝術必須超越現象存在、透過純粹的形式顯示出「隱藏在事物表象後面的，並賦予不同事物以不同意味的某種東西，這種東西就是終極實在本身」時，其實他所說的不就接近康德的「物自體」嗎？但是，因為這種類似於準宗教的體驗並非直接建立在實際審美經驗的基石上，所以，貝爾對此持將信將疑的態度，將「有意義的形式」始終看作「假說」。

在「第一假說」和「第二假說」中，貝爾還是強調「視覺」的直接感受性。在他看來，某位評論家指出某物是藝術品並沒有任何用處，因為鑑賞者必須自己去感受該物是否能喚起審美感情，「評論家只能透過我的眼睛洞見我的感情」，反過來說，評論家也只能透過「我的審美經驗來影響我的審美理論」[278]。可見，正如他只相信透過自己的眼睛做出的審美判斷一樣，恰恰是源自對作為個體的自己審美經驗的確信，《藝術》提出的「第一假說」才被確定下來，它簡直成了形式主義美學的最終信條。這是因為按照形式主義美學的原則，「所有的美學體系都是建立在個人經驗之上的」[279]。

---

[277] G.E. Moore, *Principia Ethica*, Cambridge University Press, 1903, p. 54.

[278] G.E. Moore, *Principia Ethica*, Cambridge University Press, 1903, pp. 9-10.

[279] G.E. Moore, *Principia Ethica*, Cambridge University Press, 1903, p. 10.

總而言之，「有意義的形式」包括意義和形式這兩個方面。「意義」就是審美感情，是不同於一般感情的特殊感情；「形式」則是視覺藝術品的構成因素所組成的純形式，這兩方面本質上是同一的。因此，貝爾難以擺脫循環論證的困境：意義或審美感情來自於純形式，而純形式則來自於意義或審美感情的物化。

第二節　弗萊

與貝爾同時代，另一位形式主義美學家是弗萊。他們就像「雙子星座」，為形式主義美學奠定了基礎。

一、為「後印象派」辯護

弗萊（Roger Fry, 1866-1934），不僅是英國的美學家和藝術評論家，還是頗有名氣的畫家。他曾就學於劍橋大學的國王學院，之後開始學習繪畫，並很快因其對義大利藝術的研究而受到影響。他最重要的美學專著是《視覺與設計》（*Vision and Design*）[280]，書中囊括了他從1900年到1920年間的美學和藝術批評論文。書中理論性比較強的文章依次是〈論美學〉（*An essay in Aesthetics*）、〈藝術家的視覺〉、〈藝術與生活〉、〈藝術與科學〉和〈回顧〉，其他諸篇都是藝術批評，研究對象包括從非洲和美洲古代藝術、文藝復興藝術直到後印象派的諸多藝術類型。此外，他的其他著作還包括《變形》（*Transformations*）、《塞尚及其畫風的發展》（*Le développement de Cézanne*）、《馬諦斯》（*Henri Matisse*）和演講集等。

---

[280] 關於《視覺與設計》這本論集的來龍去脈，參見 Virgina Woolf, *Roger Fry: A Biography*, London: The Hogarth Press, 1940, pp. 216-245.

　　眾所周知，貝爾和弗萊一起為「後印象派」藝術的合法性做出了理論辯證。1906 年，弗萊開始與塞尚來往，使得弗萊的生活道路產生變化。他開始印刷出版「後印象派」和「野獸派」藝術家的畫作，並把「後印象派」在色彩方面的創新和拓展整合到對藝術的基本理解中。在 1906 至 1910 年擔任「大都會藝術博物館」（The Metropolitan Museum of Art）館長期間，他發現了「後印象派」的藝術價值。他在 1910 年 11 月策畫了兩個重要展覽，將法國的「後印象派」藝術介紹到英國。這兩個畫展居然使英國美學獲得了「革新」，「馬奈與後印象主義者」（Manet and the Post-Impressionists）展更是引起了轟動。恰恰是這種對法蘭西藝術的介紹，使得「後印象派」得到了理論上的佐證，或者說，這兩次展覽成了「形式主義形成」的轉機。他還曾追隨「美術工藝運動」（Arts and Crafts Movement），會同「布盧姆茨伯里派」及其他團體的成員，在 1913 年共同建造了「歐米茄工作坊」（Omega Workshops），其目標是將「後印象派」所激發的設計、色彩和比例的新鮮美感引入實用藝術領域。

　　從 20 世紀頭十年起，弗萊就被視為英國「現代藝術的使徒」（apostle of modern art）之一。歐洲藝術史上公認的事實是，「後印象主義」（Post-Impressionism）這個詞就是由弗萊首創的。

二、「純美學標準」的出現

　　弗萊的美學可以從首發於 1909 年春《新季刊》雜誌的〈論美學〉談起，這篇文章甚至被貝爾讚譽為「自康德時代以來對這門科學（指美學）所作的最有益的貢獻」！儘管貝爾的稱讚言過其實，但是，形式主義訴求的基本轉向的確在呼喚一種嶄新的「純美學」的出現。

　　這種新的美學形態是直接建立在當時最新的藝術轉向基礎上的，或者說是與印象主義的「藝術視覺」變革直接相關的。「藝術的這些巨大優勢歸功於印象主義」，這些藝術家們「或毋寧說是他們中的一部分，把藝術視覺簡化為連續的小方塊和馬賽克式的小色塊，沒有建築式的架構和嚴密的結構。在這方面，印象主義象徵著 13 世紀以來還算是穩定發展著的一個運動的頂峰 —— 其傾向是使藝術形式越來越接近準確地再現出整體表象。當再現一旦被推進到不可能有進一步發展的地步時，藝術將不可避免地走向反面，對藝術以再現為目標的基本假設的正確性表示懷疑……很明顯地，從那時起藝術已經到了一個轉捩點，自古希臘羅馬的印象主義轉變為拜占庭的形式主義以來所爆發的一場最偉大的藝術變革在所難免。這場變革由塞尚開創，高更和梵谷加以拓展……我們可以把這些特徵概括為重建純美學標準，而取代與表象一致的標準，重新發現結構設計與和諧的原則！」[281]

　　這段話充分表明了形式主義對印象主義革新的理解與闡釋。首先，印象主義並不是一場「全新」的藝術運動，深諳歐洲藝術史的弗萊追溯到了古希臘羅馬時代的萌芽狀態。其次，儘管如此，他也看到了這場藝術革新的真正悖反價值所在，印象主義運動否定的是 13 世紀以來的「再現」觀念、「忠實於表象」的藝術標準、「與表象一致」的美學準則。這是由於「再現」已經窮途末路，因而必然導致藝術朝相反的方向發展。再次，印象主義革新所匯出的是對「純美學標準」的重建，是對結構設計與和諧原則的「再發現」，也是將「藝術視覺」簡化為形式之間的組合與結合。

　　弗萊的〈論美學〉充分展開了對形式主義的探索，這種探索運用解剖

---

[281]　弗萊:〈藝術與生活〉，轉引自其《視覺與設計》，易英譯，江蘇教育出版社 2005 年版，第 7 頁。

的方式，將形式要素亦即構圖的「情感要素」解析出來：

第一個要素是用於勾畫形式的線條的節奏。所畫的線條是一種姿勢的紀錄，透過直接傳達給其藝術家的情感使其姿勢得到修正。

第二個要素是體積。我們認識一件物體，是因為它具有使我們感覺到的對抗運動的力量，或將它自己的運動傳達給另一物體時產生的慣性。當它被如此表現出來時，我們對它的想像反應由我們在現實生活中關於體積的體驗所控制。

第三個要素是空間。用非常簡單的方法在兩張紙上製作同樣大小的正方形，看起來既可以像兩三英寸高的立方體，也可以像幾百英尺高的立體，我們對空間的反應是按比例變化的。

第四個要素是光與形。我們所看到的物體被強光照射並襯以黑色或深色的背景，會使我們對同樣的物體產生完全不同的感覺。

第五個要素是色彩。這個具直接情感效果的要素明顯出自與色彩相關的一類詞 —— 歡快、陰沉和憂鬱等。[282]

這種對形式美要素的羅列在今天來看是單薄的，因為美學和藝術理論大都已經採取了類似的解析方法。然而，如果從美學史、特別是從 20 世紀初的美學史來看，那麼，形式主義美學的這種歷史奠基作用就被突顯出來了。這種獨特的思路實際上強調的是「純形式的情感反應」。這在更深層的意義上是與貝爾的想法趨於一致的。因為「純形式的情感反應」包含了「形式」與「意義」的雙重成分。可見，形式主義始終處於試圖融合「二元論」的狀態之中。無論「形式」還是「意義」，無論「純形式」還是「情感」，都可以視為一枚硬幣的兩面。

---

[282]　弗萊：〈論美學〉，轉引自其《視覺與設計》，易英譯，江蘇教育出版社 2005 年版，第 21 頁。

三、現實與想像生活：「雙重生活」論

　　弗萊認定，人具有過「雙重生活」的可能性，一種是「現實生活」，另一種是「想像生活」。因此，「藝術是這種想像生活的表現，也是對想像生活的刺激。這種想像生活由於缺乏行動，而與現實生活相脫離。在現實生活中，這種反應行動包含著道德責任。在藝術中，我們沒有這種道德責任 —— 藝術表現出一種生活，而這種生活不受我們實際存在的需要的約束。」[283] 簡單來說，弗萊認為藝術是想像生活的表現，而非現實生活的摹本的這一觀念，是要肯定想像生活是一種「純形式反應」。這種思路不僅忽視了藝術與現實生活的關聯，且對藝術的倫理關懷層面的屏棄也確實容易走向「為審美而審美」的另一極端。

　　弗萊與貝爾的內在邏輯是一樣的：藝術要透過純形式表現想像生活的情感，或者說表現審美情感。審美情感就是關於形式的情感，藝術作品的基本性質是形式。由此而論，後印象派「這個現代運動基本上是對形式觀念構圖的回歸」[284]。這樣看來，弗萊的最終結論為藝術是想像生活的「主要器官」。透過藝術，想像生活才能刺激和支配我們，這是由於想像生活的「更清晰的知覺」以及「更純粹和更自由」的情感有別於現實生活。現實生活中的情感與人的關係過於密切，「在想像生活中則相反，我們既能夠感受到情感，又能夠觀照到這種情感。當我們真正為戲劇所感動時，我們總是既在舞臺上，又在觀眾席上」[285]。可見，他不僅從創作者的角度看待情感，也涉及接受美學的問題。

---

[283]　弗萊：〈論美學〉，轉引自蔣孔陽主編《二十世紀西方美學名著選》（上卷），復旦大學出版社1987年版，第178頁。

[284]　弗萊：〈論美學〉，轉引自蔣孔陽主編《二十世紀西方美學名著選》（上卷），復旦大學出版社1987年版，第178頁。

[285]　弗萊：〈論美學〉，轉引自蔣孔陽主編《二十世紀西方美學名著選》（上卷），復旦大學出版社1987年版，第182頁。

　　總之，按照形式主義的美學觀念，不能再用藝術品對生活的反應來評價藝術品，必須將藝術品看作是以自身為目的的情感的表現，亦即「藝術是想像生活的表現」。

　　這種借助「後印象派」而得出的結論，在弗萊為《視覺與設計》專寫的文章〈回顧〉（Retrospect）中得到了進一步發展。在這裡，他與貝爾的分歧便出現了，或者說，前者在基本贊同後者的理論前提下，試圖對其進行某些修正。弗萊認為，《藝術》在一些方面似乎走得太遠，如認定「自然的再現」與有意義的形式這種性質之間毫不相干。其實，只要畫作裡呈現出某個三度空間，哪怕是有著最輕微的暗示，也應該算作一種再現的因素。

　　更關鍵的區別在於如何對待「情感」的問題。按照貝爾的想法，「藝術即生活情感」的觀點絕不可取；用弗萊的話說，他所做的研究具有讓「純粹的審美情感」脫離所有「符合的情感」的傾向。貝爾的意思是說當人們在觀照藝術品時，審美情感一般會伴隨著那些複合的情感而生。透過對《藝術》的美學觀念的闡釋，弗萊提出了另一個嶄新的美學範疇——「純粹的審美情感」（又稱之為「純審美反應」，這兩者在他那裡是等同的）。如果一位觀賞者迷醉於純形式的關係，亦即對再現方面不甚感興趣，那麼，某種純粹的審美情感就會出現。弗萊認為，由此而被掌握到的審美性質就是一切藝術的「唯一永恆的性質」。換言之，在這種審美過程中，觀賞者將從過去生活帶出的所有偏見和聯想都拋棄了，只突顯出審美情感。

　　事實證明，弗萊的推論是透過「兩面妥協」進行的：一方面，他並不完全屏棄再現的要素，認為即使對各種純造型和純空間高度敏感的人，也會不可避免地帶有與過去生活的連繫而傳達的思想和情感，這是將貝爾的

觀點向保守方面拉；但另一方面，他又強調「審美情感」要從其他一切情感中「獨立」出來，或者說「從觀畫過程產生的複雜感受中分離出純粹審美反應的難以捉摸的因素，這種意圖是當代實踐美學最重大的進步」[286]，這又是將貝爾的觀點向激進方面推。因此，弗萊繼續讓「審美情感」與「生活情感」形成二分的局面，這是其「雙重生活」論在情感理論方面的進一步延伸。但更重要的是，儘管無法完全排除再現此一要素，儘管處於非常複雜的混合狀態中的審美情感比處於單一狀態中的審美情感價值更大，他仍舊強調「審美情感」該被局限在「純形式反應」的領域之中。

正是在這種基礎上，無論哪位形式主義美學家都反對傳統繪畫，這些繪畫包括具有「心理學」和「歷史學」價值的「肖像畫」，具有一定敘事意義的「連環畫」，以及各式各樣的「插圖」等，它們都被歸納為「描述性的繪畫」（descriptive painting）。這樣的作品可能會以成百上千的方式感動我們，但卻都不能從審美方面使人激動起來。如果照搬「有意義的形式」的衡量標準，那麼，這些「描述性的繪畫」則都無法成為藝術品。因為在貝爾弘揚形式的前提下，這些繪畫無法引發弗萊所謂的「純審美反應」，換句話說，它們並不是透過形式來打動人，而是透過「形式之外」的東西，依靠由形式所表露和傳達的思想及其資訊來影響觀賞者的。

但弗萊最終還是試圖與貝爾的觀點有所區分，他贊同後者所說的「有意義的形式」以及「令人愉悅的形式處理與和諧的圖案」不同，然而，具有了「有意義的形式」的作品卻並不是「創造令人愉悅的外物的結果」，而是一種「思想」的表達。[287] 或者說，「有意義的形式」並不是「為了形式而形式」，而是「為了思想而形式」！這就接近於《藝術》對「終極實

---

[286] 弗萊：〈回顧〉，轉引自其《視覺與設計》，復旦大學出版社 1987 年版，第 159 頁。
[287] 弗萊：〈回顧〉，轉引自其《視覺與設計》，復旦大學出版社 1987 年版，第 196 － 197 頁。

在」的領悟，因此，形式主義很容易促成另一種神祕主義的出現。

四、關於「創造的視覺」

當藝術創造的形式遇到藝術家的視覺時，弗萊又提出帶有創建性的美學主張。在 1919 年發表於《雅典娜》雜誌的〈藝術家的視覺〉一文裡，他提出了有趣的「第四類視覺方式」概念，後又被冠之以「創造的視覺」的稱號。[288]

弗萊在這裡直接談到了視覺美學問題。他認為，用生物學意義上的眼睛去「看」藝術，無異於對藝術的褻瀆。他在這裡提出了一種很有意思的劃分：「理解事物」與「觀看事物」的雙眼。這其實與他早期對「雙重生活」（現實生活與想像生活）的區分，以及後來對「兩種情感」（審美情感與符合情感）的割裂都是相通的。因為，正是現實生活使我們學到全面的知識，但也使我們從小便對「視覺表象」視而不見，這種對事物的理解式觀看被比喻為「速記方式」。這種觀看方式只關注有實用價值的外表，一旦對象失去了實用性就會被漠視。所以，他認為，要欣賞到「外表的最細微差別」的「視覺特徵」，就要像兒童那樣以「感性的目光」來看東西，這是一種「非生物性的、無利害之心的視覺」。[289]

因此，觀看非功利的「這類物品的視覺完全不同於我們本能生活的實踐視覺。在實踐視覺中，我們一旦辨別出物體上的標籤就不再給予更多的關注，當視覺發揮了生物性功能後便會停止活動。好奇的視覺凝視物體時是無利害之心的；假設物體對現實生活是非功利的，只是一件玩物和憑空想像出來的東西，那麼我們的視覺會更認真、更仔細地停留在上面。我們

---

[288] 弗萊：〈藝術家的視覺〉，轉引自其《視覺與設計》，復旦大學出版社 1987 年版，第 32 頁。
[289] 弗萊：〈藝術家的視覺〉，轉引自其《視覺與設計》，復旦大學出版社 1987 年版，第 30 頁。

在一定程度上注意它的形式和色彩，尤其是當它第一次展現在我們的眼前的時候」[290]。如此一來，「現實生活」—「複合情感」—「實用功利」—「實踐視覺」在他那裡就是相通的，相對應的系列則是「想像生活」—「審美情感」—「無利害」—「審美視覺」。在這種比較中，弗萊關心的是後者，特別是「觀照藝術品的審美視覺的實質」方面，而前者則是對人類「視覺的天賦」的盜用。這種「審美視覺」的規定是從創作者角度所產生的，它具有創造的本性，是視覺性的創造與創造性的視覺。

　　這是因為「審美視覺」是「藝術家用以觀察他周圍任何事物的視覺，藝術家在他的餘暇中可以沉醉於其中的審美視覺……藝術家在生活中的主要工作仍以一種第四類的視覺方式來進行，我稱之為創造視覺……它要求最徹底地脫離表象的任何意義和含義。自然的萬花筒的任何轉動幾乎都在藝術家那裡產生這種超然的與不帶感情的視覺；同時，當藝術家觀照特殊的視覺範圍時，（審美的）混沌與形式和色彩的偶然結合開始呈現為一種和諧；當這種和諧對藝術家變得清晰時，他的日常視覺就已被在他內心建立起來的韻律優勢所變形了……在這種創造視覺中，物體因而趨於解體，其獨立的各個部分變得模糊不清，在整體上它們好像被置於由許多視覺斑點構成的鑲嵌畫中」[291]。接著，弗萊提出「藝術家之眼」所看到的「創造視覺」。很顯然地，藝術家對線條和色彩的掌握和運用，正是透過「創造視覺」的途徑來實現的。這也就是「純審美」的眼光，它所面對的則是「純形式」。

　　當這種審美的眼睛與純化的形式相遇時，「純形式的情感反應」便應運而生。這便是視覺形式主義的「內在邏輯」。弗萊就是要尋找一種在

---

[290]　弗萊：〈藝術家的視覺〉，轉引自其《視覺與設計》，復旦大學出版社 1987 年版，第 30 頁。
[291]　弗萊：〈藝術家的視覺〉，轉引自其《視覺與設計》，復旦大學出版社 1987 年版，第 32 頁。

「情感與認知之間、視像與設計之間的平衡」[292]。這種形式主義美學，始終是建立在「視覺」與「形式」分立的基石上，而這兩方面同時又是互相匹配、互相作用和彼此融通的。

---

[292]　Virginia Woolf，《羅傑・弗萊傳》，復旦大學出版社 1987 年版，第 245 頁。

第六章
表現主義美學

概論

表現主義美學是西方現代美學思潮出現較早、影響較大的美學流派，其創始人是義大利著名美學家克羅齊，另一位代表人物是英國著名哲學家、美學家柯林伍德（Robin Collingwood, 1889-1943），因此美學史上又稱該學派為「克羅齊－柯林伍德表現說」。此外，屬於表現主義美學一派的美學家，還包括義大利的詹提勒（Giovanni Gentile, 1875-1994）、英國的鮑桑葵（Bernard Bosanquet, 1848-1923）、卡里特（Edgar Carritt, 1876-1964）以及路易斯·阿諾·里德（Louis Arnaud Reid, 1895-1986）。表現主義美學基本觀點是以情感表現為核心建構美學體系，最具代表性的是克羅齊以「直覺」為核心，提出「直覺即表現，藝術即直覺」的基本命題，建構起一整套表現主義美學體系。

19 世紀下半葉，實證主義和進化論占據了唯心主義形而上學所失去的地盤。實證主義哲學以現象論的觀點為基點，認為現象即實在，是有用的、確定的、精確的、有機的和相對的，一切知識都是對這些現象的共存和相續的描述，把現象視為一切認識的泉源。實證主義受到力學和演化論的深刻影響，直接把自然科學或自然科學的方法引入哲學研究領域，使哲學也變為「實證」的；把哲學界定為科學的綱要，其任務就是概括和描述現象的科學知識。實證主義美學家艾倫（Grant Allen, 1848-1899）在其《生理學美學》（*Physiological Aesthetics*）一書中，運用大量生理學經驗來探究美和美感生成的原因，提出美感是在「大腦－脊椎神經系統的周邊頂端器官中活動的正常本質的內脊的伴隨物」[293]；德國亥姆霍茲（Hermann von Helmholtz, 1821-1894）在其《作為樂理的生理學基礎的音調感受的研

---

[293] 克羅齊：《美學的歷史》，中國社會科學出版社 1984 年版，第 228 頁。

究》（*Die Lehre von den Tonempfindungen als physiologische Grundlage für die Theorie der Musik*）等著作中，運用物理學的原理來探討美學問題，把美學融入物理學之中；此外，還有德國實驗美學家費希納（Gustav Teodor Fechner, 1801-1887）在其《美學導論》（*Vorschule der Aesthetik*）中，採用歸納法尋求美的法則或規律。以克羅齊和柯林伍德為核心的表現主義美學對實證主義哲學和美學持否定態度，直截了當地提出：藝術不是物理事實，之所以如此，原因在於「當我們去看藝術活動的本質和方式的時候，用物理的方法去構成藝術完全是無用的」[294]。

　　表現主義美學產生在 20 世紀初葉是歷史的必然。第一，19 世紀末至 20 世紀初美學的實證主義和自然主義直接培養了一批反對者和批判者。表現主義美學就是其中之一。與表現主義美學齊名的另一美學流派 —— 以叔本華、狄爾泰、柏格森為代表的生命本體論美學，以生命為本體來界定世界的本源和基質，把直覺體驗作為認識和掌握生命本體的一種方式，貶低理論、讚揚直覺體驗，把直覺視為理性的反面。表現主義美學把「直覺即表現」作為其核心概念，究其思想淵源，其來源之一就是生命本體論哲學和美學，而「直覺」這一美學範疇及其內涵主要是由柏格森鑄就的。柏格森斷言的直覺，首先是指直覺體驗「不從任何『觀點』出發」，本能地直接與客體對象合而為一，直接觀照生命本體，只有依靠直覺體驗才能穿透人與意識綿延之間懸掛著的一道無際的帷幕，直接掌握生命或生命活動本身。而且，本能的最佳狀態稱作直覺，這是英國哲學家對柏格森直覺說的界定。柏格森說：「我所說的直覺是指那種已經成為無私的、自意識的、能夠靜思自身的對象並能將該對象無限擴大的本能。」[295] 或者說，直覺

[294] 克羅齊：《美學原理・美學綱要》，朱光潛等譯，外國文學出版社 1983 版，第 211 頁。
[295] 轉引自羅素《西方哲學史》（下卷），馬元德譯，商務印書館 1982 年版，第 349 頁。

體驗是一種生命本體的內在體驗，它不借助任何符號或媒介，是對生命本身的直接體驗或領悟。克羅齊的表現主義美學直接汲取了柏格森直覺說的合理核心。

第二，表現主義美學產生的思想淵源和文化氛圍是以英國的柯勒律治（Samuel Coleridge, 1772-1834）、華茲華斯（William Wordsworth, 1770-1850），法國的波特萊爾（Charles Baudelaire, 1821-1867）、德國的施萊格爾（August Schlegel, 1767-1845）為代表的浪漫主義美學。該美學流派顯著的特點是貶低理性、讚揚主體。例如柯勒律治認為，詩是心靈的產物，是非現實的反映，它本於心、源於人類的生命意識。藝術創作的本質是藝術家利用想像來調和同一與差異、概念和形象、理性和情感等，把想像置於藝術創作或審美體驗的核心。德國美學家施萊格爾和史萊馬赫等人，都對情感和想像的功能做出深刻的論述。他們認為想像是詩的器官，是唯一本質的、有生命的基質，想像的功能就在於審美主體把無限的情感體驗納入有限的詩的表象中去。

1870年代，英法美學界的浪漫主義美學逐漸向唯美主義美學轉化，其代表人物有佩特（Walter Pater, 1839-1894）、王爾德（Oscar Wilde, 1854-1900）、波特萊爾，他們提出「為藝術而藝術」的命題；在藝術與現實的關係上，王爾德指出：「藝術除了表現它自己之外，不表現任何別的東西。藝術有獨立的生命，正如思想有獨立的生命一樣，而且完全按照藝術自己的種種路線向前發展。」[296] 唯美主義美學追求超然於現實的「純粹美」，其意圖在於突顯藝術創造和審美活動的超功利性，力圖把藝術界定為獨立於道德、功利之外，完全按照藝術發展的軌跡運轉。因此可以說，以柯勒律治為代表的浪漫主義美學思潮和19世紀「為藝術而藝術」唯美主義運

---

[296] 蔣孔陽主編：《十九世紀西方美學名著選》（英法美卷），復旦大學出版社1990年版，第214頁。

動的興起，都對表現主義的生成具有極大的影響。

不過，對「克羅齊－柯林伍德表現說」影響最大、最直接的是義大利美學家維柯（Giovanni Battista Vico, 1668-1744）和德國美學家康德。尤其是康德明確界定美是主觀的，審美判斷是超功利的，與審美主體的欲念無關，是審美主體抱著一種「純然淡漠」的態度對客體對象形式美的靜觀。他還從美學視角提出藝術的自主獨立性，認為藝術活動如同鑑賞力一樣，是一種有別於其他活動的特殊精神活動。康德的「先驗綜合」論更是現代西方許多美學流派（其中也包括表現主義）和文藝思潮的理論支柱。李卜曼（Otto Liebmann, 1840-1912）甚至喊出「回到康德那裡去」的口號。在康德美學思想的影響下，19 世紀西方美學界呈現出一股追求審美超功利、藝術純粹性和獨立性，推崇為藝術而藝術的思潮。表現主義美學正是在這股崇尚主觀情感的表現、追求形式美和純粹美的藝術浪潮中應運而生的。

第一節　克羅齊

1866 年 2 月 25 日，克羅齊出生於義大利的佩斯卡塞羅利（Pescasse-roli）。克羅齊的父親巴斯凱爾和母親露易莎・絲帕麗有七個子女，其中四個先後夭折，克羅齊排行第三，除他之外還有一個弟弟和一個妹妹活了下來。克羅齊全家原本住在拿坡里，由於當地流行霍亂，全家逃到了佩斯卡塞羅利，在其外婆家避亂期間，克羅齊誕生了。

富裕的家境使克羅齊受到了良好的教育，他對歷史和文學的興趣也得到了適當的引導。克羅齊早年一直過著一種平靜祥和、無憂無慮的生活。1883 年 7 月的大地震打破了這種平靜。在這次地震中除弟弟因為當時不在場未遭此劫難外，克羅齊的父母和妹妹都在地震中喪生，克羅齊本人則在

九死一生中倖免於難。他在自傳中，把隨後幾年稱為「憂鬱的歲月」，在這些日子裡，他感到孤獨無助，喪失了宗教信仰，甚至想過自殺。也許正是這些原因，他終止了早年的研究計畫，不再在單調的博學雜覽和哲學研究中忍受痛苦。離開大學之後，他開始了新的生活。由於繼承了豐厚的財產，克羅齊獲得了經濟上的獨立，不過，克羅齊顯然把精神的獨立看得更重要，他早就希望能擺脫經院式研究方式的羈絆。[297]

　　克羅齊早期研究拿坡里的歷史，他還閱讀文藝評論和笛卡兒的哲學論著，並以早期黑格爾的觀點和馬克思主義者安東尼奧·拉布里奧拉（Antonio Labriola, 1843-1904）的理論來討論各種不同的觀點。他認為，經院研究和學術生涯並不是他所渴望的，就歷史研究而言，克羅齊對當時流行的史學方式與方法極為不滿，因此，他從哲學和美學的角度尋求方法論層面的歷史描述方法，於是，他寫下了著名論文〈藝術普遍概念下的歷史〉，他認為，歷史是一種非概念化的能抓住個體歷史面貌的知識王國的藝術化的文本。同時，他感到必須放棄隱士般的生活方式而應進入一種「奮進向上」的生活狀態。

　　克羅齊承認自己在公開場合演講或討論問題時常常顯得缺乏技巧。他覺得自己是適合伏案工作的人。但是，當他為自己的人生之路及其理論研究找到了前進的方向時，他就會毫不猶豫地竭盡全力為之奮鬥到底。振奮精神，積極向上地生活，這對克羅齊來說，就意味著要以一個學者的方式在公共空間處理許多現實問題。他所做的一切都具有鮮明的現實意義。他研究義大利歷史，認為歷史是義大利作為一個民族而存在的重要組成部分。他研究世界文明和文化，以探討造成緊張和分裂的原因。他研究美學理論和文藝批評以表明人類在偉大的藝術創造方面的基本能力。他研究系

---

[297]　Benedetto Croce, *Memorie della mia vita*, Istituto Italiano per gli Studi Storici, Napoli: 1966, p. 13.

統哲學以加強人類獨特的能力，即建構精神世界的潛在能力。為了使生活變得更加知識化、社會化，他甚至不惜讓它染上極端政治化的色彩。為了替這樣一種知識化的生活態度尋找一個理論平臺，他很快變成了一個馬克思主義的信仰者，即使在他後來批判馬克思主義的時候，也從來不會忽視馬克思主義在經濟領域和道德實踐方面的重要性。政治對於克羅齊來說是其激進生活的一部分，但這些只停留在一種思想傾向的層面，他宣稱，自己是一個「自由激進的民主主義者」。他與詹提勒的友誼始於 19 世紀最後幾年，那時，他們一同頌揚過義大利故世的思想家們，並相信精神的理想主義可以解決哲學和實踐方面的所有問題，從而建立起了他們批判黑格爾精神哲學的理論體系。

自 1898 年始，他把主要精力用於《美學》寫作。這部美學著作，開始只是一個學術講稿，出版的題目是《作為表現科學和一般語言學的美學》。他的系統哲學思想主要由以下著作組成：《作為純粹概念科學的邏輯學》、《實踐哲學 —— 經濟學和倫理學》以及《歷史學的理論與實際》。

展現克羅齊美學思想最簡明扼要的著作，也許是 1928 年出現在大不列顛百科全書論美學的條目「美」（L'estetica）[298]。

1913 年，克羅齊創辦了著名的刊物《批判》，1910 年當選為參議員，1920 年至 1921 年在喬利蒂（Giovanni Giolitti, 1842-1928）內閣任教育部長。在對法西斯的抵抗過程中，克羅齊總是保持一種知識分子的立場（這就是為什麼葛蘭西甚至在監獄裡也把克羅齊視為反法西斯戰線裡謀求知識霸權的主要障礙）。當詹提勒成為法西斯政客時，克羅齊斷然中斷他們之間的友誼。當然，此前他們在哲學上的分歧已經相當明顯。由於克羅齊始

---

[298] Benedetto Croce, *Aesthetics*, Encyclopaedia Britannica, 14th Edition, Vol. VII, New York & London R. G. Collingwood (trans.), In Italian as *L'Estetica in nuce*, Ultimi saggi, Laterza, Bari: 1953, pp. 1-42.

終堅持反法西斯的立場，他很快變成了反法西斯陣線的英雄人物，尤其是在義大利進步知識分子中間，克羅齊獲得了極高的聲望。1944 年法西斯倒臺後，他又一次進入了政府內閣，擔任立憲參議員，1948 年被授予「終身參議員」稱號。

在從事政治活動的同時，克羅齊始終沒有放棄學術研究，並出版了大量的著述，巴里的拉特札出版社為他友情出版其畢生的研究成果。他博覽群書的嗜好和對哲學的偏愛常常使其進退維谷，但他也因此在眾多領域獲得了引人注目的豐贍成果。他所涉及的領域十分寬廣，從哲學、美學、語言學到藝術史，從文學、編年史學、倫理學到政治學，幾乎每個領域他都有可觀的著述。無論是在知識界還是在政壇，不管是在義大利還是其他地方，我們都可以看到他的巨大影響。

克羅齊對自己的一生以及他生活的時代作出了精彩的描繪，特別是他的《自傳》、《拾零三集》和《拾零新集》等著作。此外，他的日記以及愛女艾琳娜（Elena Croce, 1915-1994）的回憶錄都保存著大量的相關材料。在介紹克羅齊的英文讀物中，大不列顛百科全書推薦了與克羅齊情誼深厚的摯友西塞爾·史普林格所寫的傳記《貝尼德托·克羅齊：人和思想家》。這部 1952 年出版的傳記，以材料詳實見長。

1952 年 11 月 20 日，克羅齊在拿坡里去世。克羅齊一生的大部分時光都是在拿坡里度過的。當有人問他晚年有什麼打算時，他回答說：「我將在工作中度過生命的最後時光。」

一、作為開放精神系統的哲學

伊亭·蘇里奧 [299]（Étienne Souriau, 1892-1979）說，當我們以更系

---

[299] Etienne Souriau, *1913: La conjoncture, L'Année 1913: Les formes esthétiques de l'œuvre d'art à la veille de la premiere guerre mondiale*, Klincksieck, Paris: 1971, p. 15.

統、更開闊的視角看待歷史史實時，常常會發現，對於過去（例如 1913 年）那些我們認為最活躍、最重要的人物、事件或思想，其同時代的人往往是視而不見的，所謂「當時則榮，沒則已焉」。與我們的期待完全相反的是，某些現在看來毫無生氣的人物、事件或思想，當時居然也可以名噪一時，那些暗淡無光的人物、事件或思想，在當年甚至比我們今日認為最重要的那些更加光彩奪目。從這個意義上講，克羅齊是幸運的。他在自己的時代享有極高的聲譽。人們把他看作一個正直的知識分子，一個博學的哲學家。作為一個頗受大眾關注和在學術上聲名顯赫的人物，他在世時就受到過許多不切實際的讚頌和攻擊。在他離開這個世界以後，雖然作為故世名人，其音容笑貌已不再像他在世時備受關注，但我們還是會常常在一些各式各樣的歷史著作中領略到他的智慧和精神。

　　作為人類精神史的理性思索者，不應盲從追逐時尚的知識分子一時的奇想。對蘇里奧的高論，也許可以有不同的看法。我們固然可以把克羅齊看作過時的人物，看作 19 世紀遺留下的某種殘骸，甚至可以看作文藝復興後期懷舊之情（nostalgia）的返祖現象，但是，克羅齊面對的卻是現代主義的問題。例如，怎樣使人類成為他們自己的中心？怎樣確保人的自由和尊嚴？如何以哲學的眼光審視人類的現實矛盾和困惑？儘管懷疑主義排斥理性主義的啟蒙法則，轉而乞靈於非理性主義；儘管實用主義否定精神的超越性和希望的存在價值；儘管那些公式化的形而上學教條，把哲學變成了一種被人們隨意批評的愚見，但克羅齊對學術恪守一種知識菁英的態度，有時甚至是一種貴族化的態度。他始終沒有取悅於我們的相對主義，他對所關注的問題有一種開放性的答案，但這些答案似乎並不適合過分迷戀晦暗與朦朧的後現代主義。如果我們以一種更開闊的眼光審視克羅齊的哲學和美學，從整體上考慮克羅齊思想形成的原因，那麼，我們完全可以

說，在這個時代，克羅齊仍然具有鮮活的魅力。我們必須正視這樣一個事實，那就是早在第一次世界大戰以前，克羅齊就一直在追求人道主義和自由主義的理想，對於他所生活的時代來說這無疑是相當危險的。我們知道，克羅齊在相當長的一段時間內，生活在義大利集權主義法西斯崛起的年代。作為一個知識分子，克羅齊與時代的黑暗勢力進行了長期的抗爭。他既不相信他所批評的革命，也不依靠他所蔑視的學術，他唯一的武器是他的才智。他不尚空談並竭力避免一般學者那種令人厭倦的爭論。

因此，克羅齊是西方哲學史上最後一位具有完備系統的哲學家。在他的一些年輕同事宣稱系統化思想是過時的，甚至是危險的時候，克羅齊建立起一種幾乎包羅萬象的哲學體系。那些年輕人認為，對抗精神上的集權主義的具有決定性意義之武器，不可能是學院式的理論，而只能是否定性的短小精悍的雜議。克羅齊終生堅持不懈地營造他具有創造性的哲學體系，他或深或淺地涉獵過所有的哲學分支學科，並探索眾多社會人文學科。除了哲學以外，我們還能在許多學科看到他的影響，例如藝術史、比較文學和世界文學、藝術理論和文學批評、歷史及知識發展史、語言學和許多其他人文學科，我們甚至在經濟學領域也能看到他的影響。他希望自己像文藝復興時期的知識分子那樣博學多識，對人文學科各個領域都保持著濃厚的興趣，所以，他廣闊的研究空間幾乎涉及所有的人文學科。

克羅齊的哲學研究為其所有的人文研究奠定了基礎。1890 年代，當他出版《藝術普遍概念下的歷史》時，就使自己的研究與歷史緊密地連繫了起來。「從那以後，不管願意不願意，他從未中斷過他的哲學研究。」[300] 把藝術描述置於歷史概念之下的思想，作為普遍有效的概念似乎並沒有持

---

[300]　Benedetto Croce, *Memorie della mia vita*, Istituto Italiano per gli Studi Storici, Napoli: 1966, p. 16（"Da allora in poi. Volente o nolente. Non ho potuto piu abbandonare gli sdudii filosofici."）

久的生命力；但是，克羅齊強烈反對讓自然科學決定歷史研究的企圖引進他的研究計畫。為了確保藝術研究的理論特點和嚴肅性，在實用主義占統治地位的時期，克羅齊只考慮目標，而忽視了歷史精神是不同於美學和知識的一種特殊的形式，這是克羅齊有關藝術研究的早期哲學著作的明顯特徵。

克羅齊像鮑姆加登（Alexander Baumgarten, 1714-1762）一樣，把美學定位在唯靈論與邏輯學之間，因此，他不得不確立兩種不同的知識形式：conoscenza and scienca，即知識與科學。克羅齊十分尊崇鮑姆加登，某些人認為鮑姆加登的貢獻不過是於 1735 年發明了「美學」（aesthetics）概念而已，克羅齊則認為鮑姆加登的貢獻遠非如此。不過克羅齊並沒有被鮑姆加登的理論牽著鼻子走，他對鮑姆加登的理論提出了一種全新的解讀方式──「rileggendo（重讀）」[301]。

當然，克羅齊並不認為研究藝術和美的美學是一種低級的知識。因為克羅齊與鮑姆加登所面對的哲學背景是完全不一樣的。當鮑姆加登將詩學和藝術感受力的概念引進萊布尼茲－沃爾夫的理性主義哲學體系時，美學作為感性的、具體的知識並不必然要從屬於一般的知識。對於克羅齊來說，所謂一般知識是指那些固定不變的東西，即真理唯一的擁有者──現代科學。科學至高無上的權威性，使得 19 世紀的實證主義哲學家把現代科學看作他們的聖經。

但是，實證主義實際上是對哲學的一種否定。因為當科學把自然、社會和人類作為知識可能的目標而取代了哲學之後，哲學已經沒有了任何確切的研究領域了。在 19 世紀末，除了研究、開發和預告科學技術成果並

---

[301] Benedetto Croce, *Rrileggendo l'Aesthetica del Baumagarten*, La Critica, 1933 Vol. 31, No. 1, pp. 1-20.

將其轉化為實用的發明外，似乎沒有別的知識。所以，當克羅齊把知識與科學作為兩個不同的概念引進哲學時，他批判了視科學為唯一可靠認識途徑的觀點，反對把科學看作人類唯一有用的實踐領域。

這無疑為哲學開闢了一個較好的發展前景，但是，這種意識把克羅齊引向了 19 世紀的另一種哲學傳統，即形而上學的傳統。形而上學這個標籤自康德開始就被貼到了德國哲學和美學的身上，其後的席勒、謝林、索爾格（Karl Solger, 1780-1819）和黑格爾以及後來的浪漫主義哲學家們都被貼上了形而上學的標籤。克羅齊本人的哲學也常常被評論家貼上形而上學、唯心主義、浪漫主義或新浪漫主義的標籤，因此，弄清克羅齊反形而上學態度的真實意圖這點非常有意義。

克羅齊的哲學思想是一個精神系統，早在 1902 年的《美學》中，他就把黑格爾哲學看作是一個精神系統，1906 年，他還撰寫了著名論文〈黑格爾哲學的生命力與腐朽性〉。當克羅齊被劃歸形而上學的陣營時，實際上意味著他是另一類精神哲學家。當克羅齊宣稱自己反對形而上學、反對德國唯心主義和浪漫主義哲學時，他所使用的形而上學的概念顯然具有不同的意義。

克羅齊批評形而上學的第一個寓意是他屏棄了人類精神潛能的等級觀念，並反對在藝術創造和審美能力層面對這種等級觀念的片面誇大，因為任何誇大其詞的理論只能使哲學增添神祕的色彩，離人類的一般知識越來越遠。德國唯心主義和後來的浪漫主義把藝術捧上天，這是他所不能苟同的。

大體說來，克羅齊的精神哲學由「認識」和「實踐」兩大部分組成。認識部分由美學和邏輯學組成，實踐部分則由經濟學和倫理學組成。我們一眼就能看出，克羅齊哲學是一種偶數結構，對這樣一種哲學體系，我們

習慣於尋找它的第三個組成部分，即由二元對立走向整體綜合的那一個部分。但是，克羅齊則不然，他很滿意自己精神概念的這種二元結構，雖然認識與實踐的矛盾是無法避免的，但在他看來，認識與實踐也有相通的地方，它們實際上是一個整體。認識有兩種不同的形式，即美學的和邏輯的形式；實踐也有兩種不同的形式，即經濟的和道德的形式。克羅齊宣稱，認識離開了實踐可以獨立存在，而實踐離開了認識則難以存在。由此可見，他的哲學體系具有鮮明的精神傾向。

克羅齊相信美學理論可以不依賴於科學理論而獨立存在，反之則是不可想像的。在克羅齊看來，經濟理論可以獨立於倫理學說及其價值判斷而存在，而道德學說離開了經濟實用性的支持就失去了存在的基礎。在這一點上，克羅齊繼承了馬克思主義的基本觀點。經濟的重要意義本身就是對形而上學無視人的客觀需要和忽略滿足這種需要的批判。

在克羅齊哲學體系中是否有形而上學的存在呢？在他的體系中，物理世界是沒有「現實」（reality）地位的，在克羅齊看來，物理世界是不真實的，因為物理世界是流變不居的，當我們把它作為真實世界看待時，它就已經發生了變化。克羅齊認為，並不存在一個所謂的自然，更確切地說，當我們說自然存在時，其實不過是在以一種精神表現的形式表達我們的知覺而已。人類實際上生活在一種精神表現的王國裡，即生活在由表現代表現實的王國裡。克羅齊否定了實用主義和形而上學，同時，在純粹直覺的基礎上確立了美學的理論地位。他為美學引入了一種開放的理論機制，並有意識地防止精神陷入黑格爾所說的「最後的絕對階段」，他為自己的理論設置了一個人們無法接近的密閉空間。

克羅齊告訴我們，純粹的直覺是一種精神活動，所有的精神活動，無論是理論的還是實踐的，都直接來源於具有本初意義的精神直覺。那麼，

對一個對象的純粹的直覺是否可以看作自然美的組成部分呢？在 1908 年的海德堡第三屆國際聯會的發言中（會議論題為「純粹直覺與藝術的抒情性」），克羅齊承認，他的哲學體系存在著某種把人們引向二元論的可能性，而這種二元論足以使任何哲學體系土崩瓦解。

因此，克羅齊所設置的這一密閉空間是我們無法接近的。但與此同時，克羅齊對此作了一種富有藝術意味的解釋：「只有在這樣的情況下，客觀對象才能帶給我們純粹的直覺：那就是客觀的外在自然是一種形而上學的實在，即一種真實的實在，而不是一種『知識結構』或某類抽象物。」[302] 這一思想是極為重要的，因為，它把作為形而上學精神哲學家的克羅齊與形形色色的唯心主義者劃清了界限。他的外在自然的思想把現實作為一種精神現象和文化結構的理論具有某種後現代的意味，這一思想，比視精神為一種超越人類經驗的神祕力量的某些經典哲學具有更廣泛的意義。為了避免傳統的形而上學的唯心主義和實用主義的唯物主義之間的糾纏，克羅齊引入了自然主義的現代二元論以對抗文化主義，把人類定義為一種產生想像的文化現象（a cultural phenomenon producing images）。在克羅齊看來，所有科學知識的邏輯都來源於人類的想像，這種想像代表著自然或外部情況。當然，它們並非自然，而只是人類自己的一種精神活動。

克羅齊將藝術、邏輯、經濟行為、道德行為在哲學研究中連繫起來考察，同時兼顧各自的相對自律性，這種方法源於人們對理性精神和實踐精神的區分。在《實踐哲學：經濟與倫理》一書中，克羅齊認為，「詞語」與「行為」最初是無法分離的，既沒有純粹的「詞語」，也沒有純粹的「行為」，而只有「行為的詞語」和「詞語的行為」[303]。換句話說，克羅

---

[302]　Benedetto Croce, *L'Intuizione pura e il carattere lirico dell'arte*, *Problemi di estetica e contributi alla storia dell'estetica italiana*, Giuseppc Laterza and Figli, Bali: 1910, p. 26.

[303]　Benedetto Croce, *Filosofia della pratica*, *Economica ed etica*, Laterza, Bali: 1950, pp. 194-195.

齊在人類各種具有相對自律性的能力作出現代性區分的同時，仍希望保持著不容人為劃分而使之殘損的前現代整體的可靠性（authenticity）。

在克羅齊看來，邏輯所依賴的概念需要審美直覺作為依託，而審美直覺則無需邏輯的支撐；倫理行為要以經濟行為作為背景，而經濟行為則不必以倫理行為作為後盾。可見審美與經濟的自律性有甚於邏輯與倫理，同時，邏輯與倫理之中也相應地包含著審美與經濟的因素。

值得一提的是，作為一個歷史學家，克羅齊卻堅決地否定了所謂回到過去或轉向歷史的說法，因為他認為每個時代有每個時代的問題，人們必須以同一時代的方法解決同一時代的問題。儘管在哲學的發展歷程中出現過許多回到歷史的口號，例如「回到黑格爾那裡去」、「回到康德那裡去」等，但克羅齊認為既沒有這種可能，也沒有這種必要。在克羅齊看來，過去的思想或理論的歷史價值是相當有限的，只有當過去的理論作為進步思想的綜合因素時，歷史研究才是有益的。

當克羅齊將自己的哲學貼上絕對歷史主義的標籤時，那些景仰其反法西斯功績的人卻把他看作是哲學自由主義的始作俑者。儘管他的哲學概念對新的歷史景況具有開放性的一面，但將他的哲學思想稱為「絕對自由主義」似乎仍不為過，因為它與更為常見的 19 世紀和 20 世紀形形色色的自由主義不同。克羅齊的自由主義與那些以實證主義、實用主義和相對主義為理論基礎的自由主義有本質上的區別。

二、直覺美學

從 1735 年鮑姆加登提出美學概念到康德奠定了古典主義美學基礎這一期間，美學這一學科在藝術與美的哲學和知、情、意的理論的交界處獲得快速發展。克羅齊透過把理性的反思與奇異的幻想相區分而又一次具體

地發展了維柯的理論，同時也為美學發展成有關個性化人文知識的理論，以及藝術創造的哲學鋪平了道路，但克羅齊的理論並不包括任何概念的或感性的，以及肉身存在的和人類需要的理論。

克羅齊在 1900 年出版了《作為表現科學和一般語言學的美學》，1901年他在《批判》雜誌上發表了他的維柯研究的新成果。在 1902 年出版的《美學》（即原《美學基礎》的修訂擴充本）序言中，他解釋了為什麼任何哲學系統都必然要以美學現象開頭的原因。就像黑格爾哲學一樣，所有哲學體系都是一個可以從其任意一個部分進入其中的整體。

在所有精神活動中，幻想是一種有代表性的精神活動，它既是人類精神的胚芽也是其發源地。在克羅齊看來，美學與其說是藝術的哲學，還不如說是人類精神的一種具有普遍意義的能力。美學是「一種純粹的精神形式」。[304] 在這裡，精神找到了自己的家園，並且回到它的發源地 —— 幻想。這是否回到了某種神祕的開始呢？就像謝林那樣？如果是這樣，直覺實際上就有可能變成一種非理性的、神祕主義的、甚至反理性的東西。但是，克羅齊所體悟到的直覺卻並非如此。在克羅齊看來，精神的代名詞以及與此同時具有精神最初家園意義的是 —— 語言（illinguagio）。這樣一來，克羅齊就把美學變成了一門與幻想、語言和藝術相關的學科了。這樣劃分的依據是他將精神體系二分為美學的和邏輯的原則。其中藝術只是與美學相關的一個組成部分。從本質上講，藝術與其他部分並沒有什麼不同；但是，藝術集中地展現出美學的特點，例如幻想性的作品。克羅齊用兩種知識形式來引導他的美學：「知識有兩種形式，不是知覺的，就是邏輯的，不是從想像中得來的，就是從理智中得來的；不是關於個體的，就

---

[304]　Vittorio Mathieu, *Benedetto Croce, Enciclopedia filosofica*, Vol. L, Istituto per la collaborazione culturale, Venezia-Roma: 1965, p. 1358.

是關於共相的；不是關於諸個別事物的，就是關於他們中間關係的。」[305]
總之，知識所產生的不是意志，就是概念。此處，克羅齊一反哲學傳統轉
而強調一般感覺，當他沿著自己的思路繼續向前邁進時，他得出了這樣的
結論：哲學是偏重於知識和邏輯的，而常識告訴我們，直覺不僅是獨立於
知性，而且它還是知識的泉源。克羅齊《美學》開頭幾句話是深得鮑姆加
登和康德美學思想要領的，並表現出了一種與 19 世紀藝術哲學傳統相抗
的傾向。直覺不是知識，但它也不是感覺，至少不僅僅是感覺。因為，我
們的直覺不僅僅是關於現實世界的。人們對現實與虛構的區分能力是後天
獲得的。那種認為我們的知識是由先在時空而存在的觀念決定的觀點是荒
謬的：時空觀念本身就是一個相當複雜的知識體系，它是在我們的意識發
展到一定的階段後才出現的。在克羅齊看來，直覺不是形而上的，它純粹
是生物性的。在批評傳統的形而上學、實用主義、唯心主義和唯物主義哲
學時，克羅齊不厭其煩地使用一種「既不是什麼什麼，又不是什麼什麼」
的論說方式，因為克羅齊哲學的整體性就是完全依靠這種概念變換建立起
來的。他反對黑格爾的邏輯自然和「精神三位一體」說，而不管這些因素
的綜合結果如何；他反對根深蒂固的二元論，而尋求有差異的統一性。他
把美學作為自己哲學探索的路標，對於克羅齊來說，美學是一種可以避免
誤入歧途的精神立場。審美是最初的精神領地，在美感產生之前，並不存
在任何其他先在的精神特性。克羅齊認為，並不存在獨立於精神之外的所
謂自然，因為就時空而言，所謂自然也不過是精神結構之物。克羅齊認
為，在萬物誕生之前，必定存在著一種物質與精神的原初的統一物。這個
統一物應該是精神性的，因為我們人類，從根本上講，是一種精神性的存

---

[305] Benedetto Croce, *Estetica come scienza dell'espressione e linguistica generale*, Laterza, Bali: 1953,
p. 3.

在。當然，這也並不是說人類是一種非物質性的存在，或者說世界是非物質性的。但是，我們自己和這個世界都存在於我們的意識之中，而我們關於自身和其他事物的意識則只能是一種精神性的存在，任何物質都是消極被動的，而且沒有再生的能力。而人類具有一種創造世界的能力，具有思索物質及其存在形式的能力。[306] 我們用「表現」這個概念代替了「直覺」，在克羅齊那裡，這兩個概念是同時使用的。[307] 在他看來，人類精神是生生不息的，直覺從來就不是外部世界或我們的肉身留下的某種印記。作為一種精神活動，直覺就是表現。要對直覺與表現做任何意義上的區分都是不可能的，因為在克羅齊看來，直覺與表現原本就是同一回事。直覺與表現的統一是克羅齊這個哲學體系的基石，沒有這塊基石，克羅齊哲學就要分裂為一種二元對立的兩大部分，如果沒有一種特殊的紐帶，它們就無法連繫在一起。借助於赫爾巴特（Johann Friedrich Herbart, 1776-1841）對康德的解釋，克羅齊超越了康德著名的超然於自然與文化，以及自由與需要之外的物自體概念所造成的理論空白。克羅齊認為，我們再也不能聽任哲學上的分歧與批評繼續發展下去了，否則我們將陷入實用主義和形而上學，以及唯心主義與唯物主義無窮無盡的紛爭之中而難以自拔。

　　克羅齊把人類精神區分為「審美的」和「邏輯的」兩種基本形式，這為他的「直覺－表現」的藝術理論奠定了哲學基礎。多年來，許多哲學家一直試圖尋求藝術直覺的特殊本質，但他們無一例外地失敗了。克羅齊認為這樣的努力純粹是徒勞，因為對於藝術直覺而言，原本就不存在這樣一個「本質」。

---

[306]　Benedetto Croce, *Estetica come scienza dell'espressione e linguistica generale*, Laterza, Bali: 1953, p. 6.

[307]　Benedetto Croce, *Estetica come scienza dell'espressione e linguistica generale*, Laterza, Bali: 1953, p. 11.

　　在克羅齊看來，人的機體所特有的自律機制並沒有大小之分，因此相應的審美直覺也不應該有高低之別。克羅齊不喜歡以純粹藝術相標榜的形而上學式的貴族美學，正如他厭惡浪漫主義的天才概念一樣。在克羅齊看來，與其說詩人是天生的（poeta nascitur）「超人」，不如說「人人天生是詩人」（homo nascitur poeta）。與藝術家是「超人」的觀點相反，克羅齊的許多言論都與其「人人都是天生的藝術家」[308]的說法一致。他認為，人生在世無時無刻都離不開直覺，因此都與藝術生活密切相關。人作為人，理所當然具有人類共同的審美判斷，具有人類共同的審美趣味。[309]

　　此外，克羅齊對著名的模仿說和鏡子說也頗不以為然。他認為藝術品源於具有個性的直覺，創造只能是一種精神過程。純粹的模仿和客觀的複製並不能為我們的直覺帶來任何益處，照相式的模仿是無法產生真正的藝術作品的。至於攝影作為藝術，也僅僅是在攝影家成功地將藝術直覺物化於對象的情況下，攝影才成為藝術。即便如此，從嚴格意義上講，照片是應該被排斥在真正的藝術之外的。[310]在克羅齊看來，技術媒體只能產生或複製類似自然過程的圖像（pictures），但是，它不可能創造具有藝術韻味的意象（images），因為意象必然要涉及人類的想像或幻想（fantasy）。

　　作為表現主義的代表人物，克羅齊不僅堅持純粹藝術的創造說，認為真正的藝術品絕不是照鏡子式的技術手段所能模仿出來的；他還堅持藝術創造的主體論，認為人類創造的主體性是人類征服自然的一種精神力量。在克羅齊看來，人類精神活動就是世界存在的本質。由於精神活動本質上

---

[308] Benedetto Croce, *Estetica come scienza dell'espressione e linguistica generale*, Laterza, Bali: 1953, p. 18.
[309] Benedetto Croce, *Estetica come scienza dell'espressione e linguistica generale*, Laterza, Bali: 1953, p. 32.
[310] Benedetto Croce, *Estetica come scienza dell'espressione e linguistica generale*, Laterza, Bali: 1953, p. 20.

具有審美特性，因此審美活動作為精神活動的有機組成部分，必然是克羅齊關注的重要內容。克羅齊相信，人類的歷史不過是精神活動自我發展和不斷創造的必然結果。如前所述，克羅齊認為精神活動的最基本形式是直覺活動，對於藝術或審美而言，直覺就是表現，因為任何一個直覺只有在它以表現的形式出現時，它才稱得上是真正的直覺。因此，克羅齊唯心主義的精髓（quintessence）是：人類技術活動的理想化來源於審美直覺。

至此，我們也可以說，克羅齊雖然一直在維護藝術的純粹性；但是一旦純粹性意味著貴族趣味的話，他就會毫不猶豫地站出來反對貴族化的藝術純粹性。他認為，儘管藝術品具有取悅於人、有益於世、具體可感等特點，但世人以享樂主義、功利主義或自然主義的態度對待藝術則是極不可取的，這些特點和態度與真正的藝術是無法相容的。

值得注意的是，克羅齊對「美的本質」[311] 的排斥與反感甚至表現得比黑格爾還要激進，因為在克羅齊心目中根本就沒有「美的本質」存在的空間。事實上，就我們的經驗而言，除了心靈活動或被心靈賦形的活動以外，其他任何事物都無本質可言。我們也注意到，克羅齊的《美學》有這樣一個副標題──「理論與歷史」，這表明克羅齊把美學的歷史納入了他的表現主義體系之中。在這裡，理論不是「直覺即表現」這一學說的對立面，而是表現主義的有機組成部分。在題為《純粹直覺與藝術抒情特徵》的著作中，克羅齊列舉了五種研究藝術特徵的常見美學理論，當然，第六種美學理論是克羅齊自己的。顯而易見的是，他所列舉的所有這些美學理論所依據的分類標準是邏輯的，而不是歷史的。

第一種理論，也是最基本的理論：經驗主義美學（Empirical aesthetics）。經驗主義美學認為，審美或藝術現象根本就不存在什麼具有普遍

---

[311] Croce uses the expression "il bello fisico", Laterza, Bali: 1953, p. 103.

意義的藝術原理或美學原理。這類美學思想將審美經驗或藝術現象進行分類，但它們無法借助概念對藝術現象進行哲理性的分析與研究。

第二種理論是實踐美學（Practical aesthetics）。實踐美學把人類的實踐活動（如享樂主義行為、功利主義行為、道德行為、教育行為等）看作一切藝術活動共同的基礎。在這裡，藝術在實踐或具體應用方面有一個共同的特徵（denominator）。

第三種理論是理智主義美學（Intellectual aesthetics）。理智主義美學強調「美與知」的真理性。它以一種「半科學」與「半哲學」的通俗邏輯形式將藝術界定在「真」（Truth）的範疇之中。理智主義相信，藝術是什麼的問題，完全可以透過邏輯或概念的形式得到解決。

第四種理論是不可知論美學（Agnostic aesthetics）。不可知論美學邁出了認識藝術獨立性的第一步，但這種理論不能以任何積極的方式描述自己的正面觀點，它只能以否定的消極方式來闡釋某種不確定的觀點，因而這種理論對具體問題幾乎從來不曾產生明確的答案。

第五種是神祕主義美學（Mystical aesthetics）。神祕主義美學把藝術看作一種獨立自足的精神形式，雖然它也有自己的理性特性，但其非科學、非理性的特點也是相當明顯的，從某種意義上講，神祕主義美學有一種超越科學與哲學之真的神祕性。因此，克羅齊將神祕主義美學視為美學理論的最高形式。

克羅齊主張哲學家應從美學理論的「最高形式」著手，即從神祕主義美學理論的多種變化形式開始研究藝術和審美。當然，克羅齊並不認為各種美學理論有高低貴賤之分，在這裡，他只不過是進一步闡發了表現主義的純直覺與抒情性理論。同時進一步確證了藝術的自律性，以及藝術與其他精神活動（理論的與實踐的精神活動）之間的相互關係。

　　自 1912 年《美學》出版以後，克羅齊一直在堅持和發展自己的表現主義美學思想，在不改變自己的美學思想的基本內核的前提下，他提出了許多新的美學觀點。在 1921 年和 1941 年《美學》修訂本問世時，他在以下三個方面豐富了自己的學說：一、關於純粹直覺的抒情性（1908）；二、關於純粹直覺的普遍性特徵（1918）；三、關於詩與文學的差異（1936）。

　　「抒情性」這一術語是作為詩性過程中出現的一種非概念成分的符號而提出的。在克羅齊看來，每一個體的感情與情緒都是獨一無二的非概念化的存在，因此，對於藝術而言，以具有普遍意義的概念所進行的分析和闡釋其實都是不可靠的。人們根本就不可能找到一個大家普遍認可的美學理論。假如真的存在著這樣一種理論，那麼它也必然是一種禁錮精神自由、妨害藝術自律的理論。

　　在 1926 年出版的《詩論》（*La Poesia*）中，克羅齊詳細地比較了詩與文學的差異，為此，他提出了直覺表現的四種類型，即感傷或深思型、詩歌型、散文型、修辭型。克羅齊認為，詩歌型的表現是純然抒情性的，而文學或散文的表現形式顯然是多樣的。從文學理論的角度看，克羅齊提出的理論是有名無實的（nominalistic）理論，因為每一具體的藝術作品都是獨一無二的整體，作為藝術家獨特的日常生活的表現，它們實際上根本就無法真正成為風格或流派史中的組成部分。據此，克羅齊認為，盧克萊修的〈物性論〉這類公認的哲理詩其實不能算作是真正的詩，甚至歌德的《浮士德》第二部也不能算作真正意義上的詩。

　　毫無疑問，克羅齊是他那個時代最有影響力的知識分子之一，但是，他的哲學體系除了幾個他的義大利同胞和英國的柯林伍德以外，幾乎沒有什麼追隨者。當然，他的實際影響力比其追隨者的影響力來說要廣泛得多。今天，他的名字和他的理論仍然頻繁地出現在美學、歷史學、文學理

論、語言學等不同學科之中。不過，與他生前作為義大利知識分子偶像的那個時期相比，他的理論已經失去了往日那熠熠生輝的光環。[312] 從某種意義上講，這也許正是克羅齊的幸運之處，畢竟我們不可能，也沒有必要「回到克羅齊那裡去」，我們必須「以當代人的方法解決當代人面臨的問題」，這正是克羅齊的一貫思想。

結論

　　人們說，將軍總是在為還沒有發生的戰爭而戰鬥。從某種意義上說，克羅齊就是這樣一位將軍，一位哲學家中的將軍。他必須以他的系統化的理想主義向他所生活的時代的各種問題開戰。他唯一的武器就是他的反思精神。

　　克羅齊宣稱自己是一位維柯般虔誠的理想主義美學家。在道德和價值論上是一位赫爾巴特主義者（Herbartian）。在關於世界發展和歷史理論方面，他是一位黑格爾主義和形而上學的反對者。在令人困惑的環境問題方面，他是一位自然主義知識分子。事實上，克羅齊還是一個折衷主義者。這並不是他缺乏積極的立場，而是因為他不得不使用各種方法將自己的研究貫徹到底。

　　克羅齊的哲學以人類的精神尊嚴和自由為依歸，就他所在時代而言，虛無主義和相對主義甚為流行；儘管克羅齊有效地利用了那個時代所能得到的哲學武器，但克羅齊的立場是脆弱的。從這個意義上講，克羅齊的哲學可以說是古典人文主義、啟蒙主義和理想主義最後的哲學，即關於自由和自由主義的最後的哲學體系。

　　但是，作為一個生活在他自己時代的現代哲學家，他珍視大眾的感

---

[312]　Paolo D'Angelo, *L'estetica italiana del Novecento*, laterza, Bari: 1997.

覺，並能充分理解經濟在哲學中的重要性。他熱衷於現實批評並能積極參與政治活動。特別是作為一個美學家，他要經常與當代藝術和藝術家打交道。他寫下了大量的文學史和文學理論方面的文章，出版了自己的評論著作，討論義大利和其他地方的文化政治和藝術狀況方面的問題，為此，他不得不暫時擱置他雄心勃勃的人文主義和啟蒙哲學研究計畫。也許由於克羅齊既屬於現代又屬於過去的雙重特性，他注定不可能成為一位經院式的學者。

當然，我們所期望克羅齊的正是一種知識分子的立場，這種知識分子應該擺脫現實生活中日常事務的種種羈絆，並遠離孤芳自賞的學術象牙塔，與活生生的現實生活保持血肉般的密切連繫。克羅齊對現實社會提出的問題提供了自己的答案，他把美感看作是以「直覺－表現」的方式來產生奇妙精神生活的最初胚芽的一種能力，他把直覺和表現看作言說個性與知識的純真的人類語言。所以，美學領域，對於克羅齊來說是一個極為值得珍視的創造王國，因為在這個王國裡，精神是可以創造的，並且是可以進行無窮無盡地再造的。

在克羅齊看來，純粹的藝術是一種與個體的民主意識相對立的詩性的直覺，天才則只不過是存在於日常生活中的一種較好的本質而已，並創造屬於一種具有普遍意義的高尚的精神領域。克羅齊的歷史編年學和歷史學理論體系，不可避免地打上了相對主義和主觀主義的時代烙印。

從我們的時代反觀克羅齊的精神哲學體系時，我們發現，克羅齊創立了一種理解世界統一性的理論工具和實踐方式。他堅持認為，我們自己的世界並沒有自然和公正可言（就精神文化而論），作為表現主義的先驅，他認為我們所面對的所謂現實，不過是主觀世界的一種表現和文化結構而已。

第二節　柯林伍德

一、柯林伍德的生平與著述

　　羅賓‧喬治‧柯林伍德（Robin George Collingwood, 1889-1943），英國現代著名的考古學家、歷史學家、新黑格爾主義哲學家和美學家。1889年出生於蘭開夏郡的卡特梅爾，從小受過良好的家庭教育，1908年就讀於著名的牛津大學，1912年畢業，後任牛津大學研究員。第二次世界大戰爆發後，他應徵入伍，從事戰時工作。戰爭結束以後，重返牛津大學，講授哲學和羅馬史。1934年任劍橋大學布魯克學院形而上學教授，1941年因病退休，1943年病逝。

　　柯林伍德著述甚豐，與美學密切相關的除了一本收集數篇研究美學理論的論文集之外，還出版了兩部研究藝術的專著，即《藝術哲學綱要》和《藝術原理》。前者反映了他早期的美學思想，表現了他對藝術問題的初步探索；同時也可以看作是後一本書的導論。藝術對於柯林伍德來說是極為重要的研究對象，關於這一點下文將有詳細的論述。

　　在《藝術原理》中，柯林伍德給藝術提供了相當獨到的解釋，這也是我們研究柯林伍德美學思想的基礎，在深入研究具體問題之前，我們不妨先對柯林伍德《藝術原理》這部美學著作的三個組成部分分別作一簡要的介紹。

二、《藝術原理》的價值

　　柯林伍德的《藝術原理》一書共分三個部分，在第一部分裡，柯林伍德主要揭示了「真正的藝術」（art proper）與「所謂的藝術」（art so-called）之間的區別（部分中譯本將其翻譯為「藝術與非藝術」）。柯林伍

德堅決反對把藝術品看作各種技術成果的「藝術的技術理論」，並對「藝術」與「技藝」這兩種意義含混的概念作出了嚴格的區分。在藝術的眾多含義中，由古希臘沿襲下來的所謂的「藝術」被稱為「技藝」，這種技藝是一種「透過自覺控制和有目標的活動以產生預期結果的能力」[313]。柯林伍德認為，對技藝的解釋，「總會涉及手段與目的的區分」。技藝被有意識地應用於工藝品的製作過程中，它有明確的目的和程序化的手段。藝術則不然，藝術品往往是沒有任何「預期目的」的藝術活動的結果，因為，真正的藝術活動原本就沒有明確的功利目的。

　　當然，這並不是說藝術永遠不可能有自己的計畫，只不過是它不需要技藝式的計畫而已。柯林伍德並不一概否定技術對藝術的重要意義。有一種理論認為，「不管任何人，無論他在學習創作時是多麼不努力，只要他的心靈處於一種恰到好處的有利狀態之中，那麼他就一定能創作出好的藝術作品來」[314]。柯林伍德不贊成這種說法，他認為，作為一個藝術家，他應該明白：

　　要造就一個人才，他能寫出一行像蒲伯那樣的詩句，能像米開朗基羅那樣從石塊上敲下一個碎片，必須付出巨量的專心致志的腦力勞動，必須進行艱苦的認真的自我訓練。[315]

　　柯林伍德關於美學的一個基本思想是：「真正的藝術作品不是看到的，也不是聽到的，而是想像中的某種東西。」[316]

　　為了解釋這一觀點，柯林伍德以音樂這一典型的藝術類型為例，並認為對音樂分析的結論也同樣適用於其他藝術形式。對真正的藝術而言，假

[313] R. G. Collingwood, *The Principles of Art*, Oxford: Clarendon Press, 1938, p. 13.
[314] R. G. Collingwood, *The Principles of Art*, Oxford: Clarendon Press, 1938, p. 26.
[315] R. G. Collingwood, *The Principles of Art*, Oxford: Clarendon Press, 1938, pp. 26-27.
[316] R. G. Collingwood, *The Principles of Art*, Oxford: Clarendon Press, 1938, p. 142.

如某種結論適用於音樂這種藝術樣式，那麼它對別的藝術樣式同樣也應該是適用的。柯林伍德的結論是：

當音樂已經以成型和完美的曲調形式存在於藝術家頭腦之中時，它就可以說是一種真正的藝術了，儘管它還只是一種想像的曲調。

當這個結論確立以後，這裡的音樂之「真」，也就代表了其他藝術之「真」，毫無疑問，柯林伍德所強調的是藝術的想像性特徵。從本質上講，柯林伍德這一結論必須具備這樣三個前提條件：

第一，曲調本身並不需要得到聽眾的關注，作曲家的任務「不是要提供某種感情去激發聽眾，他只關心他自己的曲調」。因此，藝術家創作的情形並不取決於他與聽眾的關係。在柯林伍德看來，真正的曲調是一種想像之物。

第二，當作曲家寫下他的曲譜時，它所寫的並非曲調本身（也就是說，紙上的曲譜並不能算作藝術），曲譜只是曲調的代碼而已。所以，柯林伍德說：「寫在紙上的不是音樂家的曲調，紙上曲譜不是音樂，而是音樂的紀錄。」[317]

第三，在柯林伍德看來，一個人即便聽到了（音樂的）各種聲音，但他未必就能說是聽到了音樂，因為，聽音樂需要聽者理解音樂的旋律、形式和結構以及藝術的分類等，這說明音樂絕非單純是聲音。柯林伍德認為，「真正的曲調」只存在於作曲家的腦海裡。

從柯林伍德的結論中可以看出，我們即便聽到了聲音也未必就等於聽到了音樂，相反，我們欣賞音樂卻有可能「於無聲處獲清音」。因為，音樂作為藝術，其本質並非一般的聲音。一個人聽到了聲音卻無法保證他因

---

[317] R. G. Collingwood, *The Principles of Art*, Oxford: Clarendon Press, 1938, p. 135.

此聽到了音樂。音樂不僅僅是我們聽到的聲音，它還包含著更多的東西。當然，聽到了聲音與聽到了音樂並不矛盾，有時候也可以說聽到了聲音至少就聽到了部分音樂。柯林伍德並不是否認聲音與音樂的關係，他只是想強調音樂與聲音的差異，他說：

> 我們從音樂中所汲取的東西也不是表演者所發出的聲響。在每一種場合下，我們從中汲取某種東西都必須憑藉我們自己的努力在自己頭腦中把它們重新建立起來；一個人如果無法或者不願意作出正確的努力，即使聲音響遍了他所在的房間，不論這些聲音他聽得多麼完全，其中包含的某種東西依然永遠是他無法接近的。[318]

讓我們重新回到柯林伍德的重要結論上來。當然，我們也可以說音樂的曲調是理想化的聲音。[319] 不過，這一論點似乎並不具有普遍性的意義 —— 一幅畫並不僅僅只是畫布加顏料的對應物。[320] 至此，柯林伍德為自己的論點作出了這樣的概括：

> 一件真正藝術的作品，是欣賞他的人運用他的想像力所領會、意識到的總體活動。[321]

柯林伍德《藝術原理》的第二部分「想像論」堅持了第一部分的立場。他著重討論了「思維與感覺」、「感覺與想像」、「想像與意識」等問題。柯林伍德認為，想像是思維活動與單純的感覺心理生活接觸的交點。在闡釋感覺和想像之間的區別時，柯林伍德說，在「實際看見的」一塊色彩和「想像中的」一塊色彩之間的那種常識性區別就屬於感覺與想像的區

---

[318] R. G. Collingwood, *The Principles of Art*, Oxford: Clarendon Press,1938, pp. 140-141.

[319] 參見克萊頓《音樂美學》，牛津克拉林頓 1997 年版，第 19 頁。

[320] 沃爾赫姆：《論藝術與精神》，倫敦愛林蘭 1972 年版，第 9 – 10 頁。

[321] R. G. Collingwood, *The Principles of Art*, Oxford: Clarendon Press,1938, p. 225.

別。當一個人向窗外望去，「看到」一大片綠色的草地，然後閉上眼睛，經過一番有意識的努力，就「想像出」同樣或相似的一片綠色。在第一種場合，他看見的是「實際存在於那裡」的東西，色彩就呈現給了他；在第二種場合，綠色是他想像中的「虛構物」，是想像在缺乏那些條件的情況下，以某種方式產生出來的。

在柯林伍德看來，意識是使感覺印象轉變為想像觀念的東西，而想像則是意識對感覺改造的過程和結果。由此，柯林伍德給想像下了這樣一個定義：「想像是感覺被意識活動改造時所採取的新形式。」就藝術與製作的關係來說，柯林伍德認為藝術就是一種想像。這種想像是一種自覺而有意識的創造活動。儘管他認為藝術作品不是藝術家完成某種預想計畫的結果，但這與精神分析學派把藝術創作看作是人的無意識活動的觀點不同，他認為藝術雖不用技巧，但仍然是自覺而有意識的創造。

柯林伍德認為，任何藝術都是總體性的，不存在單純的聽覺藝術或單純的視覺藝術，真正的藝術只能是總體想像性經驗。透過對藝術與感覺、藝術與想像這兩個方面關係的詳盡論述，柯林伍德又為藝術下了一個完整的定義：「透過為自己創造一種想像性經驗或想像性活動以表現自己的情感，這就是我們所說的藝術。」[322]

雖然第三部分題目是「藝術理論」，但它逕直闡釋的是柯林伍德關於語言的表現價值問題。他認為，思想必須透過具體的語言媒介才能獲得表達。從這個意義上講，藝術就是語言。柯林伍德注意到，僅僅強調藝術與想像之間的連繫還不足以展現藝術的特徵，還必須適當突出表現維度。表現對於藝術家和受眾來說都是至關重要的：

---

[322]　R. G. Collingwood, *The Principles of Art*, Oxford: Clarendon Press,1938, p. 156.

審美經驗或者藝術活動，是表現一個人情感的經驗，而表現它們的活動，就是一般被稱為語言或藝術的那種總體想像性活動。這就是真正的藝術。

柯林伍德認為，語言作為意識經驗水準的一個特徵是隨著想像一同產生的，語言是想像性經驗在表現情感的過程中創造的。想像性經驗總是與語言連繫在一起的，事實上，想像性經驗正是透過想像性語言表現出來的，因此，完全可以說語言就是作為想像性經驗的藝術。

在美學史上，克羅齊創造性地提出了美學與語言學同一的思想。他認為，藝術的科學與語言的科學，美學和語言學，當作真正的科學來看，並無不同，而是一回事。表現在本質上就是審美；說語言學不同於美學，就無異於否認語言為表現。但是，發出聲音如果不表示什麼，那就不是語言。在克羅齊看來，藝術是直覺，是主體的情感的表現，而語言也是表現，在本質上也是審美。因此，語言作為表現活動，即是藝術活動。

柯林伍德基本上繼承了克羅齊的「同一說」。與克羅齊一樣，他把藝術與語言幾乎完全等同了起來。但是，在具體論述藝術與語言的同一性時，柯林伍德與克羅齊的切入視角是不同的。克羅齊從直覺的視角論述他的觀點，柯林伍德則是以總體想像性活動為重心來闡明其基本看法的。柯林伍德認為，從語言發生學的角度看，語言是主體想像性經驗在表現情感的過程中創造出來的。作為意識經驗水準的特徵之一，語言是與想像共生的。正由於想像性經驗是透過想像性語言表現出來的，所以語言與作為想像性經驗的藝術必然是同一的。在分析藝術與思維的關係時，柯林伍德把主體的思維類型分為意識水準的思維和理智水準的思維兩種形態。與此相似，他也將語言劃分為想像性語言和理智化語言兩種形式。前者是「在其原始或樸素狀態中是想像性和表現性的」，這種「語言是一種想像性的活

動，它的功能在於表現情感」，後者則是在想像性語言的基礎上產生的；同時，它仍然具有語言的情感表現特徵。總之，既然語言與藝術一樣，都具有想像性和表現性這兩個方面的特徵，因此，柯林伍德得出了這樣一個結論：「藝術必然是語言。」

儘管柯林伍德把真正的藝術作品看作是藝術家頭腦中的總體想像性經驗，而不是有形體的可感知的東西，但是他並不否定藝術傳達的重要性。在他看來，如果藝術並不是一種技藝，而是情感的表現，那麼藝術家和觀眾之間的種類差異就消失了。因為，只有在人們聽到藝術家表現自我並且理解他們所聽到的東西時，藝術家才算有了觀眾。不過，柯林伍德並不贊成藝術家必須激發觀眾情感的說法。他認為，無論是對藝術家還是觀眾來說，至關重要的還是對藝術的審美反應。只有審美反應，才能使我們的情感以一種獨特的方式感受美和藝術。柯林伍德指出：「真正表現的特徵是明瞭清晰或明白易懂（lucidity or intelligibility）。」[323] 此外，更為重要的是，藝術家必須「與他的觀眾分享情感。藝術家對情感的表現，在他的觀眾那裡應該如同觀眾自己的情感一樣」[324]。

柯林伍德認為，對藝術作品的審美反應是將藝術家與觀眾緊密連繫起來的紐帶。當藝術家將內在的審美經驗外化為一種可感知的對象時，觀眾透過觀賞這個可感知的對象可以在自己的頭腦中重建藝術家的總體想像性經驗。藝術家不應該躲在該詛咒的象牙塔裡，他們應該表現「大家所共同感受的東西」，快樂地分享大眾的情感。藝術家必須和希望從中找到觀眾的那些人的感受和態度同屬一類。

從藝術接受的角度看，觀眾對藝術家的想像性經驗的重建表明觀眾與

[323] R. G. Collingwood, *The Principles of Art*, Oxford: Clarendon Press, 1938, p. 122.
[324] R. G. Collingwood, *The Principles of Art*, Oxford: Clarendon Press, 1938, p. 315.

藝術家之間是一種互動的審美關係，是藝術創造中的一種合作關係。

此外，柯林伍德把藝術創作和審美活動看作社會性的合作活動，糾正了真正的藝術只在藝術家頭腦中的觀點。藝術家表現的情感是他與觀眾所共有的情感，觀眾是確認藝術家的審美經驗有無價值的最後裁判，柯林伍德甚至認為觀眾的情感是藝術家創造過程中的一個審美因素，它參與並在某種程度上制約著藝術家的情感表現。為此，柯林伍德對自我表現說是很不以為然的。他認為，藝術創造的工作並不是藝術家以任何專有或完全的方式在頭腦中進行的工作，審美活動不屬於任何個人而屬於一個社會的合作性活動，作為情感的表現而且向群眾表達出來的藝術，它要求藝術家參與公眾的情感，參與和這些情感密切關聯的各種社會活動。

真正的藝術是情感獲得完整與完滿表現的結果。而那些粗劣的藝術（如果還能稱為藝術的話）「要麼是作者未能成功地表現既定的情感，要麼是作者所表達的某種情感對於特定社會的大眾來說不合時宜」[325]。與此形成鮮明對照的是，T. S. 艾略特（Thomas Stearns Eliot, 1888-1965）的詩作〈荒原〉，我們之所以說它是了不起的藝術品，是因為它成功地表現了讀者的情感：「整個世界的情感之流業已枯竭……任何罪惡於人於世已無需責罰……」[326] 可以說，優秀的藝術必然是真正的藝術，真實地表達了情感。

依據這一論斷，柯林伍德推導出了一個頗負盛名的結論：「藝術是醫治心靈疾患和腐化意識的公用良藥。」[327] 對此，柯林伍德提出了兩個相互關聯的論點：

第一，他把藝術家與觀眾連繫了起來。「人只有意識到他處在那些自

---

[325] R. G. Collingwood, *The Principles of Art*, Oxford: Clarendon Press, 1938, p. 284.

[326] R. G. Collingwood, *The Principles of Art*, Oxford: Clarendon Press, 1938, p. 335.

[327] R. G. Collingwood, *The Principles of Art*, Oxford: Clarendon Press, 1938, p. 336.

覺為人的眾人之中，他才能明白人之為人的道理。」[328]

　　第二，他把藝術、語言和人生連繫了起來。「自我是人生在世的一種表現，語言組成世界，其意義就是情感經驗，情感經驗造就人生，即自我由情感組成，而情感只能以造就世界的語言來表達。」[329]

　　從柯林伍德所建立的這些連繫中我們可以看出，藝術的確是個好東西，藝術的價值在於它可以把各種思想整合為一體，就像友誼的價值在於它把人與人團結起來一樣。實際上，柯林伍德一直把藝術看作使人類文明免受侵害的堅固堡壘。

三、關於《藝術原理》的幾個基本問題

　　在柯林伍德的《自傳》中有一個令人吃驚的疏忽是缺乏對克羅齊的討論，特別是缺乏對克羅齊是如何影響柯林伍德的討論。而《藝術原理》中這樣的疏忽可能具有不同的意義，雖然柯林伍德是克羅齊的朋友，而且他還親自翻譯過克羅齊的兩部著作，但是在《藝術原理》和《自傳》及其所作的說明中都沒有真正涉及克羅齊。儘管如此，傳統的評論家如沃爾海姆（Richard Arthur Wollheim, 1923-2003）還是把柯林伍德的觀點與克羅齊的唯心主義理論看作一回事，或者乾脆把他們的理論稱之為「克羅齊－柯林伍德的觀點」。

　　評論家理查・史克蘭范尼似乎看到了柯林伍德與克羅齊的差異，他認為《藝術原理》不是一部真正意義上的克羅齊主義的著作。遺憾的是，這位評論家並沒有對自己的觀點展開論述。有關這一問題，阿蘭・杜納甘倒是進行過明確的解釋。他認為，從《藝術哲學綱要》——柯林伍德把

---

[328] R. G. Collingwood, *The Principles of Art*, Oxford: Clarendon Press,1938, p. 317.
[329] R. G. Collingwood, *The Principles of Art*, Oxford: Clarendon Press,1938, p. 292.

這部著作看成是自己研究形而上學的另一部哲學著作《心靈的思辨》的概述——到《藝術原理》，柯林伍德的美學思想出現了重要的轉變。

在柯林伍德為 1929 年出版的《大不列顛百科全書》翻譯了克羅齊的「美學」詞條之後，他的美學思想與克羅齊的美學觀念就更加接近了。對於柯林伍德的「轉變」，杜納甘解釋說，柯林伍德放棄了他早年的美學立場，接受了克羅齊想像即表現的觀念。

但這一觀點仍然是有爭論的，至少克羅齊對表現和理解就有不同的解釋。此外，史克蘭范尼認為《藝術原理》與唯心主義哲學並沒有太多關係，而里德雷在討論這本書時卻斷言「柯林伍德是一個唯心主義者」。

那麼，到底在何等程度上柯林伍德的藝術理論（至少就《藝術原理》而言）應該被看作是唯心主義的呢？問題的焦點在於如何看待物質、對象（譬如說大理石，就像米開朗基羅的雕塑《大衛像》中的石料）：這就是藝術品嗎？

柯林伍德認為，真正的藝術具有想像性特徵；與之形成對照的是那些工藝性的鐵質塑像、鐵匠打造的馬蹄鐵等，它們不過是由鐵屑製造的工藝品而已。詩人用來寫詩的詞語卻不具備物質性的特點，因為詩人在寫詩之前並沒有如同鐵之於馬蹄那樣現成的語言材料。在柯林伍德看來，「詩裡出現的字眼在詩人的心目中是作為整體出現的；它們具有與詩歌排列次序相同的次序，詩人絕不是以這種次序把字眼隨意搭配組合直到出現我們所見到的那首詩為止」[330]。

這種說法其實與柯林伍德早期反對藝術的「技藝說」思想並沒有本質的不同。柯林伍德一向認為，無法按照藝術的物質構造對其進行邏輯的區分。他所關注的是藝術品對人類審美意識或想像的影響，因為它們太容易

---

[330] R. G. Collingwood, *The Principles of Art*, Oxford: Clarendon Press, 1938, p. 23.

被人忽略了──特別是在那些將藝術與技藝混為一談的藝術「技藝論」者那裡，這種情況更為嚴重。但是，柯林伍德也忽視了這樣一個矛盾：藝術媒介與他所說的物質性實際上是有差異的，而他卻認為物質性與藝術無關──藝術品（例如音樂作品）「可能只存在於音樂家的腦子裡」[331]。那麼媒介與藝術到底有無關係呢？

柯林伍德的表現主義理論聲稱，表現的媒介與它所表現的內容是無法分開的（取消了語言，你就取消了表現的內容）。這樣看來，物質性與審美性實際上都是很重要的。「畫家是用手畫畫，而不是用眼睛畫畫。」[332]也可以說，畫家是在利用媒介製造藝術。「一個東西被畫出來，就意味著它與畫家的肌肉運動存在著某種程度的關聯。」[333]此外，藝術的大眾性特徵可能會成為反對唯心主義的藉口。柯林伍德還認為，藝術的「技藝論」會導致過分強調藝術作品與藝術家的連繫。在這一點上，柯林伍德所說的「表現」的大眾性特徵是頗有深意的。

此外，《藝術原理》的內在一致性問題也常常受到質疑。為了對一致性問題進行細緻的考察，我們不妨把注意力集中在「想像在藝術作品中的地位」這一問題上。他在本書的第三部分強調觀眾的意義時是否出現過前後不一致的矛盾？沃爾海姆認為，柯林伍德著作中出現的前後不一致的問題是一個非常糟糕的缺陷，構成柯林伍德美學理論的各種觀點常常是自相矛盾的，當你接受了他前面某個觀點的時候，往往就會對後面的某個觀點疑惑不解。

的確，柯林伍德著作中立場和觀點的不一致性表現相當突出。例如，他在《藝術原理》的序言中似乎堅持的是一種歷史主義的立場，他宣稱自

---

[331] R. G. Collingwood, *The Principles of Art*, Oxford: Clarendon Press,1938, p. 151.

[332] R. G. Collingwood, *The Principles of Art*, Oxford: Clarendon Press,1938, p. 144.

[333] R. G. Collingwood, *The Principles of Art*, Oxford: Clarendon Press,1938, p. 145.

己的《藝術原理》與1937年英格蘭的藝術狀況有密切的連繫，也就是說，他認為自己的藝術理論與當下藝術實踐有密切的連繫。可是，就在這篇序言的同一頁中，他卻又說：「我認為美學理論不必試圖對被稱為藝術對象及其各種變化進行研究和探索。」[334]

事實上，柯林伍德也正是這樣對待美學理論的，他在《藝術原理》的第一部分就開宗明義地宣稱要給藝術「下一個正確的定義」。從方法論的角度說，他在這裡所應用的完全是歷史主義的方法。但是，到了本書的第三部分，他卻認為，為藝術下一個正確的定義事實上是不可能的。

可以說，柯林伍德著作中的立場觀點不一致性問題在他晚期的哲學著作中比較普遍，《藝術原理》當然也不能例外。從一定意義上說，《藝術原理》中所出現的矛盾，其實是歷史主義和本質主義之間的矛盾在柯林伍德著作中的反映。首先，本質主義對原理的存在意義充滿信心，認為由某種藝術形式總結出來的藝術真理也同樣適用於另一種藝術形式。從柯林伍德研究問題的一些細節和邏輯上看，柯林伍德的確是透過研究某一門具體的藝術形式，然後明確無誤地告訴我們藝術是什麼和藝術必須是什麼。他相信作為原理存在的藝術真理必然對所有的藝術形式都是適用的。其次，本質主義給柯林伍德提供了一種強而有力的表述方式，例如他在論述「音樂就是一種想像」時，除了本質主義還有什麼能夠使他相信音樂必定總是想像呢？再次，某些與柯林伍德的觀點明顯相反的例證，在他的文本中被有意忽略了。例如米開朗基羅的雕塑〈大衛像〉，我們可以明確指出它的尺寸、重量和其大理石材質等 —— 而這些都不是想像。當我們把它也看作一種「想像」時，就很難想像對於這一著名雕塑的藝術形式還能準確地說些什麼？

---

[334] R. G. Collingwood, *The Principles of Art*, Oxford: Clarendon Press, 1938, p. 6.

顯然，柯林伍德並沒有直接面對這樣的尷尬局面，他對這一矛盾的迴避，可以在本質主義那裡得到合理的解釋：對於一種藝術形式能成立的理論，對所有的藝術形式則都是成立的。很明顯，柯林伍德的這種本質主義的觀點是很難經得起現實檢驗的。

當然，柯林伍德的各種觀點前後的不一致似乎也可以解釋為他的思想發生了變化。柯林伍德自己曾經承認的「思想變化」說似乎比較有道理，他也確實對某些基本問題及其相互關係的看法發生過變化，例如，他在《歷史原理》中提出的歷史觀就曾經不加說明地對其中某些具有代表性的思想進行了修改。

柯林伍德宣稱，他要靠寫作將自己的思想「連成整體」，但是，在柯林伍德開始以一種相對穩定的方式寫作之前，他根本就不可能將自己的思想「連成整體」。對於柯林伍德來說，這只是一個「絕對的假設」。

結論

柯林伍德是一個極為重視藝術的哲學家，他在研究藝術本質的過程中提出了一系列有趣的觀點。例如他對藝術品與憑技藝生產的工藝品所做的區分就有超越前人的地方。儘管創作技巧在藝術生產過程中具有重要意義，但柯林伍德卻十分看重藝術趣味對藝術創作的重要性和特殊性，並把藝術領域的「技藝論」看作是現代藝術理論必須徹底清算的理論。柯林伍德認為藝術即表現，想像是真正的藝術，並明確地提出「想像與情感的藝術必然是語言」，所有這些觀點看似明瞭簡潔，實則包含著極為複雜的內容。例如他主張藝術與語言同一，是總體想像性活動。但他的所謂「語言」與我們一般所說的語言有很大的區別。在他看來，舞蹈動作、表情變化、音樂符號及教堂建築等都是藝術家用來表現審美內涵的「語言」。

　　必須指出的是，在討論柯林伍德的藝術理論時，我們的關注點主要集中在一些基本的美學理論問題和一些重要的藝術命題上，對於理論的具體內容則給予了較少的關注；特別是他的那些多少有點奇談怪論意味的「想像論」和「語言論」，一直沒有成為我們討論的中心內容。不過，柯林伍德對藝術重要性的重視，的確為我們正確理解美和藝術提供了許多重要的啟示。

第七章

實用主義美學

概論

「實用主義美學」（Pragmatistic Aesthetics），是現代美國美學中最有代表性的美學思潮，在 20 世紀西方美學史中因為「美國本土精神」而獨樹一幟。如果在實用主義美學的歷史中擇取一本最重要的專著的話，那麼，杜威在其 76 歲高齡時撰寫的《藝術即經驗》（Art as Experience）是當之無愧的。在很大意義上，「實用主義美學」基本上就是以杜威美學為主導思想的一種美學思潮。

《藝術即經驗》的核心是將審美經驗與日常經驗直接貫通起來，藝術就是經驗，藝術只是經驗的「高度集中」與「提煉加工」的形式。這樣一來，藝術與經驗的「延續關係」抑或本然關聯便得以真正恢復。[335] 杜威認為，「經驗」是另一位實用主義哲學家詹姆斯所謂的「雙義語」，「它之所以是具有『兩套意義』的，這是由於它在其基本的統一之中不承認在動作和材料、主觀和客觀之間有何區別，但認為在一個不可分析的整體中包括著它們兩個方面」[336]。換言之，「經驗」既指客觀事物，又指主觀情緒和思想，是物與我融成一體的整體。的確，根據詹姆斯的觀點，本來積極的經驗最初就是一個整體，只是後來經過分析和批判性的思考，才被分解為兩部分。杜威認為，主體與客體、經驗與自然是無法分開的，他的主觀經驗論是把客體與自然消融於主體和經驗之中。雖然他明確提出超越唯物主義與唯心主義，但是他將統一的經驗整體作為本源，把經驗這種透過主體、客體互動而獲得的直接知識和體驗作為基礎，其實仍是把客觀存在的自然納入經驗的存在，亦把主觀的經驗自然化了，從而將經驗無限擴大而

---

[335]　John Dewey, *Art as Experience*, New York: The Berkley Publishing Group, 1934, p. 3.
[336]　杜威：《經驗與自然》，傅統先譯，商務印書館 1960 年版，第 10 頁。

成為本體。

按照杜威的解釋，「每一個經驗，都是一個活的造物（live creature）與他生活在其中的世界的某個方面相互作用的結果」[337]；這種經驗的模式和結構，就是「做」與「經歷」（undergoing）的變換，亦即將主動地「做」與被動地「經歷」組織為一種關係，使得經驗內部未定的材料，透過一系列相互關聯的事件活動而趨於自身完滿。這就是所謂「一個經驗的統一性」[338]。只有當所經驗到的物完成其經驗過程而達到「完滿」時，才能獲得「一個經驗」。「這種經驗是整體的，保持了其自身的個體化性質與自足性。這就是一個經驗。」[339] 這種「統一性」呈現在經驗的每一個部分都暢通無阻地流入下一個部分，沒有縫隙和未填充的空白。同時，每個經驗都不犧牲各個部分的個性。基於這種多樣的獨特性，相關聯的經驗所構成的「持續整體」就由於強調各個階段形成的色彩多元化而趨於多樣化，因此杜威將經驗過程比喻為呼吸，是一個人呼吸的節奏性運動，它們的連續性不斷地被打斷，由於間隙的存在而有節奏。[340] 但另一方面，杜威仍然強調只有當經驗具有統一性的時候，它才能成為「一個經驗」。顯然，這裡強調的是「一個經驗」的「統一性」的方面，它不僅不會走向乏味，也不會由於過分差異而被撕裂。

然而，「一個經驗」本身並不都能成為「審美經驗」。杜威明確將「一個經驗」與「審美經驗」細緻區分開來，又將兩者本然地連通起來。他認定，如果看「一個經驗」所蘊含的意義，它與「審美經驗」既有相通之處，也有差異存在。這是因為「一個經驗」要具有「審美的性質」，否則

---

[337] John Dewey, *Art as Experience*, New York: The Berkley Publishing Group, 1934, pp. 43-44.

[338] John Dewey, *Art as Experience*, New York: The Berkley Publishing Group, 1934, p. 40.

[339] John Dewey, *Art as Experience*, New York: The Berkley Publishing Group, 1934, p. 35.

[340] John Dewey, *Art as Experience*, New York: The Berkley Publishing Group, 1934, p. 56.

其材料就不會變得豐滿，無法成為連貫的整體。如此一來，可能就將一個「生命經驗」（vital experience）割裂為實踐的、情感的及理智的，並各自確立與其他不同的特質。[341] 然而，杜威對此的解答卻無法令人滿意，他認為使得「一個經驗」變得「完整和整一」的審美性質就是「情感性」；因而或許可以推斷，「審美經驗」就是情感性的，儘管杜威承認經驗中並不存在一個名為情感的獨立成分。但「經驗本身具有令人滿意的情感性質（emotional quality），因為它透過有規律和有組織的運動而擁有內在的整合性和完滿性」[342]。在這裡，杜威一方面放寬了經驗的限度，另一方面卻又將審美縮減到情感的狹窄方面上去了。

杜威承認，他更多是用「解釋性的形容詞」來描述普通經驗、「一個經驗」乃至「審美經驗」的，始終沒有為我們給出經驗的嚴格定義，只說明了各種經驗的諸多特質。然而，審美在他看來是可以被基本限定的，「審美的敵人不是實踐，也不是理智。它們是單調乏味（humdrum），目的鬆動而來的懈怠（slackness），在實踐和理智過程中對慣例的屈從」[343]。他認為有兩個方面基本背離了「作為整體的經驗」和「作為經驗的整體」：一個是似乎嚴守成規和禁慾不前 —— 鬆散的連續性（既沒有特別的開始又沒有特定的終點），另一個則是漫無目的和放縱無禮 —— 抑止和收縮（只存在各部分間機械連繫的活動）。這恰恰都是「審美經驗」的對立面。顯然，他這裡強調的是「度」的問題。他認為，當活躍在經驗裡面的能量產生了合適的作用時 [344] 就可以終止，從而達到每個完滿經驗最終實現和完成的事實，並成為「經驗的統一體」。[345] 只有達到了這種不多不少的恰

[341] John Dewey, *Art as Experience*, New York: The Berkley Publishing Group, 1934, pp. 54-55.

[342] John Dewey, *Art as Experience*, New York: The Berkley Publishing Group, 1934, p. 38.

[343] John Dewey, *Art as Experience*, New York: The Berkley Publishing Group, 1934, p. 40.

[344] John Dewey, *Art as Experience*, New York: The Berkley Publishing Group, 1934, p. 41.

[345] John Dewey, *Art as Experience*, New York: The Berkley Publishing Group, 1934, p. 43.

當程度，藝術和審美經驗才會以各種不同的活動、情節及事件融化和整合為所謂「整體」[346]。

　　杜威的實用主義美學在產生之初便產生了巨大影響。「歐文·埃德曼（Irwin Edman, 1896-1954），透過其巧妙的措辭和敏銳的洞察力，由於其普遍觀念而贏得了廣泛關注；勞倫斯·布爾邁耶（Laurence Buermeyer, 1889-1970）在 1924 年對《審美經驗》（*The Aesthetic Experience*）作出了明晰和廣泛的分析；更近些時候，貝特朗·莫利斯（Bertram Morris, 1908-1981）以類似的途徑研究了《審美過程》（*The Aesthetic Process*）。」[347]以埃德曼的《藝術與人》（*Arts and the Man*）為例，他在其中認為，無論什麼樣的生活都是「一個經驗」，都是永恆之中的一段持續流動的時間和婉轉多變的插曲，而普通經驗則是既不穩定又缺乏生氣的。因此，藝術家的主要職責之一是運用生動的手法反映有趣的經驗。[348]

　　同時，實用主義美學還影響了另一個「美國化」的美學支流 —— 產生於 1950 至 1960 年代的「新自然主義美學」（Neo-naturalistic Aesthetics）。這一流派的重要代表就是曾引領美國美學界潮流的門若（Thomas Munro, 1897-1974）。實際上，「杜威美學的最關鍵特徵就是它的自然主義」[349]，他強調將美學建立在「活的造物」[350]的那種「活生生」的自然狀態之上。作為杜威的信徒，門若的「新自然主義」之「新」，就在於使杜威的自然主義向科學和實證的方向發展，從而使這種美學更具有可操作性、技術含量和實用特質。在《走向科學的美學》（*Toward Science in Aes-*

[346] John Dewey, *Art as Experience,* New York: The Berkley Publishing Group, 1934, p. 36.

[347] Katharine Everett Gilbert and Helmut Kuhn, *A History of Aesthetics: Revised and Enlarged,* London: Thames and Hudson, 1956, p. 578.

[348] Irwin Edman, *Arts and the Man,* New York: W. W. Norton, 1939, Chapter 1.

[349] Richard Shusterman, *Pragmatism,* in: *The Routledge Companion to Aesthetics,* B. Gaut & D. McIver Lopes (ed.), London: Routledge, 2001, p. 97.

[350] John Dewey, *Art as Experience,* New York: The Berkley Publishing Group, 1934, pp. 3-19.

thetics）中，門若便試圖為美學奠定其「作為科學」的基礎。[351]

　　實用主義美學還有一位比杜威更早的哲學家桑塔亞那。桑塔亞那所秉承的也是產生於 19 世紀末的「美國自然主義」思想傳統，當然，這個名稱以其巨大涵蓋力囊括了「一批自稱為自然主義者、唯物主義者、實用主義者、工具主義者抑或語境主義者（contextualists）」的哲學家們[352]。在這個意義上，桑塔亞那的「自然主義美學」與杜威的「實用主義美學」的基本取向是一致的。這是因為桑塔亞那在《美感》（*The Sense of Beauty*）裡將美規定為「客觀化的快感」，[353]他強調了美學要以美感和藝術為研究中心，絕不能離開經驗去談論美的本質；也強調了美感所蘊含的實用本質和功利特性，這與「實用主義美學」的原則相通。然而，這種美學將自然科學方法納入到其中的取向，卻沒有被「實用主義美學」所接受，而是在「新自然主義美學」那裡得到了極端的發展。

　　到了 1950 年代，隨著「經典分析美學」（classical analytic aesthetics）在美國藝術哲學中漸居主導地位，「實用主義美學」出現了衰微之勢，隨後完全被主流的分析傳統所壓倒。這主要是因為杜威所堅持的保守藝術觀點（貶斥先鋒派藝術）、其美學論述方式的模糊性，以及在大學課堂不受歡迎。形成鮮明對照的是，另一位實用主義哲學家皮爾士（Charles Sanders Peirce, 1839-1914）的「符號學」（semiotics）思想，卻由於迎合了分析美學的興趣而得到廣泛關注。不過，到 20 世紀末，隨著英美分析美學日漸呈現衰落趨勢，曾一度被遺忘的「實用主義美學」又在美國復興，並被美國學者們視為重要的本土資源。

[351]　Thomas Munro, *Toward Science in Aesthetics*, New York: The Liberal Arts Press, 1956, pp. 85- 96.

[352]　Monroe C. Beardsley, *Aesthetics from Classical Greece to the Present: A Short History*, New York: Macmillan, 1966, p. 328.

[353]　George Santayana, *The Sense of Beauty: Being the Outlines of Aesthetic Theory*, New York: Dover, 1955, Chapter 10, 11.

　　當代最重要的「新實用主義美學」（neo-pragmatic aesthetics）的宣導者，或者說「實用主義美學」的主要復興者，是舒斯特曼（Richard Shusterman, 1949- ）。他的《實用主義美學：生活之美，重思藝術》（*Pragmatist Aesthetics: Living Beauty, Rethinking Art*）[354] 明確提出「回到杜威」來重構一整套實用主義美學思想。這種新思路不僅將藝術直接定義為經驗，使藝術這種有目的的生產服務於對生活經驗進行審美塑造和美化；而且，透過把生活塑造成藝術的樣式，它也為生活之美的「倫理理性」奠定了基礎。舒斯特曼美學的另一個重要取向是對「通俗藝術」作出美學辯護，[355] 將「實用主義美學」的疆域拓展到大眾傳統藝術、多元文化主義、後現代主義和生活的倫理藝術（ethical art of living）。這也可以在杜威那裡看到萌芽，因為杜威曾經預言「流行藝術一定能繁榮」[356]。在現代意義上的、以大寫字母開頭的「藝術」（Art）出現之前，藝術與生活仍具有最原本的緊密關聯，小寫字母開頭的藝術（art）也同時出現了。這樣一來，「大寫的藝術」為少數有教養的人所壟斷，大眾只能去尋求低俗的替代品亦即「小寫的藝術」。此後，大眾告別「大寫的藝術」，「小寫的藝術」也失去了品味，但這些情況在 20 世紀後期卻得到了徹底的轉變。

　　從 1980 年代末開始，伴隨著西方文化的後現代轉向，分析美學面臨著強勁的挑戰，許多美學家試圖到分析美學之外尋找思想資源。然而，真正使分析美學的根基開始動搖的不是歐洲大陸的理論傳統，而是美國學者從實用主義傳統之中找到的新的啟示。

　　不僅古德曼（Nelson Goodman, 1906-1998）和馬戈利斯（Joseph Mar-

[354] Richard Shusterman, *Pragmatist Aesthetics: Living Beauty, Rethinking Art,* Oxford: Blackwell, 1992; New York: Rowman & Littlefield Publishers, 2000.

[355] Richard Shusterman, *Popular Art and Education,* in: Studies in Philosophy and Education (13), 1995, pp. 203-212.

[356] John Dewey, *Art as Experience,* New York: The Berkley Publishing Group, 1934, p. 187.

golis, 1924-2021）這樣典型的分析美學家顯示了實用主義傾向，而且，在「杜威復興」的感召下，羅蒂（Richard Rorty, 1931-2007）、舒斯特曼、貝倫特（Arnold Berleant, 1932- ）等學者都強化了自身的實用主義取向。在杜威思想的啟示下，「正如納爾遜‧古德曼恢復了藝術與科學的連續性一樣，理查‧羅蒂發展了杜威之審美與理論相融的實用主義觀念」[357]，提出了一種作為「自我豐富」、「自我拓展」和「自我創造」的倫理學的「審美生活」（aesthetic life）的獨特觀念。[358] 古德曼的美與真的連繫來自杜威所認定的審美不能與「知性經驗」截然分開的觀念，或者說「一種日常審美衝動概念與更深層的理論研究是相容的」[359] 的觀念。羅蒂對美與善的融會則來自杜威對藝術的理解 ——「藝術在人類群體中是一種知的力量。……它是對經驗形成的價值各方面確證的倫理理解，藝術與倫理關係的『問題』並不存在」[360]。最新的發展還有，貝倫特利用實用主義觀念反擊康德美學，尤其是在康德那裡得以充分論證並固定下來的「審美非功利」觀念，在諸如貝倫特這樣的學者這裡受到了前所未有的質疑。

此外，實用主義的影響對當代藝術也有啟發。德國畫家帕倫（Mark Palen）就稱杜威這種美學是當代美學的「真正的基礎」。德國美學家約瑟夫‧亞伯斯（Josef Albers, 1888-1976）也預言，一旦包浩斯與杜威的觀念結合以來，藝術就再也不會脫離日常生活，這正是實用主義美學理論與當代注重藝術與生活合流的藝術實踐的相互推重。換言之，實用主義觀點也反映了當代的藝術發展，因為在杜威看來，藝術既不應脫離於勞動，也不

---

[357] Richard Shusterman, *Pragmatist Aesthetics: Living Beauty, Rethinking Art*, Oxford: Blackwell, 1992; New York: Rowman & Littlefield Publishers, 2000, p. 97.

[358] Richard Rorty, *Contingency, Irony and Solidarity*, Cambridge: Cambridge University Press, 1989.

[359] J‧祖尼加：〈一種日常審美衝動：重認識杜威〉，原載《英國美學雜誌》1989 年冬季號，見《哲學譯叢》1990 年第 4 期。

[360] John Dewey, *Art as Experience*, New York: The Berkley Publishing Group, 1934, p. 348.

應脫離自然，最主要的是不該脫離人們的正常經驗。因為「藝術不是孤立存在的，不是為少數人服務的東西，而是要賦予一切生活活動以最終意義的觸動並使其完善」[361]。

必須指出，回到經驗的美學思路亦具有一定的局限。實用主義論述的審美經驗，只看到了審美與日常生活的連續性，而沒有看到審美經驗的一部分還同時屬於非日常生活。這就難怪杜威沒有區分審美經驗與其他類型的完滿經驗，因為他只看到了完滿經驗與日常生活經驗之間的「同」，而忽視了審美經驗自身的特殊性，亦即它超越日常生活的另一種特質。但不可否認，「審美經驗必有一個時間之維；它隨著時間逐漸發展；它也有持續性。而且，在結構上，它有終止（closure）；這種終止不等於終結（end）。這使審美經驗具有統一性，同時也造成了如下的事實：與日常生活通常乏味的經驗相比，審美經驗具有某些獨特性」[362]。

實際上，從日常經驗角度來重思美學、重構美學，的確是目前全球美學建構的一條新途徑，這顯然來自杜威的啟示。[363] 在超越被割裂的「美的藝術」的傳統方面，在重新喚起注意「審美經驗」和「審美價值」的更廣泛意義方面，在反思藝術終結、激發藝術能量並發現藝術新途徑方面，實用主義美學都大有可為。20 世紀末期，西方美學已經呈現出三個主流：作為「藝術哲學」的美學，「自然環境美學」（environmental or natural aesthetics）和「日常生活美學」（aesthetics of everyday life），實用主義美學對於這三者無疑都有積極的啟發意義。

[361] 杜威：〈獻辭〉，轉引自《美學史（擴展修訂版）》，第 578 頁。
[362] Noël Carroll, *Beyond Aesthetics: Philosophical Essays*, Cambridge: Cambridge University Press, 2001, p. 50.
[363] 這種生活美學的新發展參見 Richard Shusterman, *Performing Live: Aesthetic Alternatives for the Ends of Art*, New York: Cornell University Press, 2000；劉悅笛：《生活美學》，安徽教育出版社 2005 年版。

第一節　桑塔亞那

喬治・桑塔亞那（George Santayana, 1863-1952），是現代美國著名的哲學家、美學家、詩人和文學評論家。他於 1896 年撰寫的《美感》（也譯作《美的感覺》）是美國歷史上第一部真正意義上的美學著作。桑塔亞那曾在哈佛大學求學，後任該校哲學教授。主要著作有《美感》、《詩與宗教的闡釋》、《理性的生活》（也譯作《理性的生命》，包括《常識中的理性》、《社會中的理性》、《宗教中的理性》、《藝術中的理性》、《科學中的理性》五卷）、《三位哲學詩人：盧克萊修、但丁和歌德》、《懷疑論與動物信仰》、《存在的王國》（包括《本質的王國》、《物質的王國》、《真理的王國》和《精神的王國》四卷）。

桑塔亞那作為詩人和評論家，在他進行哲學研究時，重點關注美學問題和藝術問題。他在早期著作《美感》中提出的著名「定義」，即「美是快樂的客觀化」；30 年後，他又提出了美的「直觀本質」論。研究桑塔亞那美學思想的發展歷程對我們更深入地理解桑塔亞那強調本能和經驗的「自然主義」美學的本質特徵具有重要意義。

一、「理性的生活」與「存在的王國」

桑塔亞那在《美感》中對「美」提出「美是快樂的客觀化」這一頗有爭議的「定義」，他也因此被美學理論家們稱為「快樂說」的代表之一。但是，桑塔亞那與「快樂說」的其他代表不同，他是從自然主義哲學立場來建構自己的美學體系的。在他早期的著作特別是 1896 年出版的《美感》中，這種自然主義的傾向已非常明顯。但是，真正奠定其思想之理論基礎的是他的五卷本著作《理性的生活》。在這部著作中，他把人類的各種精

神活動完全置於生物學的基礎上加以描述，並以一種中立者的姿態遊弋於傳統的唯物主義和唯心主義之間。在他後期的代表作《存在的王國》中，他為前期的自然主義哲學建構了一整套本體論層面的基本範疇，為自然主義哲學的進一步發展打下了堅實的理論基礎。

在桑塔亞那的理論體系中，「藝術中的理性」是一個極為引人注目的命題，它通常被設想為包括每一種「使客體化和合理化」的活動。偏愛古代藝術的桑塔亞那認為，藝術家的活動在於把形式轉化為內容。像宗教一樣，藝術預先就帶有想像；但它的關心是更審慎的，因為它不是把幻想誤當作現實，而是根據它的理想的偏好來塑造現實。毫無疑問，藝術之花，在想像與現實交會的地方開放得最為燦爛。

一般說來，藝術的繁榮，是人類文明進步的象徵，但在桑塔亞那看來，文明的進展並非一直對自由創造是友好的。文明在其發展過程中彷彿本能地獲得了使創新精神窒息的慣性力量；物質生產及其產品對生產者日益嚴重的異化，使這個社會用一種生意人的眼光把藝術看作不務正業，藝術家成了精神的流浪者，他們在一種信奉商品拜物教的強勢族群中受到冷落甚至歧視，天才變成了大眾嘲弄的對象。那麼，對於一個嚴重物化的社會來說，藝術還有什麼存在的價值或理由呢？桑塔亞那認為，藝術絕不是生活的單純快樂的附屬品，藝術存在的理由就在於，人需要超越自己的動物需要和粗俗欲望而成為自我存在條件的主人，「藝術是意識到它的目的的創作本能」，「藝術的基礎在於本能和經驗」，人類的藝術活動實際上就如同鳥兒築巢一樣，受一種生物性衝動的支配，「藝術的目的就是為了獲得快樂」。[364]

---

[364] George Santayana, *The sense of Beauty*, New York: Scribner's, 1896.（這裡的幾條引文都是《美感》中的小標題。）

　　桑塔亞那最為重要的哲學著作當推《存在的王國》（也譯作《存在諸領域》）。無論就規模，還是就理論的系統性、獨創性和深刻性而言，這部著作都可以看作桑塔亞那的代表作。在這部著作中，桑塔亞那把常識的唯心主義和強烈的超驗主義近乎完美地結合起來。其最顯著的特點是它具有強烈的詰難傳統和懷疑一切的傾向性。「桑塔亞那在哲學的根本問題上採取的是一種徹底的懷疑論立場，他認為任何事物的存在都是永遠無法證明的，所以一切有關存在的信念都是不合理的動物性信仰。」[365]

　　在桑塔亞那的哲學體系中，所謂的「存在的王國」是由本質、物質、真理和精神組成的。物質王國是雜亂無章、混沌朦朧的；「本質」則與此相反，它具有一種「邏輯的特性」。但是，桑塔亞那的「本質」概念卻是混沌朦朧的。他一會兒說：「不管我們如何看待我們所遇到的現有的事實，我們總是可以看到一種相當模糊、明顯的性質，把被當作是確實的事實與其他相異的事實及虛無區分出來。所有這樣的明顯的性質，可用感覺、思想和幻想辨別出來，這就是本質。」[366] 這個「本質」似乎是指一事物與他事物相區分的、能被主體感知和辨認的特殊性。他一會兒又說：「一個本質可以出現在許多事例中，而不喪失其同一性；它一時可以具有直覺的一個對象的觀念地位，一時又可以具有一個東西的形態的物質地位。恰恰是這種觀念性，這種兩棲但又不滅的性質，才把任何一個本質與任何事實區別開來。」顯然，「本質」在桑塔亞那的體系中既有物質的屬性，又有觀念的屬性，但也可以說它既非物質性，又非觀念性，是一種「兩棲」性的東西。他解釋說：「我把本質理解為一個共相，具有任何程度的複雜性和定義，無論對感覺或思想，它都可以直接地被給予。只有共相才有邏輯的或

---

[365] 朱狄：《當代西方美學》，人民出版社 1984 年版，第 40 頁。
[366] 施里普：《桑塔亞那哲學》，［美］西北大學 1940 年版，第 29 頁。

審美的個性，或者能被直接地、清楚地、立刻被給予……關於純粹的感覺或純粹的思想的這個對象，不加上任何信念，即一個內在的完整的和個體的對象，但沒有外在關係或物理的身分，就是我所謂的本質的東西。」[367]本質作為直覺的經驗存在於主體對對象觀照的瞬間，在這一瞬間它被感知到了，但它作為邏輯上的「先在物」，又可透過想像、回憶等重新被感知到。

桑塔亞那說：「完全來自客觀方面的印象是沒有的，事物之所以會讓我們留下印象，只有當它們和觀察者的感受力發生接觸並由此獲得進入腦海和心靈大門的手段時方能產生。」[368]他認為，只有直接經驗才能掌握對象的本質，但任何經驗都是無法體驗到「存在」的。這種不斷排除主體心靈「解釋的積層」，進而最終「發現」本質的方法是桑塔亞那認識世界的武器。桑塔亞那相信只有以感性的、直覺的方式才能直接掌握「本質」，這種掌握「不被回憶指向過去，不被動物信仰指向未來或外在事物，在其活動中不帶理解、沒有智慧和思想的『純粹直覺』……是一種無時間無空間的感性的夢境的迷醉」[369]。這種對「本質」的「目擊道存」式的感性直觀，實際上就是一種審美的觀照。

值得注意的是，桑塔亞那透過這個模糊而神祕的「本質」概念，把存在與精神、客體與主體、唯物與唯心等對立的範疇融合了起來。

在桑塔亞那看來，不論是在天上還是在地上，都沒有永恆的理性。他斷言「現實世界絕沒有不朽的事物」[370]，靈魂不朽的傳統說法是荒謬可笑的。他說：「我們應該記得萊蘭特的故事，他用望遠鏡搜索天空，希望

---

[367]　德里克等：《批判的實在論論文集》，鄭之驤譯，商務印書館 1979 年版，第 157 － 158 頁。

[368]　桑塔亞那：《審美範疇的易變性》，（紐約）《哲學評論》1928 年第 53 卷，第 130 頁。

[369]　桑塔亞那：《懷疑論與動物信仰》，倫敦，1923 年版，第 117、121 頁。

[370]　桑塔亞那：《懷疑主義與動物信仰》，紐約，1923 年版，第 271 頁。

能找到上帝，但沒有找到；又想用顯微鏡來考察大腦，希望能找到靈魂，結果也沒有找到。」[371] 在他看來，「所謂靈魂不過是物質構造中比較精細的部分」[372]，不過是腦神經與腦細胞在世世代代遺傳過程中的特定的排列與組合而已。在桑塔亞那看來，自然中本質的每一個例子都完美地實現它自己的本質；我們判斷一種事物是否比另一種事物更近於完美，最終取決於它們誰對我們更有益。

由於物質為自己賦予了各式各樣本質，於是它們就組成了一個新的存在的王國——「真理」。真理不是一種觀念或意見，那種認為真理是觀念和判斷的一種屬性的觀點，是唯心主義的一種畸變；唯心主義由於否認物質的存在，而認為觀念只和其他觀念相關。

「精神的王國」中的「精神」是桑塔亞那為思想或意識起的名稱。他認為，精神對心理的依附保證它將首先為意識帶來身體的渴望、滿足和失望。當理想和現實之間經常發生矛盾與衝突時，精神就成了心理健康的一個不利條件。但如果精神服從真理，它能成為心理最真實的「朋友」，使人的活動有新的範圍和前景，向人顯示可能的成就的界限，為人的衝動規定一個導致和諧和滿足的理性生活的範圍。精神的作用在於它能不斷調節人自身與其環境之間的平衡，以盡可能保持生活的最佳境界。

二、「美是一種客觀化的快樂」

在《美感》一書中，桑塔亞那主要討論了「美的性質」、「道德價值和美學價值的差別」、「形式」、「表現」和「美感」等美學中的基本問題。在這部著作裡，桑塔亞那試圖建立一個相對完整的美學體系，並將美學與

---

[371] 桑塔亞那：《常識中的理性》，紐約，1911 年版，第 211 頁。
[372] 桑塔亞那：《常識中的理性》，紐約，1911 年版，第 214 頁。

倫理學做了嚴格的區分。在桑塔亞那看來，世界上萬事萬物原本無善惡之分，就價值而論，這個世界對任何人都非善非惡。價值是人類意識的衍生物，雖然物質世界並不依賴人的意識而存在，但對人來說，世界只有顯現其價值才有目的或發展。人們對世界的判斷有非理性也有理性基礎，於是就有了人類對現象世界的愛與憎。桑塔亞那繼承了史賓諾沙和休謨（David Hume, 1711-1776）的觀點，認為我們對世界的好惡，從本質上說是非理性的。事物之所以好，是因為人們對它們的偏愛。

桑塔亞那認為，審美判斷通常是積極的，主要是對善的感受，道德判斷則基本是消極的，它往往是對惡的感受。[373] 對於桑塔亞那來說，美是積極、本能、物化的快感，或事物性質的快感。在他看來，如果某一事物不能帶給人快感，它就肯定無美可言。世界上絕對不存在某種所有人永遠無動於衷的美。美就是一種「客觀化的快樂」，「從本質上講，美就是一種愉快」。[374]

在論及所謂「美的素材」時，桑塔亞那討論了聲音、顏色、氣味以及其他求助於人們較低級感官的主題，他相信這些感覺與全部美學經驗有關。一切都取決於最終的美的經驗。只有可感事物才能呈現出形式和意義。此外，他明確指出，任何把藝術內容與藝術形式分開研究都是徒勞無益的。

桑塔亞那試圖從知覺心理學的角度來解釋不同現象的形式引起的快感和不快。他認為，對稱是美學形式的最好例證。對稱使混亂蕪雜的東西外表上變得和諧有序，因此，對稱往往能夠使混亂蕪雜的東西獲得一種多樣性的統一，並能使人從中得到愉快的美感。多樣性的統一是一種美，而統

---

[373] George Santayana, *The sense of Beauty*, New York: Scribner's, 1896, p. 23.
[374] George Santayana, *The sense of Beauty*, New York: Scribner's, 1896, p. 45.

一的多樣性也同樣是一種美。例如「星空向我們呈現出一幅有無數相似物體的畫面，天空布滿了複雜的物體。但是它們不是渾然一體，因為每個客體都保留（或至少是可以保留）它的個別性。構成天空的材料為天空向我們展示的美增色，黑暗的天空繁星閃爍，因而形式和實體完美地融為一體。」[375] 從這些論述中，我們可以看出桑塔亞那美學思想的包容性、豐富性及其辯證思維色彩。

在桑塔亞那的美學體系中，「表現」無疑是一個關鍵字。在這裡，審美主體與審美客體處在一種彼此影響、雙向建構、互相聯動的辯證關係之中。客體與心靈活動還有一個特徵，它在兩種情況下出現，一方面是對客體的直接知覺，另一方面是在看不到它以後，產生的具有感覺色彩的情感聯想和對它的記憶。它影響了我們的記憶，也影響了我們的直接知覺，這一性質在桑塔亞那的美學體系中被稱作「客體的表現」。在桑塔亞那看來，形式和物質是美學的第一項價值，而表現則是它的第二項價值，當然這兩項價值在一定條件下也是可以互相轉化的。

阿內特在《桑塔亞那和他的美感》中說：「雖然桑塔亞那承認，如果疼痛、苦難和邪惡等不愉快素材從屬於帶來愉快的形式並構成美學表現的對象（包括社會和普遍人性中的個體），它們便能被展現在悲劇一類的藝術中，但是它對當代藝術常常抱有敵意，因為它不能產生快感美。」[376] 這也從另一方面說明，桑塔亞那把是否能帶來快感美看成了藝術的一條標準。當然，這一標準還必須與道德價值標準連繫起來考慮。悲劇把生活中的惡轉變為善，當消極的價值變為某種善的東西時，悲劇事件就有可能轉化為愉快的泉源。心靈透過悲劇因素的表現把它們變為美的東西。桑塔亞

---

[375] 麥吉爾主編：《世界哲學名著述評》，中國廣播電視出版社 1982 年版，第 774 頁。
[376] 麥吉爾主編：《世界哲學》，中國廣播電視出版社 1992 年版，第 776 頁。

那正是在這一方面把美的對象分解為材料、形式和表現，並開闢了一條分析理性生活的道路。因為有了理性，人類才得以把一個無為無謂的世界變成了一個為善至上的世界，一個「美」的世界。

對於「美」，桑塔亞那有一個著名的「定義」：「美是一種積極的、固有的、客觀化的價值。或者，用不太專業的話來說，美是被當作事物之屬性的快樂⋯⋯美是在快樂的客觀化中形成的。美是客觀化的快樂。」[377]嚴格說來，這不是一個定義，而是對審美價值相對論的一種陳述。桑塔亞那把美的出現歸之於客體在觀察者中產生的某種愉快，所以它產生的客觀印象充滿了快感。因此，被歸之於愉快的美，逐漸具有了物的意義。事實上，因為美不是對象的客觀屬性，美學判斷必然與人類主體相關，是主體在享受審美快感並進行審美判斷。

桑塔亞那說：「美是一種價值；不應想像它是作用於我們的感官後，我們才感知它的獨立存在。它只存在於知覺中。」[378]美在桑塔亞那的體系中就是一種快感，但這種快感被桑塔亞那看成事物（對象）的客觀性質。這實際上就等於說，美只是一種主體的感覺。美即美感，這就是桑塔亞那美學理論的第一塊基石。

當然，桑塔亞那沒有忘記美的本質是多方面的。「一個真正能規定美的定義，必須完全以美作為人生經驗的一個對象，進而闡明它的根源、地位和因素。」他對人生經驗的強調，意在反對單從美的客體性質出發來研究美的本質，並主張從意識的角度切入美的價值研究。他說：「正如水會尋找到自己的水平面和大自然會討厭真空一樣，觀眾可以想像出他預想中的目的和事物。而物質中的分子排列仍然是無意識的，所有的自然物都無

---

[377] George Santayana, *The sense of Beauty*, New York: Scribner's, 1896, p. 49.
[378] George Santayana, *The sense of Beauty*, New York: Scribner's, 1896, p. 30.

法感覺到它們時刻變化著的這種排列。而只有我們這些自然變化過程唯一
的旁觀者，用我們自己的興趣和習慣去看到這一過程的歷程和頂點。……
在這樣一個機械的世界，除了我們自己和人性偏見以外，我們就不知道有
任何價值因素。拋棄了意識，我們就拋棄了一切可能的價值。」[379] 特別
是對美的欣賞即審美價值，「我們不但需要意識，更需要有感情的意識。」
「在審美感受中，我們的判斷必然是內在的，是根據直接經驗的性質，而
絕不是有意識地根據對象畢竟實用的觀念；反之，道德價值的判斷，如果
是積極的話，則往往根據它可能涉及的實利意識。」[380] 在這裡，桑塔亞那
一方面對審美判斷與道德判斷作了嚴格的區分，認為勞動和責任的滿足屬
於道德判斷，遊戲和享受的快樂則屬於審美判斷。另一方面，他又反對將
道德價值與審美價值割裂開來。當克羅齊等人所闡釋的非功利的康德式的
美學觀點大行其道的時候，桑塔亞那發表了挑戰「主流」的見解。在桑塔
亞那看來，鑑賞一幅畫總與購買它的欲望相關，欣賞音樂是有競爭性與消
耗性的，所以「審美快感的特徵不是無利害觀念」[381]。他認為：「把事物
的審美功能與事物實用的和道德的功能分開來，在藝術史上是不可能的，
在對藝術價值的合理判斷中也是不可能的。」[382] 在某些西方學者眼裡，
桑塔亞那哲學基本上是道德哲學，它的重點是以幸福和創造力為目的的理
性生活。但他努力不使道德價值和美學價值分離，並把美分為道德的善、
描述的和諧（既是理性的目的，又是理性的手段），它的重要之處在於確
立了倫理學意義上的審美結構。

　　必須說明的是，在桑塔亞那的理論體系中，快感被分成了「生理的或

---

[379] George Santayana, *The sense of Beauty*, New York: Scribner's, 1896, p. 12.
[380] George Santayana, *The sense of Beauty*, New York: Scribner's, 1896, p. 10.
[381] George Santayana, *The sense of Beauty*, New York: Scribner's, 1896, p. 12.
[382] George Santayana, *The sense of Beauty*, New York: Scribner's, 1896, p. 16.

肉體的快樂」與「審美的快樂」兩種，前者是低級快樂，只涉及身體某部分或器官的快感；後者是高級的快樂，使心靈「幻想自己能自由自在地遨遊全世界」[383]。兩者的根本區別在於前者是不出肉體的感官快樂，後者則是指向外物的、客觀化了的快樂，是對心靈較高需求的滿足。生理快感是事物刺激作用的結果，而審美快感則與知覺難以分離，即「當感知的過程本身是愉快的時候，以及感覺因素聯合起來投射到物上並產生出此事物的形式和本質的概念的時候，且這種知性作用自然而然是愉快的時候，那我們的快感就與此事物密切地結合起來了，與它的特性和組織也分不開了，而這種主觀根源也就與知覺的客觀根源相同」[384]。這時的快感已客觀化為事物的一種屬性了。這就是美，也就是美感。

　　桑塔亞那的自然主義美學與他同時代盛行的形形色色的心理學只一味地專著於心靈功能的研究不同，他力圖發現意識的其他自然的、生理學的根源和要素，他甚至比佛洛伊德更早認識到了性慾和生殖機能對人的思想和行為的影響。早在 1896 年發表的《美感》中，桑塔亞那就把「性」這種最基本的生命機能視為人的社會本能的根源：「生殖機能不僅給身心帶來直接的變化，而且帶來一整套社會制度，為了維護這些制度，人就需要有社會本能和習慣。」而人的社會本能，如人性等，對審美趣味、審美判斷有重要影響，「有助於吸引注意力，為藝術提供主題和動力，乃至審美的欣賞態度」[385]。這種影響歸根結柢還是由性慾決定的。當然，把性本能上升到人類社會學的高度，桑塔亞那和佛洛伊德都還算不上是真正的始作俑者，至少在叔本華和尼采那裡就有相當精彩的論述。例如叔本華說：「性關係在人類生活中扮演著極其重要的角色，它是人類一切行為或舉動

---

[383] George Santayana, *The sense of Beauty*, New York: Scribner's, 1896, p. 25.

[384] George Santayana, *The sense of Beauty*, New York: Scribner's, 1896, pp. 33-34.

[385] George Santayana, *The sense of Beauty*, New York: Scribner's, 1896, pp. 24-25.

之中不可見的中心點，戴著各種各樣的面罩，到處出現。……性愛才是這個世界真正的世襲君主，它已意識到自己權利的偉大，倨傲地高坐在那世襲的寶座上，以輕蔑的眼神統制駕馭著戀愛。……所以我們把生殖器官名之為『意志的焦點』。不獨如此，甚至人類也可以說是慾望的化身，因為人類的起源由於交合行為，同時，兩性交合也是人類『慾望中的慾望』，並且，唯有藉此才得以與其他現象結合，使人類綿延擁續。」[386]

桑塔亞那認為，性慾本身受壓抑後會「向各方面爆發」，如轉向宗教、慈善和飼養寵物等，「但最幸運的選擇是熱愛自然和熱愛藝術」，即轉向對自然和藝術的審美，「對於人，整個大自然是性慾的第二對象，自然的美大部分都是出於此種情況」[387]。有學者批評說，桑塔亞那的性慾主宰、決定人的全部生命機能包括社會本能的觀點，與佛洛伊德的泛性慾主義不謀而合，「這種把人的本性歸結為自然本能（性本能），甚至把人的社會性看成自然性的產物的觀點，完全無視人的本質是社會關係的總和的科學論斷，倒退到費爾巴哈的抽象的『自然人』的水準上，在歷史觀上屬徹底的唯心主義」[388]。

應該說，這樣的批評是切中肯綮的。的確，桑塔亞那的自然主義美學正是以生理學、生物學的自然主義為其哲學基礎的，無論是他的價值學說還是審美理論都有把社會中的人降低到「自然人」的傾向。而這種自然主義人性論，正是桑塔亞那全部美學思想最重要的理論基礎。

大約在《美感》問世 30 年以後，桑塔亞那在〈審美範疇的易變性〉一文的注釋中聲稱，他對美的看法已有了改變。他在修改自己有關「美」的定義時說，他已經放棄了「美是客觀化了的快樂」的說法，「因為我已看

---

[386] 叔本華：《愛與生的苦惱》，陳曉南譯，中國和平出版社 1986 年版，第 3 - 4 頁。
[387] George Santayana, *The sense of Beauty*, New York: Scribner's, 1896, p. 32.
[388] 朱立元主編：《現代西方美學史》，上海文藝出版社 1993 年版，第 220 頁。

到一個術語要能不變成為主觀的，只能使它產生一種直覺。」他認為審美快感既非客觀的，也非主觀的，而是一種「中立狀態」（neutral）[389]。他在〈審美範疇的易變性〉中寫道：「除了剎那間的直覺或熱情本身外，經驗中沒有主觀的東西；本質的各項，如色彩或快樂等的特質是在經驗既非客觀又非主觀、而是中立狀態之時被區分出來的。」他修正了以前的「美的定義」後指出：「美，是一個生命的和聲，是被感覺到和消融到一個永生的形式下的意象。」[390]

從他自己的其他論述看，他所謂的修補或修訂，實際上就是使其理論變得更完善的意思。他後期的「直觀本質」論，與前期的「客觀化了的快感」在強調本能和經驗方面，是完全一致的。用桑塔亞那自己的話來說，做些修改，「遠非是要脫離我過去的觀點」。實際上他從未放棄過「自然主義」與所謂「科學」的方法，「長期以來，我是依次從不同的方面表達我的本性，發展我固有的哲學的不同部分的」[391]。這種不經意的表白，從一個側面展現了作者孜孜不倦地追求真理的嚴肅態度和執著精神。

第二節　杜威

約翰·杜威（John Dewey, 1859-1952），美國哲學家，身後留下數百萬字的著作。美國南伊利諾大學出版社分早期、中期、晚期出版了他的三個系列的文集，共有 37 卷，內容涉及哲學、教育學、心理學、邏輯學等許多學術領域。他的許多著作很早就被翻譯成了中文。但是，學術界一般

---

[389]　（紐約）《哲學評論》，1925 年第 34 卷，第 284 頁。
[390]　（紐約）《哲學評論》，1925 年第 34 卷，第 284 頁。
[391]　桑塔亞那：〈為我的觀點辯護〉，轉引自施里普編《桑塔亞那哲學》，〔美〕西北大學出版社 1940 年版，第 578 頁。

只是將杜威看成是一位實用主義哲學家和教育學家，對他的美學介紹不多。在國外，特別是在最近一二十年裡，杜威的美學受到了廣泛的重視。

一、杜威在 20 世紀的接受程度

在 20 世紀，杜威無論是在哪個國家都經歷了一個廣受歡迎、普遍被冷落、又重新受到重視的過程。

杜威曾於 1919 年到 1921 年間訪問中國，在中國居住了兩年多，做過多次演講。[392] 他所宣導的「民主」與「科學」的精神，與當時中國人所擁護的口號吻合。某個時期，他甚至被一些中國人說成是「二孔子」（Second Confucius）。但是，他那溫和的、局部修補和漸進的立場，很快被當時迫切渴望一場社會巨變的中國人和激進的中國知識分子所拋棄。他的學生胡適，原本是新文化運動的積極宣導者，後來也與左翼文化界關係搞僵。

杜威在 1928 年曾訪問蘇聯，回到美國後曾在報紙上連載訪問觀感〈蘇俄印象〉，對當時的蘇聯社會頗有好感，蘇聯官方評價他是「民主和進步的哲學家」。然而在此之後，隨著蘇聯社會的變化，他的看法也有了改變。1937 年，杜威赴墨西哥主持調查了莫斯科當局對托洛斯基（Leon Trotsky, 1879 -1940）的指控，並發表了題為〈無罪〉的調查報告。史達林領導下的蘇聯政府對此反應激烈，將他說成是「蘇聯人民凶惡的敵人」。

在東方世界否定杜威之時，20 世紀中葉的西方學術界對杜威的評價也有過如此反覆的過程。哈伯瑪斯（Jürgen Habermas, 1929-）說：「在整個 1930 年代，杜威的哲學在美國，在某種程度上已經處於從奧地利和德國來的分析科學哲學的下風。」此後，「在美國的一些大『哲學』系，相當

---

[392]　參見《杜威五大演講》，胡適譯，安徽教育出版社 1999 年版。

長時期內他是一條『死狗』（ein toter Hund）」[393]。人們開始迷戀海德格、阿多諾、卡爾納普（Rudolf Carnap, 1891-1970），杜威被遺忘了。

杜威的美學也遭遇了同樣的命運。杜威的《藝術即經驗》一書出版於1934 年。用理查德・舒斯特曼的話說，實用主義美學始於這本書，又差不多「在他那裡終結」[394]。舒斯特曼總結其原因時說：「第一是由於杜威的政治觀點傾向於左翼，而在麥卡錫時代的政治氣氛下，這種左翼的觀點不受歡迎。第二是杜威的藝術觀點比較保守。他不欣賞後印象派以後的任何藝術流派，對先鋒派藝術持貶斥的態度。第三是他的論述（由於不清晰）遠沒有像分析哲學那樣在大學課堂裡受到歡迎。」[395]20 世紀中葉的美國與歐洲一樣，分析美學大行其道。在分析美學家看來，杜威的美學是「自相矛盾的方法和未受訓練的思辨的大雜燴」[396]。

到了 20 世紀後期，就像 19 世紀後期黑格爾那條「死狗」復活了一樣，杜威的哲學和美學都引起了學界的廣泛注意。在羅蒂出版於 1979 年的名著《哲學與自然之鏡》中，杜威與維根斯坦、海德格被共同列為「本世紀三位最重要的哲學家」[397]。

在美學上，杜威有著更為重要的作用。許多知名的美學家都將杜威的《藝術即經驗》一書視為 20 世紀最重要的美學著作之一。[398] 舒斯特曼認為，在英美美學傳統中，沒有一本書在涉及範圍的廣泛、論述細緻和熱情有力方面可與《藝術即經驗》相比。這本書對於那種將藝術品看成是固定、自足而神聖不可侵犯之物的傳統美學觀的衝擊，預示了巴特（Roland

---

[393] 哈伯瑪斯這段話引自他寫的書評〈論杜威的《確定性的尋求》〉。
[394] 舒斯特曼：《實用主義美學》，彭峰譯，商務印書館 2002 年版，第 10 頁。
[395] 高建平等：〈實用與橋梁：訪理查・舒斯特曼〉，《哲學動態》2003 年第 9 期，第 17 頁。
[396] A. Isenberg, *Analytical Philosophy and the Study of Art*, Vol. 46, 1987, p. 128.
[397] 羅蒂：《哲學和自然之鏡》〈導論〉，李幼蒸譯，生活・讀書・新知三聯書店 1987 年版，第 3 頁。
[398] 國際美學協會前主席貝倫特（Arnold Berleant）和國際美學協會前秘書長卡特（Curtis Carter）都說，這本書是美國人所寫過的最好的一本美學著作。

Barthes, 1915-1980）、德希達和傅柯（Michel Foucault, 1926-1984）等後結構主義者的思想，並且杜威的理論要比這些歐陸哲學家更為健全，而不像他們那樣極端。[399]

二、「活的生物」

杜威的思想可以被理解為從一個概念開始，這個概念就是：live creature。有的學者將這個詞翻譯為「活的創造物」，以突出 creature 與 create 和 creator 等一類詞之間的連繫。杜威選用這個詞，將人與動物包括在內。對於西方人來說，人與動物都是由上帝所創造；但由於東方國家沒有創世說的文化背景，一提創造，人們所想到的只有人的創造。為避免誤解，我決定還是譯為「活的生物」。

從哲學史上看，人與動物之間的區別已經被強調得太久、太過了。人們用理性、語言、意識等各式各樣的詞來說明人與動物的區別，而忽視了人與動物之間共同的東西。為此，他提出，「為了掌握審美經驗的泉源，有必要求助於處於人的水準之下的動物的生活」[400]。根據這一思路，他從動物身上找到了一種經驗的直接性和整體性。他認為，在動物的活動中，「行動融入感覺，而感覺融入行動 —— 構成了動物的優雅，這是人很難做到的」[401]。杜威還更為明確地說：「狗既不會迂腐也不會有學究氣；這些東西只有過去在意識中與當下分隔開，過去被確定為模仿的模式或經驗的寶庫時，才會出現。」[402] 因此，從動物的行為來看審美經驗的起源，這是杜威的方法的一個重要出發點。這裡的「過去」一詞，指的是經驗的

---

[399] 舒斯特曼：《實用主義：杜威》，（倫敦）勞特里奇出版社 2001 年版，第 103 頁。
[400] 杜威：《藝術即經驗》，高建平譯，商務印書館 2010 年版，第 19 頁。
[401] 杜威：《藝術即經驗》，高建平譯，商務印書館 2010 年版，第 19 頁。
[402] 杜威：《藝術即經驗》，高建平譯，商務印書館 2010 年版，第 19 頁。

保存，在《哲學的改造》一書中，杜威指出，動物不保存過去的經驗，而人保存這種經驗。[403] 然而，就針對當下事物形成經驗這一點而言，人與動物是一致的。並且，我們可以從這種經驗出發去追溯審美經驗的起源。

　　以「活的生物」為基石，杜威建立了他的一元論哲學。如果說，西方哲學從柏拉圖開始，就出現了物質世界與理念世界的對立的話，那麼，亞里斯多德有形式與質料、聖奧古斯丁有上帝之城與人類之城、笛卡兒有精神與肉體、康德有現象界與本體，這些都表明，在幾千年的歐洲哲學史上，二元論的哲學傳統始終占據著主導地位。哲學家們將原本單一的世界劃分成了精神與物質兩個世界，又想出種種辦法來實現兩個世界之間的連接。杜威認為，各式各樣的連接都是不成功的，要改造哲學，就要超越物質與精神的二元論，回到一個世界之中。

　　在上述種種二元論的哲學中，成為他最主要的理論挑戰對象的，當然還是康德的理論。康德建立了主體與客體對立的理論體系，認為主體透過將範疇強加到客體之上而使知識成為可能。但是，人們所認識的只是客體的現象，處於現象背後的本體（noumenon）卻是不可認識的。主體與客體這兩個世界，只能相互連接，相互對應，而無法看成是一個連續的整體。

　　杜威早年受莫利斯的影響，接受了黑格爾哲學。黑格爾哲學運用理念外化為自然、社會，最後又回歸精神的辯證運動來解釋從自然、生物、人類，直到精神的歷史發展，從而建立了一個無比巨大的一元論體系。在這個體系中，精神與物質的二元對立被統一到精神上來。杜威的早期著作中有著明顯的黑格爾的烙印。後來，透過吸收達爾文的思想，杜威開始走出黑格爾的思辨體系。正如羅蒂所說：「杜威的獨特成就在於，仍然足夠黑格爾化，因此不把自然科學看作對於獲得事物本質方面具有優先地位，同

---

[403] 杜威：《哲學的改造》，許崇清譯，商務印書館 1958 年版，第 1 － 2 頁。

時又足夠自然主義化，因此能根據達爾文理論來考慮人類。」[404]

二元論的哲學總是將世界看成是客體，從而形成精神是主體，而物質是客體的二元對立關係。杜威要改變這種看法，將世界看成是人的環境。人與動物一樣，只是一個「活的生物」而已。動物沒有主客體意識，它們與它們的生活環境是結合在一起的。杜威用這種他稱之為自然主義的視角來看待人，指出人與環境也具有這樣的結合關係。人是環境的一部分，環境也是人的一部分。我們的皮膚不是隔離自我與環境的牆。我們的活動是在環境刺激下形成的，我們的思想也是環境的產物。人的活動表現為與環境中的其他力量的互相作用。更進一步說，人並不是置身於環境之外對環境進行思考的。當人置身於環境之外時，環境就變成了客體。然而，我們無法置身於環境之外，而只能處於環境之中。我們不是世界諸種力量相互作用的旁觀者，而是參與者。

三、恢復藝術與非藝術之間的連續性

除了要恢復人與動物、有機體與自然之間的連續性之外，在美學上，杜威談得更多的是恢復藝術與非藝術之間的連續性。在《藝術即經驗》一書中，作者開門見山就明確指出，從事藝術哲學寫作的人的一個重要任務是，「恢復作為藝術品的經驗的精緻與強烈的形式，與普遍承認的構成經驗的日常事件、活動，以及苦難之間的連續性」[405]。

杜威所講的藝術與非藝術之間的連續性的恢復，包括幾個層次：第一是藝術品的經驗與日常生活經驗之間的連續性。我們並非只在接觸藝術品時才產生經驗，在日常生活中，經驗是無處不在的。任何能夠抓住我們的

---

[404] 羅蒂：《哲學和自然之鏡》，李幼蒸譯，生活·讀書·新知三聯書店 1987 年版，第 343 頁。
[405] 杜威：《藝術即經驗》，高建平譯，商務印書館 2010 年版，第 3 頁。

注意力，使我們發展興趣，為我們提供愉悅的事件與情景，都能使我們產生經驗。我們在街頭看到了車禍，在電視上看到某地有個新聞，聽到一則笑話，農村孩子跑十公里、二十公里去看火車，在城裡工作和居住的人不遠千里去旅遊，所獲得的都是經驗。這些經驗過去被認為與藝術經驗毫不相干。藝術經驗被當作是穿著禮服在音樂廳和劇院裡正襟危坐地聽音樂和看戲，被看成是去博物館和畫廊觀賞藝術名作，被局限於閱讀文學名著。藝術理論的研究，只是從這些藝術經驗出發，或者說，只是從公認的藝術作品出發。杜威認為，建立在這種認知基礎上的藝術理論，是一種空中樓閣。這是藝術理論走向形式主義，變得蒼白無力的原因。針對這種情況，他提出，「為了理解藝術產品的意義，我們不得不暫時忘記它們，將它們放在一邊，而求助於我們一般不看成是從屬於審美的普通的力量與經驗的條件。我們必須繞道而行，以達到一種藝術理論」[406]。透過對藝術經驗與日常生活經驗之間的連續性的認知，他在探求一種新的藝術研究方法。

　　除了藝術與日常生活之間的連續性之外，杜威還進一步尋求高雅藝術與通俗藝術之間的連續性。我們今天看到的雅典帕德嫩神廟是一件偉大的藝術品，但它對於當時的雅典人來說，只是神廟。被我們奉為經典的許多古代藝術作品，在其產生之時，也都與當時人的生活有著密切連繫。那些以大寫字母 A 開頭的「藝術」（Art）似乎具有某種被稱為「光環」（aura）的精神性，被人們高高地供奉起來，放進了博物館。大寫字母開頭的「藝術」（Art），與小寫字母開頭的「藝術」（art），即一些大眾藝術區分開來。這種區分是現代社會發展的結果。高雅藝術與通俗藝術區分之後，受過高等教育者將自己的欣賞範圍局限於前者，而更多大眾則由於覺得它蒼

---

[406] 杜威：《藝術即經驗》，高建平譯，商務印書館 2010 年版，第 3 頁。

白無力而去「尋找便宜而粗俗的物品」[407]。由此，造成了高雅藝術與通俗藝術的分野。這種分化對藝術來說，是具有災難性的，前者失去了大眾，而後者失去了品味。一方面，高雅藝術使普通人望而生畏，無法接近，不構成生活的一部分；另一方面，大眾就只能求助於凶殺、色情的粗俗品來滿足審美飢渴。杜威指出，原始人就不是如此：「文身、飄動的羽毛、華麗的長袍、閃光的金銀玉石的裝飾，構成了審美的藝術內涵，並且沒有與今日類似的集體裸露表演那樣的粗俗性。」[408] 原始藝術所具有的生氣和力量，使現代藝術相形失色，原因在於，那時沒有高雅藝術與通俗藝術的分野，藝術成為人的族群生活的一部分。有一個笑話，「問：什麼是經典的文學作品？答：是那些老師讓學生讀，但學生不讀，老師實際上也沒讀的作品。」也許，事實並沒有發展到這個程度。但是，老師在課堂上要求學生讀與他們自己實際上經常讀的作品，美學家們在理論論述中所分析的作品與他們實際上經常接觸與欣賞的作品之間，正在形成越來越大的差距，這確實是不爭的事實。對此，杜威的回答是，看看原始人是怎樣對待藝術的，看看原始藝術怎樣在今天越來越受到人們的歡迎。杜威生活在 19 世紀末至 20 世紀初期，他對許多先鋒派的藝術持懷疑的態度，但對於原始藝術，他給予高度評價。當然，我們無法回到原始時代，但重建高雅藝術與通俗藝術之間的連續性，卻是我們所能夠完成的任務。

杜威由此再進一步，試圖建立一種美的藝術與實用的或技術的藝術之間的連續性。從中世紀的手工作坊中，一方面生長出現代的製造業，另一方面也生長出美的藝術。由於受審美無利害觀點的影響，傳統的看法是，只有那些不是為著實用目的而製造出來的成品，才是藝術品。杜威認為，

---

[407] 杜威：《藝術即經驗》，高建平譯，商務印書館 2010 年版，第 6 頁。
[408] 杜威：《藝術即經驗》，高建平譯，商務印書館 2010 年版，第 6 頁。

是否實用，不是區分是否是藝術的特徵。他指出，「黑人雕塑家所作的偶像對他們的部落群體來說具有最高的實用價值，甚至比他們的長矛和衣服更加有用。但是，它們現在是美的藝術，在 20 世紀產生革新已經陳腐的藝術的作用。它們是美的藝術的原因，正是在於這些匿名的藝術家們在生產過程中完美的生活與體驗。」[409] 他所提出的藝術的標準，在我們今天看來頗具新意。他提出，美的藝術在生產過程中「使整個生命體具有活力」，使藝術家「在其中透過欣賞而擁有他們的生活」。[410]

上面的這些論述顯示出，杜威努力要建立一種回到日常生活的藝術理論。對於他來說，藝術不是無用的擺飾，不是上流階級的無病呻吟。在這裡，他直截了當地將他的主張稱為工具主義。當然，他的工具主義，不應簡單地理解為藝術在社會歷史的發展中造成工具般的作用。關於這一點，我們參考一下他關於藝術意義的論述是有益的。杜威反對那種藝術不表達任何意義的說法，他以船上的旗幟為例，指出藝術也許沒有船上旗幟那般，具有向其他船隻傳達旗語信號的意義，但的確具有裝飾甲板以供船員們進行慶祝時所具有的意義。[411] 這就是說，杜威並不像一些藝術理論家那樣，認為藝術沒有意義，只有情感或形式。但他又指出，藝術的意義，與詞的意義不同。詞是再現對象與行動的符號，代表著這些對象與行動。藝術的意義則是「在擁有所經驗到的對象時直接呈現自身。」「就像花園的意義一樣，這是直接經驗所固有的」。[412] 從這一思路出發，他認為藝術是工具，但這個工具不是用於外在的目的。藝術的功能在於加強生活的經驗，而不是提供某種指向外在事物的認識。

---

[409] 杜威：《藝術即經驗》，高建平譯，商務印書館 2010 年版，第 26 頁。
[410] 杜威：《藝術即經驗》，高建平譯，商務印書館 2010 年版，第 27 頁。
[411] 杜威：《藝術即經驗》，高建平譯，商務印書館 2010 年版，第 83 頁。
[412] 杜威：《藝術即經驗》，高建平譯，商務印書館 2010 年版，第 83 頁。

四、「一個經驗」

杜威將他的哲學稱之為經驗自然主義。經驗是他的哲學的核心，也是他的美學的核心。《藝術即經驗》的書名，如果直譯的話，可譯為「作為經驗的藝術」。但我覺得，譯為「藝術即經驗」符合原作的意思。杜威曾對藝術作品與藝術產品作了區分，提出前者從經驗的方面考察藝術，而後者脫離經驗。因此，杜威講連續性，講連繫，但是所有的連繫都是由經驗並在經驗之中溝通的。對他來說，「不作為經驗的藝術」就不是考察的對象。

杜威的經驗與此前的英國經驗主義不同。對於英國經驗主義者來說，世界是給定的事實，而哲學的任務是解釋人關於世界的知識的泉源，經驗主義者將這一泉源歸於經驗。與英國經驗主義相對立的是歐洲大陸上的理性主義，主張知識的泉源是理性。杜威哲學的對立面是主觀與客觀對立的二元論。對於他來說，無論是英國經驗主義者，還是歐陸理論主義者都屬於這種二元論。他提出，經驗是超越這種二元論的關鍵概念。世界並不處於人的對立面，而只是人的環境而已。活的生物與環境之間的關係才是給定的事實。活的生物與環境接觸產生了經驗。在這種經驗中，既包括環境作用於活的生物所產生的「經受」（undergo），也包括活的生物作用於環境所產生的「做」（do）。因此，經驗並不只有被動的一面，也有主動的一面。不僅如此，他還指出，經驗是動態而非靜態的。活的生物在與環境的互相作用中，不斷處於平衡喪失和平衡恢復的過程之中。這種平衡的失與得的過程，就是活的生物與環境相互改造的過程。由此，環境成了屬於活的生物的環境，而活的生物也適應了環境。在這種動態平衡的過程中，就產生了經驗。這種經驗既不是純粹主觀的，也不是純粹客觀的，它是人

與環境相遇時出現的。更進一步說，只有經驗才是第一性的。有了「經驗」，才能對經驗進行反思。一切關於「自我」和「物」的意識、思考和理論，都是第二性的，是在「經驗」的基礎上生長起來的。

　　從這種對經驗的定義出發，杜威進一步提出了他的「一個經驗」（an experience）的概念。經驗有完整與不完整之分。日常生活的經驗常常是零碎的、不完整的。在生活中，各式各樣的經驗在錯綜複雜地相互交雜，我們的注意力被不同的事件所吸引，我們的情感表現常常被打斷和壓抑，我們的某一項具體的活動不斷受到其他活動的干擾。但是人具有某種獲得完整經驗的內在需求。一塊石頭從山上滾下，不到山谷不會停。一件事沒有做完，我們會總是想著它。一盤沒有下完的棋，會讓我們惦念不已。一句話沒說完而被別人打斷，會使人不快以至惱怒。有一個相聲中說，一個戲迷邊騎腳踏車邊哼一段戲，撞電線桿倒地後他還接著哼，路人去拉他，他要把戲哼完再起來。這也許可以成為「一個經驗」的誇張的描繪。我們讀小說讀到關鍵處不願被打斷，看戲看電影不願只看一半，都基本於獲得「一個經驗」的要求。由此，說書人在說到關鍵處時停下，要讓聽眾「欲知後事如何，且聽下回分解」，則是利用聽眾對經驗延續性的要求而實現不同時間獲得的經驗之間的連接。這樣一來，聽書人在一次聽書活動中，既獲得了「一個經驗」，又沒有獲得完整的「一個經驗」。他這次所獲得的「一個經驗」，是一個大的「一個經驗」之中的小的「一個經驗」。我們在讀長篇小說、聽系列演講和看電視連續劇時的經驗歷程，也具有類似的模式。

　　「一個經驗」就是一次圓滿的經驗。這種經驗在生活中到處可見。圓滿地完成一項工作，成功地解答出來一道數學題，盡興地玩一次遊戲，寫完一篇文章，都得到了「一個經驗」。在生活中，不完整的經驗不具有累

積性，無法帶給人深刻的印象，事過境遷，我們可能很快就會將它忘記了。但有時，我們會永遠記住一些經驗。這既可以是一次大難不死的經歷、一次刻骨銘心的戀愛，也可以是一次聚會、一次旅遊、一頓飯、一件事的處理過程等等。這些經驗不一定是正面的，使人興奮、愉悅、陶醉，它也可能是反面的，使人感到痛苦、憂傷、悔恨。只要具有某種自身的完整性，從而具有意義，就成為「一個經驗」。

「一個經驗」為我們提供了一把理解「審美經驗」的鑰匙。過去的美學家都把「審美經驗」看得很神祕。特別是英國經驗主義者，常常利用「審美感官」來論證「審美經驗」。這種「審美感官」在一些人如沙夫茨伯里（Anthony Ashley Cooper, 3rd Earl of Shaftesbury, 1671-1713）和哈奇森（Francis Hutcheson, 1694-1746）那裡被看成是一種「內在感官」（internal sense），並將這種「內在感官」看成是獨立的，與「外在感官」即我們通常所說的視聽嗅味觸感官並列的思想泉源。與這種觀點不同，杜威致力於恢復審美經驗與日常生活之間的連續性。對於他來說，我們只有五種感官，而沒有什麼第六感官，並不存在「內在感官」。只要獲得完滿發展的經驗，就成了「一個經驗」。「一個經驗」不一定就是「審美經驗」，但它的確是具有審美性質的經驗，而「審美經驗」只是「一個經驗」的集中與強化而已。審美經驗也不是康德美學所強調的那樣，其中沒有實用的考慮，沒有理智的概念。杜威提出：「審美的敵人既不是實踐，也不是理智。它們是單調；鬆垮而目的不明；屈從於實踐和理智行為中的慣例。」[413] 因此，具有整一性、豐富性、累積性和最後的圓滿性的經驗，就具有了審美的特質。

---

[413] 杜威：《藝術即經驗》，高建平譯，商務印書館 2010 年版，第 40 頁。

五、情感形成的「檸檬汁」理論

「一個經驗」從衝動開始，但衝動還不是「一個經驗」。「一個經驗」的形成，依賴於雙重改變的過程。在這個過程中，一個活動轉變為一個表現行動，而環境中的事物轉變成了手段和媒介。在「一個經驗」之中，凝聚了活的生物與環境的相互作用的結果。

杜威在這裡區分了「刺激」（impulse）與「衝動」（impulsion）。前者是有機體特殊而專門的對環境的反應，而後者是有機體作為整體對環境的適應。中文翻譯也許不能準確地展現這一原意，因此必須特別加以說明。在中文語境，刺激表示一種從外向內的作用，如一個人在光與聲的刺激下情緒發生變化，某人受了刺激而精神異常；而衝動表示一種從內向外的作用，如一個人受到欲望的驅使，一時衝動，做出某事。但杜威所說的卻不是這個意思。他的意思是：「這是活的生物對食物的渴求，而不是吞嚥時舌頭與嘴唇的反應；作為整體的身體像植物的向日性一樣趨向於光明，而不是眼睛追隨著一束具體的光線。」[414] 他解釋道，前者是衝動，後者是刺激。由此看來，內在與外在，在此是結合在一起的。「刺激」和「衝動」都既具有外在的因素，也具有內在的因素。杜威強調一種由內向外的運動，但又表示，這種運動的根源仍在於有機體對環境的適應。情感的表現，與這種運動有著密切的關係，也同樣具有這種整體性。

情感的表現，是美學研究中的一個老問題，從 20 世紀初直到 20 世紀中葉，許多美學家都對此做過論述。因此，杜威的表現論為這一古老的問題提出了新的視角。關於表現，我們對一些觀點可能不會陌生。例如，托

---

[414] 杜威：《藝術即經驗》，高建平譯，商務印書館 2010 年版，第 58 頁。

爾斯泰（Leo Tolstoy, 1828-1910）曾講過要在心中喚起情感，並用動作、線條、色彩和聲音來傳達這種情感。這似乎暗示了一種情感傳達說，即外在的材料只是在傳達一種已經存在的情感。[415] 克羅齊的表現說，強調表現與直覺的統一，認為透過線條、色彩、聲音和文字實現了表現，才成為真正的直覺。他否定外在的物質材料與表現有關，藝術作品從本質上說是一個精神的與想像的綜合體將印象融合成一個統一的整體而已。在他的心目中，物質材料只是傳達已經實現的表現，而表現在真正的直覺中即已實現了。[416] 貝爾提出一切視覺藝術的共同性質是「有意義的形式」，一種「線、色的關係和組合」，「審美地感人的形式」。[417] 貝爾在設想形式與情感的對應關係，然而二元論的哲學框架使他不能解釋這種對應關係形成的原因。

與這些人的觀點不同，杜威認為，表現需要兩個條件，即內在的衝動和外在的阻力。它是被壓出（ex-press 即 press out）的，因此依賴於被壓的東西和壓力的存在。不存在一種先在的情感，然後用符號將它記錄下來。情感的表現過程，也同時就是產生過程。這是一種情感形成的「檸檬汁」理論。藝術家在藝術創作活動中產生情感，而不是傳達已經產生的情感。藝術是在一種表現性動作中形成的。在表現性動作的發展之中，情感就像磁鐵一樣將合適的材料吸向自身。情感的直接發洩不是表現，只有在它「間接地使用在尋找材料之上，並賦予秩序，而不是直接消耗時，才會被充實並向前推進」[418]。

不僅情感，而且思想也具有與材料結合的特點。杜威認為，人可以透

---

[415] 托爾斯泰：《什麼是藝術？》，轉引自 Thomas E. Wartenberg (ed.), *The Nature of Art: An Anthology*, Beijing: Peking University Press, 2002, pp. 98-106.

[416] 克羅齊：《美學原理‧美學綱要》，朱光潛等譯，外國文學出版社 1983 年版，第 7 – 18 頁。

[417] 貝爾：《藝術》，馬鍾元等譯，中國文聯出版公司 1984 年版，第 4 頁。

[418] 杜威：《藝術即經驗》，高建平譯，商務印書館 2010 年版，第 70 頁。

過圖像和聲音來思考，語詞並非是唯一的思想媒介。當然，語詞是重要的思考媒介，但並非所有的意義都能透過詞語得到表現。繪畫和音樂由於其直接可見和可聽的性質而能夠表現一些獨特的意義。當我們詢問，繪畫和音樂所表現的是什麼意義時，我們是在要求一種從圖像和聲音的意義向語詞意義的轉換，而這本身就否定了圖像和聲音的意義的獨特性。因此，藝術家是用形象來構思他們的作品的，這種形象同時也與藝術所使用的媒介，即實際的材料結合在一起。因此，這種思維既是圖像的思維，也是材料的思維。

杜威還進一步將表現中所出現的情感與形式的關係歸結到表現性動作上來。他在書中有一段對素描的論述，對表現的這種特點作出了生動的論述。他說：「畫（drawing）是抽出（draw out），是提取出題材必須對處於綜合經驗中的畫家說的東西。此外，由於繪畫是由相關的部分組成的整體，每一次對具體人物的刻劃都被『引入』（be drawn into）一種與色彩、光、空間層次，以及次要部分安排等其他造型手段的相互加強的關係之中。」[419]據說是五代後梁的畫家荊浩在《筆法記》中否定「畫者華也」，而肯定「畫者畫也，度物象而取其真」，表達了類似的意思。在表現性動作之中，藝術創作的主客體之間的統一得以實現。

更為重要的是，杜威提出，藝術作品所表現的並不是情感，而是帶有情感的意義。他認為，情感與思想、與意義都是不可分開的。藝術所表現的，也不是「自我」。相反地，並不存在一種先於表現的自我。我們是在與他人的交流中，逐漸學會表達意義。我們學會了表達的方式，這些表達方式既塑造了我們的「自我」，也使我們能夠「表現」。

---

[419] 杜威：《藝術即經驗》，高建平譯，商務印書館 2010 年版，第 92－93 頁。

六、美學與杜威的改造計畫

荷蘭學者菲力普・澤爾特納（Philipp Zeltner, 1865-1946）曾這樣寫道：「杜威的哲學就是他的美學，而其所有在邏輯學、形而上學、認識論和心理學中的苦心經營，在他對審美和藝術的理解中被推向了頂點。」[420]這位作者也許出於對杜威美學的偏愛才作出這一結論，但如果了解杜威的基本思想傾向的話，我們就會發現，這種說法中確有一些深刻的道理。

有一個問題，表面看來與我們所涉及的話題無關，但實際上對我們理解杜威有著非常關鍵的作用。這就是杜威對科學的態度。我們知道，杜威一生都非常關注科學的發展。在他的學術論述中，我們常常可以看到，他了解當時科學發展中許多最新的成果，並對這些成果持歡迎的態度。在這些科學成果中，達爾文的演化論思想、心理學的最新發展，對他的哲學美學體系起到了至關重要的作用。但杜威並不是一個科學主義者，他的哲學模式，並不是依據科學建立起來的。

羅蒂曾將哲學區分為三個階段，指出從教父時代直到 17 世紀，「哲學」一詞「指的是將古代智者（尤其是柏拉圖和亞里斯多德）的思想用於拓廣和發展基督教的思想架構」。到了 17、18 世紀，「自然科學取代宗教成了思想生活的中心。由於思想生活俗世化了，一門稱作『哲學』的俗世學科的觀念開始居於顯赫地位，這門學科以自然科學為楷模，卻能夠為道德和政治思考設定條件。」這種思想的代表就是康德，黑格爾也包括在內。現代哲學是在對康德和黑格爾的科學主義的批判過程中形成的。這種批判的特點就是用政治和文藝來取代科學，成為文化的中心。羅蒂認為，馬克思選擇了政治，而尼采選擇了文藝；杜威選擇了政治，而海德格選擇

---

[420] Philip M. Zeltner, *John Dewey's Aesthetic Philosophy*, Amsterdam: B. R. Grüner, 1975, p. 3.

了文藝。[421] 如果說，在美國大學的哲學系裡，馬克思與尼采沒有對康德體系構成根本威脅的話，那麼對於羅蒂來說，重新回到杜威則成了挑戰康德傳統的新一輪努力。

杜威是否使他的哲學從屬於政治，這也許是個可引起爭議的話題。至少，就我們所讀到的幾本杜威的著作而言，他所做的更多是使他的哲學從屬於教育和美學。我們對羅蒂所謂的杜威選擇政治，應該作廣泛的理解。實際上，他所關注的並非狹義的政治，而是整個社會的改造，而這一點實際上與他的美學是連繫在一起的。

有人提出從學科譜系觀點看不可理解的現象：杜威繼承了席勒關於審美教育的思想，只是將席勒的貴族式教育理念轉換成了平民的教育理論而已。席勒是康德的信徒，但杜威卻在反對康德的同時，接受了席勒思想的有益因素。透過教育來改造世界、改造人，從而達到一個美的世界，用這句話來概括杜威的理論意願，也許離事實相差不遠。美學是杜威關於哲學改造的一部分，同時也是他關於社會改造和人的改造的一部分。

在《藝術即經驗》的最後，杜威提出，「藝術的材料應從不管什麼樣的，所有的泉源中汲取營養，藝術的產品應為所有人所接受」[422]。他提出了一個烏托邦：使藝術從文明的美容院變成文明本身。他滿懷信心地相信藝術會繁盛，認為「藝術的繁盛是文化水準的最後標準」[423]，藝術將與道德結合，而愛與想像力在其中產生重要的作用。這些內容都表明，假如杜威沒有寫出《藝術即經驗》，他的全部思想體系將是不完整的。當他寫出這本書以後，他的全部理論所努力要達到的目標，從改造哲學、教育直到改造社會和人的全部思路，就清晰地顯露出來。

[421] 羅蒂：《哲學和自然之鏡》，三聯書店 1987 年版，中譯本作者序，第 11 － 14 頁。
[422] 杜威：《藝術即經驗》，高建平譯，商務印書館 2010 年版，第 344 頁。
[423] 杜威：《藝術即經驗》，高建平譯，商務印書館 2010 年版，第 345 頁。

七、杜威美學的歷史針對性和當代意義

對一個人的思想，可以從兩個方面來評價。第一是看他與前人相比，有沒有提出新的東西；第二是從今天的角度看，這個人的思想有無意義，有什麼作用。這兩者在有的人身上是重合的，在有的人身上則不重合。從這兩個方面來看杜威，我們會得到一些有趣的結論。

杜威的確提供了許多前人沒有提供的東西。在他之前，美學界受康德和黑格爾的影響。康德為 20 世紀初的西方美學界帶來了二元論、形式主義，黑格爾為美學界帶來了唯心主義精神。杜威是這兩種影響的挑戰者。他反對克萊夫·貝爾的形式主義，反對克羅齊的唯心主義，將達爾文的自然主義精神帶入美學之中，為美學提供了一個新的支點。

杜威對今天的美學的意義，是在一個新的背景下形成的。20 世紀的美國美學，取得了許多成就。在著名的美學家中，有我們所熟知的韋特墨（Max Wertheimer, 1880-1943）、蘇珊·朗格、比爾斯利（Monroe Beardsley, 1915-1985）、迪基、丹托（Arthur Danto, 1924-2013）、古德曼等，這個名單列舉起來會很長。在這批人中，有深受康德哲學影響的韋特墨和朗格。韋特墨代表著格式塔心理學在美學上的發展，康德式主體為客體提供範疇的思維模式為這種心理學提供了理論基礎。朗格關於情感符號的觀點，是新康德主義在美學上的顯現。至於比爾斯利等一批分析美學家們的思想，則是維根斯坦思想的發展。維根斯坦本來對美學持否定的態度，然而，分析美學正是在他們的思想基礎上發展起來的。這種美學致力於對藝術批評所使用的概念進行分析。分析美學對康德美學和黑格爾美學都持批判的態度，但是，這種美學仍然繼承了康德和黑格爾對學術分科和將藝術孤立化的做法。這些美學家花了很多的精力來論證藝術的定義問題，認定

藝術是人類的一種獨特活動所產生的獨特的產品,而忽視藝術生產與日常產品生產之間的連繫。對於是否存在大寫字母 A 開頭的「藝術」(Art)問題,分析美學家們的態度是,只對這個已經被認定的事實進行分析。分析美學家們對批評所使用的術語進行分析,滿足於將美學理解成批評。分析美學家們還應對先鋒派在藝術構成的挑戰,思考怎樣的藝術定義才能將這些藝術包括進去,從而使他們的理論跟上時代。由於這種美學的邏輯嚴密性,以及這些美學家們對同時代藝術的親和態度,使得分析美學一度成為在包括美國美學界在內的西方美學界中占據著統治地位的美學。

只是到了 20 世紀末,分析美學在國際美學界的統治地位才受到某一些方面的挑戰。在這些挑戰者中,有人從後現代主義的角度對菁英性的藝術概念表示不滿,有人從後殖民主義的角度開始對非西方美學傳統進行闡釋,也有人回到維根斯坦的後期思想,尋找語言與生活的連繫。在這種情況下,杜威的美學成為一個重要的思想資源。杜威美學不像受康德、黑格爾影響產生的美學,以及分析美學那樣,從公認的藝術作品出發,而是要「繞道而行」,從「活的生物」出發,這就使美學建立在了一個新的基礎之上。杜威美學在今天的意義,正在於此。

第八章
符號論美學

概論

　　「符號論美學」（Symbolist Aesthetics），是 1920 年代中期在歐洲獲得主流地位的美學思潮，第二次世界大戰後到 1950 年代又開始風靡美國，後來逐漸產生了世界性影響，至今在國際美學界尚有影響。符號論美學的奠基者是德國哲學家和觀念史學家卡西勒，其符號理論和文化哲學研究為整個符號論美學提供了哲學基礎，此即「符號形式哲學」（Philosophie der Symbolischen Formen）。如果再向前追溯，「美學之父」德國哲學家鮑姆加登的《美學》就曾在其第一部分「理論美學」中為「符號學」預留了位置，計畫用這部分研究藝術品中使用符號的理論，足見「符號之維」對於美學研究的重要價值。

　　從時間上看，按照吉爾伯特（Katharine Gilbert, 1886-1952）和庫恩（Helmut Kuhn, 1899-1991）合著的《美學史》所述，「符號理論」（Theories of the Symbol）在歐洲美學界取得「統治地位」是在 1925 年左右，「符號的概念成了核心」[424]。在這個時期，無論曾占據主宰地位的把藝術視為「直覺」、「想像」抑或「情感的表現」的理論（從克羅齊到柯林伍德的「表現主義」美學），還是將美降格為「客觀化的快感」的學說（如桑塔亞那的「自然主義」美學），都已失去了吸引力。激發出更大理論熱情的，是將藝術視為一種「形成符號和符碼」（forming symbol and signs）的人類卓越能力的新思路。卡西勒的符號論就在這時應運而生。他的理論又可以被看作一種「文化現象學」（the phenomenology of culture）[425]或者「哲

---

[424] Katharine Everett Gilbert and Helmut Kuhn, *A History of Aesthetics: Revised and Enlarged*, London: Thames and Hudson, 1956, p. 556.

[425] Mikel Dufrenne, *Main Trends in Aesthetics and the Science of Art*, New York: Holmes & Meier Publishers, 1979, p. 169.

學人類學」（philosophical anthropology）[426]，因為符號的「文化形式」被視為人類「創造性活動和表現」的各種類型，以至於符號形式本身構成了「組織精神現象學的真正原則」（the true principle of organization for phenomenology of spirit）。這便為整個符號論美學的建構奠定了廣泛而深厚的基礎。

在純美學領域，美國哲學家和美學家朗格繼續發揚這種符號論原則，在美國美學界繼續拓展了符號論，形成了龐大的思想譜系。當然，最明顯的「符號論美學」的發展線索是從卡西勒到朗格的思想傳承，這也是德國思想在美國的生根發芽和開花結果。但是，與卡西勒同時代的符號論的影響卻不僅於此，不僅有德國內部的發展線索，還有從德國到法國的發展線索。

使卡西勒符號論得以「橫向拓展」的仲介橋樑，就是著名的「瓦爾堡研究所」（Warburg Institute）的整體性學術研究。在這個學派的深度影響之下，新湯瑪斯主義者馬里頓（Jacques Maritain, 1882-1973），就將「符號功能」植根於「神靈活動」（divine activity）之中，從而將符號論的影響延伸到了法國。另一位德裔藝術史家潘諾夫斯基（Erwin Panofsky, 1892-1968），更是在符號論的意義上繼續發展出現代的「圖像學」（iconology）理論。隨著潘諾夫斯基從德國來到美國及其著作被翻譯為英文，他的理論在整個歐美世界產生了巨大影響，不僅在藝術史領域被奉為「圖像學」的祖師，也常常為美學界所稱道。

從歷史地位上看，潘諾夫斯基不僅將所謂「圖像學」從輔助性的研究手段提升為獨立的學術門類，同時也根據藝術史的闡釋全面解釋了「圖

---

[426] Monroe C. Beardsley, *Aesthetics from Classical Greece to the Present: A Short History*, New York: Macmillan, 1966, p. 348.

像學」的基本理論。這些都是對符號論的積極發展。他的重要著作包括
《圖像學研究》（*Studies in Iconology*）和英文文集《視覺藝術中的意義》
（*Meaning in the Visual Arts*）等。受到符號學哲學的影響，潘諾夫斯基更關
注的是藝術作品內部的象徵意義，換言之，他建構的「圖像學」的終極目
標，在於解釋藝術品所蘊含的象徵意義。因此，在潘諾夫斯基那裡，符號
與象徵本來是具有親和力的。潘諾夫斯基明確提出了視覺所見的物（從日
常生活到藝術品）的三重含義，換言之，可以從其主題或意義中區分出三
個層次：

　　第一個層次是「初級或自然的主題」（primary or natural subject mat-
ter），還可細分為「事實的」（factual）與「表現的」（expressional）兩
類。由「初級或自然的主題」的載體亦即純形式所構成世界，也可以稱為
「藝術主旨的世界」（the world of artistic motif）。第二個層次是「從屬或
俗成的主題」（secondary or conventional subject matter）。在潘諾夫斯基看
來，「圖像學」的基本任務之一就是鑑別這些意象、故事和寓言。顯然，
由它們顯現的「題目和概念所構成的世界」是與「藝術主旨」所顯示的
「初級或自然的主題」的世界相互對立的。第三個層次是最高的層次，即
「內在的意義和內容」（intrinsic meaning or content）。[427] 這也恰恰是潘諾
夫斯基的「圖像學」最關注的圖像的「深層意義」。「發現並解釋這些『象
徵性』價值……就是我們稱之為『圖像學』的研究對象，這與『圖像志』
的研究對象是對立的。」[428]

　　這樣一來，潘諾夫斯基就將這種「圖像解釋」或者「視覺解釋」過程

---

[427] Erwin Panofsky, *Meaning in the Visual Arts,* Garden City, New York: Doubleday Anchor Books, 1955, p. 30.
[428] Erwin Panofsky, *Meaning in the Visual Arts,* Garden City, New York: Doubleday Anchor Books, 1955, p. 31.

分為三個階段，它們分別與主題或意義的層次相匹配。第一個層次「初級或自然的主題」對應的是所謂「前圖像志的描述」（pre-iconographical description），屬於「前圖像志」階段；第二個層次「從屬或俗成的主題」對應的是所謂「圖像志的分析」（iconographical analysis），屬於「圖像志」階段；第三個層次「內在的意義和內容」對應的則是「圖像學解釋」（iconological interpretation），屬於「圖像學」的階段。[429] 這種理論適用於從日常生活到藝術解釋的所有方面，當該理論用於藝術史時便形成了強大的闡釋。在「視覺解釋」過程中、在「前圖像志」階段，人們還只停留在辨別藝術品的符號階段，僅僅涉及藝術品最基本的視覺事實層面，這個層面往往與形式要素混淆起來。潘諾夫斯基強調，這種「主旨」與「前提」（presupposes）並不是「圖像學」所對應的事物。當人們穿過了「形式感知」（formal perception）進入意義世界時，就會了解「事實性意義」（factual meaning），進而感受到事物的「表現性意義」，這就進入了「圖像志」階段。在對藝術品的解釋裡面，該階段需要的是諸如人物身分、故事內容、歷史背景之類的指示性解釋。只有進入這個階段，才是進入了作品分析階段，才能正式開始研究意象、故事和語言的「圖像學」的工作。

然而，只有提升到「圖像學」階段的研究，才能完全達到潘諾夫斯基所設想的研究境界。這是由於從深層程度區分來看，「圖像志」階段只屬於「現象」階段，只有深入到內在的意義和內容，才可能成為真正的「視覺事件」（visible event）而變得可以被真正理解。在這個階段，由於藝術家的個性特質、時代狀況、區域狀態，宗教內涵、歷史意蘊被闡發出來，藝術的「基本原則」或者「象徵性價值」才完全顯現。當然，這些原則

---

[429] Erwin Panofsky, *Meaning in the Visual Arts*, Garden City, New York: Doubleday Anchor Books, 1955, p. 33.

和價值並不是空穴來風，這些內容都是透過「構成方法」（compositional methods）與「圖像意義」（iconographical significance）而呈現出來的。

然而，源於卡西勒哲學的符號論及其歷史脈絡，卻顯然不同於 20 世紀「符號科學」的另外兩條線索，它們基本上相頡頏。一條線索始於瑞士語言學家索緒爾（Ferdinand de Saussure, 1857-1913），他明確提出要以語言學為根基建構一套名為「符號學」（Lasemiologie）的學科。此後經過「布拉格學派」的發展而激發出了「結構主義」理論大潮。所以，從 1950 至 1960 年代開始，主要在文學理論領域形成了著名的「結構主義－符號學」傳統。

另一條線索則開始於美國實用主義哲學家皮爾士，他從邏輯角度對符號學的推動，在 1930 年代的美國哲學家莫利斯那裡得到系統化，後者在《符號，語言和行動》（*Symbol, Language and Action*）中著重研究了符號過程和符號行動的問題。莫利斯的「審美符號」研究在美國影響頗大，他將藝術品與其意義之間關係的研究列為「語義學」（Semantics），將審美符號與藝術符號的各個要素之間的關係稱為「符號關係學」（Syntactics），將藝術的交往功能視為「語用學」（Pragmatics）。從 20 世紀中葉的直接影響上看，「莫利斯的圖像符號（Iconic Sign）理論與朗格的呈現符號學（Presentational Symbolism）理論成了許多美學家思想的組成部分。……認定藝術品應被理解為某種形式的符號（form of symbol）抑或具有符號特徵的觀點」，被諸如南姆（Milton Nahm, 1903-1991）《審美經驗及其假設》（*Aesthetic Experience and Its Presuppositions*）的藝術家情感符號論、巴拉德（Edward Ballard, 1910-1989）《藝術與分析》（*Art and Analysis*）的藝術品作為「自我指稱的自然符號」（self-significant natural symbol）的理論繼承下來，還有本斯（Max Bense, 1910-1990）這樣的研究者在《美學 II：審

美資訊》（*Aesthetics II: Äesthetische Information*）中也直接承繼了莫利斯的衣缽。[430]

　　總之，無論是由索緒爾而形成的語言論思潮，還是由皮爾士形成的邏輯論主線，提出的都是「Semiology」和「Semiotic」，中文皆通譯為「符號學」。

　　由符號學而生的美學今天仍具有強大的生命力。義大利的艾可（Umberto Eco, 1932-2016）和法國的巴特都是其中的佼佼者。艾可的《符號學原理》（*A Theory of Semiotics*）和《符號學與語言哲學》（*Semiotics and the Philosophy of Language*），羅蘭・巴特的《符號學原理》（*Eléments de sémiologie*）和《顯義與隱義》（*L'obvie et l'obtus*）都是其中的名作。艾可提出了一整套邏輯嚴密的符號學體系，其學術探索是以美學為起點的，所謂「開放的作品」（open works）的獨特觀念就是他的符號學在美學上結出的果實。

　　從符號學出發，巴特則提出了著名的「顯義」（sensobvie）與「隱義」（sensobtus）的理論。他認為圖像能傳達三層基本意義：

　　第一層是「資訊層」（informational level）。[431] 這也是幾乎所有圖像都能傳達的資訊，無論厚重還是稀薄。這個層次就是巴特所說的「訊息」（message）的符號學領域。這些資訊可以直接傳播，所以又可以稱之為「傳播層」（level of communication）。第二層就是「符號層」（symbolic level）。[432] 從總體來看，這個層次也就是所謂「意指層」（level of signification）。正是由於被置於更廣泛的歷史領域，所以這種新的符號學層面

---

[430] Monroe C. Beardsley, *Aesthetics from Classical Greece to the Present: a Short History*, New York: Macmillan, pp. 354-355.

[431] Roland Barthes, *The Responsibility of Forms*, Oxford: Basil Blackwell, 1986, p. 41.

[432] Roland Barthes, *The Responsibility of Forms*, Oxford: Basil Blackwell, 1986, p. 42.

不再向「資訊科學」開放，而是向精神分析學、經濟學、戲劇作法之類的「符號科學」（sciences of symbol）開放。第三層則為「意指層」（level of signifying），[433] 即巴特所謂「第三種意義」，也是其分析的重點。這第三種意義是游移的，甚至作者本人也不知道其所指是什麼，無法確定其特徵，但從中卻可以看到「意指」的諸種變化。在這個方向上，關於文本的符號學就出現了，這裡的「意指」就是指明符號進入話語並與其他符號相互組合的動態過程，由此第三種意義便應運而生。

在做出這三者的區分之後，巴特就提出了關於圖像意義的核心符號學思想，這就是所謂「顯義」與「隱義」的重要區分。按照他的觀點，「象徵層」抑或「意指層」所顯現的意義就是「顯義」。這種意義之所以為「顯」，是因為它本身具有確定性和顯明性。與「顯義」、「自然的」顯明性不同、在某種意義上剛好相反，還有一種更為隱含、隱晦、游移的意義，即「隱義」。這種「隱義」又兼有「晦義」、「鈍義」等含義。這種意義看似觀賞者的理解力不能吸納而具有「多餘」性質，而且，這種意義「既是持續穩固的（persistent）又是易變無常的（fugitive），既是表面的（apparent）又是不可捉摸的（evasive）」，[434] 所以才稱之為「隱義」。巴特將這種意義比喻為「變鈍」（blunted）與「圓滑」（rounded），意指將過分顯明、過分強烈的意義變得鈍化、圓滑，從而走向隱晦和多元。

總之，從卡西勒、朗格、潘諾夫斯基到艾可、巴特，作為方法論的符號思路始終是在兩個層次上發揮作用的：一方面是「潛在的層次」，「符號對象（symbolic objects）和經驗中的意義系統（significant systems）」被逐漸建立；另一方面則是「意識的層次」，這些系統是被嚴格建立起來的，

---

[433] Roland Barthes, *The Responsibility of Forms*, Oxford: Basil Blackwell, 1986, p. 43.
[434] Roland Barthes, *The Responsibility of Forms*, Oxford: Basil Blackwell, 1986, p. 44.

它們成了結構上日益普遍的、形式的和抽象的對象，一般在「符號功能的結構」（the structure of the symbolic function）那裡達到頂點。[435]無論怎樣，從符號論意義上建構的美學，可以說影響至今綿延不絕。

第一節　卡西勒

「符號論哲學」的奠基者是卡西勒（Ernst Cassirer, 1874-1945），他創建了著名的「符號形式哲學」。1874 年 7 月 28 日，卡西勒出生於德國的布雷斯勞（現屬於波蘭）的猶太家庭。1892 年進入柏林大學，兩年後師從齊美爾研究康德的課程，後者向他推薦科恩（Hermann Cohen, 1842-1918）論康德的著作。科恩是第一位在德國獲得教授之職的猶太人，是所謂「新康德主義馬堡學派」的代表，從他開始，康德被視為「認識論者」（Erkenntniskritiker）或者科學方法論者而非形而上學家。這使卡西勒下定決心到馬堡去追隨科恩，他的博士論文以笛卡兒的數學和自然知識為分析對象。除早期著作之外，卡西勒的全部著作可以分為兩類：一類是「數學與自然科學」的哲學；另一類則是「符號形式」哲學。

1903 年回到柏林後，卡西勒開始在柏林大學發展了對文藝復興時期以來現代哲學和科學的經典式解釋。1919 年之後，他在法蘭克福和馬堡這兩所新建的大學獲得了教授職位。1933 年，完成了三卷巨著《符號形式哲學》（*Philosophie der symbolischen Formen*）。此書突破了馬堡學派的新康德主義，試圖在整體的哲學視角內將科學與非科學的思維模式結合起來。1929 年春，他與海德格發生了著名的爭論，反對後者的「此在的存在論分

---

[435] Mikel Dufrenne, *Main Trends in Aesthetics and the Science of Art*, New York: Holmes & Meier Publishers, 1979, p. 173.

析」，在符號形式哲學的意義上擁護對康德哲學的新理解，力求在自然科學與文化科學之間走一條新路。

　　1933 年離開德國後，卡西勒在牛津授課兩年，隨後在瑞典又待了 6 年。最終，他選擇到美國，1941 年到 1944 年在耶魯、1944 年到 1945 年在哥倫比亞執教，並用英文撰寫了兩部著作，一部就是《人論》（*An Essay on Man*），它基本是《符號形式哲學》的簡本；另一部則是《國家的神話》（*The Myth of the State*），根據神話思想分析法西斯主義的起源。在美國，卡西勒也有著忠實的信徒，一位是物理學家帕普（Arthur Pap, 1921-1959），他致力於「功能的先驗」的探索；另一位則是下一節將專論的、從藝術研究角度發展了符號學的著名美學家蘇珊・朗格。1945 年 4 月 13 日，卡西勒由於心臟病突發病死在紐約街頭。

一、「符號形式哲學」的奠基

　　「符號形式哲學」是卡西勒獨特的學術建樹，鮮為人知的是，這些建樹最初是受了一位藝術史家沃伯格（Aby Warburg, 1866-1929）的影響。或者說，「符號形式哲學」的重要理論來源是沃伯格的文化科學研究，因為後者就致力於古代宗教、儀式、神話、巫術的原型形式研究。卡西勒的哲學更多以「文化事實」（fact of culture）作為基點，並將「人類文化的歷史」視為一個完整的總體。當然，這種哲學的邏輯起點，就是對人的功能性界定：人基本上是「符號的動物」（animal symbolicum，即 symbolic animals）。這種「符號宇宙」也就構成了在人們自身與世界之間的符號系統或者表現系統。卡西勒的哲學主旨，就在於透過各式各樣的差異性和豐富性，闡明與「文化事實」相匹配的可能性條件，所有「文化形式都是符

號形式」。[436] 這種符號系統，就是在（人與動物共有的）受器系統和動器之外（或者說介於前兩種之間）的「第三系統」，它是人所獨有的能力，只有人才具有「符號化的思維和符號化的行為」，才能發明符號、創作符號並運用符號。

「符號」，一方面必定是具有某種形式的「符號」，另一方面還要與某種「意義」相關，當然，意義是為「知覺」所揭示的。「一切以某種形式或在其他方面能為知覺揭示出意義的現象，都是符號。」[437] 在卡西勒那裡，「符號意義」（symbolic meaning）被彰顯出來。「符號意義」的最基本和首要的類型，就是「表現性」（expressive）意義，日常生活以人們為中心而形成的經驗就是情感性的意味，這就是所謂的「表現功能」（Ausdrucksfunktion）。這種類型的意義為「神話意識」奠定了基礎。與「表現功能」對應，還有一種「再現功能」（Darstellungsfunktion），呈現出某種「再現性符號意義」（representative symbolic meaning）。這種意義幫助人們區分表象與現實，康德意義上的時間、空間等由此獲得了「表象」的構形。在表象與現實之間，人們還會遭遇第三種或最終的功能，那就是「符號性功能」（Bedeutungsfunktion，亦即 significative function）。這種功能最重要的展現就是「關係的純領域」。

《符號形式哲學》所描述的這些不同的功能，相應地形成了一種「符號活動能力」（symbolic activity），人正是透過這種符號形式來「勞作」（work），而構成了語言、神話、宗教、藝術、科學和歷史的人類活動體系的「扇形面」。換言之，「語言形式」、「藝術想像」、「神話符號」和「宗教儀式」等「符號形式」都構成了人為媒介的中介，從而在不同的層次上

---

[436] 卡西勒：《人論》，甘陽譯，上海譯文出版社 1985 年版，第 33 頁。
[437] Ernst Cassirer, *Philosophie der symbolischen Formen. Erster Teil: Die Sprache*, Berlin: Bruno Cassirer, 1923, S. 109.

歷史性地展開了「生命一體化」（solidarity of life）。

二、藝術作為「符號體系」

　　按照卡西勒的符號論，藝術，包括視覺藝術，都屬於符號體系。「藝術確實是符號體系，但是藝術的符號體系必須從內在的而不是超驗的意義來理解。……藝術的主題不是謝林的形而上學的無限，也不是黑格爾的絕對。我們應當從感性經驗本身的某些基本的結構要素中去尋找，在線條、布局，在建築的、音樂的形式中去尋找。可以說，這些要素是無所不在的。它們顯露無遺，毫無任何神祕之處：看得見，摸得著。……就人類語言可以表達所有從最低級到最高級的事物而言，藝術可以包含並滲入人類經驗的全部領域……因為沒有任何東西能抵擋藝術的構成性和創造性過程。」[438] 顯然，這便從人類最切實的經驗出發，將藝術作為符號的本質呈現了出來，然而，單單將藝術定位為一種「符號語言」還遠遠不夠。這種對藝術的定位，只是規定了藝術屬於哪些「共同的類」，並沒有描述出「差別」。

　　那麼，藝術之為「符號體系」或者「符號語言」的具體化規定又在哪裡呢？在此，卡西勒對啟蒙時代以來科學、道德、藝術的「三分天下」是深表贊同的，「啟蒙運動斷定這兩門學問（指系統哲學與文學批評）的本性是統一的，並尋求這種統一。系統美學便是從這種認為哲學和文學批評是相互依存和統一的看法中脫穎而出的，」[439] 系統化的美學誕生於歐洲啟蒙運動，「美學之父」鮑姆加登的創建工作功不可沒。科學只能透過「思想」帶給人秩序，道德只能透過「行動」帶給人秩序，然而藝術則是透過

---

[438] 卡西勒：《人論》，甘陽譯，上海譯文出版社 1985 年版，第 200 － 201 頁。
[439] 卡西勒：《啟蒙哲學》，顧偉銘等譯，山東人民出版社 1996 年版，第 269 頁。

「可見、可觸、可聽的掌握」帶給人秩序。如果說，「概念的深層」只能由科學來發現、幫助人們去理解事物，那麼，「純形象的深層」則是由藝術展現，幫助人們「洞見事物的形式」。因此，藝術並不僅僅是（來自美學原本的）「感性」意義上的掌握，而是有「一種直觀的結構，而這就意味著一種理性的品格」[440]。可見，就像科學能直接發現實在一樣，藝術亦能洞見「實在的形式結構」。科學（還有語言）只是對實在的「縮寫」，而藝術則是對實在的「誇張」。藝術不是對實在的「模仿」，而是對實在的「發現」！

關鍵在於，無論創造還是欣賞「活生生」的藝術（如遵循視覺語言的繪畫），都會使人進入一個新的領域，它「不是活生生的事物的領域，而是『活生生的形式』的領域。我們不再生活在事物的直接實在性之中，而是生活在諸空間形式的節奏之中，生活在各種色彩的和諧和反差之中，生活在明暗的協調之中。審美經驗正是存在於這種對形式的動態方面的關注之中」。[441] 這意味著，生活在形式之中，並不是生活在周圍的直接經驗對象的領域裡，而且「藝術的形式並不是空洞的形式」，它們在人類經驗的構造和組織方面發揮了重要作用。[442] 但另一方面，藝術並不是超出生活結構之外的東西，或者說不是某種「超人的」東西，它表示「生命本身的最高活力之一」得到了實現。所以，藝術在塑造人類世界的過程方面，承擔了重要的「構造力量」，這是一種掌握符號的「構成力量」（formative power）。

「藝術家的眼光不是被動地接受和記錄事物的印象，而是構造性的，並且只有靠著構造活動，我們才能發現自然事物的美。美感就是對各種

---

[440] 卡西勒：《人論》，甘陽譯，上海譯文出版社 1985 年版，第 213 頁。
[441] 卡西勒：《人論》，甘陽譯，上海譯文出版社 1985 年版，第 193 頁。
[442] 卡西勒：《人論》，甘陽譯，上海譯文出版社 1985 年版，第 212 頁。

形式的動態生命力的敏感性，而這些生命力只有靠我們自身中的一種相應的動態過程才可能掌握。」[443] 具體來說，當人們的情感被賦予「審美形式」時，這種情感就變成為積極而自由的狀態，歡樂與悲傷、希望與恐懼、狂喜與絕望之間的擺動過程，展現出生命本身的動態過程。卡西勒的這種基本觀念，其實與美國實用主義哲學家杜威的「藝術即經驗」觀念是相似的。因為杜威也要「恢復經驗的高度集中與經過提煉加工的形式－藝術品－與被公認為組成經驗的日常事件、活動和痛苦經歷之間的延續關係」。[444] 而且，藝術被比擬為一種言語過程，藝術過程被視為一種「對話和辨證的過程」。在這裡，藝術家的創造性自不待言，觀眾也不被視為純粹被動的接受者。進而言之，如果想要理解一件藝術品，就必須「重複和重構」一件藝術品藉以產生的那種創造過程。這種對話性的抬升，倒與德國現代解釋學的創建者伽達默爾（Hans-Georg Gadamer, 1900-2002）的「問－答的邏輯」相似，[445] 甚至有著某種「接受美學」的萌芽意味。

從總體上看，卡西勒突出了藝術「構型」（formative）性質。當然，這種「構型」是透過某種感性媒介物進行的，因此，色彩、線條、韻律和語詞就不僅僅是人們通常所認知的技術手段，而是成了「構型」過程本身的要素。透過這些「感性媒介物」，藝術家們的情感、意念和形象才能被具體化和客觀化，才能變成可傳達的。在這個意義上說，「藝術家是自然的各種形式的發現者。……在藝術中，我們是生活在純粹形式的王國中，而不是生活在對感性對象的分析解剖或對它們的效果進行研究的王國中」。[446] 藝術是對事物「純粹化的形態和結構」的發現和認知，

[443] 卡西勒：《人論》，甘陽譯，上海譯文出版社 1985 年版，第 192 頁。

[444] John Dewey, *Art as Experience*, New York: The Berkley Publishing Group, 1934, p. 3.

[445] Hans-Georg Gadamer, *Truth and Method*, New York: The Crossroad Publishing Company, 1975, pp. 333-341.

[446] 卡西勒：《人論》，甘陽譯，上海譯文出版社 1985 年版，第 183 頁。

其所面對的形式是不可窮盡性和無限豐富性，正如審美經驗是無比豐富的那樣。

這樣，一面是符號的「形式」，一面是符號的「情感」，當卡西勒掌握「藝術作為符號」的兩面性時，他對此後美學家的影響是顯而易見的：「審美的自由並不是不要情感，不是斯多葛式的漠然，而是恰恰相反，它意味著我們的情感生活達到了它的最大程度，而正是在這樣的強度中它改變了它的形式。因為在這裡我們不再生活在事物的直接的實在之中，而是生活在純粹的感性形式的世界中。在這個世界，我們所有的感情在其本質和特徵上都經歷了某種質變過程。情感本身超出了它們的物質重負，我們感受到的是它們的形式和它們的生命而不是它們帶來的精神重負；藝術作品的靜謐（calmness）乃是動態的靜謐而非靜態的靜謐。藝術使我們看到的是人的靈魂最深沉和最多樣化的運動。但是這些運動的形式、韻律、節奏是不能與任何單一情感狀態同日而語。我們在藝術中所感受到的不是哪種單純的或單一的情感性質，而是生命本身的動態過程。」[447]

總之，卡西勒儘管不是專門致力於藝術研究的純粹美學家，但卻在「符號學」方面貢獻巨大。因為他就是符號學領域的開拓者，「符號形式哲學」所播下的種子，在美學和藝術領域結出的碩果分外顯眼。在這裡，把藝術本身當作符號、把藝術當作對自然形式的發現和定型就是歷史性突破，後代美學家正是沿著這條道路前進的。藝術的確是透過自身的符號形式對世界的獨特掌握。從發生學角度來看，這是由於「『符號形式』是作為圖像符號而產生的，它們來自於自然中，又像自然形式一樣被看待」；從產生過程來說，是因為「符號形式的產生是由美學，以後由感官甚至肉

---

[447] 卡西勒：《人論》，甘陽譯，上海譯文出版社 1985 年版，第 189 頁。

體領域至抽象的邏輯領域轉移而來的」，[448] 這已足見「符號美學」在卡西勒整個思想框架內的重要地位。

第二節　蘇珊・朗格

一、學術生涯與思想脈絡

蘇珊・朗格（Susanne Langer, 1895-1985）可能是有史以來最重要的美學家、哲學家，她自感性角度出發，從「純而又純」的理性的反面發現了人類的內在結構，堪稱符號論美學大家。她於 1895 年出生於美國紐約的曼哈頓，父母都是德國移民。父親是一位律師，也是鋼琴師和大提琴師，據說他常常邀請著名小提琴家赫爾曼（Eduard Herrmann, 1943-2013）一同演奏室內樂。這使年幼的朗格從小就獲得了非常優質的藝術教育，她後來也學習鋼琴和大提琴，難怪音樂成了她學術研究的切入點，在她所建構的美學體系中占有極為重要的位置。

朗格的一生，基本上是輾轉於不同高校之間。1920 年，她在拉德克利夫（Radcliffe）學院獲學士學位，放棄了宗教信仰而開始對哲學產生濃厚興趣，並決定終生以哲學為事業。1921 年至 1922 年曾到維也納大學進修，1924 年獲得哲學碩士學位，1926 年以「對意義的邏輯分析」（logical analysis of meaning）獲得哈佛大學博士學位。後來，她基本上都是在美國各大學度過的，從拉德克利夫學院、華盛頓大學、西北大學、哥倫比亞大學、紐約大學，她的職稱從低向高一直做到教授。熱愛大自然的她深居簡出，像海德格一樣曾在森林小屋獨自寫作。1960 年，她被選入美國藝術與

---

[448] 參見〈可見與不可見 —— 從觀念時代到全球時代：德國視覺哲學一百年（1900 － 2000）〉，《德國研究》2005 年第 1 期。

科學學會。儘管這位哲學家的名望冉冉上升，但她仍處於當代學術哲學的邊緣（因為理性仍是當代哲學的主宰）。1985 年 7 月 18 日，蘇珊‧朗格逝世，享耆壽 90 歲。

朗格一生著作頗豐，重要的哲學著作包括《哲學實踐》（*The Practice of Philosophy*）、《符號邏輯導論》（*An Introduction to Symbolic Logic*）、《哲學新解：關於理性、儀式和藝術的符號論研究》（*Philosophy in a New Key: A Study in the Symbolism of Reason, Rite, and Art*）。她晚年完成的最後的鴻篇巨制是三卷本的《心靈：論人類情感》（*Mind: An Essay on Human Feeling*），所關注的是「生物學家所發現的活的形式（living form）……情感的真實現象」。她認定哲學是揭示和建立秩序的，並致力於超出經驗而獲得意義的過程。其中，《哲學新解》是被廣泛閱讀的著作，其提出的「音樂符號論」在《情感與形式》（*Feeling and Form*）中得到了全面拓展；1957 年出版了具有補充說明意義的《藝術問題》（*Problems of Art*），次年還主編了反映 20 世紀中葉美學學術發展狀況的《藝術反思》（*Reflection on Art*）。按照她的構想，《情感與形式》是《哲學新解》的續篇，而《心靈》又是《情感與形式》的續篇，從而構成了環環相扣的「三部曲」。「如果說，《哲學新解》是從符號形式哲學的一般意義上引出藝術亦是符號，是人類情感的符號的結論；《情感與形式》將上述結論進行了全面的推廣、闡述與論證的話，那麼，《心靈》就是要為上述全部理論尋找科學的基礎。換言之，尋找人類學、心理學和生物學的基礎。」[449]

從哲學角度來看，朗格基本繼承了卡西勒的符號論，特別在「藝術」和「神話」兩個領域發展和完善了符號學（朗格曾把卡西勒論神話的專著

---

[449] 劉大基：《人類文化及生命形式：恩‧凱西勒、蘇珊‧朗格研究》，中國社會科學出版社 1990 年版，第 233 頁。

翻譯成英文）。[450] 這種延續性表現在她也認為人類就是「使用符號的動物」（symbol-using animal），這種符號思想是深植於人類本性當中的，它奠定了生活與意識問題的基調。

二、「藝術是人類情感符號的形式創造」

「藝術是人類情感符號的形式創造」（Art is the creation of forms symbolic of human feeling）—— 這是朗格對藝術的符號學的總定義。這裡面的關鍵字，分別是「情感」（feeling）、「符號」（symbol）、「形式」（form）和「創造」（creation）。當然，「符號」無疑是該定義的內核，也是朗格符號學美學有別於以往美學形態之處。整體看來，朗格所探索的是藝術形式（art forms）、藝術話語（art discourse）和符號意義（symbolic meaning）的表現性和情感性這樣的美學問題。

（一）關於「符號」—— 「藝術符號」（art symbol）

先從「符號」談起。如果要對「符號」加以定位的話，那麼，就必須將之與日常用語對「符號」的一般理解區分開來。在很大程度上，「符號」首先就是指「人的語言」，這裡必須將「語言」與「符號」首先分界開來：符號≠語言。的確，朗格也認為「語言即符號的」（Language is symbolic），而且，人類與動物的分界線最終就是語言的分界線。必須承認，人類也說「動物語言」（animal language），語言說的開始是源自於動物行為，但不能反過來說：動物也說屬人的「語言」。如此看來，語言是人類的象徵，它與人共同被創造了出來。

然而，一般語言所構成的只是「邏輯符號體系」，朗格真正關注的

---

[450] William Schultz, *Cassirer and Langer on Myth: An Introduction*, New York & London: Garl and Publishing, 2000, pp. 249-266.

是作為「表現符號體系」的藝術。換言之，她對語言的「推論」（discursive）符號與藝術的開放「呈現」（presentational）符號作出了明確劃分，認定前者不能直接折射經驗的主體方面，而後者則能：「藝術符號展現的意味不能由話語來釋義」，[451] 藝術絕對是非推論性的。就此而論，朗格的語言觀倒是與維根斯坦的《邏輯哲學論》的語言觀相似：面對不可言說的就要保持沉默。音樂這種藝術類型，在朗格看來，就是一種語言難以掌握的表達情感形式，甚至在某種意義上亦是不可言說的。

　　談到「符號」的另一種含義，往往指的是「訊號」，比如馬路上的交通指示就是「訊號」。「符號」與「訊號」更不能混為一談，前者遠遠比後者高級：符號≠訊號。如果從內在構成角度看，「訊號系統」一般僅由主體、訊號、客體三者構成，這種系統是封閉的，無法指向外部資訊，否則就會產生歧義。簡單地說，「訊號就是指令行為的某物或某種方法」。[452] 然而，「符號系統」則包含主體、符號、概念和客體四個元素，而且不是簡單的量的增加，而是產生了本質上的變化。關鍵就在於「符號」的特質：一方面並不是「內指」的，而是往往指向外部，不僅與對象構成單維關係，也包孕了更豐富的外指內涵；另一方面，更重要的是，符號還包含「概念活動」，因為符號具有某種抽象能力（而並不如訊號那樣停留在物的表面），因此，符號與符號化的對象（object symbolized）具有共同的邏輯形式（logical form）。在這裡，朗格回答了卡西勒，認為只有這樣的「符號行為」與「符號系統」才是為人所獨具的。

　　朗格區分了「作為符號的藝術」（art as symbol）與「藝術中的符號」

---

[451] Susanne K. Langer, *Problems of Art: Ten Philosophical Lectures*, New York: Charles Scribner's Sons, 1957, p. 68.

[452] Susanne K. Langer, *Philosophy in A New Key: A Study in the Symbolism of Reason*, Rite and Art, Cambridge: Harvard university Press, 1957, p. 63.

（symbols in art），前者是不可分的整體，後者則可以被零散使用。她在〈藝術符號和藝術中的符號〉一文裡，對自己《情感與形式》一書的遺漏辯解道：「我所說的藝術符號 —— 在任何例證中都是指作為一個整體的藝術品，而且純指某一件藝術品 —— 的功能，它更接近於符號功能（symbolic function）而非其他的功能。」[453] 朗格這樣對「符號」一語的非傳統性運用，遭到了許多哲學家和美學家的反駁，包括不斷修正其「藝術慣例論」的迪基。[454] 儘管如此，比爾斯利在他 1966 年的《從古希臘到當前的美學》（Aesthetics from Classical Greece to the Present）中還是盛讚朗格將藝術作為符號的整體觀念，頗具原創性和想像力的，以動人的風格、廣泛的論域與極具啟發的洞見，為人們所廣為閱讀和討論。[455]

（二）關於「形式」—— 「活的形式」（living form）

再來看「形式」。朗格的形式早已突破了「為形式而形式」的單純內涵，強調了藝術形式是「活的形式」。按照朗格的意見，要想成為「活的形式」，就必須符合如下的條件：「其一，它是能動形式（dynamic form），這意味著，那持續穩定形式必須是一種變化模式（a pattern of changes）。其二，它是有機建構的（organically constructed），它的要素並不是獨立的，而是相互關聯的……其三，整個系統是由有節奏的過程（rhythmic processes）結合而成的。這就是生命統一體（unity of life）的特質……因而活的形式是神聖的形式（inviolable form）。其四，活的形式的

---

[453] Susanne K. Langer, *Problems of Art: Ten Philosophical Lectures*, New York: Charles Scribner's Sons, 1957, p. 126.

[454] George Dickie, *Introduction to Aesthetics: An Analytic Approach*, Oxford: Oxford University Press, 1997, p. 34; George Dickie, *Art and Aesthetic*, Ithaca & London: Cornell University Press, 1974.

[455] Monroe C. Beardsley, *Aesthetics from Classical Greece to the Present: A Short History*, New York: Macmillan, p. 351.

規律，是那種（隨著特定歷史階段）生長和消亡活動的辯證法。」[456] 在朗格看來，只有當某種藝術形式與活的形式相類似時，藝術才能用某種隱喻的形式表現人類意識。或者說，藝術就是在用各式各樣的方法去創造和加強「活的形式」。

　　究竟如何理解「活」？「藝術形式」與生命形式儘管並不同一，但前者卻具有後者那樣的邏輯形式，具體展現在「運動性」（生命的新陳代謝）、「有機統一性」（生命每個部分的緊密結合）、「節奏性」（生命的週期性運動）和「生長性」（生命的發展和消亡的規律）上面，從而顯現出永不停息的變化和永久形式的「生命的本質」。

（三）關於「情感」──「符號性情感」（symbolic feeling）

　　理解了「生命」就能更好地解釋「情感」，因為「情感」也是活的生命的顯現和表露。其實，早在《哲學新解》裡，朗格就吸取了「符號邏輯」（symbolic logic）的觀念，竭力為美學奠定理性的基礎。後來，朗格美學分析的藝術門類也從音樂開始，擴展到繪畫、詩歌、舞蹈等。但是，《哲學新解》對待音樂的理解卻被繼承了下來：音樂的作用不是「情感的刺激」，而是「情感的表現」；不是音樂家情感的「徵兆性表現」，而是感覺形式的「符號性表現」。這便是對人類「內在生命」的理解。從符號學角度來看，音樂既不是情感的引發也不是情感的治療，它是邏輯的表現（logical expression），音樂能表達某種符號性的情感、表達我們不能感覺到的情緒和以前或許不知道的激情。朗格對音樂的推崇與叔本華類似（音樂被定義為一切藝術裡面的皇冠之珠）。按照符號學的觀點，音樂形式是與「人類情感形式」最接近的邏輯相似物（logical resemblance），音樂是

---

[456] Susanne K. Langer, *Problems of Art: Ten Philosophical Lectures*, New York: Charles Scribner's Sons, 1957, pp. 52-53.

心理過程的「呈現性符號」（presentational symbol），其音調結構最接近情感形式。

　　實際上，「情感」與「形式」好像是朗格符號學相輔相成的「兩翼」。當藝術表現出「活的經驗的形式」時，情感就嶄露為符號性的情感；反過來，當藝術形式被賦予「生命的情感」時，藝術形式也就成了克萊夫‧貝爾所說的「有意義的形式」。所以，說一件作品「包含情感」，就是說這件作品是「活生生」的物，也就是說它展現出一種「活的形式」。總之，朗格的符號學並不認為一件藝術品是藝術家經驗情感的表現（如傳統的表現理論所說的那樣），而認為表露的是一種「情感的『理念』」（idea of emotion）。藝術與人類的情感生活無疑具有一些類似性、相通性和親和力，朗格正是要透過符號形式的中介，來「打通」藝術與情感。

（四）關於「創造」——「幻象的創造」(the creation of apparition)

　　還有最後一個關鍵字——「創造」，它與「幻象」的生成直接相關。這是由於在朗格看來，創造與生產活動的那種製造絕不相同，因為製造基本上是在實物層面上操作的。然而，諸如繪畫卻並不是單純的「色彩加畫布」（pigment-and-canvas），當色彩被塗上畫布時，繪畫特定的「空間結構」便透過可見的形狀和色彩浮現出來，亦即被「創造」了出來。這種創造過程的關鍵就是這種「空間結構」轉化了「虛的空間」或者「虛幻空間」（virtual space）。

　　直言之，藝術家創作出的視覺對象就是「幻象」。音樂創造的是時間性的聽覺構成，亦即「虛的時間」或者「虛幻時間」（virtual time），繪畫則以「虛的空間」或者「虛幻空間」作為「首要幻象」，詩歌則創造出關於事件、個人、情感活動等的表象，亦即「詩的表象」或者「詩意類似」

（poetic semblances）。拿繪畫來說「從裝飾畫的第一根線條，到拉斐爾、達文西和魯本斯的各類作品，全都說明繪畫藝術的同一個原則：虛幻空間的創造以及透過感覺和情感樣態的形式（即線條、體積、交叉平面、明與暗）對虛幻空間進行的組織。繪畫空間，不論感覺為二維還是三維（或平面還是立體）都從現實的空間，亦即畫布或其他物質承擔者存在的那個空間分離出來。……同樣，繪畫中的空間吸引我們的視線，也完全因為它自身包含的意味，因為它不是周圍空間的一部分。……純視覺空間的創造確實也引起了視覺上類似的轉變：無論是實物再現還是圖案形象，都以一種富於表現力的姿態 —— 有意義的形式出現在我們前面。」[457]

三、關於「虛幻」觀念及其「虛幻空間」

綜上所述，在朗格的「情感符號」美學中，屬於「虛幻空間」的繪畫、雕塑、建築，屬於「詩意表象」的詩，屬於「虛幻的經驗和歷史」的戲劇，屬於「虛幻的時間」的音樂，屬於「虛幻的力」的舞蹈，本身都是「一個個別符號」（a single symbol），而這個符號本身則是一種「混合的生命和情感的意味」（complex vital and emotive import）。[458] 實際上，「在朗格的美學之中」，這種「虛幻」的觀念既是指「一種創造的原則」，又是指「對某種藝術品的領會」。[459]

當然，在所有訴諸視覺的所謂「可塑性藝術」之中，朗格還是青睞繪畫。甚至其關於「虛幻的創造」的觀念也是透過分析繪畫得出的，進而才推廣到音樂、舞蹈等其他藝術類型。繪畫是直接訴諸眼睛的，「繪

---

[457] 朗格：《情感與形式》，劉大基等譯，中國社會科學出版社1986年版，第98－99頁。Susanne K. Langer, *Feeling and Form: A Theory of Art*, New York: Charles Scribner's Sons, 1953, p. 83.

[458] Susanne K. Langer, *Problems of Art: Ten Philosophical Lectures*, New York: Charles Scribner's Sons, 1957, p. 68.

[459] Ranjan K. Ghosh, *Aesthetic Theory: A Study in Susanne K. Langer*, Ajanta Publications, 1979, p. 118.

畫，簡而言之，就是一種幻象。它可以被眼睛看到⋯⋯由於它們僅存在於視覺之內；整幅畫都是某種純虛幻空間。繪畫只是幻象，不是別的什麼。」[460] 更簡練地說，繪畫就是「位於虛空內的虛幻之物的幻象」（apparition of virtual objects in a virtual space），[461] 這是視覺符號學的必然結論。

那麼，「虛幻空間」究竟是何種空間呢？是繪畫所展示的空間？是鑑賞者觀照它的空間？還是藝術家創造的空間？朗格的回答是：「一幅繪畫裡的某種空間幻象是最基本的創造。這種空間既不是繪畫所掛的空間，也不是觀賞者所處的空間。掛繪畫的牆並不在繪畫當中，也不是繪畫空間的一部分。觀賞者同樣也不在繪畫空間之中。畫家所創造的空間是全新的。色彩和畫布，這些藝術家工作的材料在被使用之前就存在於畫室裡面，它們只是依憑畫家的努力才挪動地方。然而，我們所見的作為新發展結果的空間，卻是前所未有的。繪畫就是一種被創造的幻象（created apparition）。」[462] 照此而論，繪畫生成的「虛幻空間」絕不能從物理空間的角度來理解，而是超離於物質空間的另一種空間。這種空間的生成並不是在線條和色彩之前產生的，而是伴隨著線條和色彩的被運用而「共時」生成的。

按照朗格的理解，繪畫作為「虛幻空間」的「虛幻」意指兩重的意味：一方面是指創造出以往並未出現的「三維空間」，另一方面則是指創造出「一個純粹的視覺事件」（a purely visual affair）。當然，這兩方面是

---

[460] Susanne K. Langer, *Problems of Art: Ten Philosophical Lectures*, New York: Charles Scribner's Sons, 1957, p. 28.

[461] Susanne K. Langer, *Problems of Art: Ten Philosophical Lectures*, New York: Charles Scribner's Sons, 1957, p. 29.

[462] Susanne K. Langer, *Problems of Art: Ten Philosophical Lectures*, New York: Charles Scribner's Sons, 1957, pp. 143-144.

同時出現的，它們皆構成了「虛幻方式」（the virtual mode）的基本要素。與「虛幻方式」相對的則是「現實方式」（the actual mode），當繪畫透過視覺以二維方式被給定時就屬於這種方式，但是當「三維空間」透過視覺被給定時，就進入了「虛幻方式」當中，與此同時所謂的「視覺事件」也就發生了。

　　所以，這些「可塑性藝術」的「首要幻象」，便是透過不同形式呈現出來的「可塑性虛幻空間」，這種基本特質恰恰是定位可塑性藝術（包括繪畫）的關鍵。在符號學看來，一件視覺藝術品的所有被「創造」出來的形式因素，都是藝術的構成要素（elements）。這些要素綜合起來作用於我們的眼睛。在鑑賞一幅畫時，人們一般不會將單一的「形式要素」──背景與前景、高光部、透明空氣、運動、突出部、色彩明暗、陰影深度、物與物的關係──從畫面中「獨立」出來，除非他們仔細分析作品或者在偶然情況下，才會聚焦在形式方面。可以說，這種整體性的觀照「不存在傳統意義的統一體，符號以及從符號洞察到的更深層次的別的意味，都不是由傳統統一體構成的」。[463] 實際上，正如畫布、顏料還有照射在畫面上的真正光線只是繪畫創作的實用材料一樣，上面列舉的那些「形式因素」亦僅僅是被利用著，也就是說，並不是被「創造」出來的。

四、「藝術知覺」是「一種直覺活動」

　　透過對藝術的整體性掌握，「藝術感知」（artistic perception）問題就被突顯出來。有趣的是，朗格在這裡「偷換概念」──「藝術

[463] Susanne K. Langer, *Problems of Art: Ten Philosophical Lectures*, New York: Charles Scribner's Sons, 1957, p. 68.

感知」就是一種「直覺」（intuition）或者「一種直覺活動」（an act of intuition）！[464]

這樣一來，朗格就反擊了以往對「直覺」的片面理解，因為大部分藝術家和藝術愛好者都持一種直覺的「直覺觀」。也就是說，他們也把藝術視覺當作「直覺」，但卻認定這種視覺既無需透過推理，也無需經由邏輯，而是完全訴諸情而直接自發的。照此而論，他們眼裡的「直覺」當然就是非理性的、是透過情感而非思想達到的，甚至能達到某種「形而上的觸知」（metaphysical contact）。然而，這類非理性的抑或神祕主義的取向，被朗格拒絕了，因為藝術直覺「並不涉及信仰，也不能導致對任何命題的接受。但它既不是非理性的，也不是特殊天才對現實做出的神祕而直接的觸知。我認定，藝術直覺是一種理解活動，並以一種個別符號作為媒介，這種符號是被創造出來的視覺、詩歌、音樂或者其他的審美印象（aesthetic impression）——這是透過藝術家活動而獲得的幻象。」[465]

因而，朗格未將直覺「直覺化」，而是看作某種合乎理性的認知力，是以特定符號作為媒介的理解力。在這個意義上，這種被賦予了非凡能力的「直覺」，倒是接近於 17 世紀英國哲學家洛克（John Locke, 1632-1704）所謂的「自然之光」（Natural Light）！這種洞察力，就好像是眼睛能直接看到光線、心靈能直接掌握到形狀那樣，可以無需證明和檢驗就能直接看到真理。朗格將洛克對「直覺」作用的觀感總結為：「A. 對一般關係的知覺。B. 對多種形式或者抽象外觀之知覺。C. 對意味或者意義

---

[464]　Susanne K. Langer, *Problems of Art: Ten Philosophical Lectures*, New York: Charles Scribner's Sons, 1957, p. 60-61.

[465]　Susanne K. Langer, *Problems of Art: Ten Philosophical Lectures*, New York: Charles Scribner's Sons, 1957, p. 61.

之知覺。D. 對各種實例的知覺。」[466] 當然，朗格覺得這些方面都需要進一步探索，但她更關注的還是對藝術品的「表現性認知」（recognition of expressiveness）與對「藝術意味」（artistic import）的知覺問題，或者說，她更為關注的是歸納洛克觀念論所說的「C」，當然是從符號學的角度重新進行闡發。

在朗格看來，這種對「藝術意味」和「表現性」的感知就是直覺。「藝術感知總是從直覺到藝術品整體意味（total import）開始，隨著被關注的形式表現的意義逐漸明顯，直覺到的意義便隨之增加。」[467] 這種整體而富於動態的描述解決了這樣的問題：在觀照一件藝術品時，我們究竟是從內容裡感覺到意義，還是從形式裡面感知到意義，哪個更加重要？比如在賞析中國書法藝術時，讀「字」與「觀」形，究竟在整體的觀照中占據何種地位？特別是一些「狂草」作品，難以辨認出其中寫的是什麼字，那又該如何觀照呢？其實，在針對優秀藝術的「直覺」，這兩方面通常難分伯仲，即使可以衡量出哪一方占主要地位，也難以區分其中出水乳交融的層面。更何況，藝術的「意義」並不是通常內容所能展現出來的。符號與形式本身都能表露出一種更廣闊、更有深度的「意義」。

這樣一來，「一件藝術品的意義 —— 其本質的或者藝術的意義 —— 是無法以推論式的語言陳述出來的。一件藝術作品就是一種表現形式，因而就是一種符號，但卻並不是超出了自身以至於讓人的思想都轉移到符號化的概念（concept symbolized）上的符號。概念是僅僅黏附在使之可被了

[466] Susanne K. Langer, *Problems of Art: Ten Philosophical Lectures*, New York: Charles Scribner's Sons, 1957, p. 65.
[467] Susanne K. Langer, *Problems of Art: Ten Philosophical Lectures*, New York: Charles Scribner's Sons, 1957, p. 68.

解的形式上面」。[468] 可見，朗格的「直覺」理論基本上是一種符號學的直覺理論，因為直覺所直面的對象是以符號為本質的藝術。這裡必須指明，儘管一件特殊的藝術品被稱之為符號，但卻並不是由「符號體系」（symbolism）構成的，也不是由傳統意義上的符號系統構成的。無庸置疑，任何一件藝術品，都難以窮盡所有符號，都只是符號的碎片而已，儘管在朗格心目中，她所構想的是整個符號體系的大廈。

五、作為「符號」的藝術整體

　　總之，朗格是將藝術品作為一個整體來看待的，把它看作「情感的意象」（the image of feeling），並把這個意向叫作「藝術符號」。[469] 這種符號裡面的每一個組成部分，無法脫離整個結構體而獨立存在，所以藝術符號是「單一的有機結構」（single organic composition）。如果從「形式－情感」的張力結構來看，藝術符號就是能展現某種情感的「純感知形式」（purely perceptible forms）。

　　換言之，藝術品是一種「表現形式」，或者是「情感的『圖像符號』」（iconic symbols of emotions），但這種「形式」和「情感」又都與生命息息相關，「一件藝術品就是一個表現形式，都是具有生命力的，從簡單的感性形式到最複雜的意識和情感形式，都可以從中顯現出來」。[470]

　　盡其一生，朗格在各類藝術既豐富又個體化的經驗激發下，力求用邏輯和科學術語去理解藝術的本質和特徵，得出了各種符號化的結論。藝術

---

[468] Susanne K. Langer, *Problems of Art: Ten Philosophical Lectures*, New York: Charles Scribner's Sons, 1957, p. 67.

[469] Susanne K. Langer, *Problems of Art: Ten Philosophical Lectures*, New York: Charles Scribner's Sons, 1957, p. 134.

[470] Susanne K. Langer, *Problems of Art: Ten Philosophical Lectures*, New York: Charles Scribner's Sons, 1957, London: Oxford University Press, p. 133.

這種「表達意義的符號」甚至被認定是一種表現「情感經驗」的「全球通用的形式」。[471] 恰恰是這些藝術符號所具有的「直覺組織功能」，賦予了物體、空間、色彩和聲音以形式，使得某物純粹以形式的方式存在，從而讓藝術符號本身擁有了某種特殊的邏輯表現形式。在她看來，藝術，諸如舞蹈、繪畫、音樂、詩歌，都是不同於知識的另一種「真理」形式。這意味著，「藝術真理」（artistic truth）必定就是一種「符號真理」，形成某些難以名狀的「情感形式」，它是與「情感生活」（emotive life）相通的。

在 20 世紀中葉，朗格就已成了當時「最為流行和卓有成就的藝術哲學家」。當時的美學急需的是：每種藝術形式都需要成為更為具體的哲學分析的對象，朗格適應了這一要求，特別是她關於「虛幻」（virtual）的觀念對 20 世紀的美學思想作出了獨特貢獻。這種「虛幻」的觀念與她的藝術作為「符號」的普遍理論公式一度主導了 20 世紀中葉的美學主潮趨勢。

總之，從卡西勒到朗格，符號論美學對於 20 世紀美學的貢獻是有目共睹的，不僅現代主義藝術逐漸納入美學的視野當中，而且對於藝術的美學理解也被置於一種「中庸化」的立場上面。如果從更為廣闊的語境看，按照英國美學家和藝術批評家里德（Herbert Read, 1893-1968）的描述，「隨著卡西勒和朗格的出現，藝術哲學已經獲得了一種符合道理、令人確信和定型化的形式，至此才可以看到整個現代藝術哲學的發展趨勢」[472]。

---

[471] Susanne K. Langer, *Problems of Art: Ten Philosophical Lectures*, New York: Charles Scribner's Sons, 1957, London: Oxford University Press, p. 232.

[472] Herbert Read, *Art Now*, London: Faber & Faber, 1933, p. 42.

第九章
現象學美學

概論

綜觀西方 20 世紀美學理論的總體狀況，我們可以清楚地看到，雖然當代西方學者在美學研究，特別是在藝術哲學研究和文藝理論研究方面的基本立場不斷變化、具體角度不斷更新、各種流派和富有啟發的觀點層出不窮，但是，無論從嚴格的學理意義上來看，還是就其實際研究深度、所取得的成果、所產生的影響而言，主要由莫里茨・蓋格、羅曼・英伽登和米基・杜夫海納組成的現象學美學陣容，都顯然是非常引人注目的。那麼，從歷史和學理的雙重角度來看，現象學美學為什麼會成為理論體系最完整嚴密、學術內容最豐富的美學流派，為什麼取得如此傑出的研究成果、產生非常廣泛的學術影響呢？

本章旨在從學理角度出發，依據並結合整理的相關史料概括回答這些問題。首先我們從學理角度出發簡單考察一下現象學美學的起源和基本學術依據，接下來分別概括考察一下莫里茨・蓋格、羅曼・英伽登和米基・杜夫海納的基本美學觀點及其主要特徵，最後透過概述它本身以及喬治・普勒特（George Poulet, 1902-1991）與日內瓦學派的現象學文學評論所產生的廣泛影響，揭示現象學美學對我們今天的美學論研究可能具有的某些啟發。

雖然「現象學」這個術語是由 18 世紀的德國哲學家朗伯（J. H. Lambert, 1728-1777）提出的，已經有比較悠久的歷史，德國著名哲學家黑格爾和布倫塔諾（F. C. Brentano, 1838-1917）也分別從自己的角度進行過相關的、卓有成效的論述，但是真正構成現象學美學的起源和基本學術依據的，卻是繼承了布倫塔諾「意向性」理論基本意旨的胡塞爾（E. Husserl, 1859-1938）所創立的現代現象學哲學理論。因此，我們可以透過簡單概述

布倫塔諾和胡塞爾的基本觀點，為具體展示現象學美學的起源和基本學術依據準備好理論前提。

基於對康德所秉承的、截然割裂現象與自在之物之間連繫的西方哲學傳統做法的不滿，布倫塔諾透過把中世紀經院哲學所提到的「意向性」（intentionality）當作現象學的基礎性概念來對待，認為精神現象可以分為表象、判斷和情感三種類型，並且強調所有各種精神現象都內在固有地包含著「意向性」，都以「意向性」為其基本特徵。因此，任何一種表象、判斷和情感，都因為具有這樣的「意向性」核心特徵而與存在直接連繫在一起，都與存在發生著直接的連繫。正是從這種意義上說，布倫塔諾雖然從自己的研究角度出發改造了「意向性」這個概念，並且把它具體運用到心理學研究領域進而取得了一定的研究成果；但是，從基本學理意義上來看，此舉不僅使胡塞爾現象學的創立從根本上成為可能，實際上也隱含著下列具有關鍵性重要意義的基本趨勢，即至少從他那裡開始，在包括美學研究在內的哲學人文科學各個方面的研究過程中，西方思想界便已經開始進行逐漸突破主體和客體、意識和存在二元對立的基本傳統思維模式的嘗試了。儘管從表面上來看，這種做法似乎與人們在現實生活之中的審美活動、與美學家們的美學研究並不直接相關，但我們到下面將會看到，這種感覺和看法純粹是「表面上的」——實際上，基本思維模式決定了哲學家和人文科學家對其所涉及的相關領域的研究和探索，由於審美活動本身就是主體和客體、意識和存在的情感性有機和諧統一，所以從根本上說，強調主體和客體有機統一的「意向性」概念與此有著天然的親和力。我們到後面還會具體看到，現象學美學之所以能夠在「各領風騷沒幾天」的20世紀西方美學界取得非常豐碩的研究成果，產生較為廣泛和深遠的影響，可以說主要就是因為這種「天然的親和力」。

　　無庸贅言，胡塞爾對現象學哲學的創立，就是直接從進一步開發「意向性」這個概念所具有的理論內涵開始的。在他看來，布倫塔諾雖然對這個出自中世紀經院哲學、但卻至關重要的術語進行了批判及改造，將它主要運用於其心理學研究過程之中，從而為現象學的建立提供了必不可少的基礎和前提條件；但假如停留在這樣的水準上，那就根本不可能為人類的所有知識找到並奠定終極性的、絕對普遍有效的堅實基礎。因為這種做法既沒有從根本上觸及傳統哲學思維的基本問題，更沒有從根本上徹底突破這種哲學思維所一貫堅持的主體與客體、意識與實在二元分裂對立的基本思維模式，即便此一做法已經隱含著進行這種突破的基本傾向。從另一方面來看，胡塞爾認為，近代以來的歐洲思想界之所以出現理性主義與非理性主義、實證主義與主觀主義截然分裂對立的局面，其根本原因在於人類知識的基礎由於這種二元分裂對立基本模式而存在的深刻危機。要想徹底解決傳統哲學的基本問題，突破這樣的基本思維模式，從而徹底解決這樣的危機，就必須在涉及和研究各種精神現象的時候，從根本上徹底消除截然分離主體與客體、意識和存在、「現象」與「本質」的二元分裂對立的做法。他指出，運用「意向性」這個基本概念所包含的各種含義，透過採取「面向事情本身」的基本現象學態度，透過對「自然態度」和「歷史態度」進行現象學懸置，並且在此基礎上進行包括現象學還原在內的一系列思維操作，就可以把現象學這門根本性科學確立起來，從而最終實現他所謂的西方哲學史上的「第四次革命」，為人類的所有知識找到並奠定終極性的、絕對普遍有效的堅實基礎。

　　具體來說，胡塞爾認為，「意向性」概念所指的，是人類精神現象既包括主體方面的「意向作用」，同時也包括客體方面的「意向對象」，是這兩個方面的有機統一——對於所有精神現象來說，情況都是如此。因

此，在考察和研究人類認識活動的時候，透過運用現象學懸置方法，把「自然態度」和「歷史態度」放到括弧裡，研究者就可以「直接面對事情本身」——這種所謂「事情」就是作為「純粹意識」、亦即作為現象學的研究對象而存在的「現象」。在此基礎上，繼續進行把客觀事物看作是呈現在感性意識之中的現象的「現象學還原」、從直觀個別現象之本質的意識過渡到直觀相應本質觀念的「本質還原」，以及把客體徹底還原成為純粹先驗意識構造的「先驗還原」，研究者就可以最終看到「純粹的先驗意識」，或者叫作「純粹的先驗自我」，從而找到使人類的所有知識及其有效性成為可能的、終極性的、絕對可靠的和普遍有效的基礎。胡塞爾認為，關於探討和研究所有這些思維操作過程和方法的學問，就是他所謂的現象學，亦即他所創立的現代現象學哲學理論。這樣一來，現象學就變成了探討和研究這種知識基礎的「科學的科學」，變成了關於「純粹意識本身」的一般性科學。顯然，胡塞爾所創立的這種現象學哲學理論，以及其所表現出來的所謂西方哲學的「第四次革命」，實際上是從徹底批判揚棄西方哲學傳統的二元分裂對立思維方式入手，最終把自己的落腳點放到了絕對主觀的「純粹先驗意識」或者「純粹先驗自我」之上，亦即「以主體性追求絕對有效性」。

這裡有必要從歷史角度著眼指出以下幾點：第一，由於胡塞爾及其現象學哲學所面臨的從根本上徹底突破西方哲學傳統思維方式的任務所具有的極端艱巨性，同時也由於他所進行的探討和研究僅僅局限於個體性主體的精神世界之內，所以胡塞爾畢生的研究歷程，實際上是一個不斷躊躇徘徊、不斷重新從頭做起的探索過程。這一點不僅透過他自己的一系列著作具體表現了出來，而且也使由他肇始的現代現象學運動在不斷蓬勃發展的同時，呈現出了不斷修正、不斷推陳出新的基本態勢——即使從我們下

面將要談到的蓋格、英伽登和杜夫海納的現象學美學角度來看，情況也是如此。第二，由於現實境遇和個人研究興趣的緣故，作為現象學創始人的胡塞爾所主要關注的，是如何為人類的所有知識奠定最終的、普遍有效的堅實基礎，因而其關注點主要集中於現象學哲學認識論領域，既不是美學研究領域，也不是與這兩者判然有別而又緊密相關的倫理學領域。不過，這並不意味著他所確定的現象學基本立場和方法論視角與美學研究無關——實際情況剛好相反，我們下面將會看到，所謂「現象學美學」恰恰就是從這樣的基本立場和方法論視角出發，才取得豐碩成果的。第三，與胡塞爾最終走向「純粹先驗意識」、「先驗自我」的絕對主觀唯心主義傾向有所不同的是，先後對現象學美學研究作出過突出貢獻的莫里茨‧蓋格、羅曼‧英伽登和米基‧杜夫海納，基本上都在堅持現象學基本立場和方法論視角的同時，對這種基本傾向有所背離和匡正——從這種意義上說，這三位主要的現象學美學家，都是對胡塞爾現象學哲學既有繼承，又有批判和發展的。

　　從上述布倫塔諾和胡塞爾的基本觀點來看，具體來說，起源於胡塞爾現代現象學哲學理論的現象學美學，就基本出發點和學術依據而言具有以下特徵：第一，就其學術研究的基本出發點而言，現象學美學研究者都秉承了「意向性」這個基本概念所具體規定的基本立場、基本思維模式和思維方法——也就是說，它的三個著名代表人物都是從主體、客體有機結合、有機統一出發，對審美活動的各個有關方面進行具體研究；而不是像以往的美學研究那樣，從主體、客體二元分裂對立的基本思維模式出發，透過具體界定「美」在「主觀」、還是「美」在「客觀」來進行美學研究，這就為他們從全新的角度研究審美活動開闢了非常廣闊的前景。第二，這些美學家基本上都運用了「現象學懸置」這種基本方法，這既表

現了他們對現象學基本觀點的堅持，實際上也為他們對審美活動具體進行「現象學描述」直接奠定了基礎和前提。因為這種基本方法不僅使他們有可能「懸置」以往美學家所採用的「認識論」出發點或者「價值論」出發點，真正從審美主體本身的審美活動諸方面入手進行研究和論述，而且也有助於他們做到把以往的美學理論、研究方法及其各種缺陷「懸置」起來，探討現象學美學的方法並具體進行現象學美學的研究 —— 我們到下面還會具體看到，他們實際上就是這樣做的。第三，與當代西方其他嚴格意義上的美學流派所運用的研究論述方式判然有別的是，雖然蓋格、英伽登和杜夫海納的現象學美學理論各具特色，但他們都運用了「現象學描述」這一種為現象學所特有的、基本的研究和論述方法。這既是對現象學基本立場、基本要求和基本方法的具體運用，也可以為人們今後探討和研究與物理世界各種客體截然不同的、能動的主觀精神世界，提供一定的啟示 —— 這種做法並不像自然科學理論研究和傳統的哲學認識論研究那樣，透過下定義和進行邏輯推理進行研究和論述，而是試圖透過對「事情」進行「直觀」、進行「現象學描述」而揭示其本質。實際上，作為一個傑出美學流派的現象學美學，恰恰是透過這樣的基本觀點和做法才取得了非常引人注目的成果，才在當今西方美學、藝術哲學和文藝理論研究界獨樹一幟。

當然，現代現象學哲學所提供給現象學美學的，主要是上述基本立場、基本思路和基本研究方法。從學術背景角度來看，西方學術界自 19 世紀開始加以重視和研究的哲學價值論或者價值哲學、心理學美學，也對現象學美學的崛起產生過一定的影響，因而構成了使現象學美學得以產生的另一部分實質性學術背景。此外，從具體研究對象角度來看，西方美學界自 19 世紀下半葉開始出現從力圖界定和研究「美」向力圖界定和研究

「藝術」轉變的基本趨勢，也同樣使現象學美學將其主要關注點「對準」了「藝術作品」。下面我們就來比較具體地看一看，在這樣的學術背景下，蓋格、英伽登和杜夫海納分別是如何進行其現象學美學研究，並對這個學派的形成和發展發揮作用的。

第一節　蓋格

國內美學界在研究現象學美學的時候，通常只提到英伽登和杜夫海納，這樣做固然有一定的道理 —— 既是因為這兩者、特別是杜夫海納以其系統嚴密的美學理論研究，為現象學美學的發展作出了非常突出的貢獻。同時也因為，蓋格本人儘管是現象學美學最重要的開拓者，但卻沒有寫出卷帙浩繁的巨著，甚至沒有像後兩者那樣形成和提出較具系統的現象學美學理論體系，而是主要透過進行探索和開拓的工夫把自己的理論貢獻展現出來。所以，蓋格在國內外美學界所產生的影響相對都比較小。不過，這並不意味著他的美學理論不值一提 —— 實際情況也許恰恰相反。如果我們徹底忽視他，不僅會使現象學美學的歷史開端被忽視，同時也會從根本上影響我們對現象學美學的基本方法、基本內容和基本特徵的理解和掌握。

莫里茨・蓋格（Moritz Geiger, 1880-1937），1880 年出生於德國法蘭克福。他大學期間主攻心理學，後來由於興趣轉向探討心理學的基本原理而開始關注和研究哲學。在此期間，蓋格結識了著名心理學美學家利普斯（Theodor Lipps, 1851-1914），在後者的影響下開始關注心理學美學研究方面的各種問題。大學畢業以後，蓋格開始在慕尼克大學任教，由於繼續進行哲學和美學研究而結識了胡塞爾，並由於胡塞爾的影響而開始著手從現

象學角度進行美學方面的探討。從 1920 年開始，他在大學開辦了美學講座，其巨大影響吸引了主修哲學、藝術史、文學史的大批學生和研究者。1923 年，他作為哲學教授前往哥廷根大學，開始了其學術生涯的黃金時代。此後，他還先後在世界馳名的里加工業大學、史丹佛大學等校發表美學演講，產生了較廣泛的學術影響。希特勒上臺以後，蓋格於 1933 年移居美國，擔任瓦薩大學哲學系主任、教授，1937 年因病去世。

具體就其現象學美學研究而言，蓋格早在 1913 年就作為胡塞爾的同輩人，與後者一起創辦並編輯了對現象學運動的崛起和發展產生過關鍵性推動作用的《哲學與現象學研究年鑑》，並在其創刊號上發表了〈審美享受的現象學〉，該文一舉奠定了蓋格作為現象學美學創始人的地位。此後，他在繼續深入研究現象學美學理論的同時，逐步開始與現象學家舍勒、普凡德爾（Alexander Pfänder, 1870-1914）等人組成主要關注研究實質性價值問題的現象學「慕尼黑學派」，進一步從現象學價值哲學角度進行其美學研究。因此，蓋格和舍勒一樣都是胡塞爾的同輩人，都是使現象學得以崛起的元老級現象學家。而就現象學美學的另外兩位主將而言，英伽登是胡塞爾的學生，杜夫海納則是透過梅洛－龐蒂（Maurice Merleau-Ponty, 1908-1961）和沙特（Jean-Paul Sartre, 1905-1980）才接觸現象學的。蓋格的主要美學著作《審美享受的現象學》、《美學導論》、《藝術的精神意義》等，最後都收集並整合在他臨終前仍在加以完善的《藝術的意義》一書之中。所以，我們可以說，《藝術的意義》濃縮了蓋格現象學美學思想的精華，代表了他在這個領域學術研究的最高成就。

具體來說，在《藝術的意義》之中，蓋格主要從三個方面概括論述了其具有開拓性意義的現象學美學思想：第一，現象學美學及其研究方法；第二，審美經驗及其基本構成；第三，審美價值與人類生存的關係及其特

徵。他的基本意圖是，透過進行這三個方面的研究和論述，建立起一門比較系統完整的現象學價值論美學理論，儘管最終未能如願。

一、現象學美學及其研究方法

　　作為現象學美學最重要的創始人，蓋格開宗明義地指出，「美學是關於審美價值的科學」[473]，是一門價值科學，「是一門關於審美價值的形式和法則的科學」[474]。這顯然表明他是從現象學價值哲學的角度來看待美學這個學科的。之所以這樣認為，是因為在他看來，從思想史角度來看，雖然美學自產生以後，既曾經作為哲學的過繼子女、也曾經作為自然科學的過繼子女而發展，但其在哲學上的、真正有價值的發展只是少數幾個術語而已，根本沒有成為一門嚴格意義上的學科，這具體表現為其所面臨的成堆的複雜難題並沒有得到真正的解決。要想使美學真正得到具有實質性意義的發展，就必須從根本上突破以往美學家們所堅持的主客體二元分裂對立的思維模式，特別是徹底突破「事實論」美學所堅持的認識論思維模式，根據關注價值研究的現象學哲學的基本立場，從審美價值角度入手探討和研究人們的審美活動。這就要求研究者必須採取現象學的基本理論立場，運用現象學所規定的研究方法，因為無論作為這樣的研究對象的究竟是審美價值抑或是一般的價值，都既不是純粹的客觀對象，也不是純粹的主觀對象，而是主觀和客觀統一的對象。那麼，在蓋格看來，究竟什麼是進行這樣的研究所必須採取的現象學美學的方法呢？

　　在蓋格看來，由於審美活動的基本特徵就是主觀、客觀的有機統一，所以，美學家必須採取現象學美學的研究方法。他從現象學角度出發指

---

[473] 蓋格：《藝術的意味》，艾彥譯，華夏出版社 1999 年版，第 36 頁。譯文略有改動。

[474] 蓋格：《藝術的意味》，艾彥譯，華夏出版社 1999 年版，第 78 頁。譯文略有改動。

出，這種方法的基本出發點是，美學研究者「必須把各種審美對象當作現象來分析」[475]。具體說來，這種方法「既不是從某個第一原理推演出它的法則，也不是透過對那些特定的例子進行歸納性累積而得出它的法則，而是透過在一個個別例子中、從直觀的角度觀察普遍性本質，觀察它與普遍法則的一致，從而得出這種例子的法則」[476]。他指出，這種現象學美學方法具有以下三個基本標準：第一，它並不依附於對象，而是對對象進行研究；第二，它既存在於人們對對象的領會過程之中，也同時存在於對象的基本特性之中；第三，對於審美對象來說，研究者既不能透過演繹，也不能透過歸納來得出其本質，而只能透過直觀來得出其本質[477]。因此，蓋格強調指出，與以往的美學研究方法相比，這種現象學美學方法的一個基本特徵是，它既不是自上而下的，也不是自下而上的，而是介於這兩者之間的「本質直觀」方法 —— 對於審美活動的研究者來說，運用它的過程是「一個選擇各種真正的、具有重要意義的特徵的過程，是一個不允許自己被那些無關緊要的考慮和偏見引入歧途的過程，也是一個真正集中精力於現象的過程」[478]。當然，這種現象學美學方法並不僅僅強調對作為其研究對象的審美活動、審美對象以現象學直觀，同時也強調在此基礎上進一步進行學理上的分析和研究。透過運用這樣的方法進行現象學美學研究，研究者最終就可以做到「借助於少數幾個價值原理而涵蓋美學的全部領域」[479]，最終把系統完整的現象學價值美學理論體系建立起來。

當然，蓋格所論述的這種現象學美學研究方法貌似簡單，實際上卻並非如此 —— 我們只要簡單回顧一下美學自柏拉圖以來所走過的艱難歷

[475] 蓋格：《藝術的意味》，艾彥譯，華夏出版社 1999 年版，第 6 頁。譯文略有改動。
[476] 蓋格：《藝術的意味》，艾彥譯，華夏出版社 1999 年版，第 10 頁。譯文略有改動。
[477] 蓋格：《藝術的意味》，艾彥譯，華夏出版社 1999 年版，第 11 頁。譯文略有改動。
[478] 蓋格：《藝術的意味》，艾彥譯，華夏出版社 1999 年版，第 14 頁。譯文略有改動。
[479] 蓋格：《藝術的意味》，艾彥譯，華夏出版社 1999 年版，第 18 頁。譯文略有改動。

程，就可以比較清楚地看到這一點。蓋格指出，美學研究者要想掌握並熟練運用這種方法，就「需要經過長期的學習和訓練，這種教育雖然與其他方法所規定的教育有所不同，但是在困難程度上卻不相上下」，「只有透過自己的努力，透過以自己的能力進行分析，一個人才能完成這種學習和訓練」[480]。可見，我們似乎可以說，蓋格這裡所謂的現象學美學方法及其掌握和運用，實際上所涉及的是美學家的審美鑑賞實踐活動，以及美學家透過這樣的活動不斷提高自己的審美鑑賞力和分析研究審美活動的能力和水準的問題。另一方面，如果結合人類審美活動的實際情況來看，特別是就迄今為止的西方美學研究所走過的歷程而言，無論是對於審美對象來說的各種差異 —— 自然美和藝術美的差異、藝術作品優劣的差異，還是就審美主體而言存在的，對於美學研究來說具有根本性意義的所謂審美主體「趣味無爭辯」方面的差異，實際上都不是「自上而下的美學研究」和「自下而上的美學研究」所能夠涵蓋、掌握和正確說明的。這樣一來，蓋格這裡所論述的現象學美學之研究方法的優勢自然就顯示出來了。實際上，蓋格本人對現象學方法在美學研究領域的具體運用也是充滿信心的，他指出：「在這種特殊的美學科學之中，人們也許確實會找到能夠使現象學方法本身得到最出色的運用的領域。……美學科學是少數幾個不關心其客體的實際實在的學說之中的一個，但是，現象的特性對於它來說卻是決定性的。如果說現象學方法在什麼地方可以得到表現的話，那麼，它正是在美學這裡可以表明它能夠得出什麼結論。」[481] 我們前面曾經提到現象學研究所堅持的、從「意向性」觀點出發研究所有人類精神現象的基本立場，與人們對審美活動的具體研究有某種「天然的親和力」，從蓋格這裡

---

[480] 蓋格：《藝術的意味》，艾彥譯，華夏出版社 1999 年版，第 14 頁。
[481] 蓋格：《藝術的意味》，艾彥譯，華夏出版社 1999 年版，第 20 頁。

的論述中也可以略見一斑。

那麼，作為現象學美學的最主要開拓者，蓋格究竟是怎樣具體運用這種現象學美學研究方法的呢？他從現象學價值論哲學角度出發對這種方法的具體運用，又得出了哪些具體的研究結論呢？

二、審美經驗及其基本構成

既然蓋格認為美學或者更加準確地說「現象學美學」作為一門科學，所研究的對象是「審美價值的形式和法則」，且研究者必須透過進行現象學直觀來觀察審美活動和審美對象，必須透過進行現象學描述來具體揭示其所洞察到的這種「審美價值的形式和法則」，那麼，他自己是怎樣進行這樣的研究的呢？

基於審美活動本身所具有的特徵，蓋格指出，不僅審美主體在審美活動過程中都是「唯我論者」，每一個個體本身都具有與眾不同的審美趣味，而且，審美價值本身也「是某種獨一無二的東西，人們應當在每一個藝術作品之中都重新實現它；它是一種個別價值，因此，人們只有透過直接體驗才能接近它」[482]。因此，一般說來，「人們只有透過他們自己體驗到的快樂才能領會審美價值」[483]。這就要求美學家必須重視對審美經驗，或者說必須重視對審美體驗的研究。但是，就美學家進行現象學美學研究、而不是單純進行審美鑑賞活動而言，這裡顯然還需要進行分析研究方面的工作。蓋格指出：「分析可以揭示出這裡的全部價值所具有的依據。」[484] —— 具體說來，這種對審美經驗的研究和分析主要包括以下兩個階段：第一個階段是審美主體對審美價值的潛在的領會過程，在這裡，

---

[482] 蓋格：《藝術的意味》，艾彥譯，華夏出版社 1999 年版，第 120 － 122 頁。
[483] 蓋格：《藝術的意味》，艾彥譯，華夏出版社 1999 年版，第 126 頁。
[484] 蓋格：《藝術的意味》，艾彥譯，華夏出版社 1999 年版，第 132 頁。

主體所涉及的「是由『得到體驗的東西』構成的平面，一般的審美享受就是在這個平面上顯示出來的」[485]。第二個階段是主體作為美學家對作為藝術作品的審美對象所具有的獨特的審美價值，進行感受、分析和揭示的過程[486]——透過這樣的過程，美學研究者就可以把獨特的審美對象所具有的審美價值特徵及其本質結構揭示出來。

在這裡，蓋格強調了兩點：第一，由於包括審美價值分析在內的各種價值分析，所涉及的基本上都是一般的價值，或者說都是價值所具有的一般屬性，所以，「即使最透徹的分析，也無法確定藝術作品的這種整體性價值實際上是否表現出來了——人們只能體驗這一點」[487]。這也就是說，對於審美價值進行的分析，根本不可能一蹴而就地達到永恆的絕對真理。第二，美學研究者為了能夠勝任這樣的分析，必須經過長期的訓練，否則研究者要麼只能僅停留在審美享受的層次上，根本無法透過審美經驗而對審美價值的各個方面加以揭示；要麼甚至連審美享受的層次都達不到。那麼，蓋格是如何透過運用這樣的現象學美學方法對審美經驗進行研究的？他透過進行這樣的研究又得出了哪些具體結論呢？

他首先是從審美快樂，而不是從審美享受入手的，這是因為在他看來，「審美快樂並非某種從理智的角度出發表示贊許或者貶斥的態度，而是一種適合於情感的、前理智的態度。享受卻完全是另外一種東西。……是人們對藝術作品產生的情感反應……是某種事實的開端。」[488]雖然從表面上看來，這兩者都與人們的審美活動緊密相關，都構成了審美主體的審美體驗的有機組成部分，但是，蓋格指出，對前者的研究所產生的，是

---

[485] 蓋格：《藝術的意味》，艾彥譯，華夏出版社 1999 年版，第 133 頁。
[486] 蓋格：《藝術的意味》，艾彥譯，華夏出版社 1999 年版，第 133 頁。
[487] 蓋格：《藝術的意味》，艾彥譯，華夏出版社 1999 年版，第 135 頁。
[488] 蓋格：《藝術的意味》，艾彥譯，華夏出版社 1999 年版，第 80 頁。

關於審美活動的快樂論的現象學「價值論」美學，也就是他自己所宣導的價值論現象學美學；而關於後者的研究，則必然導致仍然以傳統的主客體二元分裂對立為基本特徵的「事實論」美學。另一方面，正像我們前面已經指出的那樣，蓋格和英伽登、杜夫海納一樣，其對所有美學問題的研究都是在西方美學界開始從集中研究「美」轉向集中研究「藝術」這個宏觀背景之中進行的。這也就是說，蓋格對審美活動的研究，特別是對審美經驗的研究，是結合其對藝術作品的研究而具體展開的。

具體說來，蓋格指出，藝術作品透過審美經驗對欣賞者所產生的精神性效果主要有兩種基本類型，即「表層藝術效果」和「深層藝術效果」── 前者就是人們通常在欣賞藝術作品的時候所談到的、直接的娛樂效果或者快樂效果，它主要來源於某個審美對象對審美主體的刺激，或者來源於審美主體對某個確定的審美對象的注意[489]。但是，從嚴格意義上說，雖然在欣賞藝術作品的時候，審美主體必然會體驗到並且享受這樣的娛樂效果或快樂效果。但實際上，其根本目的卻不僅僅是這種表面膚淺的感受和體驗，不僅僅是「快樂」或者「娛樂」，主要是為了享受「幸福」，而幸福則是由這裡的後者，即由藝術的深層效果引發的，因為「藝術的深層效果是存在於藝術作品之中的藝術價值的主觀相關物。藝術的深層效果是主體對這些價值的反映」。而且，從更加根本的意義上說，「只有藝術的深層效果才能達到人的層次，才能達到自我的更深層的領域，並且因此而把它們自身從快樂的層次轉移到幸福的層次上」[490]。那麼，究竟什麼是幸福呢？蓋格指出，幸福就是「作為一個整體的自我所具有的某種總體狀態，是一種充滿著快樂的狀態；它是從某種寧靜狀態或者崇高狀態

---

[489] 蓋格：《藝術的意味》，艾彥譯，華夏出版社 1999 年版，第 60、67 頁。
[490] 蓋格：《藝術的意味》，艾彥譯，華夏出版社 1999 年版，第 66 頁。

中產生出來的自我的完善 —— 這種狀態包含了快樂的各種條件，但是它本身卻不是快樂」[491]。可見，蓋格透過對這兩者進行區分，既表明他堅持了現象學基本立場所要求的學術嚴肅性，同時也表明他對主體審美經驗的掌握是非常深刻的。

當然，他雖然充分強調藝術的深層效果所具有的上述重要意義，但並沒有把這兩者截然分開 —— 他指出，雖然從發生學角度來看，不應因為藝術的表層效果位於藝術的深層效果之前，就認定後者來源於前者。但是，前者不僅導致審美主體用於形成審美態度並使之具體表現出來的「外在的專注」，而且，還進一步「把生命賦予了藝術的深層效果，並且使後者變成了完滿的東西」[492]。從這種意義上說，真正嚴格意義上的、完整的審美經驗，實際上是由這兩者共同構成的。那麼，當審美主體面對作為審美對象的藝術作品的時候，這樣的審美經驗究竟是怎樣形成的呢？蓋格指出，它是透過審美主體對作為審美對象的藝術作品所採取的兩種基本態度，即「外在的專注」和「內在的專注」而構成的。

蓋格指出，一般來說，與審美經驗緊密相關的審美態度也具有兩種基本類型，即「外在的專注」和「內在的專注」 —— 前者所指的，是審美主體對外在的、作為其審美對象而存在的藝術作品的專注態度，而後者則主要是指審美主體在欣賞藝術作品的時候所具有的、以自我陶醉於其內心情感的精神朦朧狀態之中為基本特徵的專注態度。他認為，「對於任何一種藝術來說，外在的專注都是合適的態度」[493]，「只有外在的專注才是嚴格意義上的審美態度……只有透過外在的專注，藝術作品才確實能夠表示某種特殊的東西；只有透過外在的專注，人們才能夠根據藝術作品的結

---

[491]　蓋格：《藝術的意味》，艾彥譯，華夏出版社 1999 年版，第 65 頁。
[492]　蓋格：《藝術的意味》，艾彥譯，華夏出版社 1999 年版，第 141 頁。
[493]　蓋格：《藝術的意味》，艾彥譯，華夏出版社 1999 年版，第 106 頁。

構的特殊性來領會藝術作品；因此，只有透過外在的專注，藝術作品才能夠真正發揮它的效果」[494]。正因為如此，蓋格強調，傳統觀點之所以對藝術作品非常推崇，把審美活動提高到人們的各種日常生活行為之上，就是因為人們在審美過程中，可以透過其審美經驗的外在的專注態度，來領會藝術作品的各種價值。因為這樣可以使這些價值深入到我們的內心之中，並且創造某種幸福的形式和體驗。

另一方面，內在的專注主要不是由於審美主體對外在審美對象的專注而形成的，而是主體出於自我安慰的需要、對自己內心體驗的注意和多愁善感才形成的。與對於審美主體欣賞藝術作品來說至關重要的外在的專注相比，蓋格認為，這種內在的專注雖然也構成了審美經驗，也是審美經驗的有機組成部分。但是，由於它基於審美主體或多或少具有的自然氣質，只要求審美主體以最小的心理力量為代價來領會客體，以及它會因為強化審美主體的「自我審美」傾向而忽視藝術作品的相關細節，也有可能使那些最平常瑣屑的東西變成主體的審美客體，所以，這種態度實際上從審美活動角度來看是一種「業餘愛好」。蓋格認為，就審美主體的審美經驗而言，這種作為審美態度而存在的內在的專注，無論對於審美主體體驗藝術作品、領會其價值結構來說，還是就美學家在此基礎上進一步掌握和研究藝術作品的審美價值形式和結構而言，都處於次要地位。從這裡我們可以看出，蓋格雖然具體論述了審美主體透過他所謂內在的專注和外在的專注而具體形成審美經驗的過程，但是，他對外在的專注的充分強調，以及對內在的專注的相對貶低，實際上既反映了他所依據的西方美學界的「藝術研究」轉變對他的巨大影響，同時也表明了他對這兩者的分析具有靜態性，並沒有從動態生成的角度把這兩種「專注」有機統一起來 —— 也可

---

[494] 蓋格：《藝術的意味》，艾彥譯，華夏出版社 1999 年版，第 102 頁。

以說，他並沒有進一步看到這兩者之間的有機連繫和相互轉化。就這一點而言，我們後面將會提到的杜夫海納的現象學美學理論似乎更勝一籌。

既然審美主體是透過「外在的專注」和「內在的專注」，透過藝術作品，在自己內心之中產生的「表層藝術效果」和「深層藝術效果」，來形成審美經驗、具體鑑賞和體驗藝術作品的價值及其結構，並因此而獲得其在審美領域之中所能夠得到的「幸福」。那麼，審美價值及其形式和結構，為什麼會在審美主體那裡產生這樣的效果？或者換句話說，在蓋格看來，審美價值與人類存在之間的關係究竟是什麼？

三、審美價值與人類生存的關係及其特徵

在蓋格看來，所謂一個事物的價值，就是指這個事物所具有的、對於具體主體來說有意義的某種特性[495]。從這種意義上說，審美價值既與藝術作品的上述結構特徵有關，又與審美主體的審美經驗有關，也就是具體藝術作品對於特定審美主體來說所具有的、有意義的特性；另一方面，藝術作品所具有的這種特性，必須透過審美經驗、審美主體的主觀體驗過程才能具體展現出來，才能在審美主體的內心之中形成「藝術的意味」——也就是說，只有這樣，藝術作品才能把審美價值與人類生存狀態的深層關係，在審美主體的審美活動過程中具體地展現出來。那麼，蓋格究竟是怎樣研究和論述藝術作品的價值「意義」與人類生存的關係，怎樣論述這種「意義」透過藝術作品對審美主體內心世界的影響而具體展現出來的過程呢？

從藝術作品角度來看，蓋格指出，藝術作品的價值結構、價值意味，完全是藝術家創造出來的，是藝術家運用特定的藝術創作手段，把自己的

---

[495] 蓋格：《藝術的意味》，艾彥譯，華夏出版社 1999 年版，第 127 頁。

審美價值觀念投射到藝術作品之中的結果。具體說來，這種存在於藝術作品之中的、具體表現為藝術作品的本質性精神意味的價值觀念、價值結構和價值意義，具有兩個有機結合在一起的基本方面，一方面是形式上透過和諧律動表現出來的精神意味，另一方面是與藝術作品的基本內容結合在一起的、構成藝術作品最重要本質的生命成分和精神成分[496]。蓋格指出，恰恰是因為藝術作品同時具有這兩個方面，是這兩個方面的有機統一，所以，「我們的精神生活所追求的兩種終極價值在這裡得到了統一，也就是說，個別的東西所具有的價值和普遍的東西所具有的價值在這裡實現了統一」[497]，而這就是審美經驗的基本特徵。那麼，藝術作品究竟是透過什麼具體方式影響審美主體，把這種價值特性和價值統一展現出來的呢？蓋格認為，藝術作品所特有的屬於藝術形式領域的「和諧律動」，發揮了影響審美主體的精神世界，把這種價值特性和價值意義具體表現出來的作用。

蓋格指出，存在於藝術作品之中的「和諧律動」，既是「建築的脊柱」，也是「舞蹈的神經」——它實際上就是人們通常所說的「藝術形式」。具體說來，它對於審美主體來說主要具有下述三種功能，呈現出三種意義：第一，透過藝術作品的形式構造，使審美主體對其秩序安排留下非常深刻的印象——透過發揮這樣的功能，藝術作品就可以把秩序和藝術作品各部分的連接方式，賦予其所表現的具體生命內容，從而使審美主體能夠掌握這種本來是異己的、混亂不堪的東西，進而進行審美感知和審美體驗[498]。從這種使作為藝術作品的審美對象進入主體的內心世界的角度來說，和諧律動既是主體得以開始其審美過程的先決條件，也是使這

[496] 蓋格：《藝術的意味》，艾彥譯，華夏出版社 1999 年版，第 162，168 - 169 頁。
[497] 蓋格：《藝術的意味》，艾彥譯，華夏出版社 1999 年版，第 163 頁。
[498] 蓋格：《藝術的意味》，艾彥譯，華夏出版社 1999 年版，第 145 - 147 頁。

種審美活動得以進行的必要手段。在此基礎上，從屬於和諧律動的、具有節奏韻律性的秩序，一方面為審美主體提供了符合其內心最深刻需要的和諧、統一、平衡，同時也為審美主體進一步鑑賞藝術作品的其他審美價值鋪平了道路。第二，由於藝術作品並不單純是形式，同時還要透過表現某種客觀對象來表達特定的、經過藝術家體驗的、至關重要的精神性生命內容。因此，和諧律動的第二種功能是透過特定的形式把這種客觀對象設置在一定的藝術距離之中，從而使審美主體能夠真正從審美的角度來看待這個客觀對象、來體驗其所表達出來的藝術家價值觀念 [499]。這樣一來，藝術家所試圖表現的「精神成分和至關重要的生命成分便決定了所有自然美、美的形體，以及美麗的風景所具有的價值」[500]。第三，和諧律動透過藝術家用來確立其藝術作品的節奏韻律的方式，使自身變成了藝術家將其藝術觀念付諸實現的最基本的成分和手段，這樣一來，無論「隱含於主題之中，隱含於藝術作品所表現的客觀對象之中的精神內容」，還是「藝術家的藝術觀念所具有的」、透過其特定的藝術形式表現出來的「精神內容」，便都水乳交融地融合在了一起。蓋格指出，和諧律動可以使「藝術觀念所具有的這些客觀化成分，推動觀賞者透過自己去實現與藝術家的藝術觀念相同的藝術觀念。……把藝術家和觀賞者結合到一起的，就是這種表現所具有的結構。……另一方面，對於觀賞者來說，正是從這種表現結構之中，產生了某種強制他接受與藝術家的態度相似的力量」[501]。

可見，蓋格透過論述藝術作品方面的和諧律動所具有的這些基本功能，實際上已經具體展示了「審美價值與人類生存的關係及其基本特徵」──藝術家透過運用上述方式進行藝術創作，便把由自己的人生體

---

[499] 蓋格：《藝術的意味》，艾彥譯，華夏出版社 1999 年版，第 173－174 頁。
[500] 蓋格：《藝術的意味》，艾彥譯，華夏出版社 1999 年版，第 171 頁。
[501] 蓋格：《藝術的意味》，艾彥譯，華夏出版社 1999 年版，第 179 頁。

驗積澱而成的價值觀念，經由藝術作品恰當地具體地表達出來。而審美主體則透過對這樣的藝術作品進行「外在的專注」，透過自己逐漸形成的審美經驗，從審美體驗的角度，以審美享受的形式，具體體驗藝術作品對於自己來說所具有的、生動展現人的生存境遇和生存價值的「意義」。從這種意義上說，蓋格這裡所說的審美價值，實際上就是藝術家以藝術的方式表達出來、審美主體透過審美經驗具體體驗到的、特定的「人類生存狀況」——其基本特徵在於，這種「人類生存狀況」不是實際存在的，而是藝術的和審美的。那麼，透過逐步形成審美經驗具體體驗這種價值結構和價值意義的審美主體，其主觀的精神世界又經歷了哪些基本變化，才達到了對這種藝術價值意義的完滿體驗呢？

蓋格指出：「審美經驗在審美享受中達到了頂峰；審美經驗的意義……最終目的是審美享受。」[502] 但是，主體，特別是審美主體，並不是一個凝固不變的點，並不是僅僅作為各種欲望、意志活動和具體行為的出發點而存在，而更是一種由深度、意義和特性各不相同的層次共同構成的結構。因此，在作為過程而存在的審美活動之中，審美主體的精神世界經歷了三個基本階段的變化：第一，對以自我為所有生命事件之核心的純粹生命層次的超越，它具體展現為：審美主體必須在藝術作品本身所具有的和諧律動形式結構引導之下，徹底超越以各種色情形式具體表現出來的生命本能性成分。第二，對在現實生活之中作為利己主義的基礎而存在的、以無限制的占有欲為基本特徵的「經驗性自我」層次的超越，因為這種自我層次在審美主體的審美經驗和藝術體驗之中不可能、也不應當占有一席之地，否則，審美經驗的發展歷程就會誤入歧途——實際上，我們在這裡顯然可以看到，蓋格這種論述是對康德「審美非功利」思想的進一步具體

---

[502] 蓋格：《藝術的意味》，艾彥譯，華夏出版社 1999 年版，第 226 頁。

發展。第三，經過對這兩個層次的超越，審美主體就可以在其具體的審美經驗之中，透過對特定藝術作品的具體審美體驗，達到「存在的自我」層次，從而真正體驗到審美經驗和藝術體驗所帶來的「幸福」：「人們在最富有審美特性的藝術那裡所尋求的歡樂，就是這種內在的幸福狀態。」因此，審美主體在其審美經驗中達到了這個最深刻的自我層次，也就達到了審美經驗的頂點，可以進行充分的審美享受了。當然，在這裡，蓋格仍然不忘再次強調藝術作品所發揮的作用：「只有當主體真正領會了這些藝術價值的時候，審美經驗才能夠真正變成體驗；而且，只有在外在的專注，而不是在內在的專注之中，情況才會如此。」[503]

綜上所述，就是蓋格現象學美學理論的主要內容。我們可以非常清楚地看到，儘管蓋格沒有形成系統嚴密的美學理論體系，儘管其具體理論的許多方面還帶有比較明顯的欠雕琢的痕跡，但無論是他對美學研究必須從現象學價值哲學的角度入手的強調，或是他對現象學方法的具體闡述以及在美學研究領域之中的具體運用，還是他結合對藝術作品的價值意味的分析，對藝術作品的結構特徵、對審美經驗的構成和變化階段的研究論述，以及他對以「事實論」美學為代表的、從主客體二元分裂對立角度入手進行美學研究的做法的批判，對於我們今天的美學研究來說，顯然都具有非常重要的理論啟發意義。當然，他畢竟處於現象學美學開端的位置，因此不可避免地存在著許多不足之處──比如說，他沒有對以「意向性」過程為基礎的現象學理論，為什麼特別適合於研究美學領域進行必要的說明，也沒有相應地對現象學美學的研究方法進行更加深入細緻的闡述。並且，出於對藝術作品研究的偏愛、對西方古典藝術的偏愛，蓋格對構成美學研究至關重要的部分──物的自然美，基本上採取了忽視態度，這顯

---

[503] 蓋格：《藝術的意味》，艾彥譯，華夏出版社 1999 年版，第 232 頁。

然是一個非常嚴重的缺陷。[504] 到後面我們可以看到，直到杜夫海納那裡，審美過程中存在的自然因素才得到了一些基本的重視。

第二節　英伽登

與蓋格作為胡塞爾的同代人，從一開始就運用現象學方法進行價值論美學方面的研究和探索有所不同，對現象學美學做過重大貢獻的英伽登，是作為胡塞爾的學生、作為第二代現象學家開始其學術探索的。從宏觀學術史背景角度來看，這一點是相當重要的 —— 因為只有看到了這一點，我們才有可能全面理解，英伽登的現象學美學研究究竟為什麼會集中在文學藝術作品方面，特別是集中在對文學藝術作品本體論的存在結構及其認識方面。顯然，這種理解無論對於掌握現象學美學的基本內容和發展趨勢來說，還是就理解和掌握英伽登本人的現象學美學思想而言，都是非常重要的。

羅曼·英伽登（Roman Ingarden, 1893-1970），1893 年 2 月 5 日出生於波蘭克拉科夫（Kraków）。他曾經在利沃夫大學師從塔多斯基（Kazimierz Twardowski, 1866-1938），巧合的是，此人也和胡塞爾一樣曾經是布倫塔諾的學生）學習哲學，後來由於熱衷於胡塞爾創立的剛剛崛起不久的現代現象學哲學理論，於 1912 年到德國哥廷根師從胡塞爾，轉攻現象學哲學理論，成為後者認為的最出色的學生之一，並且在後者遷居的時候隨之一同前往弗萊堡。在胡塞爾的指導下，他於 1917 年提交了論文〈亨利·柏格森論直觀和理智〉，1918 年獲得博士學位；之後，他返回波蘭進入中

---

[504] 其實，從嚴格的學理意義上說，蓋格在論述和諧律動的時候，其實已經涉及自然美的因素，因為我們無論如何不能說和諧律動純粹是藝術作品的成分，完全是由藝術家憑空創造出來的。

學講授數學、心理學和哲學。1925 年，出版了《幾個基本問題：論本質問題》，被任命為利沃夫大學的特別講師，於 1933 年被擢升為哲學教授。在此期間，他結合自己的教學活動，先後發表了《文學的藝術作品》和《對文學藝術作品的認識》。在第二次世界大戰期間，波蘭的大學關閉，他只好回到中學教數學，並在此期間完成了其主要著作《關於世界實存的爭論》。在 1945 年被迫離開利沃夫，到克拉科夫的雅蓋隆（Jagiellonian）大學講授哲學。由於波蘭政府懷疑其反唯物主義傾向而排斥他，在 1949 至 1956 年期間被迫停止在大學教書，但仍可透過其與克拉科夫的波蘭科學院的連繫繼續進行學術研究。在此期間，他曾把康德的《純粹理性批判》從德文翻譯成波蘭文出版。1957 年，他得以重返大學任教，並獲准代表波蘭學術界參加國際美學會議，直到 1963 年退休。1970 年 6 月因腦出血去世。早在 1957 年，英伽登就開始透過波蘭科學院出版其《全集》，生前已出版 5 卷。他在 1962 年出版了德文版《藝術本體論研究》，以之作為對其《文學的藝術作品》的理論擴展。稍後又出版了《體驗、藝術作品和價值》，這也表明他後期對藝術價值問題的興趣日益增大。

從上面提到的這些著述可見，現象學美學研究，特別是對藝術作品本體論及其認識論的研究，在英伽登的研究和著作之中占據著非常突出的地位，具有關鍵性的重要意義。也因此，英伽登才成為具有國際影響的、最重要的現象學美學家之一。那麼，他的研究成果為什麼具體展現出這樣的基本狀況呢？這主要是由以下幾個方面的原因造成的：

第一，作為胡塞爾的學生，他接受了非常嚴格的現象學訓練，因而成為一個正統的現象學家，進而成為正統的現象學美學家。這具體表現為，他和胡塞爾一樣堅持現象學基本立場，認為現象學美學也是一門具體分析意識現象的「嚴格的科學」。從這樣的觀點出發進行研究，就要做到嚴格

分析這些意識現象具有哪些基本特徵和具體表現形式，解決研究者透過研究它們能夠獲得哪些知識、獲得什麼形式的知識的問題——無庸贅言，英伽登透過其最主要、同時也最著名的兩部現象學美學經典著作《文學的藝術作品》和《對文學藝術作品的認識》[505] 所展現的，實際上就是這樣一種研究思路：透過運用現象學研究方法研究文學藝術作品 [506] 的存在方式、一般結構及其基本特徵，進而系統性且深入地具體分析人們欣賞，特別是認識文學藝術作品的精神活動所具有的、各方面的基本特徵，最終使文學研究變成一門嚴格的科學，建立真正科學的現象學藝術哲學理論。可以說，這是英伽登現象學美學的基本特色。

第二，對胡塞爾基本現象學觀點的批判和發展。英伽登雖然是一位正統的現象學家，但這絕不意味著他完全照搬胡塞爾的基本理論和觀點，從不「越雷池一步」。實際上，早在獲得哲學博士學位的 1918 年，英伽登就在一封致胡塞爾的長信中，表達了他對後者透過其《純粹現象學的觀念》所表現出來的，走向先驗唯心主義之先驗自我的基本傾向，對此感到非常明顯的不滿。正是出於這種不滿，他決定徹底放棄胡塞爾那「以主體性追求絕對有效性」的現象學研究初衷，及其後來繼續探索的唯心主義道路，不再以「先驗自我」作為人類所有知識的最終的絕對基礎。他認為，人們的認識只有適應對象才能存在，我們認識對象的方式既取決於對象的存在方式，也是由對象的形式結構及其基本特徵決定的。我們只能透過分析對

[505] 即 *The Literary Work of Art* 和 *The Cognition of the Literary Work of Art*；它們最初都是英伽登分別以德文和波蘭文寫成的，影響並不廣泛；1973 年其英文版由美國出版現象學系列學術著作的著名出版社，即西北大學出版社（Northwestern University Press）出版以後，其影響才迅速擴展開來。此後，這兩部著作的這個版本就變成了國內外使用英語的學術界通用的權威版本。本節所使用的也是這個版本。

[506] 有必要強調指出的是，英伽登用「文學藝術作品」指我們通常所說的、作為藝術作品而存在的「文學作品」，而用「文學作品」指其他所有各種「文字性作品」。因此，本節也遵循這種做法。

象的存在方式和基本特徵，來確定對象之間存在多少種連繫，我們的認識可以與對象形成多少種關係，我們對對象的直接體驗和認識究竟可能有多少種類型。顯然，這樣一來，英伽登就在繼續堅持現象學哲學強調意向性的基本出發點，懸置現象學，運用現象學還原的基本研究方法，以及對其研究對象進行現象學描述的基本操作過程的情況下，開始擺脫胡塞爾的先驗唯心主義路徑，轉向具有「本體論」傾向的現象學理論研究 ── 這裡之所以為「本體論」一詞加上了引號，是因為英伽登並不是從傳統意義上的主體、客體二元分裂對立意義上運用「本體論」這個術語進行其學術研究的，而是在嚴格堅持現象學基本立場、嚴格運用現象學基本方法的基礎上，側重研究「意向性」所具有的「意向對象」一極，由此出發對審美活動進行研究，因而呈現出「本體論」。嚴格說來，「本體論」在這裡只是在比喻的意義上使用的。

　　第三，英伽登之所以把自己的關注焦點定在藝術本體論，特別是文學藝術作品本體論的研究領域，除了我們上面已經提到的，西方學術界從傳統意義上的美學研究轉向藝術研究這種宏觀背景和基本發展趨勢之外，他自己最初的教學活動涉及文學理論領域也是一個基本原因；儘管這種活動當初是出於偶然，而且他剛開始也基本上只是把自己的美學研究「當作是解決實在問題的一種準備來考慮的」[507]。但是，他此後便「一發而不可收拾」了，這是因為就當時的藝術和藝術研究領域而言，傳統的規範和標準分崩離析、無政府主義現象橫行，學術界對究竟什麼是藝術、藝術作品的存在方式究竟如何，這些問題莫衷一是。這樣一來，透過從學理上嚴格確定究竟什麼是藝術作品、藝術作品的具體存在方式及其基本特徵，來確切回答什麼是藝術、藝術與非藝術的根本區別究竟是什麼，便具有關鍵性

---

[507]　參見 Roman Ingarden, *Untersuchungen zur Ontologie der Kunst*, Tübingen: 1962, S. viii.

的重要意義。顯然，在這種宏觀背景下，英伽登所追求的從著重研究「意向對象」角度對現象學哲學理論的突破，就獲得了非常重要的契機。無庸贅言，正是這種契機既促使他集中了一生之中的大部分時間和精力研究文學藝術作品的本體論和認識論問題，並因此取得一系列重要成果，從而使他成為現象學美學陣營之中舉足輕重的關鍵性重要人物。順便提一句，英伽登透過研究文學藝術作品而進行的現象學美學研究，雖然主要集中於本體論和認識論領域，但也並沒有完全局限於此 —— 他後來對從現象學價值哲學角度研究現象學美學，也投入了不少時間和精力，只是他在這個方面的研究成果遠不及他對前兩個方面的研究及其成果引人注目而已。

　　下面，我們就分「文學藝術作品的『本體論』」、「文學藝術作品的『認識論』」和「審美價值和藝術價值」三個部分，概括考察一下英伽登的現象學美學思想。有必要指出的是，由於他的著作卷帙浩繁而這裡的篇幅有限，因此我們將努力爭取在盡可能不完全摘引其原話的情況下，準確地概述他的基本觀點。

一、文學藝術作品的「本體論」

　　在英伽登所處的 20 世紀上半葉西方文藝理論界，曾經流行過兩種截然對立的、關於文藝作品的存在方式的極端觀點：一種觀點是具有濃厚物理主義色彩的新實證主義觀點，即認為文學作品就是印刷在紙張上的墨跡，因而與其他印刷品沒有任何本質的區別；另一種觀點是具有濃厚唯心主義色彩的心理主義觀點，即認為文學作品就是作者，特別是讀者的心理體驗，因而不具有任何客觀的物質基礎。這兩種觀點雖然淺薄、極端，但卻從根本上抹殺了研究文學藝術作品進行的可能性，因而也抹殺了文學研究的必要性和可能性。儘管這兩種觀點的片面和偏頗顯而易見，但要想從

357

理論上徹底克服和超越它們卻並非易事。從根本上說，它們的基本思維方式仍然是主客體二元分裂對立的思維方式——英伽登正是從這裡入手，運用現象學所堅持的、認為所有各種精神活動都以「意向性」為核心的基本點出發，對這兩種觀點進行批判和揚棄的。

英伽登在《文學的藝術作品》一書中指出，具體就其存在方式而言，文學藝術作品既不同於真實存在的物質客體，也不同於存在於作者或者讀者內心之中的觀念性客體，而是「純粹意向性客體」（the purely intentional object），或者叫作「純粹意向性形成過程」（the purely intentional formation）。它產生於作者有意識的藝術創作活動過程，透過作者的書寫過程、以書面印刷品的形式（或者其他物質複製形式）出版出來而擺在讀者或者欣賞者面前，從而在一定程度上把作為藝術家的作者的藝術觀念和審美情趣展示出來。因此，文學藝術作品既有物質的一面，又不能完全等同於紙張墨跡等純粹的物質要素；既有精神觀念的一面，又不能完全等同於作者和讀者的純粹主觀心理體驗；而是這兩者的有機統一。而且，從作者和讀者透過文學欣賞活動在一定程度上形成精神性的審美溝通（aesthetic communication）的角度來看，讀者對文學藝術作品的欣賞所形成的，恰好就是胡塞爾現象學所強調的以意向性為核心特徵的人類精神活動——這也就是說，文學藝術作品本身就具有現象學研究者一直非常重視的「主體間性」（intersubjectivity）特徵[508]。顯然，在這裡，強調以意向性觀念作為基本點出發的現象學理論立場和研究方法，對英伽登批判及揚棄上述兩種錯誤觀點、確定作為其研究對象的文學藝術作品的存在方式和學術地位，發揮了非常重要的理論基礎和出發點作用。我們甚至可以進

---

[508] 參見Roman Ingarden, *The Literary Work of Art*, Northwestern University Press, 1973, Prefaces, Part I, Preliminary Questions.

一步說，英伽登這種觀點不僅適用於文學藝術作品，而且也適用於幾乎所有各種藝術作品——因為從根本上說，任何一種藝術作品都具有上述基本特徵，都既（就其作為藝術家的創作過程的結果而言）是主體與客體統一的結果，又是（處於審美欣賞過程之中的、作為藝術家和欣賞者而存在的）主體共同創造的結果。那麼，在此基礎上，英伽登是如何進一步具體研究和論述文學藝術作品的存在方式和基本結構特徵的呢？

就其基本結構特徵而言，英伽登指出，文學藝術作品是一種由四個性質不同的層次組成的分層有機整體結構，其中這四個層次分別是「語音形成層」（stratum of linguistic sound formations）[509]、「意義單位層」（stratum of meaning units）、「再現的客體層」（stratum of represented objects）以及「圖式化的方面層」（stratum of schematized aspects）[510]。他指出，這些層次雖然構成成分不同，其在文學藝術作品整體結構中所處的地位和所發揮的作用也都不相同，但是文學藝術作品的有機整體性正是以這些層次所分別具有的獨特性為前提，因為正是這些性質截然不同的層次共同構成了文學藝術作品的有機整體結構。

具體說來，英伽登指出，任何文學藝術作品都是由語詞、語句和複合句組成的。其中最基本的是語詞，它實際上就是負載意義並在讀者閱讀過程中得到具體化的語音；由於語句和複合句都是由這樣承載意義各不相同而又前後相連的語音構成的，因此語句和複合句就會在讀者的閱讀過程中形成節奏、韻律和準韻律等語音現象，從而與其意義一起在讀者的心目中導致「歡樂」、「憂愁」等各種不同的情調和心態。這樣一來，「語音形成

---

[509] 有必要指出的是，我們在這裡沒有像國內其他學者那樣，把這裡的 formation 翻譯成「結構」或者「構成」，而是為了譯文嚴謹準確並突出其所具有的「促成」、「具體化」的意味，用「形成」來翻譯它。

[510] 參見 Roman Ingarden, *The Literary Work of Art*, Northwestern University Press, 1973, Part II, *The Structure of the Literary Art*.

層」就成為文學藝術作品存在的物質基礎 —— 它不僅是具體意義的載體和物質基礎，而且也是具體展現作品情調的基本手法。正是從這種意義上說，「語音形成層」是文學藝術作品最基本的結構層次，如果它受到干擾或者被取消，作品就會由於其所包含的意義受到破壞而失去存在的前提。

建立在「語音形成層」基礎之上的是「意義單位層」。英伽登指出，與語音同時存在的語詞的意義，就是其透過意向性所表達的客體對象，即「意向性對應物」；而由語詞構成的語句和複合句也因此而表達出其相應的意向性對應物，後者就是它們所表現的「事態」 —— 由於這樣的「事態」與實際生活中客觀存在的「事態」有所不同，英伽登稱之為「純粹意向性事態」或者「純粹意向性語句相關物」。另一方面，就文學藝術作品在這個方面與其他文字作品之間存在的區別而言，英伽登指出，存在於文學藝術作品之中的語句所表達的看似真實的「事態」，其實是一種由作品本身表現出來的幻象。所以，這種語句不是諸如科學著作之中的語句那樣嚴格的「判斷」，而是「準判斷」（quasi judgement），但恰恰是這樣的「準判斷」經過其表現的、非現實的「事態」，構成了文學藝術作品活生生的、獨具特色的「世界」。他強調，對於文學藝術作品的有機整體結構和藝術效果來說，「意義單位層」具有決定性的作用。

文學藝術作品的各種「準判斷」所描繪的「世界」，是由各種「再現的客體」構成的，這些「再現的客體」就組成了文學藝術作品的「再現的客體層」。英伽登指出，由於文學藝術作品的「純粹意向性客體」都是由此種判斷表現出來的，所以這些客體所具有的實際內容都經歷了一定的轉化 —— 它們雖然具有包括時空連續性在內的某些實際時空的特性，但這裡的時空都是想像性的，它們只透過其所描繪的客體的部分特徵，把這樣的「世界」展現出來，而並沒有徹底地把被描繪對象的所有各種細節

都表現出來。這樣一來，作為文學藝術作品之「純粹意向性客體」而存在的「再現的客體」，就成為包含著許多「不確定的點」（spots of indeterminacy）的、需要進行想像的客體——也就是說，它們要求讀者在自己的閱讀欣賞過程中充分發揮想像力，不斷隨著自己的閱讀過程和這種「世界」之中的各種「事態」的「發展」，運用自己的想像消除這些「不確定的點」，填補其原來存在的各種「空白」，從而使文學藝術作品得到「具體化」，使這些「再現的客體」變成具有生機和活力的具體審美對象。

那麼，「再現的客體」也罷，由它們組成的「世界」也罷，究竟是透過什麼具體方式表現出來的呢？英伽登指出，由於它們都是經過作者的觀念化創作活動才產生出來的，都包含著「不確定的點」和相應的「空白」，所以它們都以「方面」的形式把被讀者感知的「再現的客體」概括表現出來——當同一讀者從不同的角度進行感知，或者不同讀者對同一客體進行感知的時候，它們都會呈現為同樣的、具有一定概括性的、固定不變的「圖式」。因此，這些以「方面」的形式表現出來的「再現的客體」，都是已經「圖式化的」，都是以「圖式」的形式存在的，這種「圖式」概括地表現了「再現的客體」的各個方面、各種要素。英伽登認為，作為文學藝術作品的一個獨立層次而存在的「圖式化的方面層」，實際上是透過以綱要的形式表現作者的創作結果，使這種作品成為一種概括展現「世界」的圖式結構，因此它實質上是文學藝術作品表現「再現的客體」的手段。英伽登指出，它為讀者透過閱讀把作品「具體化」奠定了物質基礎，並因此而在展現出作品本身所特有的審美價值屬性的同時，展示作品所表現的具體情境和事件的精神意義，如崇高、悲愴、恐懼、哀憐、嫵媚、神聖、怪誕等。因為這些精神能夠揭示人類生存的深層意義，所以它們都是文學藝術作品所能夠具體展示的最高的審美價值。

　　關於文學藝術作品的各層次的存在形態和相互關係，英伽登指出，一方面，包含在它們之中的許多要素都處於潛在狀態，有待於讀者透過其閱讀過程，透過把文學藝術作品「具體化」，才能作為審美對象而具體展示出來；另一方面，雖然這四個層次各不相同，但它們之間存在著有機的連繫，並且會在讀者的閱讀過程中互相影響和互相作用——正因為如此，它們透過讀者閱讀過程的「具體化」，就可以呈現出具體展現審美對象整體效應的「複音和聲」（polyphonic harmony），從而把文學藝術作品變成審美對象，將其各種審美價值屬性充分展現出來。

　　以上就是英伽登關於文學藝術作品的存在方式、基本結構特徵的主要觀點。從現象學美學、乃至從現代西方美學的總體性發展脈絡角度來看，他所提出的這種觀點，一方面完全是他堅持把現象學哲學理論的基本立場和研究方法運用於文學理論研究領域的結果；另一方面我們也可以比較清楚地看到，他確實對文學作品的存在方式問題進行了富有開拓性意義的、卓有成效的探索和研究。儘管其分析對象主要局限於傳統的文學藝術作品，但他所提出的這種理論模型也依然頗有啟發價值，並且他相關文學藝術作品「具體化」的基本觀點，也是非常深刻的真知灼見。我們下面還會看到，它不僅為他研究和論述文學藝術作品發揮了巨大的基礎和槓桿作用，而且對人們研究其他藝術作品所展現的其他審美對象，也具有非常重要的啟發意義。

二、文學藝術作品的「認識論」

　　透過在《文學的藝術作品》之中論述文學藝術作品的存在方式和形式結構，英伽登不僅回答了「作為認識客體的文學藝術作品究竟如何構造出來、究竟如何存在、其具體形式結構如何」的問題，同時也為其進一步透

過《對文學藝術作品的認識》這部著作，研究和論述「究竟什麼導致了對文學藝術作品的認識，如何對文學藝術作品進行認識，以及透過這種認識可以獲得什麼結果」的問題，奠定基礎，設定條件。儘管他撰寫《對文學藝術作品的認識》的主要原因之一，是回應某些人對《文學的藝術作品》的批評甚至攻擊，但他最基本的目的仍是在嚴格堅持現象學基本立場和研究方法的基礎上，透過「文學藝術作品」這個突破口，來研究客觀實在的存在方式、具體形式結構及其認識方式和認識結果這樣一些問題。正是出於這樣的基本意向，英伽登在對文學藝術作品進行過研究和闡述的基礎上，進一步論述了他關於「如何認識文學藝術作品」問題的觀點。

他指出，雖然人們對文學藝術作品可能採取各式各樣的態度和觀點，但是，與人們形成對文學藝術作品的認識密切相關的基本態度主要有以下三種：第一，前審美態度（pre-aesthetic attitude）。這種態度的基本目的是獲得有關文學藝術作品本身，而不是關於這種作品的具體知識，其核心是形成關於文學藝術作品的客觀認識，並且確定人們對這種作品進行的重構究竟是不是忠實於原作品。第二，審美態度，即讀者在透過具體的閱讀過程把文學藝術作品具體化，使之形成審美對象的時候，所採取的基本態度。這是英伽登論述的重點，我們下面還會概括地加以論述。第三，後審美態度（post-aesthetic attitude），即人們在進行審美活動的基礎上試圖獲得有關文學藝術作品具體化和審美對象的知識[511]。這樣一來，他就從自己所堅持的按照認識對象的存在方式和基本形式結構考察認識的基本傾向出發，開始具體論述他對他所謂的「對文學藝術作品的認識」的觀點。

具體說來，英伽登是沿著兩條基本線索，透過系統性地論述「審美態

---

[511] 參見 Roman Ingarden, *The Cognition of the Literary Work of Art*, Northwestern University Press, 1973, Introduction，以及 Ch. 4, *Varieties of the Cognition of the Literary Work of Art*.

度」，來具體論述主體對作為文學藝術作品而存在的客體之認識 ── 其中的一條線索是由性質各不相同的四個基本結構層次組成的、文學藝術作品由低到高的結構性線索；另一條線索是認識主體在認識文學藝術作品的過程中所經歷的時間線索。這是因為，主體認識這樣的對象根本不可能徹底離開「審美態度」，而在英伽登看來，「審美態度」和與之緊密相關的「審美經驗」，都是這兩條線索相互交叉、融合的產物。

　　一方面，就文學藝術作品的有機整體性結構層次而言，英伽登指出，文學藝術作品的功能就是為審美主體形成審美經驗發揮基礎作用，它那每一個具體層次都包含著「不確定的點」的有機分層整體結構，具有作為「藝術價值」而存在的、與審美相關的價值屬性 ── 正是這種屬性從一開始就以某種方式影響主體的情緒，使之忘記其在日常生活中所具有的各種實際關心之事，開始集中精力關注這種屬性本身。這樣一來，讀者便透過閱讀過程，文學藝術作品的語音層次，以及理解其所承載的意義，進入「意義單位層」。在這裡，所謂理解語句的語義，也就是使其中所包含的意義變成現實的、可以理解的東西。英伽登指出，作為讀者而存在的主體，是透過「積極閱讀」（active reading）而參與到文學藝術作品所概括展示的「世界」之中的 [512]。在這樣的過程中，讀者透過進行「積極閱讀」，不斷調動自己以往獲得的各種相關經驗，充分發揮自己的想像力，從而逐步消除文學藝術作品表現的對象所包含的「不確定的點」，逐步填補作品的「再現的客體層」之中所包含的各種「空白」，就可以使文學藝術作品的四個層次之間形成具體的相互影響和相互作用，具體化文學藝術作品

---

[512]　參見 Roman Ingarden, *The Cognition of the Literary Work of Art*, Northwestern University Press, 1973，以及 Ch. 1, *The Process Entering into the Cognition of the Literary Work of Art*.

「圖式化的方面」，以及其語句所描述的「事態」，最終使文學藝術作品變成一個活生生的有機整體，具體化為審美客體。在這種情況下，讀者就可以在把文學藝術作品所具有的「藝術價值」具體化為「審美價值」的同時，使其終極性的審美價值最終顯示出來。很顯然的，如此作為認識者而存在的主體，就可以因此而為其出於「前審美態度」和「後審美態度」所進行的認識活動，奠定堅實的基礎。

另一方面，就讀者閱讀文學藝術作品的過程所具有的時間維度而言，英伽登指出，雖然文學藝術作品是一個已經完成了的、由多種層次構成的有機整體結構，但是讀者的閱讀卻必定經歷一個循序漸進的時間過程，不可能一蹴而就──也就是說，讀者必須一方面依次涉及文學藝術作品的上述四個由低到高的形式結構層次，不斷發揮其想像力進行相應的「具體化」精神活動，從而經歷一個時間過程；另一方面也會同時隨著文學藝術作品所描繪的「事態」歷程而不斷前進，不斷經歷這樣的「事態」所具有的「時間視角」（temporal perspective）及其變化，因而此處也同樣存在某種時間維度。在這種情況下，讀者雖然在某一個時間點上所面對的，只是作品所生動地呈現出來的部分「事態」或者「世界」，但由於其本身所發揮的「積極記憶」（active memory）的作用，由其不斷具體化的「再現的客體」便不斷與其以往的閱讀經驗所包含的「再現的客體」融合起來，透過閱讀過程所具有的動態性時間視角將呈現在讀者的面前[513]。在這個過程中，讀者最初由文學藝術作品在其心目中激起「初始情緒」（original emotion），接下來便與文學藝術作品所具有的「藝術價值」互相作用、結合，使讀者具體化作品的同時體驗這些審美情感，最終使文學藝術作品變

---

[513] 參見 Roman Ingarden, *The Cognition of the Literary Work of Art*, Northwestern University Press, 1973，以及 Ch. 2, *Temporal Perspective in the Concretization of the Literary Work of Art*；以及 Ch. 4, *Varieties of the Cognition of the Literary Work of Art*.

成審美對象，達到審美經驗的極致，並且因而使讀者獲得審美享受和相應的人生啟迪。

關於文學藝術作品的研究者因此而進行的認識過程，以及其所獲得的相應的認識結果和可能出現的錯誤，英伽登指出，雖然同一個讀者可能在不同的時間內閱讀、具體化同一部文學藝術作品，不同的讀者也會在相同或不同的時間內閱讀和具體化同一部作品，因而其閱讀過程、具體化過程及其結果會出現各種變化、存在某些差異，甚至出現對作品本身的各式各樣的背離，而且各自的審美感受也較難以精確的術語溝通。但由於作品本身是一個固定不變的、由多種層次組成的有機整體結構，因此只要讀者認真關注作品的「語音形成層」和「意義單位層」，其在具體化作品的重構過程中，就不會嚴重地背離作品本身，而相應地減少出現認識方面的錯誤。而且，在持續的閱讀過程中，讀者也可以不斷地根據作品本身重新檢查自己的重構過程，因而可以獲得對作品本身越來越精確的重構，形成更精準的對於作品本身和相應的審美活動的知識。此外，隨著研究手段的進步，有關讀者審美具體化的知識也會越來越確切地被人們理解及溝通 [514]。

可見，英伽登對文學藝術作品「認識論」的研究和論述，仍然嚴守現象學的基本立場和研究方法，從其對文學藝術作品的存在方式和具體形式結構的研究結果出發進行的。他在這裡對「積極閱讀」、文學藝術作品的「藝術價值」與「審美價值」的區別、閱讀過程的「時間視角」及其作用以及「積極記憶」等方面的具體論述，對於我們研究讀者的具體閱讀過程和審美過程顯然都頗有啟發。不過，從理智角度進行研究的研究者，究竟

---

[514] 參見 Roman Ingarden, *The Cognition of the Literary Work of Art*, Northwestern University Press, 1973，以及 Ch. 4, *Varieties of the Cognition of the Literary Work of Art*；以及 Ch. 5, *Outlook on Some Problems for the Critical Considerations of Knowledge about the Literary Work of Art.*

怎樣才能形成恰當的、關於情感體驗性的審美活動的具體知識，並且使這樣的知識能夠成立並得到順利的溝通，這顯然不僅是英伽登的現象學美學所面臨的難題，也是西方美學史上所有美學家都會遇到的困難 —— 總體說來，英伽登只是在這方面做過一些具有建設性意義的探討，要想徹底解決這個難題，還需要進行相當長時間的艱難探索。

三、藝術價值和審美價值

和研究論述《對文學藝術作品的認識》所使用的基本模式一樣，英伽登晚年從現象學價值哲學的角度出發對「藝術價值和審美價值」之間的基本關係的研究和論述，也是以其對文學藝術作品存在方式和基本形式結構的研究成果為基礎的；同時，從其學術研究的總的發展趨勢角度來看，這個方面的研究也表明了他從研究藝術作品的「本體論」、「認識論」，開始走向研究藝術作品的「價值論」。

具體說來，他早在《對文學藝術作品的認識》中就曾經指出，以往的研究者往往要麼把審美價值等同於藝術價值，要麼把審美價值等同於審美經驗或者引發審美經驗的手段，這些觀點都是不正確的。實際上，藝術價值雖然和審美價值一樣具有超越性，但兩者有本質的區別 —— 諸如「明晰」、「朦朧」這樣的藝術價值，都是作為文學藝術作品有機整體分層結構所具有的屬性而內藏於文學藝術作品之中的，審美價值卻是在作為讀者的審美主體具體化文學藝術作品的過程中才出現的，因而是以其審美經驗為基礎和母體的。只有當讀者透過其閱讀過程把文學藝術作品具體化，將其中所包含的藝術價值屬性轉化為審美價值屬性，並且使之呈現出審美價值屬性的「複音和聲」的時候，作品的審美價值才能展現出來，其最高級的

展現就是表現出「形而上的質」（metaphysical quality）[515]。因此，必須把審美經驗與藝術經驗嚴格區分開來，分別加以具體的研究。

在此基礎上，從現象學價值哲學的角度出發，英伽登進一步對藝術價值和審美價值進行了分析論述。他指出，從價值哲學角度考察藝術作品和審美活動，可以把兩類價值因素區別開來：第一類是「無條件性價值因素」，其中既有藝術作品中所包含的、直接引發審美感受的「審美因素」，也有雖然並不直接引發審美感受，但卻構成審美因素之基礎的「藝術因素」；它們雖然本身並不是價值，但是卻從不同角度構成了藝術作品價值結構的基礎，因為藝術作品的價值就是由於它們以特定的方式組合起來而產生的——其中，某些價值因素決定了藝術作品在審美、道德等方面具有的一般價值，使藝術作品的價值與其他價值區別開來；另一些較高層次的價值因素，則透過決定藝術作品的審美價值獨特性，而決定了一件藝術作品所特有的藝術價值和審美價值。第二類是「條件性價值因素」，指的是包括藝術作品的審美價值因素和藝術價值因素之外的所有各種價值因素——諸如一種藝術作品所具有的分類特徵、藝術語言特徵、藝術語言構成特徵等；它們雖然從價值哲學的角度來看是中性的，但卻與藝術作品的藝術價值因素和審美價值因素共同構成作品的價值結構，發揮著對藝術作品的藝術價值因素和審美價值因素進行排列組合的框架作用。英伽登認為，只要這些因素與藝術作品的藝術價值因素和審美價值因素恰當結合起來，它們就可以在獲得並呈現出某種審美價值的同時，使藝術作品的藝術價值因素和審美價值因素更加鮮明地展現出來[516]。

---

[515] Roman Ingarden, *The Cognition of the Literary Work of Art*, Northwestern University Press, 1973, Ch. 34; Ch. 4; Ch. 5.

[516] Roman Ingarden, *Artistic and Aesthetic Values*, in: British Journal of Aesthetics 4, No. 3 (1964): 198-213.

在此基礎上，英伽登晚年集中了很大精力，用於搜集和研究他認為有意義的、表示藝術價值因素和審美價值因素的詞項，並且對它們進行研究、歸類和分組。不過，此處關鍵問題在於，這兩類價值因素自身的各種成分的組合方式，以及它們與他以前所謂的文學藝術作品的分層有機整體結構之間的關係究竟是什麼？英伽登認為，藝術家對這兩類價值因素的各種組合，決定了藝術作品的藝術價值特徵和審美價值特徵，而在具體藝術作品特定的組合關係中，它們則是透過互相影響和作用，而不是單獨發揮作用，而構成藝術作品的價值結構基礎的；另一方面，它們所形成的價值結構關係與藝術作品的本體論存在結構並不矛盾，而是滲透和影響著這種本體論有機整體結構的每一個具體層次。正因為如此，評估藝術作品的藝術價值和審美價值，必須以評價者對其所有各個具體層次所包含的價值因素及其關係進行的系統全面的考察為基礎，無法孤立地做出某種片面的判斷 [517]。

綜上所述，我們可以說，英伽登是一個具有獨創性的現象學形上學家、現象學美學家、現象學文學理論家。他在批判揚棄胡塞爾現象學哲學理論研究成果的基礎上，透過以文學藝術作品的存在方式和分層有機整體結構為突破口，對文學藝術作品及其審美方式、認識方式，以及價值因素結構進行的一系列探索和研究，乃至其後來對音樂、繪畫、建築等具體藝術作品門類的研究，在具體結論和方法論探索方面，都為後來的美學研究者留下了非常寶貴的啟發借鑑意義 —— 後來西方美學和文藝理論研究方面的許多流派，諸如結構主義美學、符號論美學、接受美學、讀者反應批評理論等，都從他的研究成果中吸收了寶貴的養分。而從作為一個學術陣

---

[517] 參見 Roman Ingarden, *On Philosophical Aesthetics*, in: Dialectics and Humanism 10, No. 1 (1983): 5-12.

營的現象學美學及其發展變化角度來看，如果說蓋格從現象學價值哲學角度進行的現象學美學研究，尚帶有比較明顯的探索和有欠雕琢的痕跡，那麼，英伽登的現象學文學藝術作品研究則已經呈現出比較成熟的景象，也產生了更加廣泛的影響。不過，由於他的《文學的藝術作品》和《對文學藝術作品的認識》英文版到 1973 年才面世，他在這個方面的影響雖然比蓋格大得多，但卻未必大於杜夫海納《審美經驗現象學》所產生的影響。當然，他的現象學美學研究主要側重於文學藝術作品領域，而這只是人類審美活動所涉及的一個領域。其對文學藝術作品存在方式，特別是對其具體的結構層次和要素的論述，也存在一些牽強、刻板、形式化的色彩。他對藝術作品藝術價值因素和審美價值因素的分析、探討和研究，實際上帶有比較明確的實證主義色彩，沒有充分考慮藝術價值和審美價值的主體生成維度；而且，他主要著眼於對包括文學藝術作品在內的藝術作品的探討和研究，也就很少顧及審美活動的自然美了。下面我們將會看到，從他那裡受到許多啟發的杜夫海納的現象學美學研究，對英伽登的這些不足之處都有一定的修正。

第三節　杜夫海納

　　［本文由當代法國學者、杜夫海納前學術助手瑪麗沃娜‧賽松（Maryvonne Saison）撰寫，王柯平翻譯成中文，霍桂桓改寫。］

　　在 1960 年代，杜夫海納（Mikel Dufrenne, 1910-1995）是法國美學界的代表人物，其影響傳布世界各地。到了 1980 年代，隨著新一代現象學家的崛起和分析哲學的深入發展，杜夫海納的名字在巴黎學術界逐漸淡出。但在法國之外，他的思想依然影響巨大，被視為美學的經典人物。近

年來，也就是在新舊世紀之交，杜夫海納又梅開二度，在法國再次受到讀者的推崇。從生態學到分析哲學領域，人們儘管並不常讀他的作品或再版他的文集，但卻引用他的觀點；儘管從未認真追問過他的思想，但卻將他尊奉為思想先驅並求助於他。

需要指出的是，自 1953 年發表《審美經驗現象學》（*La phénoméno logiciel' expériences thé tique*）一書直到 1995 年 6 月 10 日杜夫海納逝世，約逾半個世紀 —— 在此期間，各方面都經歷過巨大的動盪：無論是 20 世紀的哲學或藝術，都無法在這 50 年的遺產中真正重新恢復常態。杜夫海納的一生經歷了 20 世紀諸多重大事件：他出生於 1910 年 2 月 9 日，成績出類拔萃，1929 年就讀於巴黎高等師範學校，1932 年獲得哲學學位。杜夫海納於 1939 年應徵入伍，繼而隨軍開赴德國，在 1940 年 5 月淪為戰俘，但他並未荒廢在戰俘營裡度過的那些歲月。這倒不是因為他從事學習、思索或友情活動，而是因為他在那裡結識了保羅・利科（Paul Ricœur, 1913-2005），兩人合作，後來於 1947 年聯名發表了《卡爾・雅斯貝爾斯及其生存哲學》（*Karl Jaspers et la philosophie de l'existence*）一書。[518]

離德返法之後，杜夫海納邊寫作邊教學。他先在公立中學任教，後到大學任教。1954 年任教於普瓦捷大學，1963 年任教於南特大學並參與了該校哲學系的建立工作，1974 年退休。在撰寫專論審美經驗的著作期間，他積極參與大眾生活。譬如他在《戰鬥報》（*Combat*）和其他期刊上發表了許多有關現實專題的文章。

另外，他對社會學也產生過特殊的興趣。他曾在索邦神學院（Sorbonne）教授社會學，並在那裡撰寫了補充論文〈基礎人格〉（*La person-*

---

[518] Mikel Dufrenne et Paul Ricœur, *Karl Jaspers et la philosophie de l'existence*, Paris: Le Seuil, 1947.

nalité de base），[519] 該文與其他主要論文一併發表於 1953 年。在此活躍時期，杜夫海納的學術水準得到國際學術界的承認。他因此經常到世界各地參加學術會議和應邀講學，其作品也被譯成多種文字，並曾在法國主編《美學雜誌》（*Revue d'esthétique*）。1960 年以後，他先與蘇里奧合作，後與雷沃爾特（Oliver Revault d'Allones, 1923-2009）合作，直到 1995 年為止。他為柯林克斯克出版社（Klincksieck）編輯了一套著名的美學文選，從中發現某些作者，發表了至今依然具有權威性的論文。從 1971 年至 1994 年，杜夫海納一直擔任法國美學學會主席。

在文集《標桿》（*Jalons*）[520] 或三卷本的《美學與哲學》（*Esthétique et philosophie*）[521]，杜夫海納除了專論哲學的文章之外，其餘大部分為專論藝術家和現實專題的論文，這些論文也都充滿純粹的哲學反思。另外，他還有兩部專論先驗問題（apriori）[522] 的著作，側重政治哲學反思 [523] 以及哲學和美學反思 [524]。杜夫海納的這些著述是在其 50 歲到 70 歲之間完成的。1968 年發生的一連串事件使他一度中斷寫作，轉而公開參加各種學生運動和社會運動。在結構主義熱潮興起之際，杜夫海納採取了頗為謹慎的態度，自從 1962 年出版了唯一的英文著作《語言與哲學》（*Language and Philosophy*）[525] 之後，他直到 1968 年才出版了《為了人類》（*Pour*

---

[519]　Mikel Dufrenne, *La personnalité de base*, Paris: Presses Universitaires de France, 1953.

[520]　Mikel Dufrenne, Jalons, *La Haye*, Nijhoff: 1966.

[521]　Mikel Dufrenne, *Esthétique et philosophie*, Paris, Klincksieck (ed.), t. 1: 1967, t. 2: 1976, t. 3: 1981.

[522]　Mikel Dufrenne, *La notion d'a priori*, Paris, Paris: Presses Universitaires de France, 1959 et L'inventaire des a priori, Paris, Christian Bourgois (ed.), 1981.

[523]　Mikel Dufrenne, *Pour l'homme*, Paris: Le Seuil, 1968; *Art et politique*, Paris: U.G.E., Col. 10/18, 1974; *Subversion, perversion*, Paris, Presses Universitaires de France, 1977.

[524]　Mikel Dufrenne, *Phénoménologie de l'expérience esthétique*, Paris: Presses Universitaires de France, 1953; *Le poetique*, Paris, Presses Universitaires de France, 1963; *L'œil et l'oreille*, Montréal, L'hexagone, 1987, reprise aux (ed.) Jean-Michel Place, Paris; *Le Cap-Ferrat, livre-objet en collaboration avec le sculpteur Bauduin*, hors commerce, en 1994.

[525]　Mekel Dufrenne, *Language and Philosophy*, Bloomington: Indiana University. Press, 1962.

l'homme）一書。杜夫海納對法國結構主義者的抵制，以及他的精神獨立性和獨特性，曾經使他不再是當時人們關注的焦點，他以後的論著也只是獲得認可而已。杜夫海納對這一誤解相當清楚，在其一生的最後十年裡，他一直密切觀察事件的發展，並且與大批朋友密切連繫，卻很少動筆。

在 20 世紀最後的 25 年裡，杜夫海納在法國的聲譽似乎來去匆匆。假如我們現在採取行動，重讀和研究他那些真正富有原創性的論著，就會發現與那些曇花一現的思想方法及其運動相比，其明晰性和豐富性必將再次聞名於世。

一、現象學的錨地

從 1930 年到 1940 年間，對胡塞爾現象學的重新發現，無疑是法國哲學復興的起因。這一發現委實令人震驚。1940 年與 1945 年，沙特的《論想像》（L'imaginaire）或《想像的現象學心理學》（Psychologie phénoménologique de l'imagination）與梅洛－龐蒂的《知覺現象學》（Phénoménologie de la perception）相繼出版。隨後，第三部「現象學」著作 —— 杜夫海納的《審美經驗現象學》於 1953 年問世。該著作不僅參考了此前出版的一系列現象學著作，而且在其中與沙特、梅洛－龐蒂和胡塞爾展開了對話。杜夫海納在此書中開宗明義地指出：「人們將會發現，我們並非勉強地逼迫自己去追隨胡塞爾的文本，而是在沙特和梅洛－龐蒂將現象學這一術語引入法國的意義上來解悟現象學。描述的目的在於掌握本質，在於界定和給出現象的內涵。要想發現本質，就需要揭開面紗，而不是不懂裝懂。」[526] 毫無疑問，除了專論英伽登的一些片段之外，杜夫海納較少關注

---

[526] Mikel Dufrenne, *Phénoménologie de l'expérience esthétique*, op. cit., Paris: Presses Universitaires de France, 1953, p. 4.

胡塞爾的追隨者所撰寫的德文美學論著，而較多關注法國的具體語境。他的美學反思對象是梅洛－龐蒂的知覺哲學和沙特的政治哲學，想藉此擺脫其在沙特與梅洛－龐蒂之間徘徊的困擾，並試圖調和一元論與二元論之間的矛盾，其目的是為了同時身兼兩職，「既做原創詩人，又當歷史藝匠，並認為這種模稜兩可的身分一方面隸屬於大自然，另一方面又是大自然欲加分離的對象」[527]。

這一切都要歸功於現象學。在普通美學領域，杜夫海納依循了現象學的研究方向。他不是從美學史的角度出發來研究美學，也不是從探討美或趣味這類常見的範疇或主題角度來研究美學，而是從描述「審美經驗」（l'expérience esthétique）的角度入手，認為觀眾的立場觀點要比作者的立場觀點更為重要。在界定審美經驗的相關導言中，杜夫海納解釋說：「與社會學、人類學對藝術的反思以及黑格爾式的藝術靈感說不同的是，現象學觀點要求研究創造性活動的人們，去探討類似具體體驗形態這種審美關係的本質，也就是憑藉凝神觀照之類的傳統對其加以辨認。」有趣的是，這一建議並不是要分析凝神觀照這一概念及其歷史，而是試圖揭示審美關係所展現出的一種存在於人類主體中的世界意義的本原連繫。審美經驗融合了某一客體與審視該客體的意識，顯現出該審美經驗與其表示物和相關態度與該客體之間的關聯。現象學方法專門用於研究意向作用－意向對象的關聯（rapport noético-noématique），並彰顯影響凝神觀照過程的具體意向性（intentionnalité spécifique）。透過揭示現象學與美學的關係，可望超越主體性理論與客觀論學說之間的種種衝突。審美經驗的意向性表明，審美客體與審美經驗具有相互連繫的特性。在康德的語境中，一個客體無須任何可能的解釋，在個體的審視過程中，帶給人快感或不快感。如今，康

---

[527] Mikel Dufrenne, *Pour l'homme*, Paris: U. G. E., Col. 10/18, 1974, pp. 149-150, note 3.

德的語境已被超越，審美經驗在這裡僅僅意味著雙重的事實：一是享有特權的客體，二是能對客體有所反應的主體。與此同時，整個 19 世紀所闡述的主體性美學也被超越了。無論是移情作用論，還是直覺形式論，均不考慮同時提升涉及主客體特性的體驗的兩重性。在自然主義或心理主義那裡，泰納（Hippolyte Taine, 1828-1893）或費希納的客觀論美學，都可以藉由現象學的描述得以挽救。這種描述不僅宣導人類主體性的湧現和行為的意義特徵，而且推崇作品所表達出的超越性。

（一）人類學的重要性

肯定意向客體與意向作用的關聯，並不能解決所有問題。杜夫海納反對那種描述主客體關係的循環做法。但從審美經驗入手勢必得冒險，因為這樣會使客體從屬於一種可能將一切都審美化的感知能力。為了避免相對主義，也就是那種「憑藉隨便一種審美經驗便把所有審美化客體視為審美客體」[528] 的相對主義，最好是「讓經驗從屬於客體，而不是讓客體從屬於經驗，尤其是在依據藝術作品來界定客體的時候」[529]。哲學家杜夫海納對藝術作品的存在形態頗感興趣。一有機會，他就注意闡述藝術作品在政治與社會語境中的存在條件。譬如在《藝術與政治》（*Art et politique*）[530] 一書中，他專門論述了作為「社會慣例」與「現實」的藝術與政治 [531]。他本人表示，自己由於受到馬凌諾斯基（B. K. Malinowski, 1884-1942）所研究的文化人類學的啟發，希望借助諸如地位、人員、行為規範、物質條件、種種活動以及職能等因素，來描述上述社會慣例的結

[528] Mikel Dufrenne, *Phénoménologie de l'expérience esthétique*, op. cit., Paris: Presses Universitaires de France, 1953, p. 7.

[529] Mikel Dufrenne, *Phénoménologie de l'expérience esthétique*, op. cit., Paris: Presses Universitaires de France, 1953, p. 8.

[530] Mikel Dufrenne, *Art et politique*, op. cit.

[531] Mikel Dufrenne, *Art et politique*, op. cit. p. 16.

構 [532]。在杜夫海納的思想歷程中，人們發現人類學與社會學占有重要的
地位。在其美學反思中，此兩者相互交叉，已知的異質部分彼此互補。將
構成意識與杜夫海納所謂的「自然」意識並置的做法，儘管被認為是歷史
上的做法，但是杜夫海納依然堅持歷史與文化的重要性。在他看來，意識
乃是「人類學研究的範疇」，意識「所產生的世界，是一個已經安排得井
井有條的世界。在那裡，意識存在於傳統的繼承性與歷史的受益者中，與
此同時，意識本身開始著手建立一部新的歷史」[533]。在杜夫海納研究審
美目的的關聯時，是人類學將這位現象學家導向藝術作品的研究。他指
出：「審美經驗實現於文化世界，文化世界不僅成就了藝術作品，而且使
人們得以認識和欣賞藝術作品。……不能忽略審美經驗所涉及的那些經驗
性條件（les conditions empiriques）。」[534] 藝術生產的歷史性、藝術形式
的多樣性和審美判斷力等因素，非但不會毀壞藝術的本相（l'identique de
l'art），反而會證明藝術力量的存在。藝術作為基本領域一旦實體化，必
然會驅使杜夫海納這位哲學家踏上現象學之路。

（二）審美客體

審美經驗要求這位現象學家採用一個合適的概念，用以表明藝術作品
作為審美意向性的關聯物。然而，有人認為藝術作品與審美經驗無關，因
為「審美客體乃是以審美的方式所感知到的客體，也就是人們所說的審美
感知客體」[535]。「審美客體」概念是杜夫海納美學的支點，正因如此，

---

[532] Mikel Dufrenne, *Art et politique*, op. cit. p. 68.

[533] Mikel Dufrenne, *Phénoménologie de l'expérience esthétique*, op. cit., Paris: Presses Universitaires de France, 1953, p. 6.

[534] Mikel Dufrenne, *Phénoménologie de l'expérience esthétique*, op. cit., Paris: Presses Universitaires de France, 1953, p. 9.

[535] Mikel Dufrenne, *Phénoménologie de l'expérience esthétique*, op. cit., Paris: Presses Universitaires de France, 1953, p. 9.

審美經驗的本質方可被彰顯出來。而這樣一來，根據歷史來解釋本相也就不會是徒勞的了。審美客體表明，感知與其客體是一致的。「審美感知設立審美客體，為其立法，令其歸順。審美感知以某種方式獲得審美客體，但並不創造審美客體。以審美的方式感知（客體），也就是以忠於事實的方式去感知（客體）。」[536] 藝術作品的客觀結構發人深省，讓人去研究客體，而不是感知客體。

《審美經驗現象學》是透過探討「審美客體的現象學」而展開的，其目的在於表明這個客體所許下的那些承諾及其理應遵守的那些承諾，「因為該客體的本質對自身來講屬於一種規範」[537]。審美客體需要審美感知，因為「審美經驗即感知體驗」。在此體驗中，人們會發現下列常見的重複現象，即：「審美感知的目的就在於揭示感知客體的構成因素。不過，如果我們想要界定審美客體，就必須理所當然地假設昭示這一客體的典型感知方式。」[538] 梅洛－龐蒂在詳盡表述美學與哲學的方面所做的研究工作，經由杜夫海納而進一步發展。審美感知對藝術作品來講是名副其實的稱謂，這種感知是「特別的感知，純粹的感知，其唯一的目的就在於客體本身」[539]。

審美客體也是逐步確立的，其感知在一開始既無須活動，也無須反思。該客體只是引起我的感知，並不要求我確定什麼，「只是單純地感

[536] Mikel Dufrenne, *Phénoménologie de l'expérience esthétique*, op. cit., Paris: Presses Universitaires de France, 1953, p. 9.

[537] Mikel Dufrenne, *Phénoménologie de l'expérience esthétique*, op. cit., Paris: Presses Universitaires de France, 1953, p. 22.

[538] Mikel Dufrenne, *Phénoménologie de l'expérience esthétique*, op. cit., Paris: Presses Universitaires de France, 1953, p. 25.

[539] Mikel Dufrenne, *Phénoménologie de l'expérience esthétique*, op. cit., Paris: Presses Universitaires de France, 1953, p. 25.

知，也就是讓我敞開接受感性事物」[540]。審美客體這種看似無根據的在
場，由於客體的物性得到強化和感性事物贏得自身神聖的光輝，而顯得格
外引人注目。審美客體的形式就是其內在的意義，「也就是作品的實體本
身，那感性的事物也只出現在當場」[541]。由於內在意義存在於感性事物
之中，即所指內在於能指之中，因此「意義正是從這種感知就是感知的對
象中生成的」[542]。換言之，「這就是審美客體對我言說的東西，它透過自
身在場來自言自語，這一切都隱含在感知客體的深處」[543]。杜夫海納儘
管堅持這種感知方式，但也承認融合作品及其接受方式的那種本質關係，
同時也分析作品的技巧、作品的展覽以及大眾的反應等。文本的某些契機
不僅預示著文學的接受理論，而且展現了古德曼研究出的那些分析結果。
然而，究其本質，這些契機的意義源自下述這一經常得到反覆強調的斷
語：「藝術作品的存在，與其感性在場密切相關，後者使人能夠領悟作為
審美客體的藝術作品。」[544]

　　那些致力於研究大眾反應的非常重要的篇章，提出了幾乎屬於倫理學
的要求，其特點在於要求人們以適宜的方式接受作品。就是說，審美客體
之所以如此，正是因為作品在期望「得到觀眾認可的同時也期望得到觀眾
的成全」[545]。故此，大眾一般依據自己的標準來評判他們對作品的感知

[540] Mikel Dufrenne, *Phénoménologie de l'expérience esthétique*, op. cit., Paris: Presses Universitaires de France, 1953, p. 127.

[541] Mikel Dufrenne, *Phénoménologie de l'expérience esthétique*, op. cit., Paris: Presses Universitaires de France, 1953, p. 41.

[542] Mikel Dufrenne, *Phénoménologie de l'expérience esthétique*, op. cit., Paris: Presses Universitaires de France, 1953, p. 42.

[543] Mikel Dufrenne, *Phénoménologie de l'expérience esthétique*, op. cit., Paris: Presses Universitaires de France, 1953, p. 44.

[544] Mikel Dufrenne, *Phénoménologie de l'expérience esthétique*, op. cit., Paris: Presses Universitaires de France, 1953, p. 79.

[545] Mikel Dufrenne, *Phénoménologie de l'expérience esthétique*, op. cit., Paris: Presses Universitaires de France, 1953, p. 82.

結果。在接受者與藝術作品之間存在某種奇異的關係，一種占有或著迷的關係。「藝術作品具有一種主動性，它期待觀眾對預見的東西作出反應。這一點不允許我們認同任何主體論觀點。不是作品化為我們，而是我們化為作品。作為旁觀者，要禁止自己為作品附加任何東西，因為作品自身對觀眾和表演者具有同樣的強制作用。」[546] 所以，審美客體需要組成「真正的共同體」（communauté réelle），並且要求主體放棄個人的差異，讓自己在從事感知遊戲的時候接受「相似的東西」。「審美客體允許大眾人以類聚，因為這種客體為自身確立了優越的客觀性，不僅將個體團結在一起，且強迫他們忘卻個體的差異。」[547] 審美經驗的倫理價值也得到肯定：「面對審美客體的人，會為了全人類而超越自身的特殊性，並因此而成為無拘無束的自由人。」毫無疑問，杜夫海納繼承了康德的傳統，卻賦予審美凝照社會價值，使審美客體成為表現個體人性的佐證。

（三）表現性與情感

審美客體要比一件事物意味著更多的東西。這種客體富有表現特徵。「藝術在真實地再現感性事物形象的同時，也表現或傳達某種情感，借此使得再現的客體活靈活現，栩栩如生。這首先意味著客體富有表現力。」[548] 根據其表現力，審美客體便具有自身的價值，從而與主體的關係更為親近，以致達到「準主體」的程度[549]。這樣一來，審美客體便在此

---

[546] Mikel Dufrenne, *Phénoménologie de l'expérience esthétique*, op. cit., Paris: Presses Universitaires de France, 1953, p. 96.
[547] Mikel Dufrenne, *Phénoménologie de l'expérience esthétique*, op. cit., Paris: Presses Universitaires de France, 1953, p. 104.
[548] Mikel Dufrenne, *Phénoménologie de l'expérience esthétique*, op. cit., Paris: Presses Universitaires de France, 1953, p. 187.
[549] Mikel Dufrenne, *Phénoménologie de l'expérience esthétique*, op. cit., Paris: Presses Universitaires de France, 1953, p. 197.

打開另一世界，而其自身則「包含著那個屬於它的世界。」[550] 審美客體非但不受周圍世界的汙染，反倒使其發生變化並審美化。「審美客體行使的是具有支配力量的帝國主義手法，在將現實審美化的同時也將其非現實化」[551]。主體對審美客體這一特質的回應就是情感。「富有表現力的審美客體給人這樣的印象：它所展現出的某種特質難於言表，但卻在傳達過程中激發出人的情感。」[552] 該情感正是「理解被表現的那個世界的一種特殊模式」[553]。

描述審美客體需要系統化，而且涉及本體論的問題。倘若杜夫海納急於批評那些他所接觸到的，視審美客體為想像產物或理智產物的立場觀點的話，那就得回到這一感知客體的本質特徵上來，同時也要探討感知客體的存在形態。在分析梅洛－龐蒂的思想時，杜夫海納從感知客體那裡看到一種「內在的超越性……也就是說，雖然感知作用讓人經常看到客體本身，但客體依然想要脫離感知作用。」[554]。在這裡，情感中的直接感悟會轉化為一種對知識和真理的需求，而真理則涉及概念。然而，這一轉化過程無助於從本體意義上去確定審美客體。要知道，只有普通客體使人拋棄感知作用，「而審美客體則容易使人恢復感知作用」[555]，因為「其存在本

[550] Mikel Dufrenne, *Phénoménologie de l'expérience esthétique*, op. cit., Paris: Presses Universitaires de France, 1953, p. 207.

[551] Mikel Dufrenne, *Phénoménologie de l'expérience esthétique*, op. cit., Paris: Presses Universitaires de France, 1953, p. 207.

[552] Mikel Dufrenne, *Phénoménologie de l'expérience esthétique*, op. cit., Paris: Presses Universitaires de France, 1953, p. 235.

[553] Mikel Dufrenne, *Phénoménologie de l'expérience esthétique*, op. cit., Paris: Presses Universitaires de France, 1953, p. 257.

[554] Mikel Dufrenne, *Phénoménologie de l'expérience esthétique*, op. cit., Paris: Presses Universitaires de France, 1953, p. 285.

[555] Mikel Dufrenne, *Phénoménologie de l'expérience esthétique*, op. cit., Paris: Presses Universitaires de France, 1953, p. 286.

身就是一種顯形」[556]。這種審美客體在場時的顯形所包含的啟示表明：它使觀眾承認「我自己已被異化的事實。感性的事物會引起我的反應，否則，我只不過是其顯現的場所與其力量的回音而已」[557]。研究審美客體所得出的結論，似乎隱含著客體至上的傾向。雖說如果沒有主體，審美客體無從談起，「但我只是成全客體的工具罷了，因為處於主導地位的是客體。所以，若從情感的角度來看，審美感知屬於異化結果」[558]。考慮到「異化矯正意向」的告誡，「我只能說我構成了審美客體，我在我審視客體的活動中被納入客體之中。因為我在審視客體時，完全專心致志於客體，而不是把客體僅僅擺在我的面前隨便看看」[559]。換言之，就像杜夫海納之後那些關注藝術的現象學家所一致認為的那樣，審美意識並非是構成的結果。[560]

（四）作為過程的審美經驗

毫無疑問，杜夫海納美學思想的原創性在於調和審美經驗的獨特性，因為它致力於審美感知與審美情感的研究，同時還期望透過反思來認識客體及其意義。客體的這三個方面──「感性事物，被再現的客體與所表

---

[556] Mikel Dufrenne, *Phénoménologie de l'expérience esthétique*, op. cit., Paris: Presses Universitaires de France, 1953, p. 287.

[557] Mikel Dufrenne, *Phénoménologie de l'expérience esthétique*, op. cit., Paris: Presses Universitaires de France, 1953, p. 290.

[558] Mikel Dufrenne, *Phénoménologie de l'expérience esthétique*, op. cit., Paris: Presses Universitaires de France, 1953, p. 296.

[559] Mikel Dufrenne, *Phénoménologie de l'expérience esthétique*, op. cit., Paris: Presses Universitaires de France, 1953, p. 296.

[560] 杜夫海納再次徘徊於瑪律迪尼（Henri Maldiney）所開闢的道路與他自己極力開拓的原創性美學發展道路之間。我們不妨回顧一下，杜夫海納曾在 1985 年出版了《藝術與生存》（*Art et existence*）這部專論瑪律迪尼美學的文集。他在文中這樣寫道：「（一幅繪畫的）視象並沒有意向性的結構。那它為什麼是審美性的呢？如果感性美學（l'esthétique-sensible）在藝術作品中進入其本質意義上的真理性，那是因為藝術美學（l'esthétique-artistique）除了感知方式的差異和客觀化的目的之外，還假定感覺的無意向性。感覺與人世相溝通。這裡所言的『與』（avec）表示其自身的審美維度，具有會通的內涵。所有意向性目的均趨向於客觀性。這一目的本身與人世或作品相牴觸，並且借此拒絕或刪除會通的契機，因為其自身屬於現實的契機。」

現的人世」[561]—— 與感知的三個契機是相互對應的。這三個契機包括在場、再現和情感。主體所採取的三重態度與三重的世界觀是彼此對應的。就其他感知形態來講，我們在此深切地體驗到審美感知的獨特性，即：審美感知藉由在場進入再現，於情感中登峰造極。這一歷程時而被稱之為「游離不定」，時而被冠上「辯證」之類的美名。當我們在場和身體力行的時候，我們保持「感知的存在方面，使人的在場成為現實」[562]。也就是說，物我之間並不存在隔閡。杜夫海納之所以採用了梅洛─龐蒂的語調，為的是描述那種進入反思階段之前的感知水準，此時的審美客體對人體的吸引力要大於對思想的吸引力。物我雙方的首次接觸是相當複雜的。杜夫海納提出了「肉體智力活動」（l'intellection corporelle）的說法，並研究文化所造就的人體。然而，對美學方向的選擇依然沒有完成，因為美學方向遭到行動趨勢的抵制，後者往往勝過前者。（審美）凝照屏棄了人體的實用主義使命，同時又恢復具有共謀關係的單純體驗以及與各種客體連繫的快感。然而，杜夫海納懷疑肉體關係中潛在的危險因素，因此較忽視肉體的巨大誘惑作用。他認為，「感知理論不能停滯不前，必須保持開放，必須從身體力行的理解活動過渡到再現階段中有意識的智力活動」[563]。同樣，從實際展現階段轉向再現階段的過程，也突顯出具有辯證意義的運動。相反，如果我們認為精神存在於肉體之中的話，那麼起源便是互斥的命題了，游移不定的現象也就出現了。「我們的精神與肉體並非渾然一體，我們的肉體也並非精神衰退的產物，相反的，我們的肉體與精神經常

---

[561] Mikel Dufrenne, *Phénoménologie de l'expérience esthétique*, op. cit., Paris: Presses Universitaires de France, 1953, p. 419.

[562] Mikel Dufrenne, *Phénoménologie de l'expérience esthétique*, op. cit., Paris: Presses Universitaires de France, 1953, p. 422.

[563] Mikel Dufrenne, *Phénoménologie de l'expérience esthétique*, op. cit., Paris: Presses Universitaires de France, 1953, p. 425.

是互相生成的關係。」[564] 在場是一種本原關係，能滋生和引發再現，但也不斷促進「精神的肉身化」（corporalisation du spirituel），滋養出不假思索的輕率態度。

　　為了弄清審美經驗的過程與特徵，儘管杜夫海納自己心知肚明，但他依然需要在哲學的系統化中借助想像來確保從感知階段進入到思維階段。想像帶來超越的可能性，以此可以取得或斷定時空的距離。與沙特筆下的想像不同的是，杜夫海納所說的想像並不否認現實事物，而是以預見或前瞻為特徵。就是說，想像先於現實（un pré-réel），而非否定現實（un ir-réel）。然而，在杜夫海納的《審美經驗現象學》一書中，類似的觀點並未充分發展。該書一味強調想像的超越作用，但卻以犧牲體驗活動為代價。事實上，若從體驗角度看，由於想像透過各種意象使已知的東西變得更為豐富多彩，因此，對審美感知而言，想像並非是必不可少的條件。想像自身足以表明：「想像能夠引發感知活動，但無須豐富感知活動。」[565] 必要的想像會專注於感知活動。「舉凡想像活動與感知活動合作的地方，就能喚起想像。這不同於形象意識的關係，因為這種關係會在放棄感知活動的同時取消審美客體。」[566] 只要設法發展審美經驗，就能更好地克制全憑體驗的想像。「真正的藝術作品能幫助我們節約想像的各種浪費。」[567]

　　再現的契機開啟了一種希望，卻沒有引起任何迴響。這就需要進行更深入的研究。任何媒介都不能刪除作品的神祕性或削減作品的獨特性。因

---

[564] Mikel Dufrenne, *Phénoménologie de l'expérience esthétique*, op. cit., Paris: Presses Universitaires de France, 1953, p. 440.

[565] Mikel Dufrenne, *Phénoménologie de l'expérience esthétique*, op. cit., Paris: Presses Universitaires de France, 1953, p. 448.

[566] Mikel Dufrenne, *Phénoménologie de l'expérience esthétique*, op. cit., Paris: Presses Universitaires de France, 1953, p. 452.

[567] Mikel Dufrenne, *Phénoménologie de l'expérience esthétique*, op. cit., Paris: Presses Universitaires de France, 1953, p. 457.

此，我們務必回歸到感知活動，只有這樣，我們才能與作品進行真正的交感（véritable communion）。非審美的感知活動越是把人引向深入的研究，審美感知活動就越讓人相信那不是本質所在。問題不在於簡單地回歸到最初的肉體關係中去，「而在於在保留這種關係的同時，改變審視的方式，以此來開創一種新的存在關係。既不取消再現，也不單純回到在場，而是需要區別出新的現時性與在場的現時性」[568]。杜夫海納絕不一筆勾銷歷史學家或各種社會科學專家所做的研究成果。他們的「所有思想方法都不是無足輕重的，個個都似是出於某些非審美的目的在利用作品，個個都有助於豐富和促進感知活動，同時也有助於培養感情，即培養一種使感知活動得以完成的情感」[569]。杜夫海納相信，這方面的自然洞察力不久就會顯山露水。他本人繼續研究進入情感的兩條途徑：一是某種探討再現與反思的經濟途徑；二是經過上述階段以後，從所理解的在場意義上改變確實的在場[570]。杜夫海納就此指出：「審美態度並不那麼簡單，它不僅可能排斥有利於情感的判斷，而且始終游移在可以稱之為批判的態度與情感的態度（l'attitude critique et l'attitude sentimentale）之間。」[571] 事實上，應當經常把審美經驗視為一種需要時間的複雜過程：「這實際上是對審美客體本身的另一稱謂，這種客體會同時引發反思，因為其內容結構是連貫而自律的，是樂於承載客觀知識與情感的；更何況它不會憑藉這種知識來消耗自

---

[568] Mikel Dufrenne, *Phénoménologie de l'expérience esthétique*, op. cit., Paris: Presses Universitaires de France, 1953, p. 469.

[569] Mikel Dufrenne, *Phénoménologie de l'expérience esthétique*, op. cit., Paris: Presses Universitaires de France, 1953, p. 521.

[570] Mikel Dufrenne, *Phénoménologie de l'expérience esthétique*, op. cit., Paris: Presses Universitaires de France, 1953, p. 514.

[571] Mikel Dufrenne, *Phénoménologie de l'expérience esthétique*, op. cit., Paris: Presses Universitaires de France, 1953, p. 524.

身，而是激發出某種更為密切的關係。」[572]通常，這依然需要回到具體有效的感知活動上來：「審美情感會在審美客體消失以後倖存下來。」[573]迫切而強烈的情感讓我們欣喜若狂，會使審美經驗形成自己的特點，並且在此使其多樣性具有獨特性，同時充當重新認識作品的標準。面對作品，無論是從文化的範疇還是不穩定的歷史範疇來說，審美經驗都將在此發生。

二、從現象學轉入先驗論與自然哲學

《審美經驗現象學》中的大部分現象學描述似乎面面俱到，但是，杜夫海納依然認為有必要展開對審美經驗的「批判」，以便從現象學研究轉入先驗論研究。這一決定主要是受康德的影響和理性要求的制約。其目的在於，透過反思探討審美經驗之所以可能的相關條件。杜夫海納提出的假設是：日常的具體經驗涉及某些先驗的情感性真實事物。「同樣，康德所言的那些先驗的東西，正是使已知或思維客體得以成立的條件，這裡所說的條件也正是人們可能感覺到的那些條件。」[574]

(一) 先驗的素材與情感性範疇

杜夫海納與康德的分歧是顯而易見的。他感興趣的主體並非是先驗主體，而是實在的主體，也就是「能與世界保持一種確實的關係」[575]的藝術家或觀眾。情感敏銳的主體，在主觀認識中會發覺一種物質性的意義。杜夫海納發現，先驗性的東西並非是邏輯性或形式性的，而是物質性的。

[572] Mikel Dufrenne, *Phénoménologie de l'expérience esthétique*, op. cit., Paris: Presses Universitaires de France, 1953, p. 525.

[573] Mikel Dufrenne, *Phénoménologie de l'expérience esthétique*, op. cit., Paris: Presses Universitaires de France, 1953, p. 531.

[574] Mikel Dufrenne, *Phénoménologie de l'expérience esthétique*, op. cit., Paris: Presses Universitaires de France, 1953, p. 539.

[575] Mikel Dufrenne, *Phénoménologie de l'expérience esthétique*, op. cit., Paris: Presses Universitaires de France, 1953, p. 539.

諸情感性範疇依然具有本相價值（valeur éthique），情感在這裡充當了主客體之間的連接點。「情感對我的影響不同於它在客體中的情況。只有感覺才能體會到情感，這不同於我自己的存在狀態，而是類似於客體的屬性。情感對我來說只是某種情感結構的一種反應而已。」[576] 在這裡，杜夫海納援引拉辛（Jean-Baptiste Racine, 1639-1699）的悲劇加以佐證。他說，就拉辛與拉辛的藝術世界而言，我們僅能確定其前後連結關係，這兩者「均從屬於人們所說的一種前拉辛時代的情感特性」[577]。這種情感特性有賴於原先一種截然不同的真實性，也就是它所表現的那種真實性。可是，這種表現方式會創設一種與主客體對立的意向作用 —— 意向客體關係。

與康德的另一分歧也是相當明顯的。先驗具有雙重性，既包含顯現在客體中的結構，又意味著主體對諸結構的實際認識。另外，由於情感無權要求自行產生或初步嘗試，所以，主客體之間共用的先驗性，便將主客體統一在雙方皆大歡喜的共謀關係中。我們身上的那些情感，能使新作品引起迴響。「倘若我們能夠感受到拉辛劇作的悲劇性、貝多芬音樂的悲愴性或巴哈音樂的寧靜性，那就意味著我們在情感產生之前就有某種關於悲劇、悲愴或寧靜的理念；也就是說，我們從此以後既能喚醒這些具有一般或特殊情感性質的情感領域，同時也清楚先驗之所以為先驗的相關道理。」[578] 因此，確定先驗涉及三種要素：「首先，先驗存在於客體之中，它使客體成之為客體，所以具有構成作用。其次，先驗存在於主體之中，該主體具有某種接納客體和預先理解客體的能力，這種能力也使主體成之

[576] Mikel Dufrenne, *Phénoménologie de l'expérience esthétique*, op. cit., Paris: Presses Universitaires de France, 1953, p. 544.

[577] Mikel Dufrenne, *Phénoménologie de l'expérience esthétique*, op. cit., Paris: Presses Universitaires de France, 1953, p. 560.

[578] Mikel Dufrenne, *Phénoménologie de l'expérience esthétique*, op. cit., Paris: Presses Universitaires de France, 1953, pp. 571-572.

為主體，所以先驗是關乎存在本質的。最後，先驗可以形成一種認識的客體，而這種認識自身是先驗的。」[579]

杜夫海納對先驗問題的研究發軔於 1953 年發表的著作，此後在 1959 年和 1981 年分別發表的兩部著作中，他又對此問題進行了具體而深入的論述。只有先驗的構成作用與存在本質兩個方面發展到審美經驗研究的水準，它們才會踏上「在不違背客觀性的同時充分考慮主體性的思路」[580]。舍勒的學說使康德的影響發生轉變。情感特性被當作價值，由此造成複雜性體驗與上述過程性體驗的統一。只要根據人與現實來反思，那麼，相關的批判立刻就會採取「一種本體論的表達方式」（un toronto logique）。「先驗之所以在決定客體的同時又決定主體，是因為它作為一種先前的存在屬性，在屬於主體的同時也屬於客體，並且使主客體之間的親和關係成為可能。」[581] 在對先驗問題的思索中，杜夫海納或多或少地依然堅守本體論的錨地，認為人類與世界的親密關係不允許我們排除現實的根本相異性（l'altérité radicale）。超越性的體驗主義使杜夫海納與胡塞爾的唯心主義哲學保持著一定距離。事實上，正是連接人類與世界的契合點，促使這位哲學家持續思考，同時也促使他最終放棄了思索，但這表明他也是一位藝術家，是一位詩人。

（二）從先驗論轉入本體論：詩學與自然哲學

杜夫海納的《詩學》（*Le poétique*）[582] 一書主要是對語言的反思，該

---

[579] Mikel Dufrenne, *Phénoménologie de l'expérience esthétique*, op. cit., Paris: Presses Universitaires de France, 1953, p. 546.

[580] Mikel Dufrenne, *Phénoménologie de l'expérience esthétique*, op. cit., Paris: Presses Universitaires de France, 1953, p. 547.

[581] Mikel Dufrenne, *Phénoménologie de l'expérience esthétique*, op. cit., Paris: Presses Universitaires de France, 1953,, p. 561.

[582] Mikel Dufrenne, *Le poétique*, op. cit.

書擴展了他在 1953 年已經放棄了的本體論觀點。這位詩人透過奇妙地遷移話語中「詞語所指的客體」（referent），使其借助情感的媒介顯現於在場。在論述表現問題的核心時，杜夫海納分析了話語的兩個維度：一是意味（la signification），二是名稱（la désignation）。富有表現力的語言可以消除參照元素的距離，由此涉及所指符號的內在性。這位詩人對此進行了論述。他認為，表現性如同求助於聯覺（synesthésie）一樣，要求語詞與其表示的東西一致，同時會讓讀者進入共鳴的狀態。語詞會喚起事物可能引起的東西。這種「詩學」之所以要界定傾聽詩歌的主體性的存在模式，是因為「情感使我們將理智與語詞所表達的內容連繫在一起；不過，這種理智並不是概念性的，而是感性的；接受或領悟意義的感性並非是感覺意義上的，而是情感意義上的。……我們體悟到的意義就在於客體對我們產生影響的情感層面」。[583] 正是這位詩人恢復了語言在基本的真實中的地位。他溯本探源，在其研究中忘卻對意義的控制。這部專門研究語言與詩歌媒介的著作，以難以覺察的方式使杜夫海納注意到人類起源與大自然的關係，並且使他意識到這種關係的主動性歸於大自然。「事實上，在毫無預先覺察的情況下，這一研究方向一直引導著我們。於是，我們從先驗論轉向本體論。這方面我們已經有過嘗試，但沒有完全成功。我們最終開始研究自然哲學。」[584]

在史賓諾沙和謝林那裡，原生的自然（nature naturante）具有豐富的寓意，在杜夫海納這裡竟然成為先驗之源。在表現方式上，自然是自我表現。我們為了保留形而上學的基礎而放棄了現象學的基礎。想像的哲學在這裡得到強化：「想像不是別的什麼，而是完成語言的能力所在；想

---

[583] Mikel Dufrenne, *Le poétique*, op. cit., p. 32.

[584] Mikel Dufrenne, *Le poétique*, op. cit., p. 4.

像並非創造了想像性的東西，而是以生動的方式實現了它所謂的感知活動。」[585] 我們重新發現了某種傳統。在此傳統中，詩人獲得了自己的靈感，但卻失去了自己的責任感。在認真閱讀的時候，我們發覺藝術家這種有意識的異化現象，與其說以自身的行為為特徵，毋寧說是以自身狀態為特徵，因為他依然是支配自己的主人。瓦勒里（P. Valéry, 1871-1945）經常影響著杜夫海納這一思考：詩人徘徊在工作與靈感之間，但同時又自由自在，不受約束。靈感的這一終極限度蘊含在富有想像力的意象之中，該意象將真實和現實兩者調和在一起。「或許，哲學家勇於把我們的思想活動當作內在的靈感。」[586] 巴舍拉（G. Bachelard, 1884-1962）與柏格森有助於杜夫海納決然超越沙特對於想像的論述，後者認為想像具有非現實化的功能。杜夫海納認為，無意識與想像同名，前者在這裡將後者歸於自然。用杜夫海納的話說，「是宇宙在歌唱」[587]。

　　毫無疑問，我們至多只能這麼說：如果自然是原生的，那正是因為想像使然。自然具有實在的力量，能夠生成自身（capable'un devenir）。補充一句，形而上學的窗口將杜夫海納引到神學的門口，結果使他選擇了史賓諾沙式的研究方向。他認為，我們最終視為基礎的情感，給人的感覺「如同啟動所有事物的力量，如同連接所有一切的紐帶，如同用之不竭的水庫」。杜夫海納還接著指出，「上帝乃是大自然的代名詞，表示必然的絕對內在性，表示存在的此在（l'être-là del'être），這無法抵制，也無法證明。我們自己所追隨的就是那個上帝。」[588] 杜夫海納對海德格的思想興

---

[585] Mikel Dufrenne, *Le poétique*, op. cit., p. 83.

[586] Mikel Dufrenne, *Le poétique*, op. cit., p. 123.

[587] Mikel Dufrenne, *Le poétique*, op. cit., p. 133.

[588] Mikel Dufrenne, *Le poétique*, op. cit., p. 147.

趣不大且缺乏共鳴 [589]，但在形而上學方面，他卻繼續冒險，以至於把情感哲學安置在自然哲學之中。他甚至提出將自然向人類的一方極端化的假設。「大自然需要人類還是需要大自然本身都是同一回事。大自然自身有意像人類那樣，其力量如同發展與表現的力量。正是透過自身的顯現，大自然才會進入到人的意識之中。」[590]

（三）先驗與歷史性

《詩學》中概述的自然哲學，不僅再次擴大了審美經驗那無法估量的價值，而且試圖在我們身上恢復原始的體驗與創始性的感受。在杜夫海納看來，詩歌是第一語言，「詩歌使大自然顯現為語言」[591]。詩學像審美一樣，既具有思想慷慨施惠的性質，又享有感性的仁慈特性，這便是《詩學》一書的結論。杜夫海納的某些尚未發表的論文，譬如課堂講義或參加學術會議的那些經過修改的論文，走的都是同一條路，即：與胡塞爾所說的意向性概念拉開越來越大的距離，對意識的關注也越來越少。「把意向性當作本源，看起來可以；但若將其作為互惠或共謀的本源而非對立的本源，那就不符合意識中的意向性了。即便意向性屬於本源，那在更大程度上也是指意向性中的意識而已。因此，意向性可以採用特有的本體論意義。這種關乎本源的本體論，可以透過一種自然哲學來解悟，在這方面或許梅洛－龐蒂可以引導我們。」[592]

我們必須再次回到《審美經驗現象學》的相關探討中，有的觀點在杜夫海納日後發表的專論先驗問題的著作中均得到補充。譬如建立「純粹美

---

[589] 參閱〈論非神學的哲學〉（*Pour une philosophie non théologique*）部分，參見杜夫海納《詩學》第 2 版，1973 年。

[590] Mikel Dufrenne, *Le poétique*, op. cit., p. 159.

[591] Mikel Dufrenne, *Le poétique*, op. cit., p. 169.

[592] 本文是以手稿的方式這樣縮寫和命名的：「作為『同一事物』的審美客體。」（"l'objet esthétique comme 'la chose même'", p. 6.）

學」是否可能的問題。在杜夫海納看來，要對情感進行清查是不可能的事情[593]。假如只是依據經驗來了解先驗，那會不會有理由將其視為系統化的結果呢？情感的存在特徵需要我們關注客體的獨特性和主體的自由性。事實上，倘若先驗存在逃避歷史的話，那麼，其實現與否就完全取決於作品和觀眾了。批判反思不僅意識到歷史性，而且也意識到藝術與主體的偶然性。這方面剛取得突破，先驗的理念就開始動搖。「方才說過，歷史並不要求藝術強加給我們某種感性形式，即某種不可能先於歷史而存在的感性形式。此外，這種感性形式不是藝術自身發明的，而是藝術家所生活的那個時代強加給藝術家的，因為藝術家與大眾彼此了解，這都是其時代造就的產物。」[594]

　　在求助於舍勒的理論時，杜夫海納迴避了歷史主義的做法。如同時代精神的歷史性（l'historicité de l'Ethos）並不排除價值的絕對性一樣，情感的歷史性也不危及審美經驗的現實性。感性部分是先驗即虛擬的決定因素，而後者則將感性部分歸於歷史性之中。「歷史性意味著天性與自由性的統一，這種統一界定著具體的主體。」[595] 透過歷史性來表現限定性，迫使杜夫海納假設這些限度具有不可改變的特徵。「如果說情感從未完全得到實現的話，那也就是說人類從未完全弄清合乎人情的東西。」[596]1981年，杜夫海納在《先驗式的清點》（L'inventaire des a priori）[597] 一書中，

---

[593] Mikel Dufrenne, *Phénoménologie de l'expérience esthétique*, op. cit., Paris: Presses Universitaires de France, 1953, p. 594.

[594] Mikel Dufrenne, *Phénoménologie de l'expérience esthétique*, op. cit., Paris: Presses Universitaires de France, 1953, p. 603.

[595] Mikel Dufrenne, *Phénoménologie de l'expérience esthétique*, op. cit., Paris: Presses Universitaires de France, 1953, p. 607.

[596] Mikel Dufrenne, *Phénoménologie de l'expérience esthétique*, op. cit., Paris: Presses Universitaires de France, 1953, p. 611.

[597] Mikel Dufrenne, *L'inventaire des a priori*, op. cit.

提出了類似的觀點：「當人們覺察到主體與世界的親近性時，且這兩者的親和力憑藉本質上作為審美經驗的感知體驗得以傳承，要清點趨向於先驗式的先驗是不可能的。舉凡本原的、前人類的以及前現實的東西，是永遠不會消逝的；雖然我們不再思索這種東西，但我們依然能夠從作品的優美表現和我們無拘無束的本性來證明這一點。自然的理念是一個有局限性的理念，無法以此來解釋教條式的本體論；這正是各種自然哲學為什麼要求助於詩歌的原因所在。」[598]

（四）倫理與政治之維

放棄教條式的本體論，使杜夫海納重新發現了倫理與政治之維，從而激發了他的美學思想，這其中也涉及他本人的具體感受和對人類學研究的熱衷。《先驗式的清點》闡明了這樣一層關係：「對先驗問題的反思，特別是對其進行溯本探源式的研究，可用來支持我在別的地方為之辯護的那些倫理－政治意見。正是借助對人類與烏托邦做法所下的賭注，人類力圖如願以償，力圖自我解放。」[599]

《審美經驗現象學》堅持認為，審美經驗的屬性與所有競爭或敵對的關係無涉。憑藉獨特性，我們進入普遍性；透過自由性，我們具有了相似性[600]。在這裡發揮作用的正是人類的人性。「即便存在著人性的自然（une nature humaine），這種自然也不同於自然性的自然（une nature naturée），而是類似於追求自由性的命運（un des teen pour une liberté）。」[601] 不過，人性的維度，因為取決於當代各種社會與資本主義制度，因此受到審美化

---

[598] Mikel Dufrenne, *L'inventaire des a priori*, op. cit. p. 12.

[599] Mikel Dufrenne, *L'inventaire des a priori*, op. cit. p. 13.

[600] Mikel Dufrenne, *Phénoménologie de l'expérience esthétique*, op. cit., Paris: Presses Universitaires de France, 1953, pp. 588-589.

[601] Mikel Dufrenne, *Phénoménologie de l'expérience esthétique*, op. cit., Paris: Presses Universitaires de France, 1953, p. 595.

的影響。要想避開或打破將藝術制度化的當代文化與審美化範圍，就只有求助於原始的、甚至普遍化的審美化方式。「我們社會中的審美化前端地帶是由文化來規定的。若想將其打破，那必須放棄強加給文化的審美化模式，必須喚起一種原始的審美化運動。這種審美化運動務必要立足於日常生活，就像超現實主義那樣，其『客觀的偶然性』（le hasard object if）能夠激發出某種預想不到的體驗。」[602]

　　杜夫海納的邏輯使他超越了自己在 1953 年論著中開始探討的文化共識。這一共識確立了屬於名作方面的藝術，同時為了達到普及的目的，也要求藝術接近日常生活。如此一來，節慶活動或淪為次要形式，或更接近藝術領域。故此，杜夫海納為「藝術領域的外延（extension du domaine de l'art）」[603] 辯護。他認為這種外延拓寬了審美化的範圍，以至於為產業或自然客體大開方便之門，以至於把審美愉悅（plaisirs esthétiques）與感性愉悅（plaisirs esthésiques）混為一談。「使瓦勒里與大海情意綿綿的『魚之樂』，乃是審美愉悅的組成部分。」[604] 事實上，正是透過擴大藝術的領域，而不是透過接受審美觀念所杜絕的「隨便什麼東西」，才使藝術進入日常生活，同時也使藝術不再拘泥於小說、文化或想像的狹小區域裡。從想像哲學的觀點來看，杜夫海納所經歷的思想變化實際上是可以理解的，因為他是按照自己的思路來命題講章的。

　　杜夫海納所闡述的美學，對多少有些曲高和寡的當代藝術而言，確是採取了某些保留態度，這種藝術使人感到煩惱而非愉悅。假如杜夫海納的興趣是在於非藝術的非神聖化（désacralisation du non-art），或者在免除審美化事物的種種界限的話，且他作為哲學家要替引發強烈體驗或令人深思

---

[602]　Mikel Dufrenne, *Esthétique et philosophie*, t. 3, op. cit., p. 91.

[603]　Mikel Dufrenne, *Esthétique et philosophie*, t. 3, op. cit., p. 89.

[604]　Mikel Dufrenne, *Esthétique et philosophie*, t. 3, op. cit., p. 90.

的客體或事件擔保，那麼他就不能因此而把任何反應都視為純然的審美愉悅。就審美愉悅發自感性事物而言，那向來是指具體的感受，或者是指感受者與被感受者雙方融合的產物。因此，應當把美學定位於相關感性事物的思索之中。誠如杜夫海納在《眼與耳》（*L' œil et l'oreille*）這最後一部著作中所言：「藝術使感性事物獲得自由。」

透過閱讀杜夫海納的著作，我們發現與人類學進行對話的現象學是通往自然哲學的，而這種自然哲學研究的核心是把想像活動視為某種創造力量，把想像性的事物當作虛擬的東西。假如本體論有可能存在的話，那對於《眼與耳》所論就得作出如此界定：「現象學與本體論或許是彼此會通、密不可分的。」由於本體論是不可能存在的，因此藝術便取代了哲學，並且成功地證明作品所包含的意義。無論從杜夫海納的哲學到其美學，還是從他的美學到其哲學，都會吸引讀者沿著螺旋式的軌道不斷向上攀登。

20 世紀西方美學史（引領篇）

從「無意識」到「現象學」，從精神分析到經驗歸納，探索藝術背後的意識流動

主　　編：金惠敏

發 行 人：黃振庭

出 版 者：崧燁文化事業有限公司

發 行 者：崧燁文化事業有限公司

E-mail：sonbookservice@gmail.com

粉 絲 頁：https://www.facebook.com/sonbookss/

網　　址：https://sonbook.net/

地　　址：台北市中正區重慶南路一段六十一號八樓 815 室

Rm. 815, 8F., No.61, Sec. 1, Chongqing S. Rd., Zhongzheng Dist., Taipei City 100, Taiwan

電　　話：(02)2370-3310

傳　　真：(02)2388-1990

印　　刷：京峯數位服務有限公司

律師顧問：廣華律師事務所 張珮琦律師

-版權聲明-

定　　價：550 元

發行日期：2023 年 11 月第一版

◎本書以 POD 印製

Design Assets from Freepik.com

國家圖書館出版品預行編目資料

20 世紀西方美學史（引領篇）：從「無意識」到「現象學」，從精神分析到經驗歸納，探索藝術背後的意識流動 / 金惠敏 主編 . -- 第一版 . -- 臺北市：崧燁文化事業有限公司，2023.11

面；　公分

POD 版

ISBN 978-626-357-828-9(平裝)

1.CST: 美學史 2.CST: 西洋美學 3.CST: 二十世紀

180.94　112018240

電子書購買

臉書

爽讀 APP